더블엑스 이코노미

린다 스콧 지음
김경애 옮김

더블엑스 이코노미

여자에게
경제를
맡겨라

The Double X Economy

쌤앤
파커스

짐, 캐서린, 그리고 폴에게

일러두기

1. 인명과 지명 등 외국어 고유명사의 독음은 외래어표기법을 따르되 관용적 표기를 따른 경우도 있다.

2. 국내 번역 출간된 도서명은 한국어판 제목을 따랐고, 미출간 도서명은 한국어로 옮기고 원어를 병기했다.

3. 본문의 각주는 모두 옮긴이 주이고 저자 주와 참고 문헌의 출처는 미주로 밝혔다.

4. 원·달러 환율은 1,280원으로, 원·파운드 환율은 1,650원으로, 원·란드 환율은 70원으로 계산했다. (2023년 7월 기준)

진실은 당신을 자유롭게 할 것이다.
그러나 먼저 당신을 화나게 할 것이다.

― 글로리아 스타이넘 Gloria Steinem

'모두에 의한' 경제가 '모두를 위한' 경제다

— 이소영, 마이크로소프트 글로벌 인플루언서팀 아시아 리전 매니저

저희 어머니는 비교적 이른 나이인 20대 초반에 결혼해 저와 제 동생을 낳았습니다. 아버지는 실력 있는 목수였으나 걸핏하면 건설 작업장이 부도가 나 임금이 밀리고는 했습니다. 경기가 안 좋으면 일하지 못하는 날도 많았습니다. 이대로 암담한 미래를 두고 보며 아이들을 키울 수 없던 어머니는 미용 기술을 배우기 위해 집을 나섰습니다. 그때가 제 나이 대여섯 살 정도였습니다. 아직 숫자를 못 읽던 저에게 "시곗바늘 2개가 모두 위를 향하면 점심시간이니 준비해둔 식사를 어린 남동생과 함께 챙겨 먹어라" 하고 일러주시던 기억이 아직도 생생합니다.

어머니는 이때 배운 기술로 미용실을 열어 가족의 생계를 일구었고, 저와 동생의 교육에도 든든한 밑받침이 되어주었습니다. 어머니가 이때 각성하지 않았다면, 적극적인 학습을 통해 가계의 토대가 될 지식과 기술을 얻지 않았다면 지금의 저는 결코 존재할 수 없었을 것입니다. 《더블엑스 이코노미The Double X Economy》는 'XX', 즉 '여성'이 경제적 기회를 얻으면 한 가정을 넘어 사회의 빈곤이 해결되고 궁극적으로 모두가 번영할 수 있다고 말하는 책입니다. 저에게는 어머니가 바로 그 이야기의 증인입니다.

적극적으로 가정 경제를 책임지는 어머니와 그런 어머니를 도와 집안일을 나누어 하시는 아버지를 아주 어린 시절부터 보고 자랐습니다. 덕분에 저 또한 비슷한 가정을 이루고 싶은 마음이 컸습니다. 스스로 가정 경제를 책임지는 일에 거부감이 없었기에, 남편 될 사람의 조건으로 경제적인 배경이나 능력은 1순위가 될 수 없었습니다. 그보다는 자신의 꿈에 대해 얼마나 진지한지, 배우자의 꿈과 비전에도 조력자가 되어줄 만한 사람인지가 더 중요했습니다.

그렇게 예술가 남편을 만나 결혼했습니다. 남편은 제가 두 아이를 낳아 기르며, 마이크로소프트에서 전 세계를 누비면서 아시아 리전 매니저로서 커리어를 개발하고 발전시키는 데에 큰 조력자 역할을 해주었습니다. 저 역시 수많은 사람에게 감동과 눈물, 웃음을 선사하며 사회가 건강하고 따뜻해지는 데에 이바지하고자 하는 남편의 예술 활동에 든든한 지원자가 되어주고 있습니다.

여성의 경제력 강화는 단순히 여성의 위상을 높이고, 남성의 파이를 빼앗는 제로섬게임이 아닙니다. 남성이든 여성이든, 끝이 보이지 않는 불황 속에 가정과 국가의 경제를 책임지는 1인 가장이 된다는 것은 버겁고도 부담스러운 일입니다. 그래서 우리는 린다 스콧의 말처럼 '팀'이 되어야 합니다. 우리가 근사한 팀을 이루어 각자의 임무를 수행할 때, 비로소 펼쳐질 희망 찬 미래가 이 책 속에 선명하게 제시되어 있습니다.

본문의 예를 들어볼까요. 남성 위주로 구성된 집단은 호전적이고, 경쟁이 과잉될 가능성이 큽니다. 때로 무모하기도 한 남성의 도전적 면모는 가망 없는 위험을 감수하게 해 집단을 큰 위기에 빠지게도 하지요. 그런데 여기 여성 구성원이 늘어나면 뜻밖의 결과가 나타납니다. 공평하고 친근한 분위기가 집단의 긴장을 완화하고, 공동체의 미래를 생각하는 장기적 안목을 통해 안정적 가치를 지속적으로 창출하게 됩니다.

이렇듯 여성 참여 경제 '더블엑스 이코노미'는 현 경제의 많은 문제를 바로잡을 수 있습니다. 과한 위험성을 낮추고, 사회와 경제에 다양성을 포함해 새로운 가능성을 발굴하고, 친환경 태도를 안팎으로 실천해 미래의 위기에 대비합니다. 이러한 현상들은 궁극적으로 모두가 행복한 사회를 만드는 데에 중요한 역할을 합니다. 지속 가능한 공존의 초석을 세우는 것은 우리 모두에게 의미 있는 일입니다.

이 책을 읽다보면 울컥하는 순간이 많습니다. 가난한 나라의 변두리뿐만 아니라 이미 발전을 이룬 국가의 중심지에서도 아직 여성에 대한 성적 착취와 억압이 만연해 있고, 여성이 처한 범죄와 빈곤, 폭력이 세대를 거쳐 대물림되는 현실이 너무나 가슴 아프기 때문입니다. 그렇지만 린다 스콧과 그의 동료들이 이룬 연구의 성취가 보이는 순간이면 인류가 조금씩 전진하리라는 희망으로 벅차오르기도 합니다.

우리의 시야를 가리는 빅 데이터의 함정과 편견을 넘어서려는 이들의 시도는 감동적입니다. 린다 스콧은 경제학, 여성학, 역사학, 인류학, 고고학, 영장류학, 신경과학, 심리학, 사회학 등 여러 분야를 공부하며 이 책의 집필에 오랜 시간과 공을 들였습니다. 그 빛나는 통찰은 저로 하여 기꺼이 책장을 넘기게 할 만큼 강한 설득력을 갖고 있었습니다. 가나의 시골 마을부터 미국의 명문 대학, 국제경제 정상회담까지 다양한 공간과 문화를 무대로 더블엑스 이코노미의 고난과 성취가 이 책 속에 펼쳐져 있었습니다. 저는 한국 또한 그 거대한 맥락에서 벗어나 있지 않다고 생각했습니다.

한국은 OECD 38개국에서 남녀 임금 격차가 가장 큰 나라입니다. 처음으로 통계가 발표된 2007년부터 2022년까지 16년째 부동의 1위라는 불명예를 안고 있지요. 〈이코노미스트〉에서 OECD 가입국을 대상으로 '직장인 여성의 동등한 대우와 기회'를 평가하는 '유리 천장 지수'도 2013년부터 한국이 줄곧 최하위를 차지했습니다. 누구 하나 안 힘든 사람이 없는 이례적 침체기에 여성이 겪는 불평등이 대수냐고 물으면, 그렇습니다. 전례 없는 불황이 닥친 지금이기에 더욱 중요하고 시급한 주제라고 말할 수 있겠습니다.

세계경제포럼은 '국가 경제활동에 여성이 동등하게 참여할 때 성장이 촉진되며, 반대의 경우 경제 침체가 유발된다'라는 결론을 내렸습니다. 현재 한국 경제 성장률 전망치는 추락을 거듭하고 있습니다. 올해 OECD와 IMF는 한국의 성장률 전망치를 1.5%로 낮췄습니다. 세계경제 성장률이 대략 2.3%로 오를 것이라고 전망하는 상황에 이러한 역행은 결코 긍정적 전조로 보이지 않습니다. 한국의 성장률 전망치는 올해까지 4회 연속 하향 조정되었습니다. 분명한 국가적 위기에 여성의 동등한 경제 참여를 보장하지 않을 이유는 없어 보입니다.

"지금 우리에게 필요한 것은 '인구 절반'이 아닌 '인구 전체'다." 이를 명백한 근거로 여성의 경제력 부여를 위한 행동을 촉구하는 것이 이 책의 핵심적 메시지입니다. 이러한 개혁을 통해 얼마나 많은 가치가 발생할 수 있는지, 고통을 그대로 방치하는 것이 얼마나 더 큰 고통으로 돌아올 것인지 더는 우리는 모른 체할 수 없을 것입니다.

저 역시 기업 현장에서 최선을 다하고 있는 한 여성으로서 이 책이 더 많은 사람과 단체에게 좋은 계기가 되어주기를 바랍니다. 더블엑스 이코노미에 대한 이해가 높아진 한국 사회와 경제에 찾아올 눈부신 성장이 여러모로 기대됩니다. 여성과 남성 모두, 나아가 다음 세대까지 풍요와 행복에 이를 수 있는 지혜를 우리 모두가 갖출 수 있기를 간절히 기원합니다.

이 책에 쏟아진 찬사

✕

《더블엑스 이코노미》는 세계경제에 중요한 것은 인구 절반이 아닌 전체라고 분명히 말한다. 세계가 불황으로 치닫고 있는 지금, 이 영원한 불평등을 우리 인류가 마침내 바로잡을 수 있을지 피할 수 없는 화두를 꺼내놓는 것이다.
— 〈뉴욕타임스The New York Times〉

세계가 처한 불황에 관해 모두가 탁상공론만 반복할 때, 린다 스콧은 우리가 충분히 실현할 수 있는 해결책을 내놓고 있다. 이것은 인류에게 큰 용기다.
— 〈가디언The Guardian〉

린다 스콧은 세계경제에 필수적이지만 겉으로는 보이지 않는 여성의 공헌을 조명하며, 통찰과 분석 그리고 학제 간 데이터를 기반으로 여성 경제력 해방을 위한 설득력 있고 실현 가능한 사례를 만들어내고자 한다.
— 멜린다 게이츠Melinda Gates, 빌앤드멜린다게이츠재단 의장, 《누구도 멈출 수 없다》 저자

《더블엑스 이코노미》는 사회와 세계경제가 여성을 배제함으로써 무엇을 잃고 있는지에 관해 방대한 자료를 바탕으로 많은 생각을 일깨우는 책이다. 매우 시급한 주제를 다룬 중요한 책이다.
— 펌질 믈람보 응쿠카Dr. Phumzile Mlambo-Ngcuka, 전前 유엔여성기구 사무총장

린다 스콧은 여성에게 경제적 힘을 부여해 전 세계 국가들이 성장에 박차를 가하고 국민 모두의 안녕을 증진할 방법을 제시함으로써 여성(그리고 남성)에게 크게 이바지했다. 이 책은 여성을 제지하고 여성의 가능성을 억제하는 장애물을 낱낱이 보여주는 월드 투어 같다. 가부장제 신화, 남성 지배, 역사에 기록된 여성의 사회적 역할을 날카롭게 비판한다. 남성과 동등한 성공의 기회를 얻는다면 여성도 경제와 사회 전반에 가치 있는 존재가 될 수 있다. 그 사실을 증명하기를 원하는 사람이라면 누구나 이용할 수 있는 연구 내용을 담고 있다. 논리적이며 매력적인 책이다.
— 로라 리스우드 Laura Liswood, 세계여성지도자평의회 사무총장

린다 스콧은 지구 공동체에서 경제적 불평등이 여성에게 장애물로 작용하지 않을 미래를 창조할 초석을 마련한다. 여성이 직면한 경제적 장벽을 분석하고 다국적 기업, 국가 기관, 개인이 적용할 수 있는 구체적 해결책을 제시한 린다의 능력은 굉장하다. 이 책은 금세기 최대의 난제를 해결하기 위한 현실적인 구호이며 여성 평등을 위해 싸우는 모든 이를 위한 훌륭한 자원이다.
— 로리 애덤스 Laurie Adams, 우먼 포 우먼 인터내셔널 CEO

오늘날 성 불평등이 왜 존재하는지, 성 불평등을 바로잡는 데에 필요한 시간이 왜 수백 년이 될 수도 있는지 이해하려는 모든 이가 반드시 읽어야 할 책이다. 누구나 이해할 수 있는 언어로 쓰인 이 책에서, 린다 스콧은 확실한 자료 및 사실과 정신이 번쩍 드는 실생활의 일화를 통해 독자를 이해시키고 설득한다. 통찰이 가득하고 행동에 대한 호소가 담긴 이 책은 기업 이사회부터 경영대학원 북클럽까지 모두가 토론에 활용할 수 있는 시의적절한 자료다.
— 아란차 곤잘레스 Arancha González, 전前 국제무역센터 상무이사

이 책은 사회 전체가 성 불평등으로 인해 치러야 하는 비용을 강렬히 제시한다. 여성의 경제력 강화를 위해 린다 스콧은 세계 각지의 설득력 있는 실제 사례와 증거들을 바탕으로 강력한 주장을 펼친다. 미래를 향한 경제성장과 포용적 번영을 원한다면 여성의 경제적 역량 강화는 우리 시대에 꼭 필요한 과제다.
— 멜란 베르비어 Melanne Verveer, 조지타운대학교 여성평화안보연구소 상무이사, 전前 세계 여성 문제 미국 대사

차례

1장   더블엑스 이코노미란 무엇인가

2장   빅 데이터 너머의 현실

3장   결핍의 순환을 끊어라

12장　여성 기업을 환대하라

13장　세계시장의 문을 두드리다

1장

더블엑스
이코노미란
무엇인가

가나의 수도 아크라의 어두운 거리로 차량이 들어서자 나는 심장이 두근거리기 시작했다. 차창 밖으로 보이는 모습을 설명하는 운전사의 목소리에는 분노와 슬픔이 가득했다.

　수백 명의 집 없는 어린 소녀는 밤거리의 그림자처럼 움직였다. 길거리에서 양동이로 몸을 씻느라 반쯤 나체인 소녀도 있었다. 다른 아이들은 서로 바짝 붙어 잠들어 있었다. "이 소녀들은 부모가 정해준 남자에게 팔려 가서 낮에는 소처럼 일하고 밤에는 남편에게 성관계를 강요당하는 삶을 피하고자 고향에서 달아났습니다. 이들은 자신의 운명을 피할 수 있으리라는 기대를 안고 도시로 왔어요"라고 운전사는 설명했다.

　그중 상당수는 임신 중이거나 갓난아기를 안고 있었다. 시골에서도 강간이 빈번하지만 도시의 거리 역시 안전하지 못하다고 운전사는 덧붙였다. "거리에서 태어나 자라는 아이가 너무 많아요. 이들에게 가족이나 공동체 사회란 존재하지 않습니다. 이런 곳에서 아이들이 어떻게 바르게 자라죠? 소녀들이 자라 성인이 되면 가나는 어떻게 될까요?" 그는 비통함을 감추지 못했다.

시장에서 일하는 소녀들은 쇼핑객의 짐을 날라주기도 하지만 성매매에 빠지기도 했다. 그중 상당수는 오래전 서아프리카에서 시작해 지금은 범죄 집단 자금줄이 된 끔찍한 인신매매의 희생양이 되었다.

거리를 지나 호텔에 도착했다. 호텔 로비에 선 나는 마치 다른 행성에 다녀온 느낌이었다. 오랜 시간 현장에서 세계 빈곤층을 연구해왔지만, 가나에 온 첫날 밤 보았던 장면보다 더 충격적인 모습은 없었다.

나는 희망찬 프로젝트를 시작하기 위해 그날 오후 가나에 도착했다. 옥스퍼드대학교 소속의 우리 연구팀은 시골 지역 소녀들이 학업을 포기하게 만드는 방해 요소에 대해 실험할 예정이었다. 소녀들이 중등학교를 계속 다니면 국가 경제가 활성화된다. 고등교육을 마친 여성은 노동시장에 공급량을 늘리고 노동의 질을 높여 경제성장을 촉진한다.

또 교육받은 여성은 첫 아이를 더 천천히 갖고 자녀의 수도 더 적어 과도한 인구 팽창을 억제하는 효과도 있다. 그뿐 아니라 자녀를 키우는 방식도 다르다. 자녀가 교육을 마치도록 독려하고 영양에도 신경 쓰며 필요할 때 적절한 의료 서비스를 받으려고 노력한다. 이 어머니들이야말로 아프리카의 발목을 잡는 빈곤의 악순환에 제동을 걸 수 있다.

소녀들의 고난은 지역 전반에 걸쳐 세대를 거치며 전달되었다. 그 파괴적인 힘은 전 세계에 폭력과 사회 불안정을 초래했다. 그날 밤 목격한 장면은 연구를 바라보는 나의 사고에 영구적인 변화를 일으켰다. 나는 한시도 그 시급성을 잊지 않았다.

여성에게 동등한 경제적 기회를 부여하면 인류에 가장 큰 해를 끼치는 폐단을 제거할 수 있다. 그뿐 아니라 모두가 번영할 수 있다. 이러한 진실이 내가 이 책을 통해 전하고자 하는 내용의 핵심이다. 글을 전개하면서 나는 아프리카 시골 마을에서 아시아 빈민가뿐 아니라 런던 기업 이사회실과 미국 대학에 이르기까지 다양한 공간에서의 경험을 풀어낼 것이다. 서로 다른 공간에서 '경제적 배제'라는 공통된 개념이 유발하는 부정적 영향에 관해 논의할 것이다.

2005년부터 수집한 엄청난 양의 자료는 현실을 고스란히 드러냈다. 세계 여성은 경제적 불평등의 독특한 패턴에 갇혀, 불이익이 작용하는 동일한 메커니즘의 영향을 받았다. 여성의 경제 참여를 막는 장애물은 업무와 급여를 넘어 부동산 소유권, 자본, 신용, 시장에 걸쳐 작용했다. 이는 주로 여성에게 부과되는 이동 제한, 성적 취약성뿐 아니라 폭력의 위협 같은 문화적 제약과 결합해 여성에게만 작용하는 '어둠의 경제학'을 형성했다. 나는 이를 '더블엑스 이코노미'라고 부르기로 했다.

지구 공동체가 여성에게 작용하는 경제적 제약을 해결하면 지금까지와는 다른 평화와 번영이 뒤따를 것이었다. 지난 수년 동안 장벽을 제거하려는 작은 움직임이 형성되기 시작했다. 아직 미약한 규모이지만 여성의 경제력을 강화하려는 움직임은 세계로 뻗어나갔다. 각국 정부, 국제기구, 대규모 재단, 세계적 자선기구, 종교 단체, 다국적 기업을 비롯한 강력한 조직에서도 참여의 물결이 일고 있었다.

여성에게만 작용하는 어둠의 경제학

나는 초기부터 여성의 경제적 역량 강화 운동에 참여해왔다. 여성의 경제적 자주권 획득을 돕는 아이디어를 시험하는 연구에 참여했고, 주로 아프리카 시골 지역에서 활동했다. 다른 연구자의 아이디어도 함께 시험하고 다양한 국가와 환경적 배경을 가진 여성들과 힘을 합쳤다. 또한 매년 여성의 경제적 역량과 관련된 전문가들이 참여하는, 여성을 위한 권력 이동 포럼Power Shift Forum for Women을 열고 지식을 공유하는 무대를 마련했다. 2015년, 나는 활동의 중심에 변화를 주었다. 아프리카에서 연구 활동을 이어가면서 세계적 규모의 개혁을 실행하기 위해 고위급 정책 대화에 참여하기 시작했다.

그 과정에서 내가 목격한 것에 대해 경악을 금치 못할 때가 여전히 많다. 세계경제를 다루는 각국 재무장관들은 여성 옹호론자들을 여성 보조 단체로 취급하고 폄하한다. 아시아태평양경제협력체(이하 APEC)와 G20은 여성 주간을 운영하고 참여 그룹을 열며 공식 성명을 통해 여성에 관한 문구를 작성하기도 하지만 인구 절반을 차지하는 여성의 필요를 수용하지 못하는 경우가 대부분이다. 그들은 여성을 배제함으로써 경제에 얼마나 손해를 끼치는지 혹은 국가 예산에 여성을 포함한다면 그들이 절실하게 원하는 성장에 얼마나 큰 도움이 되는지 알고 싶어 하지 않는다. 그들은 편견에 갇혀 더블엑스 이코노미를 열외로 취급한다.

이것이 바로 내가 여러분 모두에게 도움을 청하는 이유다. 나는 여성의 경제적 참여라는 주제에 최대한 다양한 목소리와 도움의 손길, 의견을 구하고자 이 책을 썼다. 내가 제안하는 바는 구체적이고 이성적이며 효과적인 행동이다. 성별, 인종, 출신을 불문하고 이 운동에 동참해주기를 바란다. 공장, 농장, 사무실, 집 등 어디에서 일하든 나는 여러분과 소통하고 싶다. 이 책에서 내가 "우리는 반드시 …을 해야 한다"라거나 "우리는 …을 추론할 수 있다"라고 언급할 때마다 우리 모두를 향한 메시지라고 생각해주기를 바란다.

그렇다면 왜 지금에 와서야 그림자처럼 가려져 있던 더블엑스 이코노미를 논하는 것일까? 지금까지는 데이터의 부재와 교환 체계에 관한 편협한 사고방식이라는 두 가지 장애물이 작용해왔다. 경제 지수는 주로 화폐 교환에 초점을 맞춘다. 가계 내 생산이나 농장 노동 등 여성이 경제적으로 이바지하는 부분에 대한 보상은 대체로 이루어지지 않는 편이다. 게다가 가정 경제는 (주로 기록으로 남기는 데이터 중에서) 가장 작은 영역을 차지하며 여성이 벌어들이는 돈은 일반적으로 남성 가장에 귀속되는 소득으로 간주한다. 이 두 가지 이유만 봐도 사회는 대체로 여성의 경제활동을 고려하지 않는다.

하지만 문제를 더 심각하게 만드는 요인은 대학이나 정부 기관이 자료를 수집할 때 성별에 따라 구분하지 않는 경우가 많다는 점이다. 1970년대 여성운동이 일어나던 시기 학계에 소속된 여성은 극소수에 불과했다. 그 결과 어느 기관에서도 여성을 크게 고려하지 않았다. 지난 50여 년간 역사학, 인류학, 심리학, 사회생물학, 고고학, 의학, 생명과학 등의 학문에서 여성 학자의 수가 늘고 입지가 상승하면서 '여성은 어떤가?'라는 단순한 질문에 큰 변혁이 몰아쳤다. 하지만 지금까지도 지성의 변화라는 물결에 여전히 영향을 받지 않는 분야가 존재하며 경제학도 그중 하나다. 성별 자료가 꾸준히 확보되지 못한 이유는 이곳과 저곳, 혹은 지금과 당시의 여성 복지를 비교하는 일이 체계적으로 이루어지기 힘들었기 때문이다.

경제학 강단에서 시작하는 불평등

가장 큰 장애물은 경제학자들이 여성에 대해 품어온 뿌리 깊은 경멸이라고 할 수 있다. 경제학자들은 여성의 경제학이라는 질문 자체를 받아들이지 못한다. 대학의 경제학부 박사과정을 통해 국가 경제라는 기차에 탑승한 이들은 경제학이라는 학문은 여성 배제와 같은 현실적 이슈에 관심이 없다는 사실을 배운다. 여성이라는 집단을 비하하고 무시하는 행동을 배우는 곳 역시 대학이다.

남성 경제학자들의 여성에 대한 적대감은 최근 〈뉴욕타임스〉, 〈워싱턴포스트〉, 〈파이낸셜타임스〉, 〈이코노미스트〉 등 언론에 자주 등장한 주제다. 경제학자들이 사석에서 여성에 관해 어떻게 이야기하는지 충격적이고 자세한 내용이 연구를 통해 드러나면서 언론이 주목하게 된 것이다. 경제학자들이 남성과 여성을 다르게 표현하는지 알아보기 위해 경제학 전공 학생과 교수진이 동료에 관한 가십을 나누는 온라인 토론 그룹의 게시물 수백만 개를 분석했다.

여성 동료를 언급하면서 가장 자주 사용된 단어는 '섹시한, 레즈비언, 성차별, 찌찌, 항문, 결혼, 페미나치Feminazi, 창녀, 질, 슴가, 임신, 귀여운, 지나치게 꼼꼼한, 화려한, 육감적인, 홀딱 반함, 아름다운, 비서, 애인을 차다, 쇼핑, 데이트, 비영리적인, 의도, 시대에 뒤처진, 매춘부' 등이었다. 반면 남성과 연관해 주로 사용된 단어는 '수학자, 가격 책정, 조언가, 교재, 동기부여, 와튼스쿨, 목표, 노벨상, 철학자' 등이었다. 여성 경제학자들은 이 표현들이 연륜 있는 경제학자가 후배를 가르치는 과정에서 얼마나 여성을 폄하하는지 보여주는 증거라고 설명한다.[1]

경제학은 전 세계 대학에서 STEM(과학, 기술, 공학, 수학) 영역보다 더 남성 지배적인 학문이다. 과학 분야 박사학위를 취득하는 여성은 남성보다 많아지지만 경제학 박사학위를 얻는 여성은 1/3 미만이다.[2] 셸리 룬드버그Shelly Lundberg 교수는 "다양성은 좋은 것이라는 관점은 대부분의 분야에서 일반적으로 받아들여지고 있다. 하지만 주류 경제학은 이를 거부한다. 다양성 부족이 시장에 효율적 결과물을 제공한다고 믿기 때문이다. 경제학 분야에 여성이 부족한 이유는 여성이 경제학에 별로 관심이 없거나 생산적이지 못하다는 경제학자들의 믿음 때문일 가능성이 크다"라고 설명한다.[3]

하지만 경제학계 문화가 제시하는 설명은 이와 확연히 다르다. 여성 경제학 교수 중 약 48%는 업무상 성차별을 경험한 적이 있다고 말했다. 경제학계에 만연한 성차별로 다수가 지적한 사례는 새내기 경제학자나 후임 교수 혹은 박사과정 학생이 거쳐야 하는 경제학 연구 발표회였다. 남성 교수진은 발표자를 '궁지에 몰아넣을 것처럼' 철저하고 엄격하게 비판했다.

또 학술대회에서 부당한 대우를 받을까 두려워서 질문에 답을 안 하거나 아이디어를 발표하지 않는다고 답한 여성 역시 46%에 달했다. 2018년 전미경제학회에서는 경제학계의 여성 혐오가 "암묵적 관행으로 지속되어왔으며 용납할 수 없는 행동"에 이르렀다는 사실을 시인했다. 프린스턴대학교 경제학과 레아 부스탄Leah Boustan 교수는 경제학 교수들은 여성의 경제학 분야 진출로 자신들의 위상이 저하될 수 있다고 생각할 만큼 여성을 열등한 집단으로 보고 있다고 설명한다. 이런 학자들은 결국 여성이 경제학계를 떠나기를 기대하며 기선을 제압하고 자신들의 권위를 보존하려 한다.[4]

경제학은 정부의 자문가 역할을 통해 사회 전반에 막대한 영향력을 발휘한다. 〈이코노미스트〉는 "경제학계에 만연한 구조적 성 편견으로 사물을 바라보는 시선이 왜곡된다면, 학계의 경제학자에게 분석과 조언뿐만 아니라 지혜를 얻으려는 정책 입안자 혹은 관련자들은 그것에 영향을 받는다"라고 지적한다.5 여성에 대해 경제학 교수들이 가지는 편견은 여성 경제학이라는 주제를 향한 부정적 태도로 반영되며 결국 더블엑스 이코노미가 세계 의제에서 설 자리를 얻기 힘들게 만든다.

이런 비협조적 입장을 뒷받침하는 철학은 또한 막강한 장벽을 형성한다. 첫 번째 원칙은 경제가 자신의 이익을 위해 자유로운 의사결정을 내리려고 독립적으로 행동하는, 이성적이고 박식한 개인들의 집단행동을 바탕으로 이루어진다는 시각이다. 그러한 경제는 그대로 맡겨둔다면 비록 불평등하게 보일지라도 결국 모두를 위한 최상의 결과를 만들어낼 것으로 여겨진다. 익히 잘 알려진 애덤 스미스의 '보이지 않는 손'이 작용하는 것이다. 이는 여성이 혜택받지 못했다면 선천적으로 부족하거나 스스로 손해 보기를 선택했기 때문이라고 설명한다.

더블엑스 이코노미는 이러한 기본 전제에 배치되는 여건에서 악전고투하면서 이 철학 전반을 수정한다. 책 전반에서 살펴보겠지만 여성은 매우 제한적인 기회를 얻고, 중요한 정보에 대한 접근이 능동적으로 차단되며, 사리사욕을 추구하는 것처럼 보일 경우 혹평을 받는다. 실제로 경제적 선택에 있어서 여성은 독립적으로 행동할 수 있는 경우가 거의 없다. 오히려 비이성적으로 행동하게 강요당하며 그 결과는 그들에게 최선의 이익을 가져다주지 못한다.

일하는 여성과 경제 발전의 상관관계

세계시장의 경제학적 철학은 근본적으로 인구 절반을 다루지 못한다. 어떤 여성 경제학자는 〈파이낸셜타임스〉 기고문에서 이렇게 경고했다.

"남성 위주의 경제학 연구와 정책은 의약품 테스트를 남성 위주로 진행하는 상황만큼 위험하다. 그 결과는 적어도 인구 절반을 차지하는 여성을 반영하지 못하기 때문이다."6

경제학계의 보수성 때문에 더블엑스 이코노미의 윤곽을 밝히는 데이터 분석은 대학이 아닌 대형 국제기관 내의 성 평등 관련 기관에서 실행되었다. 2000년대 초 유엔개발계획, 세계경제포럼 같은 주요 기관들은 여성의 지위(교육, 고용, 리더십, 건강, 법적 권리)에 대한 수치와 국가별 경제성과 데이터를 비교하기 시작했다.7 경제학의 기본 전제를 염두에 둔 담당자들은 성 평등과 국가 경제 가능성 간의 두드러진 상관관계를 발견하고 놀라움을 금치 못했다(30쪽 표1 참조). 성 평등 지수가 높은 국가는 국민소득(이하 GDP)과 생활수준 역시 높았지만, 성 평등 지수가 낮은 국가는 빈곤과 갈등의 늪에 빠져 있었다.

대중은 처음에 이렇게 반응했다. "빈곤한 국가 국민은 생존을 걱정할수밖에 없으므로 남성이 주도권을 잡을 수밖에 없다. 반면 부유한 국가에서의 삶은 좀 더 안락하므로 여성에게 더 많은 자유를 부여할 수 있을것이다."8 하지만 남성 우월주의가 생존에 필수적이라는 사실을 뒷받침하는 증거는 어디에도 존재하지 않는다. 오히려 지나친 남성 우월주의는 갈등으로 이어질 확률이 높아 생존율을 낮추는 불안정 요소로 작용한다는 사실을 증명하는 자료가 더 많다. 그럼에도 불구하고 '성 평등은사치에 불과하며 남성 주도로 인류가 더 잘살게 되었다'라는 관념은 대중의 믿음에 잘 들어맞아 받아들여질 수 있었다.

그러나 세계경제포럼은 2006년부터 '성별격차 보고서Global Gender Gap Report'를 발표하며 성별 경제학에 다른 방식으로 접근하기 시작했다. 그

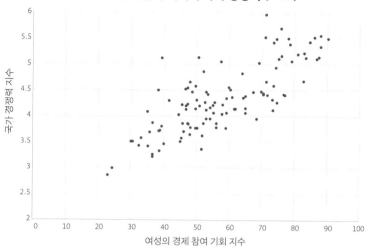

여성의 경제 참여 기회와 국가 경쟁력 (2017)

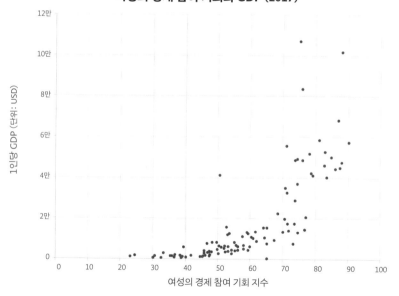

여성의 경제 참여 기회와 GDP (2017)

표1. 두 그래프는 국가 경쟁력 및 GDP와 여성의 경제 참여의 관계를 나타낸다. 그래프에는 대략 100개국이 표시되어 있다. 상단의 그래프에서 오른쪽으로 상승하는 점들은 여성에게 경제적 자유가 제공될 때 국가 경쟁력에도 긍정적 영향을 준다는 사실을 보여준다. 하단의 그래프에서도 1인당 **GDP**와 여성의 경제적 자율성 사이에 유사한 패턴을 볼 수 있다.

출처: 1) 이코노미스트 인텔리전스 유닛, '여성의 경제 참여 기회 지수'. 2) 세계경제포럼, '국가경쟁력 보고서'. 3) 세계은행 데이터베이스, '국제비교 프로그램: 국민소득 및 구매력평가'.

리고 국가 경제활동에 여성이 동등한 자격으로 참여할 때 성장이 촉진되며, 여성의 공정한 참여가 이루어지지 않을 경우 국가 경제의 침체를 유발한다는 결론을 내렸다. 빈곤국을 위한 해결책은 부유한 국가를 모방해 성 평등을 실현하는 것이었다. 결론은 부유한 국가라서 여성에게 더 많은 자유를 줄 수 있었던 게 아니라 여성에게 더 많은 자유를 준 결과 부유해질 수 있었던 것이다.

더 많은 관련 자료가 계속해서 도출되었고 국제통화기금(이하 IMF), 세계은행, 유니세프를 비롯한 다수의 세계적인 싱크탱크에서 분석 결과를 발표했다.[9] 다양한 자료 분석이 모여 2018년, 성 평등이 국가 경제와 국민 복지에 긍정적 영향을 미칠 뿐 아니라 경제학계의 남성 독점 현상이 오히려 부정적 영향을 초래한다는 결론에 이르렀다.

우리 팀은 소규모 실용 연구를 통해 성차별을 유발하는 메커니즘을 관찰했다. 여성의 경제 참여를 제한하는 요소를 줄일 실질적 방법을 찾기 위한 것이었다. 그 결과 경제학에서 여성의 역할에 관한 우리의 이해는 엄청난 변화를 맞았다.

남성은 이미 최대치를 내고 있다

더블엑스 이코노미는 지하경제, 긱 이코노미[1], 정보 경제, 비공식 경제와 같은 방식으로 이해될 수 있다. 이들은 각각 개별적 분야에 존재하지만 독립적으로 운영되지는 못한다. 좋은 방식이든 나쁜 방식이든 세계경제에 영향을 주고 일정 부분을 차지한다. 더블엑스 이코노미는 여

---

1   기업이 정규직이 아닌 계약직·임시직의 고용을 늘리는 경제 현상.

성들로 구성된 경제로 특정한 사업 방법, 전형성 있는 제품과 서비스를 갖고 있다. 지하경제처럼 눈에 띄지는 않으면서 과거는 물론 미래에서도 영향을 줄 것이다. 여성의 경제적 자주권 운동의 목표는 더 나은 더블엑스 이코노미의 미래를 만드는 것이다.

초기에 우리는 경제성장의 기대주라는 개념을 바탕으로 더블엑스 이코노미를 지지하려고 했다. 이 전력은 성장에 관심이 많은 경제학자나 재무장관들에게 호응을 얻을 수 있었지만, 여성을 위한 사회 정의에 대한 지지를 얻지는 못했다. 시간이 지나면서 우리는 경제에 여성이 포함되었을 때(혹은 배제되었을 때) 발휘되는 광범위한 영향의 크기와 방향을 간략히 제시하기 위해 GDP를 이용하기 시작했다. 우리는 오직 성장에만 관심을 두고 여성의 경제적 자주권을 주장하는 것이 아니다. 무분별하게 큰 성장만 주장하는 것은 가부장적 경제의 주된 특징이며 이것은 우리가 추구하는 목표가 아니다.

더블엑스 이코노미가 얼마나 거대한 규모인지는 숫자를 통해 드러나지만 경제학자들은 확고한 맹목성 탓에 그것을 놓치고 있다. 미국의 더블엑스 이코노미는 G7의 구성원이 될 수 있을 만큼 규모가 크다. 여성은 이미 전 세계 GDP의 약 40%를 생산하고 있으며 곧 남성을 따라잡을 것이다. 여성은 또한 전 세계 농업 생산의 약 50%를 차지한다. 여성은 인류의 절반을 이루고 GDP의 절반을 창출하며 식량의 절반을 공급하면서도 경제학자와 정책 입안자에게 조연으로 취급받고 있다.10

더블엑스 이코노미는 경제성장을 위해 가장 신뢰할 만한 자원이다. 1970년대 북아메리카와 서유럽에서 여성 인력이 대규모로 노동시장에 진출해 경기 상승을 주도했다. 오늘날 이 국가들은 경제 실세로 자리 잡앉다. 국가 번영에 크게 이바지하는 일하는 여성의 힘은 163개국에서 도출한 데이터를 통해 증명되었다.11 모든 국가에서 남성은 대부분 항상 일하는 까닭에 경제의 초석을 이룬다. 이는 다시 말해 생산성에 혁명이 일어나지 않으면 남성의 노동으로는 성장이 달성되지 않는다는 의미다. 남성은 이미 최대치를 내고 있다.

반면 여성의 능력은 아직 개발되지 않거나 충분히 이용되지 않은 경우가 많다. 즉 여성의 참여를 더 유도하면 경제성장을 이끌어낼 수 있다. 조사에 따르면 여성의 노동력은 노동시장에 부가되는 요소이므로 여성의 참여가 흔한 우려와 달리 남성의 고용 손실을 유발하지 않는 것으로 밝혀졌다. 여성의 경제 참여가 제로섬게임에 불과하다는 믿음, 여성의 노동은 남성의 희생이 있어야 가능하다는 믿음은 그릇되었다.

여성에게 경제력이 부여되면 국가 번영에도 도움이 되고 모든 구성원에게 더 나은 환경이 제공된다. 하지만 반대의 경우 역시 가능하다. 여성에게 자유가 없다면 모두가 고통을 겪는다. 빈곤하고 취약한 국가는 성 평등 지수도 낮다. 여성을 경제적으로 배제한 결과 매우 파괴적이며 지속적인 빈곤에 시달린다. 폭력이 난무하고 기아 문제가 심각해지며 자라나는 아이들의 욕구를 충족하기 힘들어진다. 자원이 낭비되고 노예 산업이 자라나고 갈등이 고조된다. 이들 사회에서 만연하는 극단적 남성 중심주의의 파괴적 영향력은 세계에 고스란히 전달된다.

따라서 여성에게 경제력을 부여하는 전략은 고통에 맞서 싸우는 과정에서 결과가 증명된 방법이다. 코피 아난Kofi Annan 전前 유엔사무총장은 2007년 유니세프의 '세계아동현황 보고서'를 발표하면서 "여성에게 경제적 자율권을 부여하는 것만큼 성장에 효과적인 방법은 없다. 그 사실은 여러 차례의 연구를 통해 증명되었다"라고 저술했다. 또한 "여성의 경제적 자율권은 생산성을 높이고 아동과 산모 사망률을 줄인다. 영양 상태를 개선하고 에이즈 예방을 비롯해 보건 상황을 개선한다. 다음 세대를 위한 교육의 기회를 늘린다"라고 덧붙였다.[12] 그럼에도 불구하고 국제 원조에서 여성에 초점을 맞추는 부분은 너무도 미약하다.

중산층을 형성하는 여성의 소비

세계가 더블엑스 이코노미를 배제해 발생하는 기회비용은 터무니없이 높다. 부유한 국가라도 육아 관련 투자에 실패한다면 수십억에 달하는 GDP를 잃는다. 상근직을 원하는 수백만 명의 여성이 자녀 양육을 위해 시간제로 근무하거나 아예 일을 그만두기 때문이다. '모성 불이익motherhood penalty'은 성별 임금 격차의 가장 큰 요인이다. 세계은행은 불평등 급여로 세계경제가 손해 보는 금액은 매년 160조 달러(약 20경 4,800조 원)에 달한다고 예측했다.[13] 더블엑스 이코노미는 인적 자원 양성이라는 경제적으로 가장 중요한 일을 하면서 부당한 손해를 입는다.

교육받은 건강한 인구는 현재의 경제를 구성하는 가장 소중한 자원이지만 서구 사회는 자녀를 공공의 자산으로 보기보다 개인적 사치의 일부로 간주해왔다. 부모는 자녀가 자립할 때까지 돈과 에너지를 쏟아부어야 한다. 성장한 자녀에게 경제적 지원을 기대하는 부모는 극히 드물다. 결국 자녀 양육은 투자가 아니라 소비로 느껴지게 된다. 그런 까닭에 우리는 각 가정에서 자라나는 다음 세대가 얼마나 중요한 존재인지를 망각했는지 모른다.

더블엑스 이코노미는 가족과 지역 공동체를 위한 현명한 지출을 통해 긍정적인 미래를 위한 초석을 마련한다. 지구상 어디에서나 여성은 옷이나 화장품에 돈을 펑펑 써대는 경솔한 소비자이지만 남성은 이성적이고 책임감 강한 존재라는 관념이 지배적이다. 그러나 이것이 철저한 성별 이데올로기에 불과하다는 사실을 뒷받침하는 증거는 많다. 남성 또한 자신의 만족을 위해 소비하며 자녀 교육보다 술, 담배, 도박, 매춘, 총 같은 해로운 곳에 큰 비용을 지출하기도 한다.

여성이 소비할 때 가장 먼저 고려하는 대상은 가족, 특히 자녀와 공동체다. 미국의 투자은행 골드만삭스의 글로벌마켓 인스티튜트는 보고서를 통해 브릭스BRICs(브라질, 러시아, 인도, 중국) 4개국과 넥스트 일레븐Next Eleven(방글라데시, 이집트, 인도네시아, 이란, 멕시코, 나이지리아, 파키스탄, 필리핀, 튀르키예, 한국, 베트남)은 모든 시장경제에서 안정성 확보에 필수 요소로 작용하는 중산층 형성을 위해 반드시 성 평등을 이루어야 한다고 발표했다. 또한 여성은 영양, 교육, 의료, 의류, 육아, 가정용품 등을 비롯해 가계 복지 향상을 위해 자금을 소비하고 이를 통해 중산층이 형성된다고 덧붙였다.[14]

여성은 물질적 행복의 중심 역할을 담당하지만 더블엑스 이코노미는 한결같이 과소평가되고 있다. 세계경제포럼에서 해마다 발표하는 유사 업종 남녀 임금 격차 데이터에서도 같은 내용을 확인할 수 있다.[15] 세계경제포럼의 경영진 의견 조사에서는 132개국 경영자들에게 "각국의 유사 업종 남녀 임금 격차는 어느 정도 수준인가?"라는 질문을 했다. 답변이 실제 급여를 정확히 제시하지 않아도 여성이 암묵적으로 어느 정도 급여를 받는지에 대한 관행은 예측할 수 있었다.

표2에서 확인할 수 있는 것처럼 동일한 업무에 대해 남녀에게 같은

유사 업종 남녀 임금 격차 (2018)

(단위: %)

세계경제포럼에서 조사한 132개국

—— 여성 임금 평균　　　　**——** 남성 임금 평균

표2. 유사 업종 남성 임금 평균을 100%로 고정해 검은색 가로선으로 표시하고, 여성 임금 평균을 그에 대한 비율로 계산해 회색 세로선으로 표시했다. 어느 국가에서든 여성은 관례에 따라서 같은 업무에 대해 남성과 동등한 보수를 받지 못한다.

출처:　세계경제포럼, '세계성별격차 보고서', 2018.

임금을 제공하는 국가는 지구상 어디에도 없다. 어느 직업이든 여성은 남성과 비교해 약 65%의 급여만 받고 일한다. 이는 전 세계적으로 작용하는 관행이다. 모든 경제 영역에서 여성을 종속된 존재로 보는 편견이 작용하는 것이다.

　어떤 방법으로 수집해도 급여와 관련된 모든 데이터는 같은 결론에 이른다. 부정한 데이터 조작을 통하지 않고서는 다른 결론을 낼 수 없다. 하지만 남성 지배적 문화를 옹호하는 수많은 사람이 남녀 임금 격차는 허구라는 문화적 유전자를 전파하기 위해 기꺼이 데이터를 조작한다. 특히 집안일과 자녀 돌봄이 여성의 경력에 미치는 영향을 통제하면서 성차별 같은 문제는 존재하지 않는다고 당당히 선언한다.

　사실 더블엑스 이코노미가 마주하는 문제에서 가장 중요한 부분은 복종에 대한 부담감이다. 가정에서의 '의무'는 직장에서 여성에게 불리하

유급 및 무급 노동의 성별 격차 (2017)

	여성의 노동시장참여율 (단위:%)	1인당GDP (단위:1,000USD)	여성의주당 무급노동시간	여성의주당 총노동시간	세계경제포럼 경제 참여 및 기회 순위 (전체144개국)
스웨덴	95	51.5	1.3	1.00	12
미국	86	59.5	1.6	1.01	19
영국	87	44.1	1.8	1.04	53
멕시코	59	19.9	2.8	1.02	124
튀르키예	44	26.9	3.6	1.15	128
인도	35	7.2	6.8	1.21	139

표3. 여성의 노동시장 참여율은 남성의 노동시장 참여율을 100으로 고정해 그에 대한 비율을 계산한 결과다. 그 값이 100에 가까울수록 여성의 노동 참여가 남성과 동등한 수준이라고 볼 수 있다. 여성의 노동 시간은 남성의 노동 시간을 1로 고정하고 그에 대한 비율을 계산한 것으로, 그 수치가 1.3일 경우 노동 시간이 남성의 1.3배로 더 길다고 볼 수 있다. 국가에서 여성의 노동시장 참여율이 높으면 1인당 **GDP**도 대체로 높다. 이는 일하는 여성과 국부■■의 관계를 드러낸다. 가사 노동 같은 무급 노동을 많이 할수록 여성의 경제 참여 기회는 줄어든다.

출처:　1) 세계경제포럼, '세계성별격차 보고서 – 노동과 경제 참여 및 기회 순위', 2017. 2) 미국중앙정보국, 《CIA 월드 팩트북 2017》, 2017. 3) 경제협력개발기구, 'OECD 통계 – 시간 사용', 2018.

게 작용한다. 여성이 개인적으로 부담하는 경제적 위험성을 증가시킨다. 어느 국가에서든 여성은 남성과 같거나 더 긴 시간 일하지만 무보수 가사 노동 때문에 보수를 받는 일과 여가에 더 적은 시간을 할애하게 된다. 여성의 가사 노동 덕분에 남성은 보수를 받는 일에 더 긴 시간을 투자해 그에 따른 경제적 혜택을 누린다.

국가별로 비교해보면 여성의 노동시장 참여와 그에 대한 대우가 국가 경제력 성장에 어떤 영향을 미치는지 확연히 알 수 있다. 표3을 보면 스웨덴, 미국, 영국과 같은 부유한 나라들에서 여성의 노동시장 참여가 1인당 GDP를 높이는 요인으로 작용한 것으로 보인다.

하지만 여성과 남성이 거의 동일한 숫자로 일하는 이 나라들에서도 여성은 유급 노동보다 무급 노동에 할애하는 시간이 더 길다. 적게는 스웨덴에서 30% 정도, 많게는 영국에서 두 배 가까이(80%) 남녀 가사 노동 시간이 차이 나는 것으로 확인된다.

멕시코, 튀르키에, 인도처럼 여성의 노동시장 참여율이 낮은 국가는 GDP 역시 낮다. 이 국가들에서 전업주부는 중요한 기회비용이다. 특히 가사 노동에 대한 부담이 여성에게 지나치게 편향된 튀르키에와 인도의 경우, 여성은 남성보다 1~2시간 더 일하면서 무급 노동 시간은 남성의 3~6배에 달한다.

여성이 가사 노동을 많이 할수록 경제적 기회는 줄어든다. 가정에 종속된 여성에게는 불균형적 손해와 위험이 부과된다. 여성은 대체로 자신의 목표보다 남성의 목표를 우선시하게 된다. 자녀가 태어나면 일을 그만두거나 시간제 근무로 바꾸는 쪽은 거의 항상 여성이다. 남성은 경력을 이어가지만 여성이 그동안 쌓아 올린 경력은 물거품이 되어버린다.

남편이 이주를 거부하면 여성은 다른 지역에 좋은 기회가 생겨도 거절하지만 반대의 경우 여성은 남편을 위해 거주지를 옮긴다. 여성이 가정에 갖는 책임감은 결국 낮은 보수와 경력 단절로 이어진다. 그 후 부부가 이혼하거나 남편이 사망하면 여성과 자녀는 경제적 고통을 겪고 빈곤의 늪에 빠진다. 일생 동안 계속되는 경제적 불평등으로 여성에게 주어지는 연금과 퇴직금은 남성보다 훨씬 적다. 결국 노년에 이르러 빈곤에 처하기 쉽고 가족과 정부에 부담을 주는 존재로 전락한다.16

여성의 가사 노동은 경제체제의 운용에 필수적이다. 하지만 경제활동을 돈으로 환산하는 관행에서 가사 노동은 가치를 잃는다. 시간이 지날수록 경제학자들 사이에서 가사 노동에 가치를 부여하지 않는 경향은 점점 더 강해졌다. 페미니스트 경제학자와 여성의 경제적 자주권 운동가는 대가 없는 가사 노동의 가치를 환산하면서 실행 모델에 포함하기 위해 엄청난 노력을 기울이고 있다.

세계시장은 '여전히' 여성을 배제하고 있다

여성은 가정 내 자산에 대해서 남성과 동등한 권리를 누리지 못하는 경우가 많다. 자신들이 생산하는 부의 결과물을 공평하게 누리지 못하는 것이다. 전 세계 토지 소유자 중 여성의 비율은 약 20%에 불과하다. 토지는 전통적으로 부를 나타내는 수단이었다. 토지소유권을 박탈당한 여성은 남성보다 훨씬 적은 자산을 갖는다. 부를 확대하며 부유해진 여성도 일부 존재하지만 여성은 여전히 자산을 공정한 비율로 배분받지 못하는 경우가 더 많다.[17]

오늘날 여성이 소유한 자산이 적은 또 다른 이유는 자산을 안전하게 사적으로 보관할 수단과 투자 능력을 갖지 못했기 때문이다. 더블엑스 이코노미는 지난 수 세기 동안 금융 체계에 참여할 수 없었다. 서구 여성도 1970년대 들어서야 자신의 계좌를 열거나 신용카드를 발급할 권리를 얻었다. 개발도상국 여성은 오늘날까지 금융 체계에 참여할 권리를 얻으려고 애쓰는 중이다.

은행가들은 여성은 업무보다 자녀를 먼저 돌보고, 수익을 창출하기 힘든 위험한 존재라고 주장한다. 이것이 그들이 제시하는 유일한 변명거리다. 하지만 재계는 성별에 따라 기록을 분류해 관리하지 않는다. 그들의 시각은 증거에 입각하지 않고 고정관념에 따른 것이다.[18]

공개 거래와 자유무역을 자축하는 세상에서도 더블엑스 이코노미는 성별의 장벽에 막혀 시장 진출조차 쉽지 않다. 서구의 협동조합, 마케팅 보드는 여성의 참여를 지속적으로 금지해왔다. 이런 현상은 다른 국가에서도 일어났다.

시장과 수익의 규모가 큰 세계적 거래에서 여성을 배제하는 현상은 더욱 두드러진다. 국제 거래에 참여하거나 대규모 기관 매매계약을 달성하는 여성은 극히 드물다. 남성이 장악하는 비율이 99%에 달한다는 사실은 충격이 아닐 수 없다. IMF는 경제에 다양성이 커지면 하락세에 대한 저항력과 혁신의 가능성도 커지므로 국제 거래에서 성별 균형을 도모한다면 훨씬 이득을 볼 수 있다고 설명한다.[19]

더블엑스 이코노미는 생산 자원에 대한 접근이 제한되어 시장에서도 제약을 받는다. 여성은 자신의 기업을 창립하고 성장시키는 데에 필요한 장비와 노동력, 재료를 관리하는 일에 어려움을 겪는다. 소비자와 공급자는 여성을 속여도 된다고 믿고, 여성은 이익을 창출할 능력이 남성 경쟁자보다 부족하다고 여긴다. 조직적인 제약 속에서 여성 기업가는 기업 성장이 느리다는 사실을 비판받는다. 여성을 깎아내리는 이들은 "여성은 사업을 전혀 모른다"라거나 "여성은 성장을 진지하게 고민하지 않는다"라고 주장한다.

제로 성장률에서 벗어날 유일한 해결책

시장이 효율적으로 작동하려면 정보가 자유로이 소통되어야 한다. 하지만 지금 같은 디지털 시대에도 여성은 데이터에 대한 접근에 제한을 받는다. 여성이 가정에 머물고 바깥세상과의 소통을 통제당하는 오래된 관습이 만연하기 때문이다.

배움에 대한 차별로 여성은 제한되게 정보에 접근할 수 있었다. 문자와 수학이 발명된 이래 사회는 여성의 교육권을 제한해왔다. 고대 문명은 여성의 읽고 쓰는 능력을 차단했고 오늘날도 성인 여성의 문맹률이 가장 높았다. 1,000년이 넘는 시간 동안 남아는 법학, 의학, 금융, 정부, 관리를 교육받았고 여아의 교육은 가정학을 위주로 이루어졌다.

19세기까지 여성은 대학에 입학할 수 없었다. 특히 과학이나 수학은 제2차세계대전 이후에 여성에게 문호를 개방했다. 1990년대 들어 이들 분야에서 여성이 학력 격차를 좁힐 수 있었던 까닭은 고등수학 과정에 여성이 동등하게 참여할 수 있게 정부가 기회를 보장했기 때문이다.[20] 소위 말하는 인지적 결함의 원인은 여성의 지적 능력이 부족해서가 아니라 여성이 교육의 기회를 얻지 못했기 때문이다.

오늘날 여성은 역사상 처음으로 교육에 대해 남성과 동등한 접근을 보장받고 있다. 미국, 영국, 프랑스, 독일, 이탈리아, 일본, 캐나다로 구성된 G7 국가에서 25~54세 여성 중 약 10%는 같은 연령대 남성보다 높은 수준의 교육을 받은 것으로 나타났다(42쪽 표4 참조). 또 오늘날 여성의 노동시장 참여율은 매우 높다. 고도로 특화된 기술과 훈련이 필요한 전문직에도 남성과 동등한 수준으로 참여한다.

하지만 여성은 자격에 상응하는 대접을 못 받고 있다. 공공과 민간을 불문하고 여성의 2배 가까운 남성이 리더 역할을 차지하고 있기 때문이다. 그래서 G7 국가에서 여성은 남성의 62%에 불과한 임금을 받는다. 아이러니하게도 G7 국가에서 고등교육을 받은 젊은 여성은 남성보다 약 20% 많다. 기성세대를 가로막던 장애물을 제거하지 않는다면 현 세대의

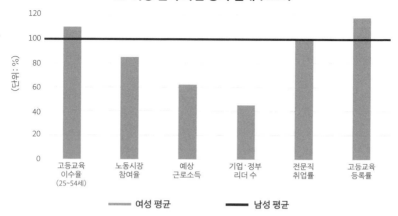

G7 여성 인적 자원 낭비 실태 (2017)

(단위: %)

여성 평균 ———— 남성 평균

고등교육 이수율 (25~54세) / 노동시장 참여율 / 예상 근로소득 / 기업·정부 리더 수 / 전문직 취업률 / 고등교육 등록률

표4. 주요 경제 지표에 있어 남녀가 각각 차지하는 비율이 나타나 있다. 검은색 가로선이 100을 기준으로 고정한 남성 평균을, 회색 세로 막대가 여성 평균을 표시한다. 왼쪽부터 보면 주요 7개국에 고등교육을 받은 여성의 비율은 남성보다 약 **10%** 높고, 남성과 비교한 여성의 노동시장 참여율은 약 **85%**다. 과거에 비해 여성에게 교육과 노동의 기회가 더 열린 것이다. 하지만 아직 여성은 남성의 **62%**에 해당하는 임금을 받고, 여성 리더는 남성의 절반에도 못 미친다. 전문직에서 여성이 남성과 동등한 비율로 고용되고, 고등교육을 등록하는 여성이 남성보다 약 **20%** 많아진 것은 큰 변화다. 하지만 여성이 더 적은 임금을 받고 리더 역할을 얻지 못하는 것은 여성 교육에 엄청난 자원이 투자되었지만 그 인재를 제대로 활용하지 못하는 것으로 볼 수 있다.

출처: 세계경제포럼, '세계성별격차 보고서', 2017.

젊은 여성도 모든 분야에서 더디게 성장하고 능력 이하의 일을 하게 될 것이다.

이 여성들을 교육하는 데에는 가족의 저축, 정부의 대출 및 장학금, 대학의 인재, 세납자의 세금이 필요했을 것이다. 국가에서는 여성을 교육하는 데에 엄청난 자원을 투자하지만 여성 인재를 제대로 활용하지는 못한다.

역설적인 사실은 G7 국가는 성장이 더디거나 심지어 제로 성장률을 앞두고 있지만 이는 여성의 경제 참여율을 높이면 해결될 문제다. 새로

42

운 직업은 고도로 훈련된 노동력을 요구한다는 기술적 격차가 존재하는데 자격을 갖춘 인재가 충분하지 않은 실정이다. 왜냐하면 G7 국가는 고등교육을 받은 우수한 여성 인재를 제대로 활용하지 못하기 때문이다. 더블엑스 이코노미는 전 세계적으로 가장 악의적으로 낭비되는 자원인 셈이다.

폭력은 경제에도 상처를 입힌다

국가 경제에서 중요한 문제는 성장에 정체를 일으키는 비용을 크게 줄일 수 있는 성 평등의 힘이다. 예를 들어 가정 폭력은 공동체 내 경제적 성 불평등과 긴밀하게 연결되어 있으며 해결하는 데에 국가적으로 큰 비용이 든다. 인간의 고난이라는 금액으로 환산할 수 없는 비용 이외에도 경찰 출동, 응급실 방문, 피해자 쉼터 운영, 결근, 심리 상담 등에는 엄청난 비용이 들며 이는 총비용에 더해진다.

2014년 코펜하겐 컨센서스 센터의 발표에 따르면, 여성을 대상으로 한 가정 폭력에 드는 비용은 세계적으로 해마다 약 4조 4,000억 달러(약 5,632조 원)에 달하며 GDP의 5.2%에 해당하는 것으로 나타났다. 이는 초등교육에 드는 비용과 맞먹는 수치이며 세계가 국제 원조에 소비하는 비용의 30배에 달했다. 가정 폭력을 목격한 자녀가 성인이 되어 모방하는 사례로 이어지면 경제적 영향력은 먼 미래까지 이어졌다.

성 평등 지수가 낮은, 가난하고 분쟁이 많은 국가일수록 가정 폭력도 많이 일어났다. 스웨덴에서는 24%의 여성이 가정 폭력을 경험했지만, 아프가니스탄에서는 87%의 여성이 가정 폭력에 노출되었다.[21]

스웨덴의 24%도 분명 지나치게 많은 수치다. 하지만 단 1번도 배우자에게 상해를 입히거나 폭력적인 모습을 보인 적이 없는 76%의 스웨덴 남성과 13%라는 소수의 아프가니스탄 남성을 비교해보자. 어떤 종류의 폭력이든 성 평등성이 높은 국가에서 덜 발생한다. 폭력에는 항상 대가가 따른다. 제2차세계대전 종전 이후 지난 수십 년 동안 국가 간의 분쟁도 감소하는 추세다.22

학계와 국제 정책 기관에서는 지난 75년 동안 이어진 세계적 폭력의 감소를 '긴 평화'라고 부른다. 평화를 뒷받침하는 공식 기관은 제2차세계대전과 같은 사태를 막고자 1945년 창립된 유엔과 1993년 창립된 유럽연합(이하 EU)이다. 제2차세계대전은 5,800만이라는 인류 역사상 가장 많은 사상자를 유발한 전쟁으로 기록된다. 평화 수호를 위해 조직된 이 기관들의 선언문은 성 평등을 최우선 과제로 명시한다. 전문가들은 제2차세계대전 이후 국가 간 분쟁 감소를 이끌어낸 주된 요소를 국제경제 활동 확대, 민주주의 확산, 성 평등 증진의 세 가지로 본다.23

전후, 세계는 평화를 유지하기 위해 군사적 목적에 집중하던 경제 활동을 국제 거래로 이동시키려고 노력해왔다. 하지만 불행하게도 1950년대 초부터 서방은 소비에트연방의 공격적 태도에 대응하기 위해 재무장할 수밖에 없었다. 제34대 미국 대통령 드와이트 아이젠하워 Dwight Eisenhower는 군사 재무장에 관해 다음과 같이 한탄했다.

우리가 만든 모든 총과 진수한 모든 함대와 발사한 모든 로켓은 결국 배고프고 굶주리고 춥고 헐벗은 이들에게서 약탈한 것과 마찬가지다. 지금 군비를 축적하는 세계가 소비하는 것은 돈만이 아니다. 노동자의 땀과 과학자의 재능과 아이들의 희망을 소비하는 것이다. 이는 진정한

삶의 방식이 아니다. 인류는 지금 전쟁의 위협이라는 구름 아래 강철 십자가에 매달려 있다.[24]

국제무역이 늘고 '긴 평화'가 이어지는 상황이지만 냉전은 엄청난 규모의 군비 확장 경쟁을 유발했다. 미국은 재량 예산의 절반 이상을 군용으로 지출했으며, 도널드 트럼프Donald Trump 정권 이후 그 규모가 급격히 늘었다. 그 금액을 일부라도 다른 부문에 지출한다면 얼마나 좋은 결과가 일어날 수 있을지 생각해보자.

이 책에서는 전사戰士 경제, 남성 우월주의, 모든 유형의 폭력, 필수 자원 분배 간의 관련성을 계속 언급할 것이다. 더블엑스 이코노미가 갖는 제약은 폭력의 위협으로 강요된 것이다. 남성의 폭력은 생물학적 특성의 일부가 아니다. 남성의 폭력이 불변하는 내재 조건이라면 폭력의 횟수가 지역이나 시간에 따라 달라지지 않았을 것이다.

남성은 성 평등을 지지하는 쪽과 지지하지 않는 쪽으로 구분되었다. 조사에 따르면 서방국가에서는 남성 대부분이 접근, 보수, 승진의 평등이라는 기본 원칙을 받아들이는 것으로 나타났다. 하지만 여성의 경제 진출과 지위 상승에 적대감을 품는 남성도 여전히 존재한다. 이들은 성 평등이라는 주제가 등장하면 쉽게 화를 내며 주변인의 행동에 영향을 미친다.

경제 기관은 이런 성미 급한 부류의 남성이 성 불평등 문제를 눈치 채지 못하도록 영구화한다. 이런 남성은 종종 분별력 있는 남성보다 높은 자리를 차지한다. 그들이 속한 조직은 아직도 공격성이 있는 지도자를 선호하기 때문이다. 이런 집단행동과 조직 규범이 경제적 성별 격차를 영구화한다. 따라서 나는 무리의 역할을 강조하고, '일부' 남성과 '대부분' 남성의 차이를 구분할 것이다.

여성의 경제적 배제로 인한 또 하나의 비극적 결과는 여성이 상품으로 거래되는 것이다. 노예 거래는 전 세계에서 일어나며 규모도 과거보다 커졌다. 노예로 거래되는 인력의 약 70%는 여성이다. 여성이 인신매매의 희생양으로 전락하는 원인은 경제적 취약성이다. 제프리 엡스타인Jeffrey Epstein의 성매매 조직 사건에서 볼 수 있듯이 인신매매는 빈곤국에서만 일어나는 현상이 아니다. 엡스타인의 사례와 같이 취약한 여성을 보호해야 할 기관이 의무를 다하지 못하는 경우도 있다. 인신매매 문제 전문가인 케빈 베일즈Kevin Bales 교수는 노예라는 시스템을 제거하는 유일한 방법은 희생자에게 경제적 자주권을 주는 것이라고 조언한다.25

더블엑스 이코노미는 전 세계 직장과 시장에 만연하는 적개심에 고통받는다. 여성 중 상당수가 직장에서 성희롱을 겪거나 동료 중 누군가 성희롱으로 고통받는 사실을 안다. 진실이 오랫동안 숨겨져 미투#MeToo 운동은 엄청난 사회적 반향을 일으켰다. 성범죄는 할리우드와 마찬가지로 공장이나 첨단기술 기업에도 존재한다. 농장 관리자는 여성 노동자에게 몰래 접근해 아무도 없는 공간에서 성범죄를 저지른다. 벤처 투자자는 지원을 원하는 여성에게 성희롱을 시도하며 여성이 거부하면 투자에 대한 지원을 거절하기도 한다. 결국 여성을 위한 나라는 없다.

기업 구성원의 30%가 여성이라면?

더블엑스 이코노미는 일상적으로 일어나는 편협성에 위험을 받는다. 산업계를 비롯한 다양한 조직에서 이러한 현실을 외면한다. 가식적인 다양성 프로그램을 도입하고 편협성을 무의식적 편견이라고 완곡하게 표현한다. 무의식적 편견이란 확고부동한 습관적 인식이 뇌의 처리 과정에 지름길을 만드는 인지 현상을 말한다.

이 지름길이 때로 부당한 행동으로 이어지는 것은 사실이지만 이는 순전한 무의식의 결과가 아니다. 여성이 남성보다 덜 가치 있다고 수년 동안 각인된 지적 연관성이 원인으로 작용하는 것이다. 이 용어는 무의식적이든 공공연한 방식이든 차별을 자행하는 이들이 비난을 피하려는 목적으로 폭넓게 사용한다. 모든 차별을 무의식적 편견으로 분류하는 방식은 의식적으로 편견을 갖는 이들까지 수치심 없이 자신의 행동을 계속하도록 하는 보호막의 역할을 한다.

직원의 70% 이상이 남성으로 이루어진 남성 우월적 분위기의 회사는 여성을 상대로 한 성희롱과 성차별은 더 빈번하게 발생한다. 이런 조직에서는 남성 직원을 학대하는 사례도 일어난다. 남성 우월적 분야에서 고용주는 탐욕의 주체로 전락하기 쉽다. 그래서 직원의 정신적·감정적 에너지를 빼앗고, 일을 우선시하게 강요하며, 직원의 개인적인 시간에 소유권을 주장하거나 가족과의 시간이나 수면 시간을 비롯한 일 이외의 활동을 평가절하한다.

이런 조직에 속한 남성은 건강 문제, 특히 심장병을 일으키는 확률이 월등히 높아진다. 과로사로 이어지는 것이다.26 이런 기업의 유해한 환경은 남성 간 집단 역학의 결과이지만 갈등이 깊어지면서 여성을 향한 부정적 태도와 공격성을 유발하기도 한다.

성별 간 균형은 직장 문화를 좀 더 공평하고 친근한 분위기로 만들어 우수한 사업 성과를 유발한다. 남성과 여성이 함께 조화를 이루는 업무 환경에서 최상의 결과가 만들어진다는 연구 자료는 너무도 많다. 남성과 여성이 함께 일하는 기업이 더 우수한 제품을 생산하며 더 혁신적이고 재무 수익률도 더 높게 나타난다. 적어도 30%의 구성원이 여성으로 이루어진 기업은 이사회의 성과가 대폭 개선되고 위험 요소가 줄어들어 효율적으로 관리된다. 개개인의 책임감이 높아지면서 인사관리가 공정하게 이루어진다. 투명하고 환경친화적인 운영을 유지하고, 터무니없는 급여나 상여금으로 보상하는 빈도가 낮아진다.

기업의 투명성 향상과 위험성 감소는 전반적 경제 안정성을 보장하고 정부와 국민은 다양한 혜택을 본다. 기업 지도부에 여성을 늘리면 여러 사회적·환경적 가치가 추가로 발생한다. 캘리포니아대학교 버클리(이하 UC 버클리)에서 2012년에 발표한 연구 결과에 따르면 이사회를 구성하는 여성의 수가 많아질수록 재생에너지에 투자할 확률이 높아지고, 제품의 생산과 포장이 환경에 미치는 영향을 적극적으로 측정하면서 공급자와 함께 탄소저감 프로그램을 실행한다고 한다. 더 나아가 여러 계획이나 재정적 결정에 기후변화의 영향력을 고려하고, 소비자가 스스로 기후변화의 위험성을 관리하게 도우며, 에너지 효율성 향상과 생물학적 다양성 방해 요소 최소화를 위해 최선을 다하는 것으로 나타났다.[27]

더블엑스 이코노미는 가부장제의 해로운 영향력을 줄이는 지도자의 윤리성을 실현한다. 지금까지 대형 금융거래와 일확천금의 세계에서 제외되었던 여성은 위험 요소를 남성보다 더 현실적으로 평가한다. 자녀를 양육하며 축적한 경험을 통해 투자수익률에 있어 장기적 안목을 유지하고 환경에 대한 영향력을 비롯해 장기적 손해를 피한다. 가정과 서로 간의 유대를 강조하는 여성은 공동체에 더 많이 투자하고 기부하며 제품과 주식 양쪽 측면에서 사회적 책임을 요구하는 경향이 강하다.

더블엑스 이코노미를 포용한 국가는 효율과 성과가 향상하며 위험과 낭비가 줄어든다. 더블엑스 이코노미를 활성화하면 극단적 남성 우월주의가 초래하는 재난을 막고 균형을 추구할 수 있다. 더블엑스 이코노미의 가장 큰 가능성은 개발도상국과 선진국 사이 과도기의 나라들에 있다.

브라질이나 튀르키예 같은 신흥 경제국은 성 평등이 우수한 선진국과 절망적인 성차별에 신음하는 빈곤국 사이에 있다. 신흥 경제국 가정에서 여성의 경제적 역량이 강화되면 가족 의사결정 과정이 평등해지고 생활 형편이 나아지며 서로 간의 스트레스를 줄이고 모든 구성원에게 더 많은 기회가 생길 수 있다.

종교, 민족, 계층, 인종 어디에서도 여성이 남성과 동등하게 경제적 자주권을 갖는 집단은 찾기 어렵다. 모든 집단에서 불평등하게 살아가는 여성을 경제적으로 포용하는 프로그램은 가장 소외되는 집단까지 포함하는 방안이기에 전 세계 모두에게 이익이 되리라고 기대한다.

역사상 그 어떤 계획도 여성의 경제적 역량 강화처럼 고통을 줄이고 정의를 실현하며 평화를 보장할 선명한 청사진을 제시한 적이 없다. 그 어떤 방법도 한 가지 문제를 바로잡아 다른 수많은 문제를 해결할 수는 없었다. 우리가 성취할 목표는 노력의 가치가 충분하고, 새로운 방법은 개발의 가치가 충분하며, 자금은 투자의 가치를 충분히 발휘할 것이다.

2장

빅 데이터
너머의
현실

그래프로 상황을 설명할 수는 있지만 그 배경까지 보여줄 수는 없다. 하지만 의미 있는 변화로 나아가려면 데이터에 숨겨진 의미를 파악하는 일이 꼭 필요하다. 데이터의 이면을 제대로 읽지 못하면 실행 단계에서 실패로 이어지거나 오히려 해로운 결과를 유발할 수도 있다. 그래서 빅 데이터를 확인할 때는 주제에 최대한 가까이 접근해 표면적 의미를 넘어서는 자세한 내용을 찾아야 한다. 우리 팀이 아프리카에서 진행한 생리대 프로젝트를 자세히 살펴보고 그와는 전혀 다른 미국 경영대학원에 관한 이야기를 하려고 한다.

2008년 생리대 프로젝트를 시작하면서 우리는 당시 정책 분야에서 이미 많은 이가 주목하던 질문에 대한 답변을 찾을 수 있기를 기대했다. 초반에 수집한 데이터에 따르면 여아 집단 중등교육과 GDP 상승에는 강한 연결 고리가 있는 것으로 나타났지만 빈곤국에는 초등학교를 마치는 여아조차 드물었다. 여아들이 왜 학교를 그만두는지 아무도 정확한 이유를 파악하지 못했지만 다양한 가설이 표류했다. 여아는 집안일을 해야 했기에 부모는 대체로 여아보다 남아 교육에 지출하기를 원했고 나이 많은 여아는 어린 동생을 돌보아야 했다.

가나 주민들은 소녀들이 지나치게 물질주의적이어서 학교를 그만둔다고 생각했다. 10대 소녀들은 새로운 옷이나 휴대전화를 마련하기 위해서 성을 팔 수 있다는 설명이었다. 소녀들이 임신 때문에 학교를 떠나야 할 때 가벼운 처벌을 받는다고 분개하는 이도 있었다. 충분히 타당성 있는 설명을 듣고 나는 취학률이 높아질수록 10대 출산율이 감소한다는 사실을 떠올렸다. 취학률과 임신 사이의 반비례 관계는 타당성이 충분했지만 두 가지 모두 GDP 상승을 일으키는 이유에 대해서 명확한 답을 얻을 수는 없었다(표5 참조).

소녀들이 학교를 떠나는 진짜 이유

우리의 가설에 따르면 빈곤 지역 소녀들은 충분한 위생 관리를 받지 못해서 생리를 시작하면 1달에 며칠간은 집에 머물 수밖에 없었다. 생리를 이유로 결석하면서 소녀들은 학업에 뒤처지고 의욕이 꺾여 결국 학교를 그만둔다고 추측했다.

일단 학교를 그만두면 결혼하거나 가정을 꾸리는 방법 외에는 선택의 여지가 없었다. 패턴을 바꿔 소녀들이 교육을 지속하면 노동시장 참여율이 높아지고 경제성장을 도모하고 소녀들은 더 많은 선택의 가능성을 누릴 것이었다. 또한 생활수준이 향상하고 조세 기반이 강화될 것이었다. 정부에서 생리대를 제공하면 그 비용을 상쇄하는 이득을 얻으리라는 결론이 나왔다.

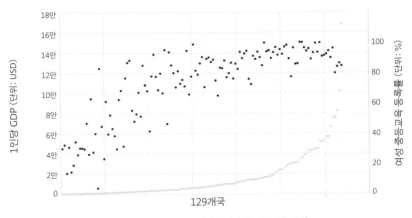

여성 중등교육 등록률과 GDP (2015)

129개국

———— 1인당 GDP   • 여성 중등교육 등록률 (해당 연령대 모든 여성 대상)

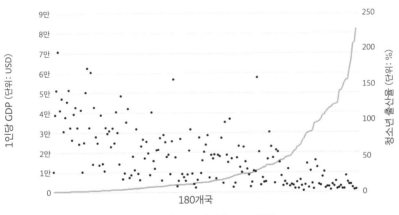

청소년 출산율과 GDP (2015)

180개국

———— 1인당 GDP   • 청소년 출산율 (15~19세 여성 1,000명당)

표5. 상단의 그래프는 중등교육을 받아야 하는 연령대의 여아들이 학교에 다닐수록 국가의 **GDP** 또한 높다는 사실을 보여준다. 모든 여성의 중등교육 졸업 여부가 아닌 해당 연령대 여아들의 등록 여부를 조사한 것도 주목할 만하다. 여아가 학교에 다닐수록 아동 개인뿐만 아니라 국가에도 도움이 된다. 하단의 그래프는 청소년 출산율이 낮을수록 국가의 **GDP** 또한 높다는 사실을 보여준다. 여아들이 학교에 다니면 청소년 출산이 줄어들고, 이는 두루 **GDP**의 상승 요인이 된다.

출처: 세계은행 데이터베이스, '국제비교 프로그램: 국민소득 및 구매력평가'.

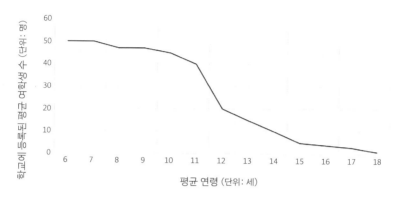

가나·우간다 여학생 학교 등록 실태 (2008~2011)

(세로축: 학교등록 평균 여학생 수 (단위: 명))
(가로축: 평균 연령 (단위: 세))

표6. 우리 팀은 가나의 시골과 근교 도시에서 학교 등록 자료를 촬영하고 메모했다. 그 후에 우간다에서 무작위로 대상을 선정해 실험한 내용까지 취합해 위의 그래프를 도출했다. 대체로 초등교육에서 중등교육으로 넘어가는 시기(11~14세) 여학생 등록률은 스키 점프처럼 뚝 떨어진다.

가설은 합리적이었다. 여아들이 학교를 그만두는 시점을 들여다보면 초경을 시작하는 시점과 일치하는 듯 보였다(표6 참조). 이 논리에 자선단체, 정부, 국제기구의 국제 원조 전문가들은 반발했다. 빈곤국의 어느 누구도 여아들의 월경을 문제로 들고 나선 적은 없었다.[1] 미국 국제개발처(이하 USAID)는 우리의 아이디어가 경솔하다고 일축했다. 또 다른 이들은 우리의 시나리오가 서구의 상상력이 불러온 허구에 불과하다고 경시했다. 학교 중퇴율에 대한 합의된 접근법으로는 학부모에게 여아 교육의 필요성을 설득하는 포스터 캠페인이 있었지만 큰 실효성은 없었다.

영국인 동료들이 아크라 현지팀에 합류하고 우리는 현장 업무 허가와 윤리적 승인을 구하기 위해 정부 관계자와 회의를 시작했다. 또 현장 실험을 실행하는 과정에서 도움을 얻기 위해 현지 사설 기관을 방문했다. 하지만 우리는 비정부기구(이하 NGO) 방문에서 난관에 봉착했고 매번 실패했다. NGO 관계자들은 여성들이 이미 생리대를 가지고 있다고 설명했다. 여성들은 고대부터 전해지는 도구를 사용하며 그것만으로 충분하다고 설명하는 사람도 있었다. 하지만 이는 지어낸 대답이었다. 이런 주제로 여성들과 대화를 해본 사람이 아무도 없었다.

가나의 중남부에 있는 도시 쿠마시에 본부를 둔 케어 인터내셔널CARE International은 우리를 도와줄 마지막 비영리단체였다. 회의를 시작하고 20여 분 동안 나와 폴 몽고메리Paul Montgomery는 거절당하리라고 생각했다. 그런데 그때 키 큰 남성 1명이 숨을 헐떡거리며 회의실로 들어섰고 대화는 중단되었다. 모두의 시선이 그를 향했다. 그는 우리가 생리대 문제를 논의하기 위해 방문한다는 소식을 듣고 문제를 직접 확인하기로 마음먹었다고 설명했다. 마을로 달려가 여성들을 만나고 오는 길이라고 덧붙였다. "생리대 문제가 맞습니다"라고 말하며 남성은 착석했다. "여성들이 생리대 문제를 언급하지 않았던 것뿐입니다." 잠시 후 우리는 그의 트럭을 타고 여성들을 만나고 마을 어르신의 승인을 구하기 위해 현장으로 갔다.

케어 인터내셔널 소속 키 큰 남성 조지 아피아George Appiah는 위원회가 열릴 때마다 미리 마을 족장에게 연락했다. 우리가 도착하자 여성들은 노래와 춤으로 맞아주었고 나는 이 의식이 정말 좋았다. 하지만 회의에서는 남성만이 의사결정에 참여할 수 있었기에 우리는 여성들이 참여할 방법을 특별히 논의해야 했다.

그중 어떤 마을이 유난히 오래도록 기억에 남았다. 우리는 나이 많은 남성만으로 구성된 위원회와 커다란 나무 아래에 앉아 있었다. 여성들도 회의에 참석시켜달라고 부탁했지만 그들은 단연코 거절했다. 하지만 우리도 주장을 굽히지는 않았다. 결국 여성들이 참석했지만 그들은 의사소통이 전혀 안 될 만큼 멀리 떨어진 다른 나무 아래에 앉았다.

우리는 여성 문제를 논의해야 한다는 사실을 강조하며 여성들과 함께 앉을 수 있는지 물었다. 위원회가 동의했고 여성들이 가까이 앉았다. 문제를 설명하기 시작하자 남성들은 먼저 충격에 빠지고 불편해하다가 이런 문제는 알고 싶지 않다고 결정을 내린 듯 무표정해졌다. 나는 여성들과 좀 더 의논하고 동의를 구할 수 있도록 따로 이야기하고 싶다고 제안했다. 남성들이 한결 편안해진 표정으로 동의했다.

학교의 빈 교실로 자리를 옮긴 우리는 전보다 솔직하게 얘기하며 프로젝트를 설명했다. 여성들은 처음에는 흥미를 보였지만 생리대를 본 적이 없어서 점점 어떻게 해야 할지 난감해하는 눈치였다. 회의에 참석하기 전 나는 가판대에서 어떤 제품이 얼마의 가격에 판매되는지 확인하기 위해 생리대를 구매했었다. 그리고 우리가 타고 간 트럭에는 따뜻해진 콜라 1병이 남아 있었다. 여성들이 가까이 모였을 때 케어 인터내셔널 소속 젊은 여성이 콜라를 생리대에 부어 액체가 생리대에 스며드는 모습을 보여주었다. 여성들은 "우와!" 하고 외치며 웃었다. 여왕으로 불리는 여성 지도자가 생리대 프로젝트에 찬성한다고 외쳤다.

결혼하거나 돈을 벌거나 도망치거나

현장 실험을 시작하기 전 우리는 가나 전역의 교사, 간호사, 학교 관계자, 부모, 학생을 비롯한 수백 명과 인터뷰를 했다. 그리고 대충 만든 위생 용품만으로 버텨야 해서 여학생들이 학교를 결석할 수밖에 없다는 사실을 파악했다. 가나의 여학생들이 학교를 그만두는 결정적 이유는 부진한 학업성적이 아니라 결혼을 강요당하거나 임신하거나 도피를 결정하기 때문이라는 사실도 알 수 있었다.

여아가 월경을 시작하면 결혼과 성생활이 가능한 '성숙한' 여성으로 받아들여진다고 그들은 설명했다. 부친은 딸을 주는 대가로 신랑의 부모에게 신부 대금을 받기 위해 하루빨리 딸을 시집보내고 싶어 했다. 신부 대금은 약 500달러(약 64만 원)로 신부 아버지는 소를 1마리 사고도 150달러(약 19만 원)를 남길 수 있었다. 결혼 후에는 딸을 교육하고 돌보는 데에 드는 돈을 아낄 수 있었다. 그러니 딸을 일찍 결혼시키는 일은 좋은 거래로 보일 수밖에 없었다.

부친은 더 큰 금액을 제시하는 사람을 사윗감으로 고르거나 자신의 빚을 탕감하기 위해 딸을 시집보내기도 했다. 가나의 교사에게 딸들이 남편을 선택할 수 있는지 질문하자 그는 "절대 아니지!"라며 딱 잘라 말했다. "여자는 선택할 권리가 없어!"라고도 덧붙였다. 나는 그가 관행에 화가 난 건지 내 질문이 무례하다고 생각한 건지 확인하지 못한 채 대화를 중단해야 했다.

결혼한 딸은 남편 가족과 함께 살기 위해 고향에서 멀리 떨어진 마을로 갔다. 혹여 스스로 돈을 벌더라도 남편이나 남편의 가족에게 넘겨야 했다. 딸의 부모는 딸을 학교에 계속 다니게 하더라도 경제적 이득이 없었다. 부모는 집에 남는 아들 교육에 더 많이 투자하고 농장을 넘겨준 후 노년의 삶을 아들에게 의지했다. 개발도상국에서는 이 같은 문화적 합의에 따라 거의 아들을 선호했다.

가나의 여아는 다양한 이유로 혼외임신을 한다. 욕정과 쾌락을 좇는 사례도 있지만 부탁을 하거나 물건이나 돈을 받는 '거래에 의한 성관계'

의 빈도가 훨씬 높다. 여아에게는 돈을 벌 다른 수단이 거의 없다.

부모 아닌 친척과 함께 사는 여아는 월경을 시작하고 경제적 지원을 받지 못하는 경우가 많다. 월경을 시작하면 이제 성인 여성이므로 독립해야 한다고 주장하는 것이다. 여성들은 여아가 학교에 계속 다니려면 경제적 도움을 줄 남자 친구를 찾아야 한다는 인식이 일반적이라고 표현했다. 여아가 임신하면 남자 친구와 결혼하기도 하지만 그렇지 않다면 태어날 아기와 함께 가난에 시달린다.

강간으로 임신하는 여성도 상당수를 차지한다. 강요로 인한 성관계가 얼마나 흔하고 얼마나 쉽게 용인되는지 알고 나는 경악을 금치 못했다. 2012년 아프리카 10개국 5만여 명의 여학생을 상대로 한 조사에 따르면 16세 소녀 중 1/3은 성관계를 강요당한 경험이 있고 그 평균 연령은 월경을 시작할 무렵인 12세인 것으로 나타났다. 마을 공동체가 거래에 의한 성관계에 관대한 태도를 보이면 성관계 강요 사례가 늘고 성인 여성마저 성관계를 강요받았다.[2]

월경을 시작했다는 소문이 마을에 돌면 등하굣길에 여학생을 쫓는 남성이 생기기도 했다. 이런 스토킹은 개발도상국에서 흔한 일이었다. 강간에 대한 사후 처리는 피해 여학생의 부모에게 사과하는 의미에서 가해자가 여학생과 결혼하는 것이었다. 피해 여학생이 겪을 트라우마를 걱정하는 이는 드물었다. 남성의 성적 공격성은 당연한 일로 받아들여졌다. 금욕을 홍보하는 공공 보건 캠페인은 많았다. 하지만 원하지 않는 임신과 성병이 '아니요'라는 거부 의사로 해결되지 않으리라는 사실은 너무도 명백했다.

여학생을 지키면 30조 달러를 절약할 수 있다

가나의 여학생들은 주로 임신 때문에 학교를 떠났다. 성행위의 대가로 멋진 옷이나 휴대전화를 얻으려고 한다는 통념은 사실이 아니었다. 오히려 성행위를 강요당하거나 경제적 선택의 여지가 없어 거래에 의한 성관계를 하는 것이 현실이었다.

이 같은 현실에 제동이 걸리면 더 우수한 노동력이 공급되고 청소년 임신에 드는 다양한 사회, 보건, 경제적 비용이 감소함으로써 GDP가 상승할 것이었다. 세계은행은 여학생들이 12학년까지 학교를 계속 다니면 빈곤국이 일생의 생산성과 수입 손실로 인한 기회비용 약 15조 달러(약 1경 9,200조 원)에서 30조 달러(약 3경 8,400조 원)를 절약할 수 있다고 예측했다. 조혼 비용은 매년 GDP의 1.4%로 이는 1년 평균 4조 달러(약 5,120조 원)에 해당한다.[3]

변화를 만드는 데에 무엇보다 중요한 일은 월경 사실을 감추는 것이었다. 다만 안타깝게도 소녀들이 생리대 용도로 사용하는 물건이 결정적 증거로 작용했다. 소녀들은 오래된 옷에서 얻을 수 있는 천 조각 따위를 손에 잡히는 대로 사용했다. 매트리스처럼 액체를 흡수할 만한 재료라면 뭐든 생리대 대용으로 썼다. 하지만 이런 물건은 흡수력이 약해서 새는 경우가 많았다. 학교와 같은 공공장소에서 이런 일이 생기면 소녀는 월경 사실이 발각되는 것이었다.

그뿐만이 아니었다. 위생 문제는 더욱더 심각했다. 생리대로 사용한 천을 씻고 말려야 하지만 수도 시설이나 비누도 없고 천 조각을 말릴 장소도 없었다. 결국 소녀들은 비위생적인 강물에 천을 씻고 침대 밑 같은 어둡고 지저분한 공간에서 말렸다. 천 조각도 구하기 힘들어 쓰던 천을 재활용해야 하지만 아직 물기가 덜 마른 경우가 많았다. 하루나 이틀이 지나면 천 조각에서는 모두가 알아챌 만큼 독특한 냄새가 났다. 냄새를 공개적으로 지적하는 사람도 있었다.

보건 기관에서는 볕이 좋은 곳에서 천 조각을 말리도록 교육했지만, 핏자국이 있는 헝겊을 누군가 보는 장소에서 말리는 행동은 소녀를 더 취약한 존재로 만들 뿐이었다. 가나 북부 출신 남성은 우리 남자 동료들에게 핏자국이 있는 헝겊을 말리는 모습은 그 집에 사는 소녀가 '준비된' 사람이라는 의미를 전해 남성의 성욕을 자극할 뿐이라고 설명했다.

사회 기반 시설의 부족은 상황을 악화시켰다. 학교는 부족하고 멀리 떨어져 있었다. 심각하게 붕괴한 도로를 건너는 일은 암벽등반과 마찬가지였다. 속옷 위에서 대충 만든 생리대가 움직이면 생리혈이 더 많이 새어 나왔다. 화장실이 아예 없는 학교도 있고 변소를 막아놓기도 했다. 어떤 학교는 남녀가 공용으로 쓰는 화장실 1개만 있었다. 그리고 씻을 물조차 없었다.

생리 기간 중 등교한 소녀들은 온종일 생리가 새어 나올까 전전긍긍했다. 학교의 교육 방식 때문에 소녀들의 긴장은 더 고조되었다. 수업과 평가가 발표로 진행되었기 때문이다. 질문에 답하려면 학생들은 자리에서 일어나야 했다. 치마 뒤로 혹시 핏자국이 보일까 두려운 소녀들은 수업에 참여하기가 어렵고 불안감으로 공부에 집중하기도 힘들었다.

천으로 만든 생리대를 하고 학교에 간 소녀들은 교실 밖 덤불 속에서 생리대를 바꾸거나 핏자국을 수습해야 한다. 생리대를 갈고 뒤처리를 하려고 속옷을 내린 소녀는 기회를 노리는 남성의 눈에 띈다면 취약한 존재일 수밖에 없다. 이런 관행은 소녀들을 위험에 노출해 당혹스러움

이상의 심각한 결과를 유발한다.

한편 서구에는 환경적 문제로 일회용 생리대 대신 면 생리대 사용을 주장하는 이들이 있다. 우리는 대형 중등학교에서 면으로 된 여러 가지 생리대를 시험해보았다. 소녀들은 면 생리대가 제공되어도 일회용 생리대를 살 돈이 있거나 구할 수 있다면 일회용 생리대를 사용했다. 소녀들은 식사를 포기해도 일회용 생리대를 사용하기를 원했다. 하지만 벽촌 지역에서는 일회용 생리대를 구하기 어려워 공급 문제로 이어졌다.[4] 생리컵이나 탐폰은 고려 대상조차 되지 못했다. 처녀의 몸에 낯선 물체를 집어넣는 행동은 심각한 금기 사항이었다.

1달러 투자로 지켜낸 교육권

우리는 일회용 생리대를 트럭에 실어 직접 전달했다. 면 생리대는 어떤 제조 과정을 거쳐도 위생 문제가 생길 수밖에 없지만 일회용 생리대는 훨씬 더 위생적이고 안전하다. 속옷에 접착할 수 있어 생리혈이 새는 위험을 막을 뿐 아니라 쉽고 빠르게 교체할 수도 있다.

테스트를 위해 최종 선택한 제품들은 최대 8시간을 견딜 수 있었다. 빈곤국 소녀들은 영양 상태가 부실해 서구 아이들보다 생리혈도 묽다. 따라서 보통 하루에 생리대 1개로 견딜 수 있다. 1달에 생리대 10개짜리 1팩으로 버틴다면 그 비용은 1달러 정도다. 이는 극심한 빈곤 지역에서도 충분히 감당할 만한 금액이다.

사용한 생리대를 더 잘 폐기할 방법도 찾았다. 우리가 준비한 일회용 생리대는 아래쪽 접착 부분을 제외하면 생분해성이었다. 우간다 출신의 기술자 모지스 무사지Moses Musaazi가 개발한 소각로를 화장실 벽에 붙여두면 소녀들이 사용한 생리대를 직접 폐기할 수 있었다. 간단히 성냥불만 붙이면 탄소 배출 없이 의료 폐기물 처리 온도로 소각할 수 있었다.

일회용 생리대 사용과 청소년 출산 사이에 교환되는 효과도 우리가 기대하는 사항이었다. 인구 증가는 환경에 엄청난 영향을 미치기 때문에 청소년 출산이 계속되게 내버려둘 수는 없었다.

소녀들을 설득하는 과정에는 아무런 어려움이 없었다. 소녀들은 더 나은 삶을 위한 최고의 선택이 교육이라는 사실을 알고 있었다. 언니가 있는 소녀 중 일부는 월경을 시작한 사실까지 부모에게 숨기고 있었다. 청결하고 효율적인 일회용 생리대를 사용하면 소녀들은 월경에 대한 비밀을 지키며 성관계에 노출되는 일을 최대한 늦출 수 있을 것이었다. 2차성징이 나타나면 더는 월경을 비밀로 간직하기 힘들겠지만, 일회용 생리대로 최소 몇 년만 더 버텨도 이는 소녀들뿐만 아니라 사회 전반에 엄청난 차이를 만들 것이었다.

소녀들이 자신의 운명에 결정권을 가지려면 초경에 대한 사전 교육이 반드시 제공되어야 했다. 가정 내에 월경에 관한 대화가 거의 없는 상태에서 초경으로 당황한 소녀가 모친에게 그 사실을 알리고, 이 소식이 부친에게까지 전해졌을 때 그가 딸을 결혼시킬 때가 왔다고 받아들일 수도 있었기 때문이다. 그래서 우리는 부모와 학교의 허락 하에 생리대를 무상으로 제공하고 사춘기 교육을 실행하는 실험을 했다.

이 실험에서 생리대와 사춘기 교육을 받은 소녀들의 학교 출석 일수가 늘어난 결과를 확인할 수 있었다. 그 후 우간다에서 진행한 대규모 무작위 배정 연구 결과도 생리대 제공과 사춘기 교육이 소녀들의 결석률 하락으로 이어진다는 사실을 보여주었다.[5] 일회용 생리대와 사춘기 교육으로 성性적, 경제적 압박을 아예 멈출 수는 없지만 적어도 그 영향을 늦출 수 있다는 사실을 확인했다. 소녀들에게 선택의 자유를 제공하기 위해서는 돈을 많이 주는 남성에게 딸을 팔아넘기거나 성추행을 저지르는 행동도 제지당하고 중단되어야 했다.

빅 데이터에 의존하지 않았기에 성과를 이뤘다

가나에서 실험을 마치고 오랜 기간 연구 파트너로 지낸 캐서린 돌란 Catherine Dolan과 방글라데시로 갔다. 그곳에서 우리는 시골 지역 빈곤 여성을 고용해 상품을 가정으로 유통하는 일에 투입하는 시골 지역 유통 시스템을 연구 중이었다. NGO 파트너였던 케어 방글라데시가 시행한 시스템이었다. 케어 방글라데시는 다른 요소를 평가하고 우리에게 그 결과의 일부를 전하기를 원했다. 어느 날 오후, 시골 지역 여성을 위한 인터넷 접속 기술 장비를 갖춘 인포메이션 보트에 올랐다. 케어 방글라데시 직원은 생리대 프로젝트를 논의하기 위해 먼 길을 달려온 사람이 있다는 소식을 전했다. 그때 차 1대가 우리에게 다가와 키 큰 남성 1명이 내렸다. 소녀들을 위한 교내 스포츠 프로그램을 운영한다는 그는 사춘기가 되면 소녀들이 대부분 팀을 떠난다고 했다. 그는 보트에서도 계속 이야기를 이어갔다.

그가 전한 상황은 가나에서 목격한 것과 완벽히 일치했지만 두 가지 다른 면이 있었다. 첫 번째는 방글라데시에서는 결혼하지 않은 소녀가 성관계를 가지면 엄청난 후폭풍이 뒤따른다는 사실이었다. 방글라데시도 아버지가 딸의 결혼을 주도했다. 하지만 소녀가 혼외 성관계를 한다면 강간을 당한 경우라도 결혼할 수 없으며 가족에게 불명예를 안겨준 존재로 전락한다고 했다.

소녀의 친척 남성이 명예 살인이라는 명목으로 소녀를 죽이는 일도 있었다. 명예 살인은 이슬람 국가에서도 일반적으로 자행되는 충격적 관행이었다. 아버지가 정한 결혼을 소녀가 거부하면 매우 잔혹한 벌을 받았다. 얼굴에 산을 뿌려 훼손시키거나 눈을 멀게도 했다. 성희롱은 방글라데시에서 흔한 일이었다. 그 위험성은 엄청났다. 겁먹은 부모들은 딸을 학교에도 보낼 수 없었다.

두 번째 문화적 차이는 방글라데시에서는 신랑이 돈을 주고 신부를 데려오지 않고 신부 측에서 지참금을 지불한다는 점이었다. 즉 딸을 시집보내면서 신랑에게 돈을 냈다. 방글라데시의 지참금은 과도한 금액으로 가난한 가족의 몇 달치 수입에 해당했다. 신부가 어리면 지참금이 낮아지므로 딸을 일찍 시집보내면 경제적으로 엄청난 이득을 얻을 수 있었다. 지참금 문화에서 딸은 부채로 여겨지므로 태어나자마자 살해하는 부모도 있었다. 방글라데시에서 흔한 여아 살해는 남아 선호 사상이 심한 인도와 중국에서도 널리 자행되었다.

매우 구체적이고 지엽적이라고 생각한 가나의 실태가 세계적으로 벌어지는 행태의 일면이라는 사실을 깨닫고 충격을 받았다. 아프리카 국가와 방글라데시 사이에는 명백한 문화적 차이가 존재했지만, 비일비재한 성추행과 돈을 받고 딸을 팔아넘기는 관습과 그 후폭풍은 일치했다. 여아들은 자주권을 잃고 남성에게 의지하는 존재가 되고, 공동체에서 버림받고, 신체를 훼손당하거나 살해되었다.

그로부터 10년 뒤 생리대 프로그램은 경제개발 과정에 제대로 자리를 잡았다. 비영리단체와 정부는 여아들이 일회용 생리대를 사용할 수 있도록 힘썼고, 연구 단체에서도 큰 노력을 기울였다. 현지 기업가들은 환경친화적이며 합리적 가격의 더 나은 폐기물 처리 수단을 생산했다.

어느 날 미국의 수도 및 위생 시설 업체 대표가 생리대 문제를 논의하기 위해 전화를 걸어왔다. 대표는 가장 중요한 문제는 존엄성이며 생리대를 사용할 권리는 인간의 기본권이라고 표현했다. 나는 우리가 그동안 이뤄 온 성과가 자랑스러웠다. 우리가 외부 관찰자들이 제공한 빅 데이터를 기반으로 '소녀들은 멋진 옷을 얻기 위해 몸을 팔고 공부에는 관심이 없으며 집안일을 돕고자 학업을 중단한다'라고 믿고 일을 진행했다면 문제의 핵심에서 벗어나 그릇된 해결책을 내놓았을 것이다.

일류 경영대학원을 떠나는 여성 교수

양적 데이터만 들여다본다면 여성을 부당하게 폄하하고 실천하기에 부적절한 방안을 내놓게 된다. 이제 미국으로 시선을 돌려 빅 데이터의 함정을 확인해보자. 우리는 빈곤국과 부유한 나라의 매우 다른 상황에서 놀라울 만한 공통점을 발견했다.

부유하고 교육이 제대로 이루어지는 국가에도 극단적 성 편견이 존재한다. 명문대 교수진도 예외는 아니다. 2014년 일류 경영대학원에서 일어났던 2건의 성 불평등 사건은 미국 언론을 강타했다. 1건은 여성 교수진을 홀대하는 캘리포니아대학교 로스앤젤레스(이하 UCLA) 경영대학원의 사례였고, 다른 1건은 '성별 정돈'을 시도하는 하버드대학교 경영대학원의 사례였다.[6]

나는 〈블룸버그〉의 의뢰로 미국 경영대학원 전반에 성차별이 만연하고 그 사실이 통계를 통해 명확히 드러난다는 주장을 담은 블로그 글을

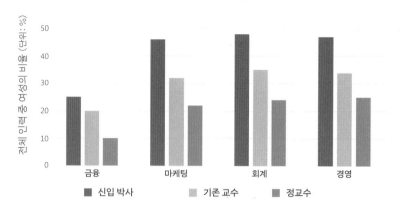

경영대학원 여성 교수 고용, 승진, 재임 실태 (2013)

전체 인력 중 여성이 비율(단위: %)

| | 신입 박사 | 기존 교수 | 정교수 |

표7. 경영대학원 학부 4개의 여성 인력 비율이다. 금융학부의 신입 박사 채용, 교수 재임, 정교수 승진 비율이 가장 낮았다.

출처: 국제경영대학발전협의회.

썼다. 국제경영대학발전협의회에서 발표한 자료에 따르면 경영대학 금융학부 교수진 중 여성 비율은 30% 미만이었다(표7 참조). 여성 대부분은 종신 교수직을 얻지 못했고, 고위직은 남성 교수가 독차지했다. 여성 교수는 연공서열과 관계없이 급여를 적게 받았다.

진짜 문제는 고용이 아니라 괴롭힘이었다. 여성은 지나치게 일찍 교수직을 떠났다. 특히 남성이 80%를 차지하는 경제 분야에서 전임 교수의 90%는 남성이었다. 경제 분야는 성별에 따른 급여 차이도 가장 컸다. 여성 교수의 채용, 재직, 승진도 다른 전공과 비교해 가장 적었다. 나는 여성에 대한 불평등의 증거를 직시하라는 말로 글을 마무리했다.7

금융학부는 이미 방어 태세를 갖추고 있었다. 여성은 금융 분야 성공에 있어 꼭 필요한 수학에 약하다는 것이었다. UCLA 금융학부의 교수는 내가 쓴 블로그 글에 관해 "여성을 고용하려는 특별한 노력은 오히려 학문의 질을 떨어뜨릴 수 있다"라고 주장하는 글을 〈허프포스트〉에다 기고했다.8 UCLA의 다른 교직원들도 남녀 불문 내게 개인적으로 연락해 항의했다. 내가 쓴 글이 UCLA에만 국한된 문제를 모든 경영대학원의 문제로 일반화할 수 있다는 것이었다. UCLA는 미국에서 여성 학장이 이끄는 유일한 경영대학원인 까닭에 교직원들이 더 당혹스러워했다.

나는 〈파이낸셜타임스〉의 경영대학원 순위에 대한 통계를 확인했다. UCLA는 실제로 여성 교수 비율 부문에서 가장 낮은 순위를 기록했다. 컬럼비아대학교, 시카고대학교, 하버드대학교 역시 성 평등 부문에서 순위가 낮았다. 반면 명문 중에서도 예일대학교, UC 버클리, 노스웨스턴대학교에는 여성 교수가 많았다. 성별의 균형을 유지하면서 좋은 경영대학원이 될 수 있다는 가능성을 보여준 것이다.

여성 교수 비율이 낮은 경영대학원은 다른 공통점도 있었다. 금융 분야 교수의 수가 특히 많았고, 대부분이 은퇴 연령에 가깝거나 이미 은퇴 시기가 지난 교수들이었다.10 연로한 교수들은 여성운동 초기인 1970년대에 강의를 시작해 초기 소수집단 우대 정책의 영향력을 직접 체감한 세대였다. 1972년부터 미국 정부는 다양성 정책을 통해 대학이 여성을 고용하도록 강하게 압박했다. 그러나 이 명문 경영대학원들은 다양성이 우선시되어온 지난 40여 년을 버텨오면서 전혀 변하지 않았다. 다양성에 의식적으로 저항해야 가능한 일이었다.

경제학자가 주장할 수 있는 가장 무책임한 명제

1970년대 여성운동을 거쳐 여성은 가정을 돌보고 남성은 돈을 버는 미국의 전통적 결혼관에 비판적 시각이 제기되었다. 나는 이 남성 교수 대부분이 그 시대의 일반적 관행대로 가사를 전담하는 배우자를 두고 있으리라고 추측했고 예감은 적중했다. 조사에 따르면 전업주부를 배우자로 둔 남편은 여성을 고용할수록 조직에 해가 된다고 생각했고, 능력 있는 여성의 승진을 막기 위해 노력하는 것으로 밝혀졌다.

이런 남성은 가정과 업무 사이에 날카로운 경계를 두고 여성은 집에 머물러야 한다고 강력히 주장한다. UCLA 소속 남성은 "일하고 싶다면 일만 해야 한다. 일을 하면서 자녀나 부모 등을 이유로 다른 기준을 가져서는 안 된다. 그런 사람은 집에 있어야 한다"라고 주장했다. UCLA의 여성 교수는 가족 문제로 자주 무시당해왔다며 이렇게 털어놓았다. "'일을 잘하려면 자식은 포기해야 한다'라거나 '그녀는 정말이지 최악의 엄마'라고 말하는 사람들이 있다."11

나이 든 금융학부 교수들이 자라던 시기에 미국 여성은 금융 체계에서 철저히 소외되어 있었다. 그 시절에는 남편의 계좌를 공동으로 관리하고 아내는 현금으로 생활비를 받았다. 전업 주부 여성은 대출은 물론 신용카드 발급조차 불가능했다. 가정의 재정 상태를 잘 아는 주부는 거의 없었다. 남편에게 금융에 관해 질문하는 모습은 반항으로 비쳤다. 그러니 금융학부에서 여성이 종신 교수직을 얻는다는 개념이 나이 든 교수들에게는 터무니없었을 것이다.

게다가 이 교수들이 학업을 이어가던 시절은 금융학부가 따로 분리되지 않고 경제학부에서 연구를 계속했을 것이다. 당시 경제학은 밀턴 프리드먼이 주장한 철학에 매료되어 있었다. 노벨상을 받은 프리드먼의 이론은 당시 책과 언론을 통해 대중에게 인기를 끌었다. 프리드먼은 소수집단 우대 정책 같은 정부의 시장경제 개입에 반대하며 시장은 모두를 똑같이 취급해야 한다고 주장했다. 개인은 자신의 경제적 몫에 만족하지 못해도 다른 사람이 아닌 자신을 탓해야 한다고 주장했다. 또한 기업은 소속된 공동체에 아무런 사회적 책임이 없고 오직 주주를 위한 이익 창출이라는 과제에만 집중해야 한다고 주장했다. 이는 경제학자가 주장할 수 있는 가장 무책임한 명제였다.

하버드대학교 경영대학원 역시 성 불평등 문제가 있었지만 학장이 그 책임을 떠안았다. 당시 새로 부임한 니틴 노리아Nitin Nohria 학장은 하버드대학교 첫 여성 총장에게 경영대학원의 성 평등 수준을 향상할 과감한 프로그램을 이끌겠다고 약속했다. 웹진 〈슬레이트〉도 마지못해 노리아 학장의 헌신적인 모습을 인정했다. "거래소의 왕과 회의실의 우두머리를 양성해오던 하버드대학교 경영대학원이 공개적으로 반성하는 모습은 새롭다. 자격과 특권의 땅에서 잘못을 인정하고 전통에 의문을 던지는 모습은 칭찬받아 마땅하다."[12] 노리아 학장은 여성 교수, 특히 종신 교수의 낮은 비율, 남학생과 동등한 자격으로 입학한 여학생의 낮은 학점, 유해한 학업 환경과 성차별적 교육 자료 등 여러 성 불평등 문제에 정면으로 대응했다. 다른 경영대학원들과 같이 금융학부가 가장 우세한 하버드대학교에서 어떤 반응을 보일지는 당시에 아무도 알지 못했다.

우리는 데이터의 숫자 이면에 감춰진 진실을 파악하기 위해 미국 경영대학원의 성차별 문제에 관한 인터뷰를 시작했다. 성 불평등 문제를 공개적으로 밝히는 일은 엄격히 금기시되어 인터뷰 참여자들은 경력에 위험을 감수해야 했다. 옥스퍼드대학교 연구윤리위원회는 정보를 기밀로 유지해줄 것을 요청했다(인터뷰에 응해준 이들의 이름과 학교를 밝힐 수 없는 이유다). 인터뷰 대상에는 미국 내 6개 명문 경영대학원, 주립 대학교 및 상위권 대학교의 경영학 교수들이 포함되어 있었다. 학자로서 두각을 나타내고 경험이 풍부한 전임 교수들을 응답자로 선정했다.

응답자들은 학교의 신념 체계가 금융학부 교수들에게 영향을 받는 것을 교내 성 불평등의 가장 큰 원인으로 지적했다. 금융학부 교수들이 주장하는 극단적 시장경제학이라는 기본 명제에 따르면 시장은 이미 완벽하고 바꿀 수 없으며 편견이나 불합리가 존재하지 않는다. 시장이 만들어내는 결과물은 아무리 불공평해도 옳은 결과물이다. 사람들에게 필요한 것은 자동으로 제공되며 자동으로 생산되지 않는 것은 사람들이 가질 수 없다. 그러므로 시장이 이룬 것을 바꾸려는 용감한 노력은 결국 불행한 결말에 이를 것이라는 주장이다.

내가 만난 교수 대부분은 극단적 시장경제학이 형편없는 이론이라고 생각했다. 50여 년 전에는 인기를 얻었겠지만 오늘날 진정한 경제학자들에게는 통하지 않는다고 표현했다. 그들은 극단적 시장경제학 지지자들이 너무 열성적이어서 설득하기가 힘들다고 말했다. 비주류경제학 교수는 "그들은 다른 설명에 만족하지 않는다. 극단적 시장경제학은 그들에게 종교와도 같다. 그렇게 믿는 이들을 설득할 방법은 거의 없다"라고 말했다. 경영대학원에 다닌 적이 있는 다른 노동경제학자는 "그들은 자신의 믿음이 객관적이고 흠잡을 데가 없다고 생각한다. 그들의 오만함은 말 그대로 충격적이다"라고 말했다. 극단적 시장경제학은 다양성을 향한 무관심에 신속한 논거를 제공한다. 시장이 금융학부 교수 자격이 있는 여성을 제공하지 않는다면, 경영대학원은 보이지 않는 손이 자연스럽게 인재를 제공할 때까지 기다려야 한다는 설명이다.

이 주장을 따르려면 극단적 시장경제학 지지자들이 자격 있는 사람을 객관적으로 판단할 수 있다는 사실을 믿어야 했다. UCLA의 금융학부 교수들은 매우 까다로운 시각으로 교수 지원자의 자격을 평가했다. 동료 교수들은 금융학부 교수들의 기준에 동의하지 않았다. UCLA의 종신교수위원회조차 경영대학원 소속 여성 교수의 종신 재임에 대한 결정을 번복했다. 대학은 학과에서 내린 결정을 거의 번복하지 않는다. 이는 경영대학원에 조직 편향성이 있다는 것을 보여주는 위험신호였다.

교수 지원자의 채용, 종신 재임, 승진에 필요한 자격 평가는 지원자의 연구에 대한 기존 교수진의 의견에 따라 이루어진다. 극단적 시장경제학의 관점에서 좋은 연구는 '시장은 언제나 옳고 공정하다'라는 명제를 반드시 따라야 한다. 양적 연구만 적용할 수 있고 그 표본의 크기는 수백만 개의 데이터 포인트를 포함해야 한다. 데이터는 오직 주가와 수익률 같은 일반적 비즈니스 추이에서 수집한 것이어야만 한다.

우두머리 수컷 옆에, 우두머리 수컷 옆에, 우두머리 수컷

모든 연구는 두 가지 고정관념에 의해 분류된다. '하드'는 양적이고 대규모 표본을 포함하며, 신념 체계와 일관성을 유지하며, 어렵고 객관적이며, 남성이 주도한다. '소프트'는 질적이고 소규모 표본을 포함하며, 신념 체계에 비판적이며, 쉽고 주관적이며, 여성이 주도한다. 일반적인 통념에 따르면 여성은 소프트를 담당하면서 하드에서 거부당해왔다. 하드 연구를 진행한 여성은 더 면밀히 조사받았고, 수학에서 남성 동료의 도움을 얻었다고 의심받았다.

예를 들어 2차 자료에 의지해 스스로 자료를 수집하지 않는 극단적 시장경제학자는 보스턴이나 로스앤젤레스에서 컴퓨터 앞에 앉아 카페라테를 마시면서 버튼 조작만으로 일할 것이다. 반면에 내가 아프리카나 방글라데시에서 실행한 연구를 비교해보자. 나는 짧게 10시간에서 길게 30시간까지 이어지는 비행에 앞서 광견병과 파상풍 예방접종을 받고 말라리아 예방약을 먹고 항생제를 준비했다. 비행기에서 내리고도 트럭에 올라 12시간 동안 비포장도로를 달렸다. 프로젝트는 준비하는 데만 몇 달이 걸렸고, 복잡한 예산을 관리하고 수많은 사람의 협조 덕에 엄청난 질적, 양적 데이터를 얻었다. 하지만 극단적 시장경제학을 신봉하는 이들의 연구는 하드로 우리의 연구는 소프트로 분류된다.

연구 결과는 경제학의 관례에 따라 판단된다. 교수 지원자, 승진 후보자, 박사과정 학생들이 연구를 발표하는 세미나에서 남성은 경쟁하듯 후보자를 헐뜯는다. 상위 5위권 경영대학원에 종신 교수를 지원한 여성은 이렇게 회상했다. "세미나는 부당하게 진행되었다. 여성이라는 이유뿐 아니라 젊다는 이유로도 부당한 취급을 받았다. 거들먹거리는 수석 교수들의 반응은 정말 끔찍했다." 여성 비율이 낮은 학교의 분위기는 전반적으로 무례하고 냉소적이며 공격적이다.

최고 수준의 경영대학원에서 인정받는 어떤 여성은 교수진의 모임을 이렇게 표현했다. "65명 중 60명은 남성이에요. 우두머리 수컷 옆에, 우두머리 수컷 옆에, 우두머리 수컷이 있는 테스토스테론이 넘치는 곳이지요. 남성끼리 모여 점심을 먹는 일도 흔하답니다. 그들에게 스포츠 관람이나 스카치위스키 파티는 엄청 중요하니까요. 여성 교수가 함께 하는 자리에서 야한 농담이 오가기도 합니다. 지금은 다른 '좋은 학교'로 옮겨 간 신임 교수가 굉장히 슬픈 말을 하더군요. 자기를 우울하게 만드는 것은 빌어먹을 농담이 아니고 더 미묘하고 예민한 성별의 문제라고요. 전업주부 아내를 둔 남성이 아니면 절대 종신 교수가 될 수 없다는 얘기를 들었다는 거예요. 그나마 어른스러운 교수 몇 명이 이 대화가 성희롱 환경을 조성한다는 사실을 염려하며 모임을 끝내자고 제안했지요. 그러자 가해자 중 1명이 그 제안이 자신의 지적 자유를 침해한다며 성을 냈답니다. 제가 하고 싶은 말은, 야한 농담이 지적 자유와 같은 범주는 아니잖아요."

종신 교수직을 얻은 일부 여성은 전투에서 승리했다는 이유로 더 강압적이고 비우호적인 환경에서 근무한다. 그들 중 상당수의 남편이 아내의 직업을 위해 거주지를 옮길 의사가 없다. 학계에서 직업 이동은 학교 이동을 뜻하며 거주지를 옮겨야 한다는 뜻이다. 이동할 수 없는 여성 교수는 가치를 인정받지 못하는 직장에 갇혀 있다고 느낀다. 남성 교수는 이 한계를 알고 보복에 대한 두려움 없이 여성에 대한 부정적 태도를 유지한다.

금융계 남성은 유해한 환경을 조성하지만 그들은 최고의 연봉, 좋은 사무실, 최고의 비서를 보상으로 받는다. 윗선은 부담을 져가면서까지 그들의 행실을 교정하려고 하지 않는다. 권력 불균형에 올바른 이들이 저항하기는 쉽지 않다. '좋은 학교'에서도 그들은 위험을 무릅쓰기보다 굴복한다.

구성원의 88%가 남성으로 이루어진 학교에서 근무했던 어떤 여성은 교수 모임을 '핏불테리어 여러 마리가 달려드는 상황'처럼 느껴 말을 꺼내본 적이 없다고 했다. 남녀 불문 교수 모임에서 성 평등을 거론하면 우두머리가 매우 공격적으로 반응하고 노발대발한다고 했다. 성 평등에 관해 침묵을 유지하는 것이 우두머리의 분노를 피하는 방법이었다.

차별 평가에 대한 하버드대학교의 고백

경영대학원의 여성 교수는 학생들의 공격적인 태도로 고심하기도 한다. 경영학 석사과정(이하 MBA)의 남성 우월주의는 교수를 깎아내리고 비난하는 과정을 통해 다져졌다. 여성은 숫자에 약하다고 믿는 학생들은 여성 교수가 수학을 다루는 과정에서 범하는 실수를 지적했다. 어떤 학생들은 학기 말까지 여성 교수를 울리겠다는 계획을 세우기도 했다. 학교는 MBA 학생들을 징계하지 않고 여성 교수를 보호하지도 않았다.

공격적인 문화로 피해를 보는 것은 여학생도 마찬가지다. 일류 경영대학원에 들어간 여학생은 남학생과 같은 자격으로 입학하지만 첫 학기에 고전을 면치 못했다. 금융 과목은 특히 심각했다. 금융 분야 진출을 염두에 두고 진학한 여학생은 자신이 금융을 전공하기에 부족하다고 느끼고 마케팅으로 전공을 바꾸었다. 경영대학원 내부의 악의적 행동이 여성의 금융 분야 진출까지 영향을 주었다.

하버드대학교 경영대학원의 가장 솔직한 고백은 유명 사례 교수법에서 학점을 편파적으로 준다는 폭로였다. 수업에 참여한 학생들은 실제 비즈니스 문제에 관해 보고서를 작성하고 해결책을 논의했다. 이후 교수는 발표 내용이 아닌 학생의 참여도를 보고 기억하는 대로 점수를 부여했다. 여학생은 시험에서 동등한 점수를 기록했지만, 성적의 나머지 50%를 차지하는 수업 참여도에서 좋은 점수를 받지 못했다. 조사에 따르면 교수들은 남학생을 더 자주 부르고 더 잘 기억했다.

문제를 해결하기 위해 하버드대학교는 수업 참여도 기록자를 따로 두고 교수가 남학생과 여학생을 동등하게 평가하도록 체계를 바꾸었다. 그러자 성적은 역전되었다. 그해 여학생은 하버드대학교 경영대학원 역사상 유례없이 높은 점수를 인정받았다. 성 평등 실험을 진행한 첫해의 내부 조사에 따르면 교수, 학생, 교직원의 70%가 실험을 통해 학업 환경이 향상한 것 같다고 답했다.

UCLA에서는 그보다 낮은 수치를 보였다. UCLA는 독립된 보고서를 작성하기 위해 컨설팅 회사 콘 페리Korn Ferry에 조사를 의뢰했다. 성 다양성이 증진되면 더 나은 학업 환경이 조성될 수 있다고 생각하는지 묻는 질문에 교수진의 78%가 그렇다고 답했다. 성 평등에 반감을 가진 약 20%의 교수진은 '역차별'을 경험한다고 답했다. 남성이 교수진의 90%를 차지하고 의사결정을 좌우하는 학교에서 말도 안 되는 소리였다.[13] 콘 페리의 보고서는 문제점을 명확히 드러내고 지도부의 책임을 촉구했다. 하지만 신임 교수진 지도, 지도부 교육, 다양성에 대한 협력, 모두를 대상으로 한 무의식적 편견에 관한 교육 등 효과를 확신할 수 없는 방법들뿐이었다.

이 방법들로는 문제를 해결할 수 없었다. 힘을 가진 이들은 다양성에 단호하게 반대하는 견해를 고수했다. 몇 년 뒤 UCLA는 다양성을 위한 노력이 실패했음에도 불구하고 학장을 재임용했다. UCLA 경영대학원 여성 교수진은 '지도부는 성 평등에 신경을 쓰지 않으므로 극단적 시장경제학자들이 활보하게 내버려둔다'라고 받아들일 수밖에 없었다.

경영대학원의 사례를 통해 빅 데이터에 의한 상투적 설명은 틀렸다는 사실을 다시 한번 확인할 수 있다. 여성은 수학에 약해 경영대학원이 요구하는 기준에 맞추기 힘들다는 기존 관념을 되짚어보아야 한다. 하지만 기존 설명을 대체할 만한 충분한 데이터가 부족하다. 직장 내 성희롱 대화, 사적 농담, 여성을 무시하는 나이 든 남성, 신경 쓰지 않는 지도부, 모순된 연구 요구 사항, 불손한 태도 등이 여성이 경영대학원을 떠나는 원인이라고 지적하기에는 근거가 부족하다.

데이터 뒤에 감춰진 진짜 문제는 여성이 아니라 의사결정력과 자원을 장악해 기관을 이용하는 남성이다. 조사에 따르면 남성의 공격적 행동은 그에 대한 보상이 주어지는 한 계속될 것이라고 한다.14 경영대학원에서는 공격적인 교수가 월급을 많이 받고 존경받는 위치에 올라간다. 아프리카의 아버지는 돈을 받고 딸을 팔아넘겨 다른 남성과 한편에 서서 자신의 지위를 격상한다. 강간범마저도 범죄를 처벌받지 않으며 위용을 과시한다.

침묵을 깨는 공동체의 존재가 큰 차이를 만든다

아프리카와 경영대학원에서 볼 수 있는 더블엑스 이코노미의 또 다른 특징이 있다. 남성 가장은 모두의 기대에 보답하도록 순종과 희생을 강요받지 않는다. 그들은 교육을 받고, 자주권을 추구하는 여성을 대신해 결정하고, 결혼이라는 규범을 제시한다. 여성의 생식력은 도구로 쓰인다. 아프리카 소녀는 자녀를 갖도록 강요당하며, 미국 여성은 일을 위해 어머니의 역할을 포기하거나 어머니의 역할을 위해 일을 포기하라는 중압감에 시달린다. 여성은 바람직한 아내 역할에 대한 가부장적 관념 때문에 교육의 결실을 박탈당한다.

아무리 안락하지 않은 환경이라도 여성은 남편이 정한 장소에 머물러야 하며 더 좋은 조건을 찾아 다른 곳에 갈 수 없다. 침묵은 이런 부정적 상황이 지속되게 만든다. 경영대학원에서 침묵은 우두머리 남성들이 성 불평등에 맞서거나 책임지지 않고 문제가 지속되게 했다. 성에 관한 발언을 금지함으로써 경영대학원은 유해한 조직 문화에 대한 책임을 피할 수 있었다.

2014년에 내가 속한 경영대학원은 80% 이상이 남성이었다. 이러한 비율은 여성에게 심각한 상황이면서 남성 사이에서도 독재와 괴롭힘이라는 문제를 유발했다. 여성에게 비호의적이고 공격적인 남성은 다른 남성에게도 불균형적인 통제력을 행사했다. 그중 몇몇은 여성을 위한 대우가 부당하다고 생각했다. 이 폭탄과도 같은 남성은 여성과 남성이 따라야 할 전통적이고 경직된 관념 같은 것이 있다고 생각했다. 결혼에 관한 믿음을 신봉하고 그 믿음이 관철되지 않을 때 보복했다.

심리학에서 성 역할 충돌에 대한 민감성을 위태로운 남성성 혹은 남자다운 성 역할에 대한 스트레스Masculine Gender Role Stress라고 부른다. 전통적 남성성에 지나치게 집착하는 남성은 아주 사소한 성 역할에의 도전에도 엄청나게 분노한다.[15] 경제적 지배는 이들에게 중요한 문제다. 심리학 전문가들은 이들이 평생 지속되는 남자다움을 얻기 위해 경제적 지배에 보편적 필요성을 느낀다고 설명한다. 이 끝없는 압박은 남성이 부적격 존재로 판명될 위기에 놓여 예민해지도록 한다. 그 위기를 직접 대면할 경우 남성은 지나친 분노로 반응하며, 그 분노를 떨쳐버리고자 다시 남성성을 회복하려고 한다.

실험과 현장 연구를 살펴보면 그들은 물건을 부수며 분노를 발산하기도 하고, 위험한 행동을 하거나 돈을 쓰고 도박을 하기도 한다. 실생활에서 이런 남성은 음주를 과하게 하거나 아내를 때리며 도박과 마약에 빠진다. 위태로운 남성이 위협을 느낄 때에 일관되게 나타나는 행동은 성 평등 관련 논제를 거부하는 것이다. 이때 결정적인 것은 이 위태로운 남성이 뚜렷한 소수라는 것이다. 연구 결과 폭력적이고 파괴적인 반응을 보이지 않은 남성은 표본의 60~80%였다.

한 남성이 먼저 남자다움에 대한 스트레스를 표출하면, 다른 보통의 남성도 남자다움에 대한 스트레스를 느끼기 시작한다. 그럼 그 보통의 남성도 평소와 다르게 행동하며 공격적 행동을 묵인하고 직접 공격적 모습을 보이기도 한다. 이런 반응은 여성과는 무관하며 다른 남성에게 남자다움의 충성도와 가치를 전하는 문제다. 모든 남성은 여성을 상대로 서열을 정하고 더 생산적인 반응을 차단한다. 지금부터 화난 개인의 반응(위태로운 남성성)과 집단의 반응 차이를 논하려 한다. 이 집단의 반응을 전우 효과라고 부를 것이다.

나이 든 금융학부 교수들이 젊은 교수를 채용, 훈련, 관리, 승진에서 제외하는 방법에 주목하자. 이 교수들은 수십 년간 새로운 이들을 상대로 그들 사이에서 남성이 어떤 존재인지 가르쳐왔다. 형제애를 영속하는 방법의 하나는 여성을 배제하면서 남성을 승격하는 것이다. 그 결과 집단을 거스르지 않으며 여성을 승진시키기는 더 어려워졌다.

조사에 따르면 이 상황을 해결할 열쇠는 여성의 숫자를 늘려 집단의 성 균형에 변화를 주는 방법이다. 여성의 비율이 30%를 넘으면 문제가 줄어든다. 40%가 되면 문제가 거의 사라진다. 경영대학원에서 유해한 환경을 소멸하기 위해 성비를 바꿔야 하지만 그 환경 때문에 여성은 집단에 머물지 못한다.

경영대학원에서는 하버드대학교의 니틴 노리아 학장이 실행했던 프로그램과 같은 취지의 노력을 2014년부터 실행해왔다. 그 결과 경영대학원의 여성 교수 비율은 지난 5년간 눈에 띄게 늘었다. 유연한 학교 문화 조성을 위한 핵심 전략은 7:3 혹은 그 이상으로 남성에 치우쳐 있던 MBA의 성비를 균등하게 조절하는 것이었다. 인터뷰한 교수들에 따르면 학생 성비를 조절한 뒤 MBA 특유의 공격적 성향이 줄어 학업 문화에 즉각적이고 긍정적인 변화를 체감할 수 있었다고 한다.

다음 전략은 학생들이 수강하는 금융 강좌의 수를 줄이는 것이었다. 입학 첫 학기에 수강하는 금융 강좌의 수를 줄이면, 금융학부 교수가 공격적인 남학생에게 후한 점수를 주며 분위기를 좌우하거나 여학생을 의기소침하게 하는 일을 막을 수 있었다. 첫 학기에 경제 과목을 골고루 수강하도록 해 학생들이 금융학부 교수들을 모방하는 일을 막았다. 그러면서 금융이 아닌 다른 과목, 리더십이나 비즈니스 윤리를 가르치는 교수가 모범적 인물로 빛날 기회를 제공해 긍정적 영향을 끼치도록 유도했다. 결국 경영대학원에 만연하던 제도적 이슈들을 해결함으로써 성불평등을 해결할 수 있었다.

아프리카와 미국에서 남성 행동에 관해 떠오른 매우 중요한 또 다른 교훈은 어느 곳에든 좋은 사람이 있고 그들 중 상당수는 저항하고 있다는 점이다. UCLA를 비롯한 경영대학원에도 성 다양성을 지지하는 남성들이 있었다. 하버드대학교 경영대학원의 노리아 학장은 문제를 충분히 이해한 것 같았다.

아프리카에도 여기 이름을 따로 올리지 못하는 많은 교사와 일하는 남성이 있었다. 그뿐만 아니라 보편적인 길을 따르지 않고 딸의 교육을 지지하는 아버지도 있었다. 어떤 아버지는 딸을 위해서 도시에서 친척을 통해 생리대를 구해주기도 했다. 좋은 남성들의 선한 행동은 변화를 위해 꼭 필요한 요소다. 다른 이들의 기대에서 벗어나 위험부담을 무릅쓰고 성 평등을 위해 노력하는 남성들을 잊어서는 안 된다.

마지막으로 아프리카 시골 여성과 미국 여성 사이에는 매우 중요한 차이점이 한 가지 있다. 미국 경영대학원의 여성 교수는 돈과 교육, 사회적 이동의 가능성이 있지만 아프리카 여성은 그렇지 않다. 미국 여성이 가진 자유는 지난 200여 년에 걸친 사회운동의 직접적 결과다. 남성 공동체에 맞서는 과정에서 여성 공동체의 존재는 큰 차이를 만든다.

미국의 나이 든 남성은 20세기 초반 참정권 운동을 주도한 1세대 여성주의에 이어 1970년대 2세대 여성주의를 떠올리며 부정적으로 행동할 수 있다. 지금 교수직을 이어받은 젊은 여성은 2세대 여성주의 운동가의 딸 세대이지만 스스로 50여 년 묵은 원한의 피해자일 수 있다는 사실을 이해하기 힘들 것이다.

3장

결핍의
순환을
끊어라

나는 우간다의 학교 운동장에 서 있었다. 현지에서 우리 팀을 돕던 보조 연구원은 연구 대상자 명단에 있던 소녀가 왜 갑자기 교실에서 사라졌는지를 파악하고 있었다. 내가 대화에 합류하면 오히려 방해가 될까 밖에서 대기하고 있었다.

그러다 나이 든 여성 1명이 옆쪽에서 다가오는 모습이 보였다. 나는 자세를 가다듬었다. 화가 난 얼굴에 혼란스러워 보이는 나이 든 여성이 학교 운동장을 오가는 일이 가끔 있지만 나는 이들에게 별로 도움되지 않았다. 함께 일하던 비영리단체 연구팀에서 운전을 담당하던 샘Sam이 운동장을 가로질러 여성에게 다가갔다. 여성이 구걸한다고 생각한 것이었다. 좋지 않은 상황이 발생할 수 있는 까닭에 세계적 구호단체들은 현지인이 외지인에게 구걸하는 상황을 피하려고 애썼다. 하지만 샘이 가까이 오기 전에 그 여성은 멈춰 서서 영어로 똑똑히 말했다. "자매님, 저 좀 도와주시겠어요?"

샘은 여성의 어깨를 다정하게 감싸며 조용히 속삭이고 여성과 함께 멀어졌다. 여성은 잠시 후 나를 돌아보며 "정말 죄송합니다. 제가 실수했어요"라고 말했다. 샘과 여성은 학교 끝의 작은 처마 아래로 갔다.

다음 학교로 차를 타고 이동하면서 샘은 그 여성의 이야기를 꺼냈다. 아그네스Agnes라는 이름의 그 현지 여성은 부유한 가정에서 태어나 교육을 마치고 비슷한 환경의 남성을 남편으로 맞았다. 하지만 남편이 젊은 나이에 세상을 떠났다. 남편 명의로 된 땅은 관습대로 남편의 동생에게 상속되었다. 아내인 아그네스에게는 남겨진 것이 없었다. 그 후 아그네스의 부친이 사망하고 그의 땅은 아그네스의 삼촌에게 넘어갔다. 아그네스는 형제들에 의지해 살아갈 수밖에 없는 처지가 되었다.

아그네스의 사연이 행복한 결말로 끝난다면 제인 오스틴의 소설처럼 들릴 것이다. 하지만 아그네스의 오빠는 땅으로 투기를 해 모든 것을 잃었다. 오빠와 가족은 학교 근처의 작은 집에서 살게 되었다. 아그네스는 그 아래 허름한 구조물에서 살았다. 몸을 세우기도 어려워 웅크린 채로 겨우 잠만 잘 수 있는 곳이었다. 전기도 물도 없었다. 아그네스는 학교 점심시간에 보조하는 일을 하고 남은 음식을 얻어먹으며 살았다.

아그네스와의 만남을 계기로 나는 결심했다. 우리 사이에는 아주 분명한 공통점이 있었다. 아그네스는 영어로 말을 걸면서 내 눈을 보았다. "자매님, 저 좀 도와주시겠어요?" 그녀의 말을 오랫동안 되뇌었다. 아그네스와 나, 결혼을 강요당하고 달아나는 소녀들, 무서운 눈으로 학교 창문을 들여다보던 할머니들 사이의 공통점이 무엇인지 깨달았다. 우리는 같은 이야기에서 서로 다른 시기에 등장하는 인물들이며 사실 그렇게 멀리 떨어져 있지 않았다.

전 세계 토지의 80% 이상은 남성 소유

아그네스는 땅을 물려받을 수 없는 여성이기에 구걸하고 배고픔에 시달리고 사람이 살기 힘든 장소에서 살 수밖에 없었다. 제인 오스틴의 소설 혹은 영국 드라마 '다운튼 애비Downton Abbey'는 토지소유권이 없는 영국 여성과 영국의 식민지였던 우간다 여성을 잇는 역사적 연결 고리를 제시한다. 나는 다른 나라에서도 남성만 토지를 소유하고 물려받는지 답을 찾기로 했다.

얼마 후 '다운튼 애비'의 원칙이 방대한 역사에 걸쳐 적용되어왔음을 발견했다. 문화와 시대를 불문하고 토지소유권은 오직 남성에서 남성으로 전해졌다.[1] 규칙, 관행, 종교 제약, 부족 회의, 가족 규범, 성 역할 등 여러 이유로 여성은 토지를 소유할 수 없었다. 토지가 여성을 통해 전해지는 모계사회에서조차 토지를 통제하는 인물은 남성이었다.

여성의 토지 상속권과 소유권을 차단하는 법적·종교적 규범은 무역과 정복을 통해 세계로 퍼져나갔다. 예를 들어 오늘날 이슬람에서 여성의 토지 상속을 막는 규율은 7세기 아랍의 정복과 무역을 통해 아프리카 서부에서 인도네시아로 전파되었다. 유럽은 여성의 토지 소유를 금지하는 법안을 식민지에 적용했는데 그 나라에 성문법이 작성되기 전부터 여성의 토지 소유 금지 법안은 이미 실행되고 있었다. 북아메리카, 호주, 아프리카 및 아시아 대부분에 적용되었던 영미법British Common Law과 프랑스 민법전Napoleonic Code은 기혼 여성의 토지 소유를 엄격히 금했다.

로마·네덜란드의 법과 더불어 스페인에서 라틴아메리카로 전해졌던 이베리아 법전은 여성에 대한 상속을 인정하기도 했지만 실제로 적용할 수 없도록 다른 압력이 작용하기도 했다. 예를 들어 딸에게 상속이 허락

되어도 자산이 배분될 때 토지는 아들에게, 장신구와 접시 등 소지품은 딸에게 상속되었다. 만일 딸이 토지를 상속받아도 오빠나 삼촌 등에게 넘기도록 압박받았다.

오늘날 서구의 여성은 1850년에서 1980년까지 여러 차례 법 개혁을 거친 결과 재산권을 얻었다. 하지만 역사를 들여다보면 법 개혁에 따라 여성이 토지소유권을 얻을 때마다 변화는 일시적으로 작용했다는 사실을 알 수 있었다. 예를 들어 중국은 송나라(960~1279년) 시절 여성에게 재산권을 부여했지만 원나라(1279~1368년) 시절 유학을 부흥하며 다시 여성의 재산권을 축소했다. 그 후 명나라(1368~1644년) 시절에 이르러 여성의 재산권이 부활한 것이었다. 마오쩌둥 집권 시기에 토지는 국유화되었지만 오늘날에 중국 정부는 결혼 후 모든 재산을 남편에게 넘기는 관습을 지지하는 법률을 실행했다.[2]

프랑스혁명 뒤 여성은 상속권을 획득하지만 5년 후 프랑스 민법전이 실행되며 다시 상실했다. 오스만제국 여성은 토지소유권을 포함해 광범위하게 경제적 권한을 얻었다. 하지만 100여 년이 지나 경제권을 상실했다가 1923년 아타튀르크Atatürk 정권 때 다시 회복할 수 있었다. 자신이 가진 재산권이 언제까지 유효할지 아는 여성은 아무도 없었다. 드라마 '핸드메이즈 테일The Handmaid's Tale'을 보면서 여성의 권리가 하룻밤 사이 소멸할까 두려움을 느끼는 것은 당연한 일이었다.

역사적 관행은 오늘날 토지소유권의 냉혹한 현실을 충분히 설명한다. 유엔식량농업기구(이하 FAO)가 게시한 국가 수준의 데이터에 따르면 전 세계 토지의 약 18.3%를 여성이 소유한 것으로 나타난다(표8 참조). 여성 소유의 토지는 작고 열악해 실질적으로는 18% 미만이라고 볼 수 있다.

남녀 토지 소유 격차 (1995~2012)

y축: 토지 소유 비율 (단위: %)

x축: 선진국과 개발도상국 106개국

- 남성
- 여성

표8. 이 산포도는 세계의 남녀 토지 소유 격차가 수평한 모양으로 벌어져 있음을 보여준다. 검은색 점은 토지를 소유한 남성의 비율로, 선진국과 개발도상국을 통틀어 거의 모든 국가에서 토지 소유자의 70~90%가 남성이라는 사실을 보여준다.

출처: 유엔식량농업기구, '성별 토지소유권 데이터베이스', http://www.fao.org/gender-landrights-database/data-map/statistics/en/.

성 평등 법과 여성의 재산권이 인정된 지 100여 년이 지난 선진국에서도 전 세계 평균보다 낮은 약 16%의 여성이 토지를 소유했다. 수백 년 동안 여성의 토지 소유를 금지하던 역사의 흔적을 보여준다.[3]

전 세계에서 경작할 수 있는 토지의 80% 이상은 남성이 소유했다.[4] 이것만 봐도 남성이 권력과 부를 독점하고 있음이 증명되었다. 인류의 물질적 부에 있어 주요 원천을 독점하는 방법으로 남성은 수백 수천 년 동안 전 세계 자산에 대한 권력을 유지할 수 있었다.

조사에 따르면 여성의 토지소유권을 박탈하는 세계의 사례는 성문법보다 씨족의 관습에 의한 것으로 나타난다. 아그네스의 상황도 공식적으로 여성의 재산권이 인정되어도 관습에 따라 권리가 약해지는 사례를 보여준다. 이 현상은 시골에서 더욱 두드러진다. 관습에 따라 씨족의 남성은 가족 명의로 된 토지를 모두 관리하며 경작하고 확장할 권리를 얻는다.

남성이 사망하면 그의 재산은 가족 내 다른 남성에게 귀속되며 거의 아들에게 상속된다. 예외의 경우 남은 재산은 부족의 다른 남성끼리 재분배한다. 딸은 결혼 전까지 부친의 땅에서 살 수 있다. 미망인은 부족 외 재혼의 우려로 재산을 가질 수 없다.[5]

남아 선호 사상은 두려움에서 기인한다

동아프리카 관습에 따르면 미망인은 스스로가 재산이므로 재산을 소유할 수 없다. 미망인은 재산이나 수입이 없으니 자식을 부양할 방법이 없다. 그러므로 자식을 데리고 달아나지 않고 아내 상속에도 복종하게 된다. 관습에 따라 미망인은 부족 내에 다른 남성의 아내가 된다. 미망인은 누구의 아내가 될지 결정할 수 없다.

케냐 여성은 국제인권기구인 휴먼라이츠워치Human Rights Watch와의 인터뷰에서 "장례를 마친 밤, 여러 남성이 성관계를 하기 위해 미망인을 찾아왔지만 아무도 이들을 막지 않았다"라고 증언했다. "경제적 이유가 아니면 여성은 남성들의 요구를 거부할 수 있었을 것이다. 어떤 남성은 비누를 내밀고 다른 남성은 고기를 주려는 상황에서 돈이 없는 여성이 싫다고 말하기는 어렵다. 경제력이 있는 여성만이 성관계를 요구하는 남성에게 싫다고 외칠 수 있다."[6]

동아프리카에는 미망인 정화 관습이 있다. 미망인의 몸에서 죽은 남편의 영혼을 제거하기 위해 마을에서 따돌림을 받는 남성에게 미망인을 강간하도록 강요한다. 이 과정을 거치면 앞으로 미망인의 삶을 책임질 남성은 그녀가 정화되었다고 믿는다.

이때 콘돔을 사용하는 사람은 아무도 없다. 케냐의 남성은 "미망인과 성관계할 때는 콘돔을 쓰지 않는다. 반드시 몸과 몸이 연결되어야 한다. 정자가 몸에 들어가지 않으면 정화되지 않는다. 지금까지 2명의 미망인이 내 아이를 가졌다. 하지만 나는 아버지 역할을 하거나 도움을 주지는 않는다"라고 말했다.7

여기서 끝이 아니다. 재산 약탈이라는 관습이 있다. 남편이 없는 집에 남성 친척이 찾아와 미망인과 자녀를 쫓아내고 모든 재산을 갈취한다. 남성끼리 재산을 두고 경쟁하는 과정에서 폭력이 발생하기도 한다.

미망인은 왜 친정으로 돌아가지 못할까? 여성의 부모는 결혼 당시 신부 대금을 받는다. 남편이 속한 부족에 그 돈을 돌려줄 수 없으면 딸도 돌려받을 수 없다. 게다가 친정에서 미망인과 외손주를 책임지는 경제적 부담까지 안아야 한다. 여성은 애초에 경제적 부담 때문에 태어난 곳에서 멀리 떨어진 부족으로 시집가는 경우가 많다. 남편과 사별한 딸이 친정으로 돌아올 수 없게 하는 것이다.

미망인은 왜 직업을 가질 수 없을까? 빈곤국에서 정식 고용은 드물고 특히 시골 지역에서는 거의 전무하다. 정식 고용이 이루어져도 남성이 거의 우선이다. 아내가 버는 모든 돈도 남편의 권리로 간주한다. 아내는 돈을 저축할 방법이 없다. 미망인은 며칠이라도 돈을 가질 권리가 없다. 미망인이 돈을 가지고 있다는 사실을 남편의 친척이 알게 되면 강제로 빼앗긴다.

이 여성들이 법적으로 자신의 권리를 주장할 수 있을 리 만무하다. 변호사를 고용하고 도시로 가는 버스를 타려면 현금이 있어야 한다. 폭력에 연루될 가능성도 장애물로 작용한다. 관행에 맞서는 미망인을 보호하려면 수년간 24시간 경찰이 옆에 있어야 할 것이다. 물론 우간다에는 이런 국가적 집행 전략을 실행할 만큼 경찰 인력이 충분하지 않다.

결국 여성에게 가장 확실한 담보는 땅을 상속받는 아들을 낳는 것이다. 아들은 어머니와 여자 형제에게 최소한의 안전을 보장해준다. 이런 태도를 국제사회는 비판적 시각으로 바라볼지도 모른다. 하지만 여성이 아들을 선호하는 사상은 두려움에 기인한다. 아들을 선호하는 여성의 태도를 바꾸려고 하기 전에 경제체제가 바뀌어야 한다.

종교 규율도 상속권 집행에 영향을 미친다. 우간다 인구의 약 12%는 이슬람교도로 그들의 율법 해석에 따르면 자녀를 가진 여성은 남편이 사망하면 재산의 1/8을 가질 수 있다. 그런데 일부다처제의 경우 1/8의 재산을 여러 아내가 나눠 갖는다. 심지어 자녀가 없는 아내는 아무것도 상속받을 수 없다.

결국 우간다 여성은 남편이 사망하면 누구에게도 의지할 수 없는 처지가 되어 공격의 대상이 되고 빈곤에 노출된다. 사하라사막 이남 지역에서 이런 일은 매우 흔하다. 케냐의 다음 사례도 마찬가지다.

에밀리 오위노Emily Owino의 남편이 사망하자 시댁 식구는 농장 시설, 가축, 가정용품, 의복 등 모든 것을 빼앗았다. 시댁 식구는 오위노가 계속 집에 머물고 싶다면 지역 관습에 따라 마을에서 따돌림당하는 남성과 성관계하는 '정화'를 거쳐야 한다고 주장했다. 시댁 식구는 오위노의 의사와 관계없이 콘돔을 쓰지 않고 성관계하는 조건으로 목동에게 돈을 지불했다. 그리고 오위노의 농장을 빼앗았다.

오위노는 족장에게 도움을 청했지만 거절당했다. 시댁 식구는 오위노를 집에서 내쫓았다. 오위노는 자녀와 거리를 떠돌다 귀인의 도움으로 작고 남루한 판잣집에서 살게 되었다. 학비를 감당할 수 없어 자녀들은 학교를 그만두어야 했다.[8]

수백만 명의 미망인과 자녀가 이 같은 사연을 안고 살아간다. 빈곤에 시달려 교육을 받지 못해 결국 경제적으로 회복하기가 힘들어진다. 나는 G20에 자문하는 국제 싱크탱크 대표에게 아프리카 여성의 현실을 설명한 적이 있다. 그는 아프리카를 가난에서 구제하려는 방안을 모색하면서 아프리카 여성의 삶을 고려한 적은 없다며 충격을 받았다.

남성이 누리는 토지 소유의 혜택은 장비, 기술, 비료나 살충제와 같은 자원에 대한 통제력으로 확대된다. 개발도상국 은행에서 대출 담보로 토지만 받는 것은 일반적인 일이다. 결국 남성만 트랙터나 탈곡기 같은 생산 장비와 가축을 소유할 수 있다.

농업 현장 근무자는 주로 남성이다. 새로운 방법과 기술이 등장해도 거의 남성에게 공개된다. 그들은 남성이 혁신적 기술을 더 잘 이용하고 여성은 정보를 흘려듣는다고 여긴다. 세계적 규모로 신기술 보급 계획이 진행될 때, 그 혁신적인 방법은 남성과 여성에게 동등하게 제공되지 않는다.

농사에 쓰이는 중장비는 남성 위주로 디자인된다. 여성이 혼자 힘으로 사용할 수 없다면 작업을 위해 남성을 고용해야 한다. 하지만 남성은 여성을 위해 일하기를 거부하고 일을 미룬다. 이런 불이익으로 여성은

20~30% 더 적은 양의 수확물을 얻는다.[9]

일은 여자가 하고, 돈은 남자가 벌고

나는 케냐 접경 산지에서 집 주변의 작은 삼각지대를 이용해 커피와 바나나 사업을 하려던 줄리아Julia라는 여성과 시장에서 겪는 어려움에 관해 얘기를 나눈 적이 있다. 그녀의 남편은 보다보다bodaboda라는 오토 바이 택시 회사를 경영했다. 우간다는 매일같이 운전사의 사망 사고가 발생했다. 아그네스를 떠올리면서 나는 줄리아에게 만약 남편이 사고로 사망한다면 남편 형제에게 집을 빼앗기는지 물었다. "그런 일은 절대 없을 겁니다!" 줄리아는 웃으면서 장담했다. 그 말이 사실이기를 바랐다.

우리의 대화 주제는 판매 계획으로 옮겨갔다. 줄리아는 자신이 거주하는 작은 마을에서 높은 산악지대의 소규모 정착민을 위한 시장이 열린다고 했다. 매주 열리는 시장에서 바나나, 커피, 토마토 등 제철 농산물이 판매되었다. 하지만 그 시장은 시세가 저렴하고 물건 종류도 많지 않았다. 줄리아는 당시 내가 머물던 산골짜기의 큰 마을에서 판매하기를 원했다.

이동 수단이 없고 아이를 집에 혼자 둘 수도 없어 줄리아는 산과 골짜기를 오가며 운전해줄 남성을 고용했다. 큰 도로에 판매소를 둔 친구에게 줄리아의 작물을 가져다주는 일을 맡긴 것이다. 작물의 양이 많지 않지만 줄리아는 남성에게 바가지를 쓰고 있었다. 같은 도로에서 판매소를 운영하던 크리스티나Cristina라는 여성도 줄리아에게 바가지를 씌우는 남성에게 높은 가격에 물건을 사느라고 이윤을 남기지 못했다.

나는 여성들에게 트럭이 있다면 큰 도움이 될 거라는 생각이 들었다.

"줄리아, 내일 아침 눈을 떴을 때 혹시 천사가 선물한 트럭이 있다면 어떻게 할 거예요?"라고 물었다. 줄리아는 "남편에게 운전을 배우라고 부탁해야겠지요"라고 답했다.

그날 밤 나는 아프리카 대륙에서 가장 좋아하는 숙소 로지스 라스트 찬스Rose's Last Chance 게스트하우스에 있었다. 나는 남성이 줄리아의 상품으로 무엇을 하는지 파악하고자 여러 사람에게 질문을 했다. 게스트하우스는 뜨거운 물과 부엌은 없지만 음식이 훌륭했다. 냉장고에 시원한 콜라와 맥주가 있고 수세식 변기도 갖추었다. 게스트하우스 운영자인 로즈는 우체국과 은행이 없는 작은 마을에 아주 중요한 인물이자 좋은 친구였다.

저녁이면 사람들은 로즈의 게스트하우스에 들러 맥주 한잔을 즐기며 그곳에 머무는 이들과 스스럼없이 대화를 나누었다. 게스트하우스의 많은 사람이 그 남성이 줄리아의 상품을 어떻게 판매하는지 알았다. 남성 여럿이 협동조합을 조직해 도시의 구매자에게 공급하는 계약을 맺었다고 설명했다. 남성들은 여성들이 조직에 합류하지 못하게 막았다.

전 세계 여성이 하도급자, 육체노동자, 무보수 가족노동자 등 다양한 신분으로 일한다. 구매자와 대규모 계약을 맺는 인물은 주로 남성이다. FAO의 보고에 따르면 남아프리카 설탕 계약농업 70%를 여성이 담당한다. 인도 북서부 펀자브의 채소 계약농업도 여성의 노동 시간이 남성보다 길지만 계약은 남성이 담당한다. 중국의 대형 계약농업은 계약서에 여성이 서명하지 못하도록 규정하고 있다. 하지만 실제로 농사일을 담당하는 인물은 수천 명의 여성이다. 케냐에서 대형 농업계약을 담당하는 여성은 10%이고 세네갈에서는 1%에 불과하다. 계약자가 여성 농부와 계약 체결을 피하는 이유는 다양하다. 여성의 토지는 소유가 불안정하고 생산 규모가 크지 않다. 올바른 농기구나 운송 수단을 확보하지 못하는 경우도 많다. 그리고 신용 한도 안정성이 떨어지면 공급에 대한 불안 또한 초래한다.[10]

사람들은 도시에서 오는 대형 트럭이 매주 1번 마을의 정해진 장소에서 물건을 사 간다고 했다. 마침 얘기를 나눈 다음 날이 트럭이 오는 날이어서 나는 직접 확인하기 위해 새벽같이 일어났다. 남성들은 엄청난 양의 상품을 들고 나타났다. 그들은 픽업트럭을 소유하거나 여럿이 함께 이용하는 듯 보였다. 그리고 트럭 운전사와는 이미 아는 사이이며 사전에 계약한 것처럼 보였다. 몇몇 여성이 아기를 안고 등에는 엄청난 양의 바나나를 짊어진 채 트럭 사이를 배회했다. 여성들은 상인의 대화나 거래에 끼어들 틈을 찾지 못했다. 트럭의 남성들은 대량으로만 구매해 여성이 등에 짊어지고 온 정도의 양은 상대하지 않았다.

여성은 남편이 제공하는 집 근처 작은 땅에서 작물을 재배하거나 작은 동물을 키우는 등 매우 한정된 방법으로 적은 수입을 얻었다. 남편의 땅에서 보수가 없는 일을 하고, 동시에 집안일을 하며 아이를 돌보고, 수공예품을 판매하기도 했다. 여성은 남편의 땅에서 엄청난 양의 노동을 하지만 대부분 거기서 나오는 수입을 나눠 갖지 못한다. 대형 계약에도 참여하지 못하고 남편의 수입에서 자신의 몫을 따로 챙기지도 못한다. 아내가 씨를 뿌리고 경작하고 가공하고 포장한 상품을 남편이 시장에 팔고 돈을 챙긴다(표9 참조).[11] 아내에게는 가족 생활비로 현금을 조금 줄 뿐이다.

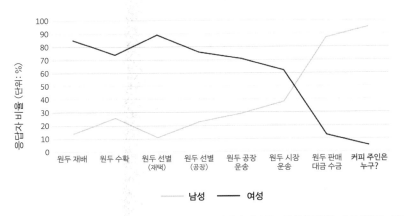

커피 생산·운송·판매에서 남녀의 역할 (2013)

표9. **국제여성커피연맹은 케냐의 커피 판매 과정에 남녀가 어떻게 노동을 분담하는지 조사했다. 그래프의 가로축에는 그 과정이 단계별로 제시되어 있다. 시작에서 끝까지 여성은 거의 모든 일을 담당하지만 실제 판매에 참여하는 비율은 매우 낮다. 마지막 질문은 커피의 실제 소유주가 남성이라는 사실을 보여준다.**

출처: 메리 존스톤 루이스, '사례연구: 국제여성커피연맹', 여성을 위한 권력 이동 포럼, (https://www. doublexeconomy.com/wp-content/uploads/2019/09/Power-Shift-IWCA-Case.pdf), 2013.

1억 5,000만 명의 굶주림을 해소하는 법

나는 여성들이 자체적으로 협동조합을 조직해 매주 트럭에 물건을 판매할 수 있으리라고 생각했다. 그러려면 교통수단이 필요하므로 트럭에 관해 질문하기 시작했다. 질문에 답한 여성 중 단 1명만이 직접 트럭 운전을 배우겠다고 했다. 다른 여성은 왜 운전을 배우려고 하지 않을까? 그들은 대체로 비슷한 이유를 들었다. 운전은 넥타이나 담배 같은 남성의 영역이고 여성은 하지 않는다고 했다. 대중매체의 영향력이 발휘되지 않는 아프리카 오지에서도 사람들은 성 관념에 갇혀 있었다.

문제를 내버려둘 수 없던 나는 사고의 방향을 살짝 전환했다. 결국 우리 할머니들이 하던 일 아닌가? 할머니들은 살사 소스와 처트니 소스와

젤리를 만들고 자신만의 비법으로 이윤을 창출했다. 아프리카 산속에서 나는 부엌을 눈여겨보았다. 줄리아는 집 뒤편에서 돌로 둥글게 둘레를 쌓은 곳을 부엌 삼아 매일 나무를 가져다가 요리했다. 위쪽으로 덮개가 있고 아래는 정돈되어 있었다. 부엌은 열린 공간으로 돌과 나무로 만든 열을 이용했다.

상품으로 인지도를 쌓으려면 일관된 맛을 낼 수 있어야 하지만 이런 환경에서는 어려웠다. 아프리카 시골 요리는 자극적 맛이 없는 비슷한 음식이므로 어떻게 차이를 만들 수 있을지 고민했다. 혹시 향신료를 얻을 수 있는지 물었지만 생강, 양파, 설탕 정도가 다였다. 이 재료만으로는 차별화된 상품을 생산하기 힘들었다.

마을 밖 판매만이 비즈니스의 유일한 방법이었다. 또다시 교통수단 문제를 고민할 수밖에 없었다. 이동하는 동안 제품을 보존할 표준화된 용기도 필요했다. 아프리카 시골 여성이 어떻게 이런 방법을 찾고 돈을 구할 수 있을지 알 수 없었다. 멸균과 밀봉은 또 다른 문제였다. 아무리 작은 규모라도 뭔가 시작하려면 자금이 필요했다.

줄리아가 살던 마을에서 캐서린Catherine과 앨리스Alice라는 두 여성이 할머니들과 유사한 사업을 하고 있었다. 캐서린은 시장이 서는 날을 제외하면 거의 손님이 없는 식당을 열었다. 산에서 내려오는 사람들이 식사할 수 있는 장소였다. 그녀가 버는 금액은 재료를 구입하고, 약간의 이윤으로 자녀를 먹이고 학교에 보낼 만큼이었다.

앨리스는 직접 양조한 맥주를 파는 선술집을 운영했다. 다른 토종 맥주처럼 옥수수와 물로 양조하고 냉장고 대신 항아리에 저장했다. 손님은 기다란 고무 빨대로 다 함께 맥주를 마셨다. 이 지역은 매일 손님이 맥주를 찾았다. 모든 남성이 모여 맥주를 함께 마시는 오랜 전통이 이어져왔다. 게다가 시장이 서는 날은 주변 마을에서 온 남성들이 일을 끝내고 선술집을 찾아 엄청난 수익을 올렸다. 앨리스의 남편은 자신의 땅에서 거둔 재료로 맥주를 생산하고 팔 수 있도록 허락했다. 그녀는 운이 좋은 편이었다.

캐서린과 앨리스는 신선한 음식과 맥주를 시장에서 작은 규모로 판매하면서 혼자 충분히 가게를 감당할 수 있었다. 캐서린의 가게 바로 옆에 또 다른 식당이 있었는데, 과연 그 식당이 계속 운영될 수 있을지 의심스러웠다. 더 큰 농업 시장에 더 나은 접근이 없다면 이 산에 사는 여성은 매우 제한된 삶을 살 것이었다. 자본과 기술에 대한 통제력이 부족한 상황은 경제적 가능성에 엄청난 걸림돌이 되었다.

그때 외부 영향력이 등장한다는 좋은 소식이 전해졌다. 다국적 기업이 대규모 비영리단체, 정부와 손을 잡고서 여성을 돕기 시작했다. 코카콜라와 월마트는 여성 소작농에게 새로운 농업기술을 가르쳐 더 나은 작물을 더 많이 수확할 수 있도록 도왔다. 다국적 식품 기업 몬덜리즈 인터내셔널Mondelēz International은 적어도 30%는 여성으로 구성된 협동조합에서 제품을 구매하려는 시도를 계속해왔다. 이러한 프로젝트를 진행하는 기업은 현지인이 더 다양한 농산물을 판매하고 더 많은 아이가 학교에서 공부하며 가정폭력이 줄어들기를 희망한다. 이는 여성의 경제적 역량이 강화될 때 일어나는 결과라는 사실이 다양한 연구를 통해 밝혀지고 있다.[12] 기업은 다양한 이유로 이런 프로젝트에 참여한다. 기업의 노력은 소비자의 태도뿐만 아니라 직원 고용과 유지에 긍정적 영향을 미친다. 성 평등을 향한 노력은 투자 부문에서도 인정받으며 주가에도 영향을 미친다.

　기업이 농업 부문에 여성과 함께 일하려는 가장 중요한 이유는 공급을 확실히 하기 위해서다. 직업을 찾기 위해서 도시로 이주하거나 다른 나라로 이민하는 남성은 갈수록 늘고 있다. 하지만 농장에 남는 여성은 여전히 심각하게 불이익을 당한다. 코카콜라나 몬덜리즈 같은 제조업체들은 제품 생산을 위해 특정 작물이 필요하다. 과일과 채소를 소비자에게 직접 판매하는 월마트나 막스 앤 스펜서 같은 소매업체는 한정된 권한과 자원을 가진 여성이 농장에서 공급을 담당한다는 점에 근심이 커진다. 바나나, 커피, 코코아 등의 공급은 이미 위태롭고 곧 다른 작물도 영향을 받을 것이다.[13]

　우리는 이런 농업 시장의 비효율이 전 세계 기아·빈곤 문제에 어떤 영향을 미칠지 고민해야 한다. 유엔에 따르면 세계적으로 9억 2,500만 명이 만성 기아에 시달린다. 식량 생산에서 여성에게 작용하는 불이익을 없애면 그중 1억 5,000만 명을 구제할 수 있다. 공평한 기회가 제공되면 여성 농부도 남성과 같은 양을 수확할 수 있다는 연구 결과가 밝혀졌다. GDP를 농업에 의지하는 수많은 국가에서 성 불평등 문제가 해결되면 2.5~4% 성장을 매년 도모할 수 있다.[14]

　농업에서 여성이 당하는 불이익은 식량 불안정 문제로 이어진다. 기아와 식량 불안정은 분쟁의 원인이 된다. 지엽적 갈등은 자원을 훼손하고 사람을 해친다. 분쟁의 규모가 커지면 질병이 확산한다. 현재 세계는 미디어를 통해 긴밀하게 연결되어 있고 지엽적 분쟁은 전 세계에 영향을 미친다.

　부유한 각국 정부는 무엇을 하고 있을까? 그들은 역할을 충분히 하지 못한다. 현재 농업 분야의 원조를 담당하는 대형 기관은 USAID와 영국의 국제개발부(이하 DFID)다. 여러 기관이 개발도상국을 위한 다양한 프로그램을 운영하지만 여성에게 할당되는 예산은 매우 적다. 기관들은 남성 지원 프로그램에 엄청난 예산을 할애하면서도 성 중립적이라고 주장한다.

여성의 결핍은 다음 세대의 비극이 된다

모든 토지와 자본을 남성이 통제하는 공동체에서 여성이 음식이나 주거지에 접근하는 유일한 방법은 무엇일까? 남성의 보호 아래에서 전적으로 남성에게 의지하며 연약해지는 것뿐이다. 여성의 삶의 방향과 질은 온전히 남편에 의해 결정되며 여성은 어떤 결정권도 갖지 못한다. 여성도 온전한 권리를 타고나지만 결혼 제도에 자주권을 팔아넘기는 것이다. 그 결과 남성은 아내를 자기 뜻에 따라 언제든 이용할 수 있는 물건으로 본다. 콩고의 남성은 이렇게 표현했다.

나는 평범히 가족과 함께 살아가는 보통 남성이었다. 내 행동은 사회의 여느 남성과도 다르지 않았다. 아내는 내게 하녀였고 어떤 권리도 없이 나를 절대 존경해야 했다. 아내는 항상 집에 있어야 했고 다른 여성을 만나러 집 밖으로 나갈 수 없었다. 나는 결혼하면서 아내에 대한 신부 대금을 지불했고 아내는 내 소유물이었다. 나는 내가 원하는 대로 아내를 대할 절대적 권리를 가졌다. 아내는 언제 어디서든 내가 원할 때 성관계를 해야 했다. 거부했을 때는 벌을 받았다. 나는 집에서 완전한 폭군이었다.[15]

의존성은 힘을 가진 사람을 적대적이고 가혹한 존재로 만든다. 그래서 생활을 남편에게 의지하는 여성은 가정폭력의 위협에 지속적으로 시달린다. 세계보건기구(이하 WHO)에서 실행한 국가별 비교 연구에 따르면 가정폭력을 예측하는 요소는 다음과 같다. 첫 번째, 남성 또는 여성이 어릴 때 폭력에 노출된 경험이 있다. 두 번째, 지역공동체에서 가정폭력을 용인한다. 세 번째, 남녀 사이 경제적 간극이 크다.16

개발도상국의 시골 지역에는 이 세 가지 요소가 모두 존재하며 대대로 폭력이 지속되기도 한다. 빈곤국에서는 여성이 '선을 넘을 경우' 구타를 장려하기도 한다. 가정폭력이 너무 일상적이어서 음식을 태우는 아주 사소한 실수마저도 아내를 구타하는 이유가 된다. 실제로 그런 남성이 있다는 사실이 조사를 통해 밝혀졌다.17

〈미국공중보건저널〉에 게재된 28개국을 대상으로 하는 최근 연구 결과에 따르면 남녀의 경제적 지위, 특히 토지나 큰 가축과 같은 생산적 자산에 대한 경제적 지위가 동등해지면 가정폭력이 크게 줄어들었다.18 여성이 학대에서 벗어나지 못하는 가장 일반적인 이유는 경제적 의존성이었다. 돈을 벌면 가장 먼저 폭력적인 남편을 떠나는 비용을 마련하는 여성의 사례를 수없이 목격했다.

폭력은 의도적 기아로도 나타난다. 화가 난 남성은 아내와 자녀를 굶겨 학대하기도 한다. 2011년 텍사스대학교에서 실행한 연구에 따르면 방글라데시 시골 기혼 여성은 무려 절반이 (전년도인 2010년에) 남편에게 폭행을 당했다. 여성은 거주지를 떠날 수 없고 모든 자원과 음식은 가장인 남편을 거친다. 굶기기는 매우 효율적인 벌이다. 어떤 여성은 "남편이 심하게 때리지만 나는 집을 떠날 수 없다"라며 "남편은 화나면 음식을 주지 않고 아이들까지 굶긴다"라고 덧붙였다. 여성은 음식을 달라고 했다가 폭력을 당할까 굶는 쪽을 택했다. 또 다른 여성은 음식을 모두 딸에게 양보했다. 그리고 "남편이 밤에 나를 때릴 것이다"라며 자신이 먹을 음식을 더 요청하지 않았다.19

음식 분배를 남성이 통제하는 관습에 따라 여성이 가족 중에서 가장 나중에, 가장 조금 먹는 모습은 널리 일반화되어 왔다. 관습에 따르면 가족별로 저녁 식사 시간이 다르고, 먹는 장소가 다르고, 제공하는 음식이 달랐다. 여성에게 불공평하게 음식을 분배하는 이 관습은 '문화의 일부'로 자리 잡았다. 일반적으로 큰 용기에 담긴 음식을 남성용이라고 부르는 것도 비슷한 관행이다.

파키스탄 출신의 여성 인권운동가 말랄라 유사프자이Malala Yousafzai는 파슈툰족Pashtuns으로 자랐던 부친의 어린 시절에 관해 이렇게 기록했다. "아버지는 차와 크림을 함께 마시지만 여동생들은 차만 마셨다. 달걀은 아들에게만 주었다. 저녁 식사로 닭을 준비해도 여자 형제는 날개와 목 부위만 먹을 수 있었다. 부드러운 가슴살은 할아버지와 남자 형제의 것이었다. 아버지는 '어려서부터 나는 여동생들과 다른 존재라고 느꼈다'라고 말했다."20 말랄라는 할머니가 어떤 음식을 드셨는지는 언급하지 않았다. 하지만 사례를 보면 아버지의 어머니, 즉 할머니는 다른 식구가 식사를 마치기를 기다렸다 남은 음식을 드시거나 그마저도 먹지 못할 때가 있었을 것이다.

여성이 마지막에 최소한을 먹는 규칙은 굉장히 일반적이기에 국제기구들은 이에 대한 자료를 수집해 성별 영양 지표를 작성하고 있다.21 여성이 가장 나중에 가장 적은 양을 먹는 관습이 신생아의 건강에 영향을 미칠 수 있다는 점도 매우 우려스럽다.

21세기를 위한 국제 태아와 신생아 성장 컨소시엄(이하 인터그로스 21INTERGROWTH-21st)은 산부인과 연구원의 컨소시엄으로 최근 신생아 체중에 대한 세계적 연구를 진행했다. 연구에 따르면 저체중 신생아는 유아기 건강상 문제가 생길 확률이 높고 평생에 걸쳐 질병이나 허약에 시달리기 쉽다. 또한 영양실조인 산모에게서 태어난 아기는 5세가 되기 전에 사망할 확률이 건강한 산모에게서 태어난 아기보다 20% 높다.[22] 오랫동안 작은 신생아가 많았던 국가는 작은 신생아를 선호했다(이를 문화로 보는 시각은 비상식적 관례를 은폐하려는 것이다). 인터그로스21은 신생아의 체중이 산모의 영양과 건강 상태를 나타낸다는 사실을 분명하게 밝혔다. 신생아가 작게 태어나는 국가의 여성은 보호받지 못하고 가장 나중에 가장 적은 양을 먹었다.[23]

연구팀은 임신 전후 여성의 전반적 영양 및 건강 상태가 자녀에게 큰 영향을 미친다고 밝혔다. 여성은 임신하기 몇 년 전부터 보호를 받아야 한다. 다음 세대에 유전되기도 하는 선천적 장애는 여성이 영양을 충분히 공급받지 못할 때 발생한다. 난자는 태어날 때부터 몸속에 자리 잡고 있으므로 어린 시절 영양마저 임신과 향후 자녀의 건강에 영향을 준다. 여성이 영양실조를 겪을 때마다 난자의 손상 확률이 높아진다. 즉 여성에게 영양을 제대로 공급하지 않는 관습은 대대로 선천적 장애를 물려주는 결과를 유발한다.

남편 허락 없이 외출할 수 있습니까?

언젠가 뉴욕의 학계 페미니스트들이 모인 자리에서 불쾌한 얘기를 들었다. 개발도상국에 가본 경험이 전혀 없는 그들이 나와 내 동료들에게 국제기구가 개발도상국 여성이 가장 나중에 가장 적게 먹는 관습에 관해 논해서는 안 된다고 말했다. 패권국의 간섭일 수 있다는 것이었다. 이들은 여성이 가장 나중에 가장 적게 먹는 관습이 별로 해롭지 않고 신기하다고 생각하는 듯했다. 우리는 세상에 진실을 알리는 것이 얼마나 중요한지 절실히 깨달았다. 조직적 굶주림과 폭력의 위협이 동반되는 현실은 해롭고 충격적이며 누구에게도 문화적 특권이 될 수 없는 인권 침해일 뿐이다.

음식 통제와 더불어 가장의 토지 장악은 여성의 쉴 권리를 통제한다는 뜻이기도 하다. 남편은 쫓아내겠다는 무언의 위협과 집을 떠나지 못하게 하는 방법으로 아내의 소재와 행방을 지휘할 힘을 갖는다. 이러한 제약으로 남편은 자신이 존경받아야 함을 합리화하고, 이동과 의사소통을 제한함으로써 여성의 의존성을 효과적으로 강화한다.

여성의 자율권을 평가하는 세계 연구에서 늘 등장하는 표준 질문이 있다. 그중 한 가지가 남편 허락 없이 아내가 집을 떠날 수 있는지다. 여성이 마을이나 가족의 주거 단지 혹은 집을 벗어나지 못하게 하는 관습은 매우 흔했다. 어떤 산모는 출산 과정에 문제가 생겨 의료 기관을 찾으려 했지만 남편이 허락하지 않아서 사망했다. 어떤 노파는 남편 허락 없이 집을 떠나본 적이 없고 주변에서도 그런 여성을 본 적이 없다고 말했다.

농촌 여성은 과중한 노역 부담에 시달린다. 수도나 전기 같은 사회 기반 시설과 가전제품이 부족해 농촌 여성은 가사 일에 더 오랜 시간을 투자한다. 불을 지피기 위해 매일 벌목하고 물을 길어 나른다. 장작 난로에 요리를 하는 것은 건강에 치명적이다. 빨래도 강가에서 일일이 손으로 하므로 힘들고 시간이 오래 걸린다.

이런 여러 문제로 개발도상국 여성은 현지 남성이나 다른 국가 여성보다 시간이 부족하고 결국 농업 생산성 또한 줄어든다. FAO는 여성의 시간 효율성을 높이도록 공공재와 내구소비재에 투자할 것을 권고한다. 관련 사례로 탄자니아는 노동 효율성의 향상을 위해 투자한 결과, 가사 노동 시간이 1년에 80억 시간 가까이 절약되었다. 이는 유급 상근 노동자의 400만 6,000시간에 맞먹는다.[24]

1970년대 덴마크 경제학자 에스테르 보세루프Ester Boserup이 표현한 대로 아프리카 여성은 24시간 등골 빠지는 나날을 보낸다. 아내는 남편의 토지에서 일하고 자녀를 돌보며 집안일을 전담하면서도 그때나 지금이나 가사 노동에 보수를 받지 못한다.[25] 게다가 여성은 용돈을 벌기 위해 수공예품을 생산하거나 집 근처 작은 텃밭에서 수확한 작물을 판다. 이렇게 생활비를 충당하고 자녀에게 드는 비용을 감당해야 남편에게 경제적으로 덜 의지할 수 있다.

반면에 남성은 감독하기 위해 여유롭게 농장에 간다. 남성이 수입을 늘리고 싶다면 농장에서 일할 아내를 더 사 오면 된다. 여성의 노동은 대가를 지불하지 않고 다른 생활비도 들지 않는다. 신부 대금만 내면 노동력을 충당할 수 있다. 여성은 아무것도 갖지 못하고 심지어 자신의 신체마저도 마음대로 할 수 없다.

여성은 도로로 나가 마당에서 기른 얌yam이나 토마토, 손수 만든 수공예품을 판다. 전통에 따라 같은 방식으로 같은 제품을 만들지만 온라인 매장이나 서방국가에 판매하지는 못한다. 땅 없는 가난뱅이인 여성은 노동에 대한 대가를 받지 못하고 여전히 길거리에서 전통대로 만든 구식 제품을 판다. 이것이 그들에게 유일한 생존수단이다.

생산수단을 가진 남성은 고용주가 될 확률이 높다. 여성은 보수를 받는 노동자와 보수를 받지 못하는 가족노동자 자격으로 농장 일을 한다. FAO에 따르면 여성은 농장 일의 43%를 담당한다. 가사 노동과 병행하며 파종, 경작, 추수 등의 일을 하는 여성도 많아 농장 일에 참여하는 실제 비율은 훨씬 더 높다고 말한다. 집안일과 농장 일을 함께 하는 여성의 비율은 조사에 제대로 반영되지 않는다.26

농지에서 돈을 받고 일하는 여성은 대부분 계절제 노동자, 비정규직 노동자, 시간제 노동자여서 보수가 적고 고용이 불안정하다. 농장의 여성 노동자에게는 수많은 폭력이 가해지기도 한다. 여성 노동자가 더 보호받을 것이라고 여겨지는 미국에서조차 여성을 폭행하는 농장 감독관이 많다. 고용주는 물론 법원도 이에 대해 별로 신경 쓰지 않는다.27

남성과 여성은 농사에서 서로 다른 영역을 맡는다. 중장비가 동원되는 업무는 보수가 높은데 사실 남성이 하지 않아도 되지만 남성의 일로 여겨진다. 어떤 일을 남성의 일로 분류할지는 보수에 따라 달라진다. 여성이 담당하던 업무가 보수가 높아지면 남성이 일을 빼앗는다. 수년 동안 여성이 담당하던 일도 남성의 일로 바뀐다. FAO에 따르면 노동 시간, 자질, 경험에 따른 데이터를 토대로 동일한 업무에 대해 남성과 여성을 비교했을 때 전 세계 여성은 남성보다 훨씬 적은 보수를 받는다.28

지난 수십 년간 여성학자들은 집안일이 여성을 평가절하하므로 자유를 얻기 위해 여성은 농장 일과 같은 '중요한 일'을 해야 한다고 믿었다. 그들은 산업자본주의나 유럽의 식민주의에서 여성의 종속이 시작되었다고 주장하며 농업의 존엄성을 이용했다. 농업의 존엄성이 사실이라면 여성이 농장 일의 대부분을 담당하는 문화에서 성 평등 수준이 높아야한다.

OECD는 다양한 폭력의 실태를 평가하기 위해 사회제도 및 성별 지수Social Institutions and Gender Index(이하 SIGI)를 측정한다. 여기에는 차별적 가족 관계, 여성에 대한 폭력, 제한적 자원, 토지와 자본에 대한 접근성, 남아 선호, 여아 신생아 살해 관습 등이 포함된다. SIGI에 따르면 여성이 농장 일을 더 많이 할수록 안전, 자원, 평등에 대한 권리와 인간으로서의 존엄은 낮아진다.29

우리 연구팀은 이런 조건들이 여성의 정신과 심리에 어떤 영향을 주는지 조사했다. 그리고 여성 인권이 낮은 다른 국가들처럼 우간다 여성의 정신 건강 위험도가 남성보다 훨씬 높다는 사실을 발견했다.30 어느 나이 든 여성은 눈에 초점을 잃은 채 학교 운동장을 배회했다. 그녀는 일생 동안 경제적 불안정과 신체적 학대를 견디다 지금의 상황에 이르렀을 것이다.

우리는 인간 공동체로서 여성에게 동정심을 가지고 성차별에서 비롯된 경제적 장애물을 제거하며 자유와 안전을 도모해야 한다. 여성에게 토지소유권을 제공하기 위한 프로그램이 다양한 국가에서 실행되지만 세계로 확산하지 못했다. 또한 기술과 시장에 대한 접근 역시 마찬가지로 실행되어야 한다. 각국의 정부는 원조를 제공할 때 성 평등성을 고려해야 한다. 현지 자선단체나 교회 등 작은 규모의 자원봉사 단체에서도 충분히 도울 수 있다.

멜린다 게이츠는 《누구도 멈출 수 없다》에서 가장 나중에 가장 조금 먹는 관습을 연기하는 농부와 가족 이야기를 전했다. 관객 중 어느 남성은 이웃 남성이 배고픈 아내와 자녀가 기다리는 동안 먼저 음식을 먹는 모습을 보며 수치심을 느꼈다고 했다. 연극을 통해 깊은 공감을 얻은 그들은 관습을 바꾸기로 다짐했다. 다 함께 노력하면 여성의 경제적 자유 역시 실현 가능하다.

4장

가부장
신화에
대응하다

어떤 변명도 여성이 견뎌야 할 고난을 정당화하지 못하지만 여성의 고난은 계속되고 있다. 엄청난 불평등을 해명하기 위해서는 엄청난 신화가 필요하므로 옹호자들은 인간의 동물적 특성이나 고대의 인간을 내세운다. 그들은 남성의 지배가 자연스럽고 필수적이며 어머니는 암컷 동물처럼 집에 머물러야 한다고 주장한다. 또 남성은 공급자이며 더 힘들고 위험하고 중요한 일을 하기에 여성보다 우월하다고 주장한다. 그들은 과학, 종교, 전설을 총동원하며 '힘의 균형을 바꾸려는 시도는 종의 파멸을 불러올 수 있다'라고 경고한다. 그들은 남성 지배가 만고불변하다고 주장한다. 여러분이 여성의 경제적 자주권을 지지한다면 언젠가는 이런 주장을 마주하게 될 것이다. 어떻게 대응해야 할지 살펴보자.

생물학적 성별 분업에는 과학적 근거가 없다

2013년 퓨리서치센터Pew Research Center에서 미국 여성 40%가 가정의 생계비를 버는 가장이라는 통계를 발표했을 때, 보수 논객 에릭 에릭슨 Erick Erickson은 이렇게 말했다.

나는 보수주의자를 반反과학주의자라고 말하던 진보주의자였다. 하지만 이를 옹호하고 나쁜 일이 아니라고 말하는 진보주의자야말로 반과학주의자다. 생물학, 자연과 사회와 다른 동물의 세계에서 남성과 여성의 역할을 들여다본다면 남성은 지배하는 역할을 담당한다. 여성은 대립하고 경쟁하지 않는 상호보완적 역할을 담당한다. 상호보완적 관계를 맺을 수 없게 된 우리는 지금 분열되고 있다.[1]

남성의 지배에 대한 에릭슨의 '과학적' 정당화는 잘못된 정보를 근거로 한다. 인류와 가장 근접한 영장류인 보노보는 암컷이 우두머리다. 보노보는 침팬지와 매우 유사해서 2012년에 이르러서야 별개 종으로 공식화되었다.[2] 침팬지와 마찬가지로 보노보는 인간과 약 99%의 유전자를 공유한다. 침팬지와 보노보는 DNA의 약 99.6%를 공유하는 유전적으로 거의 같은 종이다. 거의 구분하기 힘든 생물학적 특성에도 불구하고 침팬지와 보노보의 사회 체계는 완전히 반대다.[3]

침팬지는 가부장적이다. 침팬지 사회에는 수컷 우두머리가 존재하며 그 아래로 수컷이 서열을 이루고 암컷은 서열이 가장 낮다. 수컷은 권력을 차지하기 위해 끊임없이 다툰다. 하지만 유대관계가 긴밀해 같은 무리의 영역을 지키고 다른 무리의 영역을 침해하며 무리를 이루어 이웃 부족을 위협한다. 암컷은 끊임없이 괴롭힘을 당하고 공격받는다. 암수 모두 사냥을 하고 모이는데 수컷은 음식을 자기들끼리 나누면서 유대를 형성하지만 암컷이나 새끼와 의미 있는 관계를 이루지는 않는다.

반면 보노보는 모계사회를 이룬다. 1명의 지도자 대신 암컷이 집단을 이루어 지배한다. 수컷과 암컷은 다 함께 사냥하고 음식을 나누며 자손

과도 함께한다. 암수가 모두 무자비한 사냥꾼이지만 서로 간의 갈등은 피한다. 경쟁 기미가 보이면 함께 놀거나 성행위를 해 갈등을 해결한다. 보노보 공동체 간의 싸움은 극히 드물다. 침팬지나 인간과 달리 보노보는 동족을 살해하지 않는다.

보노보 모계사회의 근간은 어린 암컷이 공동체에 이주해 들어오며 형성하는 유대관계다. 청소년기 영장류는 번식을 위해서 다른 무리로 이주한다. 수컷이 태어난 무리를 떠나는 종도 있지만 암컷이 무리를 떠나기도 한다. 암컷이 이주하는 종은 대체로 뚜렷한 수컷 우위와 공격성을 나타낸다. 암컷을 받아들이는 종의 수컷들은 이미 혈족 관계로 묶여 있는 것에 반해 암컷들은 서로 낯설고 결속력에 대한 근거가 적다. 그렇기에 수컷이 지배적일 수 있다고 과학자들은 추측한다. 하지만 보노보는 다르다.

암컷 보노보는 새로운 무리에 합류하면 (특히 성행위를 통해) 즉시 그곳 암컷들과 유대를 형성하고 그 관계를 평생 지속한다. 이런 행동은 수컷에 대항할 수 있는 강한 암컷 연대를 형성한다. 과학자들은 보노보가 왜 다른 영장류들과 다르게 이런 행동을 하는지 이유를 알지 못한다.

암컷이 주도권을 갖기는 하지만 모계사회인 보노보 공동체의 일상은 과학자들에 의해 평등주의로 묘사된다. 보노보는 동정심이 많아 서로의 감정을 읽고 반응할 줄 알며 인간처럼 놀이를 즐긴다. 하지만 적극적으로 규제하는 한 가지 규칙이 있다. 보노보의 모계사회는 수컷의 성적인 공격성을 용인하지 않는다. 의사가 없는 암컷에게 교미를 강요하려는 수컷은 화난 암컷 무리에 의해 쫓겨난다. 그 결과 보노보에게 강간은 존재하지 않는다.

반면 침팬지에게는 강간이 존재한다. 공격적 수컷은 암컷을 수시로 공격하고, 암컷이 수컷을 잘 받아들이는 발정기에 교미를 강요해 새끼를 갖기 쉽다. 또 암컷이 발정기가 아닐 때도 교미를 강요한다. 인류학자 바바라 스뮈츠Barbara Smuts는 탄자니아 곰베 국립공원Gombe National Park에서 관찰한 모습을 이렇게 설명했다.

아주 불편한 광경이었다. 근육이 왕성하고 털이 무성한 다 자란 수컷 침팬지는 발기한 채로 뛰어다니며 나뭇가지를 던지고 관목 사이로 돌진했다. 다른 침팬지들은 소리를 지르며 흩어졌고 순종적인 신음을 냈다. 수컷의 목표물이었던 몸집이 작은 암컷은 두려움이 가득한 표정으로 웅크리면서 이빨을 드러냈다. 난동을 끝낸 수컷은 암컷을 차고 몸무게를 가득 실어서 등을 눌렀다. 몇 초면 끝날 일이었지만 희생자가 된 암컷은 반항하지 못하고 분명 트라우마를 겪는 것처럼 보였다. 암컷은 수컷이 돌아간 뒤에도 오랫동안 거친 숨소리를 뱉으며 날카로운 비명을 질렀다.[4]

공격자를 달래고 난폭함을 피하고자 암컷 침팬지는 발정기에 자신을 괴롭혔던 수컷에게 먼저 교미를 요청하기도 한다. 하지만 암컷은 아버지가 누구인지 알 수 없도록 발정기가 되면 다른 수컷과도 여러 차례 교미한다. 암컷이 이렇게 하는 까닭은 수컷 침팬지가 갓 태어난 새끼 침팬지를 죽이고 엄마 침팬지나 다른 침팬지가 보는 앞에서 잡아먹기도 하기 때문이라고 과학자들은 설명한다. 암컷 침팬지는 수컷이 자신의 새끼를 죽이지는 않을 것이므로 다양한 수컷과 교미하고 아버지가 누구인지 알 수 없도록 해 새끼를 보호하는 것이다.

결국 침팬지가 자신의 새끼를 알아볼 방법은 거의 없다. 과학자들이 침팬지의 혈통을 구분하는 유일한 방법은 배설물을 통해서 DNA 검사를 하는 것이다. 드물지만 수컷이 제 새끼를 구분할 수 있는 두 가지 방법이 존재한다. 우두머리 수컷은 다른 수컷이 접근하지 못하게 발정기의 암컷을 지키기도 한다. 이때 암컷이 임신하지 못할 수도 있다. 원하는 암컷에게서 자신의 새끼를 얻기 위해서는 수컷이 오랜 시간 암컷을 지켜야 한다. 이것은 야생동물의 세계에서 매우 비현실적인 방법이다.

새끼를 알아볼 수 있는 또 다른 방법은 암컷이 직접 짝을 선택할 때다. 아주 드물게 암컷과 수컷이 서로 먹이를 나누고 털을 다듬으며 구애를 거듭하다가 발정기가 오면 교미하기도 한다. 통제된 환경에서 실시한 실험에 따르면 암컷 침팬지는 이런 유형의 다정한 침팬지를 선호하는 것으로 나타났다. 하지만 야생에서는 공격적인 수컷이 암컷을 장악하고 다른 수컷을 지배하므로 이런 일은 드물다.

암컷 침팬지는 자신의 짝을 직접 정할 수 없으므로 가능하면 다양한 수컷을 선택한다. 따라서 암컷이 가장 선호하는 수컷의 기질이 유전되리라는 일반적 진화론은 적용하기 어렵다. 그러나 침팬지 중에서도 난폭한 강간범은 폭력적 유전자를 전하며 행동으로 강화하기도 한다.

공격적 문화는 행동과 생물학 양쪽에 뿌리를 둔다. 예를 들어 테스토스테론은 지배하려는 욕구를 부채질하며 지위 경쟁을 자극한다. 수컷 영장류는 지위가 위협받는 상황에서 테스토스테론이 상승하며 이는 공격 행동으로 이어진다. 테스토스테론과 폭력성은 상호작용하며 비례 증가함으로써 공격적 사회 환경을 조성한다. 즉 테스토스테론은 폭력적 행동을 유발하고, 이는 또다시 무리 전체의 테스토스테론을 높이며, 결과적으로 방어적 반응을 부추기며 공격적 성향을 단계적으로 상승시키는 것이다.

이런 방식으로 경쟁 관계에 있는 수컷 무리는 서로의 불안정과 공격적 충동을 자극한다. 이러한 집단역학에서는 가장 현명한 수컷이 아닌 가장 지위에 집착하며 도전에 크게 반응하는 수컷, 가장 공격적으로 다른 수컷을 괴롭히는 수컷, 가장 자만심이 강한 수컷이 최상위 지위를 차지한다.

이 패턴의 집단행동이 계속되면 무리의 공격성이 전반적으로 계속 상승한다. 테스토스테론은 사회 환경에 따라 상승하고 감소하지만 때로 높은 수준의 테스토스테론은 개체 특징이 될 수 있다. 남성을 대상으로 한 연구실 실험에서 테스토스테론 수치가 높은 사람은 탐욕, 부패, 폭력, 지배와 관련이 있었다. 또한 높은 테스토스테론 수치를 가진 남성은 끊임없이 현명하지 못한 위험을 감수하는 것으로 나타났다. 이들은 자신에게 반대하는 사람을 가혹하게 벌하고 자신을 돕는 이에게는 더 후하게 보상했다. 테스토스테론 수치가 높은 사람은 일반인보다 폭력적 범죄자나 CEO가 될 가능성이 컸다. 높은 수준의 테스토스테론과 공격적 성향은 둘 다 유전으로 전해질 수 있다.

유전자가 유기체의 외모부터 습관까지 모든 것을 지배한다는 믿음은 일반적이었다. 그렇지만 이제 과학자들은 유전자 – 행동 – 호르몬 수치 같은 생물학적 과정이 개체와 자손에 상호의존적 영향을 주는 것으로 본다. 따라서 수컷의 공격성이 강제 생식(강간)과 같은 방식으로 끊임없이 보상되는 문화는 세대를 거치며 폭력을 모방하고 그 강도가 점점 높아진다.

그러나 과학자들은 한 세대에서 다음 세대까지 살아남는 개체나 특성이 종에 최상의 결과를 가져온다는 기본 가정을 공유하고 있다. 하지만 종의 어떤 특성이 환경에 잘 적응하는지는 몇 세대가 지나야 판단할 수 있다. 영장류의 경우 수백 년 혹은 수천 년이 지나야 하며 더 큰 서식지의 맥락에서 평가된다. 장기적으로 본다면 오늘 살아남은 것이 내일 불행으로 돌아올 수 있다.

전사戰士 침팬지는 그 가능성을 증명한다. 1995년 보통의 침팬지보다 호전적인 침팬지 무리가 우간다 키발레 국립공원Kibale National Park의 응고고Ngogo 연구 센터에서 발견되었다. 이들은 다른 침팬지보다 더 크고 힘도 세며 오래 살았다. 개체 수도 빠르게 늘려 보통의 무리보다 3배 빨리 공동체를 형성했다. 이 깡패 침팬지는 다른 무리를 상대로 전쟁을 일으켜 영역을 차지하고 무리의 개체들을 흡수했다. 25년에 걸친 연구에도 불구하고 과학자들은 이 침팬지 무리가 전쟁을 일으키는 이유가 영역을 확장하기 위한 것인지, 암컷을 흡수하기 위한 것인지 밝히지 못했다.[5]

이 무리를 연구한 영장류 학자들은 전사 침팬지에 유리한 환경이 큰 역할을 한 것이라고 표현했다. 응고고 지역에는 사시사철 과일이 넘쳤고 이들을 위협하는 포식동물도 없었다. 이들은 관찰 기간 내내 질병의 위협을 받은 적도 없었다. 이렇게 살기 좋은 서식 환경이 계속되니 행동을 교정할 필요도 없었던 것이다. 삶이 매우 편안했던 전사 침팬지는 이들이 가장 좋아하는 먹이인 붉은콜로부스원숭이red colobus monkey까지 멸종시키고 말았다. 이런 깡패 무리가 서식지의 다른 침팬지를 몰살하는 모습을 보고 우리는 이들이 생존에 가장 적합하다고 가정할 수도 있다. 하지만 더 길게 보면 상황이 달라진다.

공격자들이 키발레 국립공원을 장악하고 나면 그들은 이제 갈 데가 없을 것이다. 행동에 엄청난 변화가 생기지 않는 이상 식량이 고갈하면서 전사들은 서로를 파괴할 것이다. 싸우는 대신 나누는 것만이 유일한 희망이다. 공격적 행동은 환경의 변화에 적응하지 못할 것이다.

호모사피엔스도 7,000년 전 이와 비슷한 고난을 맞닥뜨렸다. 이들은 서식지인 아프리카를 떠나 보트를 타고 북쪽 서유럽, 중앙아시아, 중동, 동남아시아, 호주로 이동했다. 그때부터 인간은 사막과 산악 지대뿐만 아니라 극지방까지 이르러 지구상 모든 서식지에서 살게 되었다. 이들은 새로운 장소에 적응하며 먹는 음식과 사는 집에 변화를 주는 수밖에 없었다. 이런 유연한 행동을 개발하면서 인간의 뇌는 커지고 모양이 변화하며 더 복잡해졌다.6

인간의 두뇌는 보노보나 침팬지의 두뇌와 구조적으로 비슷해도 차이가 있다. 평화를 추구하는 동족 보노보와의 비교를 통해서 우리가 추구해야 할 중요한 가능성을 파악할 수 있다. 보노보의 놀라운 공감 능력과 감정을 읽는 능력은 대뇌의 변연계에서 일어난다. 보노보의 변연계는 우리와 매우 유사하지만 인간의 변연계가 훨씬 더 발전한 형태다.

보노보는 인간처럼 상대방의 고통을 알아차리고 행동을 조절할 수 있고 매우 협력적이고 소통적이다. 하지만 인간의 협력과 소통 능력은 보노보보다 훨씬 더 뛰어나다. 대부분의 종이 오직 생식만을 위해 교미하지만 인간과 보노보는 기쁨을 추구하고 즐거움과 애정을 느끼기 위해 동성 혹은 이성과 교미한다. 드문 행동이지만 보노보도 때로는 얼굴을 맞대고 교미하면서 입을 맞추기도 한다. 보노보는 인간처럼 매우 다양한 방법으로 장난을 친다. 인간과 보노보의 두뇌 구조는 공격적 충동을 조절할 수 있는 능력을 갖추고 있지만 침팬지는 그렇지 못하다.

침팬지는 인간의 가부장적 사회구조를 거울처럼 보여준다. 암컷에게 성관계를 강요하는 강간, 지위에 대한 집착, 지배 욕구는 인간의 모습과 매우 닮았다. 앞서 기술한 바와 같이 침팬지의 폭력성은 타고난 본성이 아니라 그들과 함께 진화했을지도 모른다. 인간도 마찬가지일 것이다.

진화론 전문가에 따르면 인간의 정신은 수컷 무리가 지배력을 갖기 위해 서로 갈등을 거듭하며 일으킨 일련의 폭력적 충돌을 통해 진화했다. 현재의 과학적 사고에 의하면 테스토스테론은 지배의 충동을 표현하는 가장 적절한 도구다. 지배에 대한 개체의 욕구는 사회 지배 지향성Social Dominance Orientation(이하 SDO)이라고 부르는 개체적 특성이 된다.

SDO는 침팬지 성향과 보노보 성향의 두 가지 반대되는 하위 차원으로 분류된다. SDO-D는 자신의 무리가 지배하는 엄격한 계층 사회를 선호하고, SDO-E는 힘과 자원을 평등하게 나누는 방식을 선호한다. SDO-D가 높은 사람은 성차별주의자, 동성애 혐오자, 인종차별주의자가 되기 쉽다. 또 자신이 속한 무리의 지배를 유지하기 위해 폭력도 서슴지 않는다. 이 유형은 남성이 많고 권위주의적이며 남성이 지배하는 정치 구조를 선호한다. 사회를 이루는 SDO-D와 SDO-E의 비율에 따라 폭력과 파괴의 규모가 결정되며 혹은 반대로 민주적 절차와 평화가 유지된다.[7]

진화론 전문가들은 남성이 폭력적으로 사회를 지배해온 긴 역사가 있지만 인간의 지배 지향은 매우 쉽게 변한다고 말한다. 인간의 뇌는 상황을 판단한 후 반응을 쉽고 빠르게 변화하는 특별한 능력을 가졌기 때문이다. 바로 이런 능력 덕분에 호모사피엔스는 세계를 장악하고 우리의 먼 친척인 침팬지와 보노보는 아프리카에서만 살 수 있는 것이다.

하지만 아프리카를 떠난 지 얼마 되지 않아 호모사피엔스는 인간을 지구상에 가장 폭력적이고 파괴적인 종으로 만들었다.[8] 호모사피엔스가 출현하기 전, 인류 이전의 종이 자연스레 살다가 죽었다고 믿지만 고고학의 발견에 따르면 인간이 유럽과 아시아로 이주하며 다른 동형 종을 모조리 말살했다고 전해진다. 그뿐만 아니라 인류가 대륙과 바다로 영역을 확장하면서 큰 쥐, 큰 웜뱃, 매머드, 마스토돈, 큰 사자, 거대한 나무늘보 등 엄청난 수의 포유동물이 사라졌다. 북아메리카에서는 47종의 거대 동물 중 34종이 멸종했다. 남아메리카에도 60종 중 10종만 남아 있다. 호주에서는 적어도 100파운드(약 45kg)에 달하는 24종 중 23종이 사라졌다.[9]

인간은 수천 년 동안 지구를 메마르게 해왔다. 우리는 이제 전사 침팬지처럼 우리의 생존이 위협받는 한계에 이르렀다. 적자생존 철학은 습격과 약탈을 정당화하기 위해 경제에도 적용되어왔다. 하지만 이제는 나누지 않으면 살아남지 못할 것이다.

남성은 생계를 위해 사냥터에 나가지 않았다

남성은 수천 년 동안 경제 자원을 통제해왔지만 그렇다고 해서 남성이 훌륭한 공급자 역할을 해왔다고 해석할 수는 없다. 인간의 첫 번째 경제는 수렵과 채집이었다. 남성이 수렵하는 동안 여성은 집 근처에서 자녀를 돌보며 채집을 했다. 이성과 짝을 이루는 조합은 부모와 자녀에게 균형 잡힌 식생활을 보장할 수 있었다. 이 같은 성별 분업은 대부분의 문화에서 남성의 일과 여성의 일을 분리하며 경제 관련 모든 역할을 분담하는 전형이 되었다.

성별 분업은 믿음으로 자리 잡았지만 사실에 부합하지는 않는다. 현대 인류학자들이 관찰한 소수의 '약탈자' 사회를 들여다보면서 고대의 수렵·채집 사회를 추론할 수 있다. 이 사회에서는 여성도 사냥에 자주 참여했다. 여성은 주로 집 근처에서 작은 동물을 수렵했다. 남성은 큰 동물을 사냥했지만 빈번한 일은 아니었다. 실제로 큰 동물을 사냥하는 것은 식량을 얻는 효과적인 수단이 되지 못했고 육류가 식량에서 차지하는 비율은 높지 않았다. 무리의 대부분은 오히려 주로 채소를 먹고 살았다. 일부 인류학자는 남성 간 사냥은 영양분을 얻기 위한 행동이 아니라 신분 표시의 수단이라고 말한다.10

초기 인간은 핵가족을 구성하지 않았다. 침팬지나 보노보와 마찬가지로 인간은 본래 작은 무리로 먹이를 찾고 무리가 자주 변하며 잠을 자거나 음식을 나눌 때 더 큰 무리로 돌아오는 분열과 융합의 동물이었다. 이처럼 음식을 나누는 관습은 구성원이 균등한 영양 상태를 유지하도록 한다고 알려져왔다. 하지만 연구가 계속되며 나누는 관습이 있는 무리에서 성별 간 불평등이 발생한다는 사실이 밝혀졌다.11

수렵자와 채집자의 치과 기록을 분석한 인류학자에 따르면 여성은 육류와 지방 섭취 부족으로 지속적인 영양실조 상태였다. 이 같은 불평등의 인과는 다음과 같다. 남성이 사냥을 나가면 사냥한 동물의 몸에서 영양과 지방이 가장 많은 부위를 그 자리에서 먹은 뒤 남은 고기를 가지고 무리에 돌아온다. 그리고 음식을 나누는 의례에 따라 누가 먼저 어느 부위를 먹을지 결정한다. 여성은 거의 항상 나중에 먹는 불이익을 당한다.

어떤 인류학자는 "음식은 노인 남성, 사냥에 참여한 남성, 자녀, 강아지, 여성 순서로 배분된다. 그래서 여성이 영양실조에 걸릴 확률이 가장 높다"라고 말했다.12 여성이 만성 영양실조에 시달린 결과 출산율 감소, 신생아 체중 저하가 나타났다. 이는 산모와 신생아의 사망률을 높이는 원인이었다. 이것을 적응의 결과로 보기는 힘들다.13

수렵자가 무리로 돌아오기 전 사냥한 동물의 가장 영양가 높은 부위를 먹는 관습은 그를 다른 남성보다 더 크고 힘이 세고 존경받는 인물로 만들었다. 음식을 나누는 문화는 나눔의 주체에게 위신과 권력을 부여했다. 종족의 제일 연장자가 서열의 맨 위에 있고 그다음 위치를 수렵자가 차지했다. 이런 관습은 여성과 아이를 위해 음식을 나눈다는 의미보다 남성의 지위와 더 관련이 깊다.

불평등한 식량 배급의 증거는 선사시대 사람들의 유골에서도 찾을 수 있었다. 2008년 발표된 연구는 전 세계에서 출토된 모든 치아에 대한 기록을 평가했다. 연구자들은 모든 대륙에 걸쳐 여성이 남성보다 충치가 더 많았다는 사실을 밝혀냈다.14 여성은 탄수화물을 많이 먹고 남성은 고기를 많이 먹었기 때문이라는 설명이 가장 설득력을 얻었다. 이는 민족지학적 자료와도 일치했다. 한편 고고학자들은 여성의 유골에서 발견된 영양실조가 노동 강도에 비해 영양 섭취가 충분하지 못했기 때문이라고 분석했다. 일부 현장에서 발견된 여성의 뼈로 스트레스 수준을 분석한 결과 당시 여성이 상당히 강도 높은 노동을 했다는 사실이 증명되었다.15

조직적 가부장제의 기초는 적어도 후기 구석기에서 발견되기 시작한다.16 작은 무리의 남성들은 우두머리 남성을 중심으로 다른 이들, 특히 여성에 대해 권력을 행사했다. 그들이 만들어낸 규칙과 관행은 법 제도로 발전해 더 큰 사회에서 가부장적 지배가 자리 잡는 기초가 되었다. 예를 들어 수렵자 남성은 은밀한 장소에서 만나는 남성 집단을 만들어 그들만의 비밀을 유지하려 했다. 여성은 이 같은 남성 무리로부터 철저히 배제되었다. 혹시라도 여성이 우연히 의식에 참여하거나 비밀의 의식을 목격하는 경우에는 가차 없이 처벌하거나 살해했다. 남성만으로 구성된 단체와 여성에게는 중요한 정보를 제공하지 않는 관행은 역사를 통틀어 흔한 일이었다.

남성의 공격적 행동은 시간이 지나면서 점차 확대되었다. 수렵자와 채집자들은 다른 무리 구성원과 싸우거나 죽었다. 영장류 중에서도 인간에게 두드러지는 공격성의 특징은 무리 밖 상대에 대한 호전성이 매우 강하다는 점이다. 여성은 전쟁 중인 부족들 사이에서 협상의 징표로 사용되었다.

일류 진화론 전문가 리처드 랭엄Richard Wrangham은 호주 원주민이 부족 간 침략 과정에서 여성을 어떻게 이용하는지 설명한다. "호주 원주민은 위험한 상황에서 성性적 임무를 수행할 여성을 보낸다. 침략자로 예상되는 무리가 다가오면 여성이 먼저 그들을 맞이한다. 침략자가 공격을 포기하려는 의사가 있으면 특사 역할을 하는 여성과 성교를 한다. 이는 공격 포기 신호가 된다. 공격을 포기하려는 의사가 없으면 여성을 돌려보내고 공격을 감행한다. 부족이 화해하는 마지막 단계에는 늘 아내를 교환하는 절차가 포함된다."17 여성은 역사가 시작된 이래 줄곧 전쟁의 노리개이자 군인의 전리품이었으며, 협상과 동맹의 수단이 되어왔다. 여성은 얼마나 끔찍한 고통을 겪어왔을까?

인류가 정착을 시작하며 무리 간의 전쟁은 폭력으로 물건을 빼앗는 급습의 형태로 바뀌었다. 새로운 생활 기반이 형성된 것이다. 깡패 침팬지가 다른 무리의 서식지를 파괴하듯, 가장 공격적인 침입자가 정착지를 차지하는 생존 게임이 시작된 것이다. 인류는 더욱 폭력적인 방법을 동원했다. 전사 침팬지처럼 평화로운 공동체를 파괴하고 번식을 위해 여성을 납치하며 인류는 폭력적인 정복을 추구하기 시작했다. 결국 사냥과 약탈은 지구 전체를 휘감는 현상으로 변했다. 전사戰士 경제의 출현이었다.

그부터 인류의 역사는 무한히 시즌을 거듭하는 드라마 '왕좌의 게임'처럼 전진했다. 전사 사회는 정복으로써 거대한 상점을 완성했다.18 왕과 황제는 그들을 추종하는 무리와 함께 재물을 다스리고 그 재물을 최고의 전사들에게 분배했다. 전사들은 수렵자처럼 물질적 혜택과 명예를 얻었다. 무리에서 가장 난폭한 이 남성들은 여러 명의 아내를 얻어서 덜 호전적인 남성보다 자신의 유전자를 더 많이 퍼뜨릴 기회를 얻었다. 인류는 점점 더 지배욕을 추구하는 경로를 택했다.

인류 사회는 여성이 무기를 획득하거나 무기 사용법을 알 수 없도록 강력하게 막아왔다. 여성은 싸우는 방법을 배우지 못했고, 힘과 기술을 개발하는 스포츠 활동에 참여할 수 없었다. 충분한 영양 섭취와 운동이 금지되었다. 힘과 몸집을 키우지 못하고 실내에만 머문 결과 여성은 더 작고 약해졌다.

현재 페루가 위치한 곳에서 발견된 여성의 유골은 계층 불문 영양불량을 보였다. 성장기부터 줄곧 이어진 영양실조의 흔적이 남아 있었다. 그곳은 약 1,000년 전부터 전사 문화의 본거지였다. 우두머리 남성이 지배하고 엄격한 위계질서에 따라 특권층 남성이 지배하던 곳이다.19 유년기 영양실조는 신체 성장과 인지 발달을 저해했다. 영양 섭취의 불평등은 여성의 성장과 발달에 불리하게 작용했고, 그로 인한 여성의 미숙함은 남성 지배를 정당화하는 변명이 되었다.

전사 경제의 출현과 더불어 가부장제는 폭력과 탐욕이라는 2개의 뿔을 가진 야수가 되었다. 집에서 혹은 전쟁터에서 우두머리 남성이 다른 사람을 대하는 태도는 우리 시대 경제 철학의 전조가 되었다. 정복자는 힘이 있다는 단순한 이유로 모든 것을 파괴하고 몰수할 권리를 가졌다. 승자 독식이며 힘이 옳다는 논리였다. 전사의 우두머리는 모두가 그의 규칙을 따라야 한다고 강요하며 자기 자신은 주인이고 그를 제외한 다른 이들은 노예라는 개념을 전파했다. 또한 종교적 믿음을 통해서 자신의 규칙을 일종의 신성한 계획으로 정당화하기도 했다.[20]

농업은 전쟁과 함께 성장했다. 토지를 획득하는 과정에서는 갈등이 일어났다. 농업 경제는 여성에게 유리하지 않았다. 하지만 일부의 주장대로 여성의 종속이 농업에서 비롯되었다고 확신할 수는 없다. 농업 등장 전부터 여성이 부당한 대우를 받아왔다는 증거가 매우 많다. 게다가 유목 사회 같은 비농업 경제 역시 호전적이며 여성을 종속된 존재로 취급했다.

서구 사회에서 산업화가 시작된 이래 가정에서는 음식과 생필품을 구매하기 위해 현금을 사용하기 시작했다. 남성은 보수를 받는 일을 독점하는 방법으로 현금마저 통제했다. 가장이 남성 1명인 핵가족이 전면에 등장한 것은 산업화 시대다. 오늘날 탈공업화사회에서도 힘을 가진 남성 공급자가 빈곤국에서처럼 '그의 것인' 아내와 자녀를 벌주기 위해 음식이나 생필품을 주지 않는 예가 있다.

20세기 중반 서구 국가에서 자급자족 핵가족은 이상적 형태로 자리 잡았다. 1970년부터 시작된 성 역할 분리의 종말은 보수주의자에게 고통으로 다가왔다. 그들은 성 역할 분리가 자연스러운 일이고 반드시 지속되어야 한다고 믿었다. 그러나 1명의 남성 제공자가 이끄는 전통적 핵가족은 20만 년 인류사에서 겨우 150여 년간 표준으로 받아들여졌다.21 핵가족은 결국 인류 진화 연대표에서 일시적 현상이 되어 사라져버릴지도 모른다.

자연이 남성에게 부여한 역할을 무엇일까. 여성과 아이들에게 식량과 안전을 제공하는 자비로운 역할을 부여하지는 않은 것 같다. 오히려 인류 역사 전반에 걸쳐 남성은 자원의 분배를 장악했고, 힘을 이용해 때로 지나칠 만큼 필수품을 제공하지 않았다.

여성을 가두는 족쇄로 전락한 모성

2015년 팀 워스톨Tim Worstall은 〈포브스〉의 기고문에서 "여성이 평균적으로 남성보다 적게 번다는 말은 진실이다"라는 의견을 펼쳤다. "여성이 남성보다 적게 버는 현상이 차별의 결과라는 말은 거짓이다. 남성과 여성은 부모가 될 때 서로 다른 반응을 보인다. 포유류이며 태생적 종이라는 사실이 인간이 되는 경험의 중심이라는 점을 감안할 때, 성별 임금 격차는 해결하기 어려운 문제 중 하나일 것이다."22

최근 들어서 워스톨과 같은 성차별주의자들은 여성을 집에 몰아넣을 핑계로 모성을 강조한다. 그들은 여성이 자녀를 돌보기 위해 집에 머물러야 한다거나 일을 하더라도 남성보다 적은 금액을 받아야 한다는 사실을 정당화하기 위해 우리의 동물적 본성을 자극한다.

포유류에게는 다양한 양육 관행이 존재한다. 예를 들어 영장류는 2가지 양육방식, 즉 어미가 모든 것을 다 하는 방식과 어미와 아비가 함께 양육하는 방식 중 하나를 선택한다. 후자에서도 어미가 주로 양육을 도맡지만, 어미가 먹이를 구하러 갈 때는 아비가 새끼를 돌보거나 다른 방식으로 어미를 돕는다. 이런 공동육아는 '이웃의'라는 의미의 '알로마더링allomothering'이라는 용어로 부른다.

어미 침팬지는 출산할 때 무리에서 자주 사라진다. 길면 1달을 떨어져 지내기도 한다. 출산 후에도 다른 구성원이 새끼를 건드리지 못하도록 막는다. 태어나고 2년 동안 새끼 침팬지는 어미의 몸에 바짝 붙어 지낸다. 새끼 침팬지는 5세가 될 때까지 어미 곁에 머문다. 먹이를 찾거나 사냥할 때도 어미를 따라가 방법을 배운다. 이는 단순한 본능이라기보다 포식자 수컷 침팬지로부터 새끼를 보호하기 위한 일종의 전략이다. 이와 대조적으로 보노보는 알로마더링을 실행한다. 어미는 다른 암컷뿐만 아니라 수컷에게도 새끼를 맡기고 다 함께 놀거나 음식을 나눠 먹거나 서식지를 공유한다.

인간과 가장 가까운 침팬지와 보노보 둘 다 어미가 주된 양육자 역할을 한다. 실제로 어미는 모든 영장류와 포유류의 양육자다.[23] 자손에게 부모로서 더 큰 역할을 하는 것은 어미다. 어미는 종의 생존에 핵심이지만 먹이를 찾으러 밖으로 나갈 때만 제공자 역할을 할 수 있다.

인간 역시 알로마더링 종이다. 사냥꾼 어미는 새끼를 데리고 함께 사냥을 나가지만 공동으로 육아에 참여하기도 한다. 실제로 공동육아는 인류사 전반에서 보편적으로 받아들여졌다. 인간의 삶에 양육과 입양은 늘 존재했다. 탁아소 같은 돌봄 시설도 인간에게 새로운 사실이 아니다. 인간의 또 다른 특징은 모유 수유를 제외하면 남녀가 똑같이 자녀를 돌볼 수 있다는 것이다.24 알로마더링은 인류의 가장 이상적인 특징이다. 탈공업화 경제처럼 여성의 제공자 역할을 막는 사회는 인류의 진화에 따른 이점을 스스로 버리는 것이다.

남성은 힘들고, 위험하고, 중요한 일을 한다?

남성이 1달러를 벌 때, 여성은 75센트를 번다는 백악관의 보고서가 2011년에 등장했다. 스티브 토박Steve Tobak은 CBS 뉴스 사이트에 남녀 임금 격차를 정당화하는 격앙된 어조의 기사를 게재했다. 그는 남성이 위험한 일을 하기 때문에 "당연히 임금을 더 많이 받아야 한다"라고 주장하면서 "어부, 벌목꾼, 항공기 조종사, 농부, 목장 주인, 지붕 수리공, 철강 노동자, 환경미화원, 재활용품 수거자, 산업기계공, 트럭 운전사, 건설 노동자" 등을 위험한 직업으로 꼽았다.25

그가 제시한 직업 일부는 특별히 위험한 일이 아니며 어업과 농업 등에는 세계적으로 수많은 여성이 종사하고 있다. 그러나 토박은 여성이 겁쟁이라서 이런 위험한 직업을 선택하지 않는다고 주장한다. 토박은 틀에 박힌 방법으로 직업을 나눠 경제적 불평등을 정당화하려 했다.

남성은 대체로 여성보다 더 위험한 행동을 한다. 그러나 그런 행동의 긍정적 가치를 위험을 추구하는 특성과 연관 지을 필요는 없다. 위험에 매료되는 특성 때문에 남성은 여성보다 약물을 남용할 소지가 크고 사고에 취약하다. 위험한 환경에 노출되면 테스토스테론이 상승하며 그 결과로 남성은 위험을 과소평가하고 무분별하게 행동한다. 이는 위험 추구의 좋은 속성이라고 볼 수 없다.

모든 종류의 범죄, 특히 폭력을 포함한 범죄를 저지르는 쪽은 여성보다 남성이 훨씬 더 많다. 이 또한 위험을 추구하는 남성의 성향이 원인이 된다. 100여 개국을 조사한 통계에 따르면, 남성은 교도소 재소자의 90% 이상을 차지하며 강력범죄를 저지른 쪽도 거의 남성이었다. 특히 포악한 범죄는 남성이 남성을 상대로 저지른 범죄였다. 가장 흔한 시나리오는 남성 2명이 서열 논쟁을 벌이다가 상대방을 공격하거나 살해하는 범죄였다. 유엔마약범죄사무소가 발표한 보고서에 따르면 살인자의 96%가 남성이고 희생자의 70% 역시 남성이었다.

전통적 남성성을 강하게 지지하는 남성이 범죄를 일으킬 확률도 더 높다. 범죄의 대가로 드는 비용은 엄청나다. 미국에서 매해 230억 건의 범죄가 발생하며 희생자의 손실은 150억 달러(약 19조 2,000억 원)에 달한다. 경찰과 교도소 유지에 드는 비용은 1,790억 달러(약 229조 1,200억 원)에 이른다.26

남성이 현명하지 못한 위험을 감수하고 여성이 자녀를 위해 제공자 역할을 하지 못하도록 막은 결과, 자녀는 받아들이기 힘든 불확실성을 감수해야 한다. 자녀는 모친보다 부친을 잃을 확률이 훨씬 높다. 시야를 확대해보면 어리석은 위험을 감수하는 남성에게 더 많은 급여를 주고, 남아서 자녀를 돌볼 확률이 높은 여성에게 더 적은 급여를 주는 현실은 앞뒤가 맞지 않다.

'남성의 높은 급여는 위험수당이다'라고 주장하는 사람들은 수렵인·채집인 가설을 근거로 제시한다. 수렵이 더 위험하고, 빨리 달리고 멀리 보는 '남성적' 능력이 필요하고, 총을 쏘고 덫을 놓는 '남자다운' 기술을 요구한다는 것이다.27 여성이 집에 머무는 동안 남성은 집에서 멀리 떨어진 곳에서 일하는데 그 근본적인 원인도 수렵 때문이라고 주장한다.

하지만 수렵은 수천 년 동안 특권을 가진 자만이 누릴 수 있는 스포츠이자 여가 활동이었다. 그러한 사실을 고려해볼 때, 수렵을 일로 분류할 수 있는지는 다시 생각해볼 필요가 있다.

남성 수렵의 역사는 신화처럼 자리 잡았다. 이 신화는 오늘날 남성의 더 나은 가능성과 성취를 설득하는 근거로 쓰인다. 여성과 달리 남성은 새로운 고객을 찾고 급여 인상을 요구하는 일에 더 공격적이고 더 나은 직업을 위해 이동할 실행력도 있다는 것이다. 노동에 대한 이 기원적인 성별 분업은 직장 내에서 여성을 대하는 남성의 공격성에 대한 변명으로 이용된다. "남자는 원래 그래"라며 변화하려는 노력을 하지 않거나 여성에게 무심함을 길러 남성의 공격성에 맞서야 한다고 말한다.

이 같은 대화는 1960년대에 널리 대중화된 인류 기원에 관한 고고학 이론으로 이어진다.[28] 원시인이 나오는 만화나 박물관 작품을 보면 동물의 가죽으로 만든 옷을 입고 막대기를 든 남성이 거대한 동물을 위협한다. 그놈의 사냥꾼 남성 서사다. 리베카 솔닛Rebecca Solnit은 2015년 〈하퍼스〉 기고문에서 사냥꾼 남성 신화에 관해 간단명료하게 설명한다.

우리가 누구이고, 우리가 어떤 사람이었으며, 우리가 어떤 사람이 될 수 있을 것인지 이야기하는 자리에서 누군가는 언젠가 사냥꾼 남성을 거론할 것이다. 그 이야기는 남성뿐만 아니라 여성과 아이의 이야기이기도 하다. 셀 수 없이 다양한 버전이 존재하지만 대부분 이런 내용이다. 태초에 남성은 사냥을 나가 여성과 아이에게 줄 동물의 고기를 들고 집에 돌아왔다. 그들은 모두 둘러앉아 고기를 먹었다. 대부분의 이야기에서 가족은 핵가족이고, 남성은 자신의 가족에게만 고기를 제공하고, 여성에

게는 아이를 함께 돌볼 공동체가 없다. 여성은 아이를 낳는 짐일 뿐이다.29

20세기 중반 고고학자들은 사냥꾼 남성이 여성과 달리 살해 본능을 가진 육식동물이었다고 설명한다. 남성은 초원을 가로지르는 큰 사냥감을 포착하기 위해 덩치가 크고 꼿꼿하게 걸었다. 남성의 큰 두뇌로 인간은 먹잇감을 살상할 도구를 만들었다. 이것은 인간을 동물과 구분하는 첫 번째 특징이었다. 사냥꾼은 남성끼리만 무리 지어 다녔고, 오랫동안 집을 떠나 있기도 했다.

하지만 이 시나리오는 거짓으로 밝혀졌다. 인간은 육식동물의 이빨이 없다. 우리 선조의 유골에서도 육식동물의 이빨은 발견되지 않는다. 원시인은 키가 크지 않았고, 초원에 살지 않았고, 큰 동물을 사냥하지도 않았고, 동굴이 아닌 숲에 살았고, 풀을 주로 먹었고, 침팬지와 같은 크기의 뇌를 가졌다. 인간은 포식동물보다는 먹잇감에 가까웠다.30 그리고 남성이나 여성 중 어느 쪽이 도구를 발명했는지는 아무도 모른다. 하지만 남성 사냥꾼 시나리오는 경제에서 성 역할을 계속해서 강조한다.

경제적 성 불평등을 정당화하는 사람들은 남성이 여성보다 무겁고 어려운 일을 한다고 주장한다. 여성은 남성의 일을 하기에 너무 약해서 보수를 적게 받고 좋은 대우를 받을 수 없다고 정당화한다. 경제개발과 국제정책에서 이 아이디어를 처음 주장한 인물은 덴마크의 경제학자 에스테르 보세루프였다. 보세루프는 여성이 쟁기질하기에 너무 약해서 경제적으로 종속되기 시작했다고 설명했다. 1970년대에 보세루프의 주장은 엄청난 영향을 끼쳤고 그 영향력은 오늘날까지 이어져왔다.31

2011년 〈이코노미스트〉에 '쟁기와 현재: 여성에 대한 뿌리 깊은 태도는 고대 농업에 뿌리를 두고 있다'라는 기사가 올라왔다. 새로운 연구에 따르면 여성은 쟁기가 발명되기 전까지 평등하게 대우받았으며 쟁기의 발명 이후 5,000년 동안 불평등을 겪고 있다는 내용이었다.32 하버드대학교 경제학부 교수를 지낸 알베르토 알레시나Alberto Alesina와 네이선 넌Nathan Nunn과 UCLA 경영학 교수 파올라 줄리아노Paola Giuliano가 진행한 이 연구는 여러 대학에서 반드시 읽어야 할 논문이 되었고, 경제적 성 불평등을 정당화하는 근거가 되었다.

여성의 경제적 예속은 너무 고통스럽고 광범위한 데다 5,000년 농사 기술에서 원인을 찾기에는 지나치게 오래 지속되었다. 게다가 쟁기는 사람이 밀거나 끌지 않고 덩치가 큰 동물에 마구를 채워 사용한다. 쟁기에는 바퀴가 있고 동물이 끄는 동안 앉을 자리도 있다. 과연 상반신의 힘이 얼마나 필요했을지 의문스럽다.

사냥과 마찬가지로 여성이 쟁기를 끌 수 없다는 사실은 옳지 않다. 또 여성이 쟁기를 끈다고 아무도 주목하지 않는다. 역사를 걸쳐 여성은 남편이나 부친이 사망하거나 일할 수 없을 때마다 쟁기질을 했다. 남성이 전쟁에 나갔을 때도 농사를 지었고, 전쟁에서 돌아오지 않았을 때도 농사일을 계속했다. 영미에서 세계대전이 발발했을 때, 정부는 농사일을 위해 여성을 소집했다(표10 참조).33

여성은 가축을 대신해 쟁기를 끌 정도로 강인했다. 1870년에 쓰인 여행기를 읽고 그 사실을 알았다. 어느 미국인이 묘사한 장면인데 당시 독일에서는 흔한 일이었다. 남편이 아내에게 쟁기질을 하도록 마구를 채우면 여성은 동물처럼 일하고 남성은 자리에 앉아 담배를 피웠다. 여행

표10. (좌측) 제1차세계대전 당시 농업지원부인회 구인 광고.
(우측) 전시戰時에 '농장에서 일하는 여자farmerette' 사진.

출처: (좌측) 헐튼 도이치 컬렉션, 코비스 히스토리컬, 게티 이미지.
(우측) 베인 뉴스 서비스, 바이인라지, 게티 이미지.

기를 쓴 미국인은 독일 여성이 남편을 위해서 쟁기를 끄는 일을 자랑스
러워했다고 주장했다(실제 대화를 바탕으로 한 주장은 아니다). 그는 미국 여
성이 이기적이고 게으르며 매사에 투덜거리고 남편을 진정으로 신경 쓰
지 않는다고 비난했다.34

1900년대 캐나다의 모습을 담은 또 다른 사진을 발견하기 전까지 이
이야기가 낭설이라고 생각했다. 사진 속 12명의 러시아 출신 이민 여성
은 쟁기에 묶여 있고 남성은 쟁기를 밀려는 것처럼 보였다. 쟁기에 얽힌
거짓 낭설이나 남성의 일이 더 까다롭다는 설득력 없는 분류학으로 성
불평등은 정당화될 수 없다. 여성의 경제적 종속은 남성의 타고난 우수
성이 아닌 공격성과 자원의 통제에서 비롯된다.

여성은 국가 경제 발전에 중요한 역할을 해왔다. 하지만 역사학자들은 여성의 역할을 인지하지 못하고 거의 무시해왔다. 명백한 예로 고대 무역로 시절 중국의 비단 생산을 들 수 있다. 기원전 130년 어느 왕조는 중국과 지중해, 서아시아, 인도 대륙을 잇는 교역로를 통해 서구와 통상을 시작했다. 중국을 부유하게 만든 비단 무역의 통로 실크로드가 바로 그것이다. 그 역사는 우리에게 매우 익숙하지만, 중국을 일으킨 호화로운 직물을 만든 이가 여성이라는 사실은 아무도 언급하지 않는다.35

당시 중국의 비단 생산은 혹독하리만큼 힘든 일이었다. 여성의 종속을 상징하는 전족 역시 이때 탄생했다. 21세기 초 인류학자 로렐 보센Laurel Bossen과 힐 게이츠Hill Gates는 전족의 희생자였던 마지막 생존 여성들을 인터뷰했다. 보센과 게이츠는 전족이 탄생한 이유가 (기존에 알려진 바와 같은) 성적인 목적이 아니라는 사실을 밝혀냈다. 전족은 3~5세의 여아에게 행해졌다. 여아를 움직이지 못하게 해 오랜 시간 실을 뽑게 하려는 목적이었다. 비단의 수요가 너무 커진 탓에 여성은 할당량을 맞추기 위해 밤낮으로 일했다. 스트레스가 심한 나머지 어머니가 직접 딸에게 전족을 채웠다. 그러한 일이 수 세기 동안 이어졌다.36 비단을 생산하는 일은 힘들고 위험하고 중요한 일에 포함되지 않을까?

변화에 대한 새로운 믿음으로 나아가기

남성의 지배는 인간의 역사에서 전쟁과 질병처럼 세계적으로 나타나는 현상이다.37 우리가 전쟁과 전염병을 내버려두지 않듯이 가부장제 역시 같은 방식으로 접근해야 한다. 난폭하고 탐욕스러운 남성의 지배는 항상 존재해왔지만 엄청난 해악을 끼친다. 어떻게 해야 변화시킬 수 있을까?

해답을 제시하기 위해 먼저 생각해보아야 할 이야기가 있다. 신경과학자이자 손꼽히는 영장류 동물학자인 로버트 새폴스키Robert Sapolsky는 스트레스를 연구하기 위해 1970년대 후반부터 개코원숭이 무리를 관찰해왔다. 스트레스가 인간의 건강에 미치는 영향을 연구하기 위해 과학자들은 개코원숭이를 연구한다. 이는 개코원숭이의 유전형질이 인간과 94% 일치하기 때문이 아니라 개코원숭이의 사회구조와 행동이 인간과 매우 유사하기 때문이다.

개코원숭이의 위계질서에서는 우두머리 수컷 1마리가 자기 지위에 도전하는 자를 힘으로 억누른다. 우두머리 수컷은 다른 개코원숭이를 위협하면서 일생을 보내고 다른 모든 구성원의 생활에 간섭한다. 우두머리는 음식을 직접 구하지 않으며 암컷이 찾아서 오는 먹이를 먹는다. 무리가 공격당하면 안전한 곳에 숨어서 다른 수컷들이 싸우도록 명령한다.38 우두머리 개코원숭이는 결국 얻어먹는 겁쟁이자 불량배다.

우두머리 수컷 아래 다른 수컷은 계층을 이루어 낮은 지위의 수컷을 지배한다. 모든 수컷은 암컷을 괴롭힐 수 있다. 오랜 시간 먹이를 찾아 헤매지 않아도 되는 개코원숭이는 남는 시간을 서로를 괴롭히는 데에 할애한다. 개코원숭이의 삶은 비참하고 건강하지 않아 보인다.

새폴스키는 수년 동안 관찰 대상 개코원숭이 무리의 모든 수컷으로부터 혈액 표본을 채취했다. 스탠퍼드대학교로 돌아온 새폴스키는 혈액 표본을 분석하고 서열에 따라 배열했다. 연구 결과에 따르면 서열이 가장 높은 개코원숭이의 혈액에서는 아드레날린, 코르티솔, 노르에피네프린과 같은 스트레스 호르몬이 전혀 발견되지 않았다. 서열이 낮아질수록 스트레스 호르몬 수치는 상승했다.39 인간과 개코원숭이 모두에게 스트레스 호르몬의 상승은 생명에 대한 현실적인 위협이었다.

그런데 새폴스키의 연구 집단에 엄청난 변화가 일어났다. 개코원숭이들이 가까운 여행객 숙소의 쓰레기통에서 고기를 발견한 것이다. 서열이 가장 높은 수컷 몇 마리가 서열이 낮은 다른 수컷이나 암컷과 나누지 않고 고기를 전부 먹었다. 그리고 고기를 독차지했던 우두머리와 수컷들이 갑자기 죽었다. 소결핵증에 걸린 소의 고기였던 것이다.

새로운 불량배 무리가 서열의 맨 꼭대기를 차지하리라고 예측할 수 있지만 현실에서 그런 일은 일어나지 않았다. 우두머리 무리의 죽음으로 암컷 비율이 증가했을 뿐 아니라 서열이 낮거나 협조적인 수컷만이 남게 되었다. 순한 수컷과 암컷은 다른 개체를 괴롭히지 않고 협조적이며 평등한 문화를 만들었다.

이 세대가 지나고 다른 세대가 대를 잇고 성비 역시 기존대로 회복되었지만, 개코원숭이 공동체는 새로운 질서에 따라 살고 있었다. 개코원숭이는 원래 수컷이 짝짓기를 위해 무리를 옮겼다. 새로 형성된 평화로운 무리는 주기적으로 외부 개체가 유입되어도 기존의 윤리관을 지켜나갔다. 평화를 사랑하는 이 무리는 새로 합류한 수컷이 올바르게 행동하도록 이끌었다. 특히 암컷은 새로운 윤리를 따르지 않는 수컷과 교미를 거부했다. 기존의 수컷 무리도 암컷을 도왔다.40

개코원숭이가 바뀔 수 있다면 인간도 바뀔 수 있다. 인간에게는 문제 사실을 인지하고 상황을 진단하고 실용적 단계를 계획하고 그 계획을 실천하는 능력이 있다. 턱 모양, 두개강頭蓋腔, 교미 춤보다 변화를 만드는 능력이야말로 인간의 본성이다.

문제는 인간이 이기적이고 지위에 집착한다는 것이다. 그리고 전사 침팬지와 같은 지금의 경제를 변화시키려는 의지가 있는지, 지금과 다른 미래를 창조할 규율과 헌신을 가졌는지도 문제다. 남성 지배로 인해 인류는 파괴 직전에 이르렀다. 여성에 대한 경제적 제약을 없애고 달리 행동하려면 그런 제약이 애초에 어떻게, 왜 등장했는지 이해해야 한다. 경제적 가부장제가 수렵이나 쟁기와 함께 시작되지 않았다면, 더블엑스 이코노미는 언제 어떻게 탄생했을까?

5장

결혼의
이유를
묻다

여성은 재산을 소유할 수 없다. 여성 자신이 재산이기 때문이다. 아버지는 딸이 어리다면 더 좋은 가격에 팔 수 있다. 미망인은 자녀와 함께 있기를 원하면 배우자 유산 관행을 따라야 한다. 남성이 여성을 강간하면 여성의 아버지에게 돈을 지불하고 결혼해야 한다. 남성이 생산량을 늘리고 싶다면 더 많은 아내를 얻으면 된다.

이 각각의 내용은 경제 교류를 지배하는 규칙이면서 결혼에 관한 규정이기도 하다. 여성은 교환을 실행하는 주체가 아니라 돈이나 가치 있는 물건으로 교환되는 대상이다. 아무도 여성에게 동의를 구하지 않는다.

나는 아프리카에서 이 규칙들이 적용되는 모습을 생생히 목격했다. 그렇지만 사실 아프리카에만 국한한 일은 아니었다. 같은 규칙이 다른 시간과 장소에도 등장했다. 이것은 역사를 통해 확인할 수 있었다. 오래전에 읽은 어느 수필에 담긴 내용은 내게 큰 혼란을 주었다. 충격이 오랫동안 머릿속을 떠나지 않았다.

나는 박사과정을 공부하며 게일 루빈Gayle Rubin의 '여성의 거래The Traffic in Women'라는 글을 처음 읽었다.[1] 그것은 1980년대 초반 여성에 초점을 맞춘 최초의 인류학 도서인 레이나 라이터Rayna Reiter의 《여성의 인류학을 향하여Toward an Anthropology of Women》를 바탕으로 한 글이었다. 루빈은 여성을 거래하던 수렵·채집의 관행에서 여성의 종속이 유래했다고 주장했다. 루빈은 여성이 교환에 동의하지 않았으며 남성의 폭력으로 강요당했다는 점을 강조했다. 약탈이 인류사의 99%를 차지하는 만큼 루빈의 관점은 심오한 의미를 담고 있었다.

나는 수렵·채집 사회에서 산업사회로 이어지는 연결 고리를 통해 더블엑스 이코노미의 현재를 설명할 수 있지 않을까 추측했다. 그래서 나는 루빈이 제시한 시작점에서 현재의 경제를 들여다보기를 시도했다. 다양한 장소와 사회를 다루는 글을 읽었다. 인류에 존재한 모든 집단을 조사하기보다 오늘날 더블엑스 이코노미에 폭넓게 나타나는 지속적 패턴을 설명할 증거가 있는지를 따져 보았다.

인간 약탈 사회human forager society의 90%에서 삶의 터전을 이동한 쪽은 여성이었다. 이들은 물품의 흐름과 함께 움직였다. 여성의 이주, 남성의 공격성, 가부장제 모두 영장류의 일부다처제와 관련이 있었다. 인간 약탈 사회의 85%는 일부다처제였다. 일부다처제는 20세기 중반까지 대부분의 사회에서 유지되었다. 주요 종교 중에서도 힌두교, 불교, 유대교는 일부다처제를 금지하지 않았다. 세 종교 중 하나라도 자리 잡았던 지역에는 일부다처제가 만연했다. 이슬람교도 일부다처제를 허용했다. 유교는 여러 아내를 관리하는 경험을 남성의 영적 발전 과정으로 간주했다. 기독교가 유일하게 일부다처제를 엄격히 금지했다.[2]

일부다처제는 의외로 훨씬 최근까지 존재한 일반적 관행이다. 중국에서는 1949년 중화인민공화국이 건국되기 전까지 여러 명의 아내나

첩을 두는 것이 법적으로 허용되었다. 인도의 힌두교 남성은 1955년 힌두교 결혼법이 실행되기 전까지 아내를 여러 명 둘 수 있었다. 튀니지, 튀르키예처럼 이슬람교도가 다수인 국가는 일부다처제를 금지했지만, 대부분 이슬람 국가는 지금도 일부다처제를 허락했다. 세계적으로 이슬람교도가 가장 많은 나라 중 하나인 인도에서도 이슬람교도는 여러 명의 아내를 둘 수 있다는 예외 규정을 두었다. 오늘날에도 아프리카, 중동, 중앙 및 남부 아시아, 말레이제도의 58개국에서 일부다처제를 허용했다.

일부다처제 사회에서 다수의 아내는 남성이 부와 지위를 과시하는 수단이었다. 일반 남성은 법적 혹은 종교적으로 1명의 아내를 두도록 제한되어도 지위가 높은 남성은 여러 명의 아내를 둘 수 있었다. 예를 들어 인도 역사에서 남성에게 허용된 아내의 수는 카스트에 의해 결정되었다.

침묵 속에 거래되는 여성

루빈의 글이 발표되기 전까지, 여성을 거래하는 광범위한 관행에 제동을 걸기 위해 나선 학자는 드물었다. 인류학자들은 1925년 최초의 경제인류학 저서인 마르셀 모스Marcel Mauss의 《선물: 고대사회 교류의 형태와 이유The Gift: The Form and Reason for Exchange in Archaic Societies》가 출간된 이래 여성을 거래하는 관행을 이상화해왔다. 모스의 책은 화폐 이전 경제에 대한 기존 설명을 바탕으로 북서부 아메리카에서 오세아니아의 트로브리안드 제도Trobriand Islands를 다룬 포괄적 분석과 더불어 고대사회의 경제적 관행에 관한 모든 내용을 다루었다.

근대 이전 사회는 부족 간 교환 의식을 통해서 교역을 실행했다. 의식과 거래 물품은 늘 남성이 통제했다. 가부장제 경제는 분명 교환의 초기 형태에 뿌리를 둔다. 그러나 모스는 이러한 의식이 자본주의적 삶의 이기심과 대조되는 상호 간의 윤리를 가졌다고 주장했다.

> 이런 모든 제도는 하나의 사실, 하나의 사회 체계, 하나의 정확한 심리 상태를 표현한다. 음식, 여성, 자녀, 재산, 부적, 토지, 노동, 성직자 직책, 지위 등 모든 것은 전해지며 균형을 맞추기 위한 것이다. 사물과 사람을 비롯한 모든 것은 끊임없는 영적 교환이 이루어지는 것처럼 계층과 개인 사이 대대로 전해지며 사회적 지위, 성별, 세대 간 분배된다.3

여러 인류학자가 수십 년에 걸쳐 공유한 의식에 대한 모스의 평가는 희망적이었다. 이 의식적 거래가 현대에는 없는 인류의 단결을 도모해 무리 전체에 유익했을 것이라는 추정이다. 수렵·채집 경제는 단순하게 인간 거래 경제로 불러도 무방하다는 사실을 아무도 인지하지 못했던 것으로 보인다. 여기에는 남성에게 좋다면 여성에게도 좋으며, 여성은 거래 대상이 되기를 흔쾌히 허락한다는 암묵적 전제가 있었다.

민족지학적 기록에 따르면 약탈 사회에 여성을 교환한 관례는 모스의 설명보다 훨씬 악의적이었다는 증거가 존재한다. 2019년 인류학자 리처드 랭엄은 수렵·채집 사회의 도덕이 무리의 구성원 모두에게 이득이 된다는 오래된 믿음에 반박하기 위해 1938년 민족지학에서 처음 재조명된 호주 원주민의 관습을 요약했다. "여성은 특별한 행사에서 여러 명의 남성에게 성관계를 요구당할 수도 있었다. 남편은 손님에게 아내를 빌려줄 수 있으며 다툼이 있었던 상대에게 빚을 갚거나 화해할 목적으로 아내를 넘길 수 있었다." 남성의 관점에서 친절하고 다정한 이런 교환 시스템에 동의할 리가 없는 여성은 이런 경험을 폭력으로 인식한다. "여성이 이런 강제적 만남을 즐기지 않은 사실만은 분명하다. 호주 원주민 여성은 행사에 이용될까 공포에 떨며 살았을 것이다." 랭엄은 호주 원주민의 이런 관습이 보통 남성의 도덕적 행위이며, 그것을 친사회적 행동으로 보는 것은 남성에게는 이로울지 몰라도 여성에게는 해롭다고 결론을 내렸다.[4]

역사학자들 역시 유사한 부분을 놓쳤다. 동맹을 맺거나 분쟁을 해결하거나 계약을 체결하거나 전사에게 보상하기 위해 여성을 이용한 사실을 기록하면서 그 거래로 인한 결과는 외면했다. 심지어 교환 대상으로 선택될 기회가 여성에게 영광으로 받아들여지기도 했다고 주장하는 역사학자까지 있었다. 고든 맥이완Gordon McEwan은 잉카문명을 설명하며 여성은 강제 노동이나 현금의 일종으로 취급되는 기회를 특권으로 느꼈다고 주장했다.[5]

잉카 황제는 충실한 귀족과 성공을 거둔 전사의 공로를 인정해 여러 명의 아내를 제공하는 방법으로 후하게 사례했다. 황제는 조공 체제에 따라 다수의 여성을 거느릴 수 있었다. 각 지방은 매년 10~12세 소녀로 세금을 지불했고 이들은 외모를 기준으로 선발되었다. 수도에 도착하자마자 각 지방에서 모인 소녀들은 외모에 따라서 등급이 매겨져 분류되었다. 가장 높은 등급은 여승, 그다음은 황제의 후처, 세 번째 등급은 귀족과 전사에게 수여되었다. 네 번째 등급은 하인이 되었으며, 다섯 번째 등급은 궁중 연예인으로 고용되어 베를 짰다. 맥이완은 어린 소녀들이 궁중에서 살 기회를 얻은 것을 영광으로 생각했다고 표현했다.

팔려 간 공주를 위한 뒷이야기는 없다

잉카문명에서처럼 여성을 상품으로 거래하는 불미스러운 관행은 세계에 오랜 기간 만연해 있었다. 그것을 추적하던 나는 가장 설득력 있는 연결 고리를 찾을 수 있었다.

호모사피엔스는 시베리아를 떠나 서반구 대륙에 진출했다. 그중의 일부가 페루 고원 지방을 중심으로 잉카문명을 번영시켰다. 서반구의 호모사피엔스는 2만 5,000년 동안 다른 호모사피엔스 개체군과 분리되어 있었다. 그러던 중 16세기에 스페인에 살던 인류가 그곳에 도착했다. 스페인에서 온 인류는 잉카문명에 일부다처제, 가부장제, 남성의 공격성, 여성 거래 풍습이 깊이 뿌리 내린 것을 확인했다. 그것은 적어도 4,000년 전부터 이어진 기현상이었는데 스페인의 인류가 유라시아에 있을 때 겪은 것과도 같았다. 그 말은 즉, 잉카문명을 세운 약탈자 조상이 유라시아를 떠나기 전부터 유라시아 인구 사이에 이미 그러한 문화가 존재했다는 것이다.

잉카와 다른 지역의 풍습에는 많은 공통점이 있다. 남성에게 어떻게 봉사하는지에 따라 여성을 분류하는 방식은 사회가 복잡해지면서 일반화되었다. 그리스와 로마를 포함한 모든 고대 유라시아 사회에서 군인에게 보상으로 여성 포로를 제공하고 그 관습을 적절한 일로 받아들였다.

이러한 관습은 다양한 문화에 걸쳐 충격적일 정도로 친숙한 방법과 장소에서 반복되었다. 왕이 자신의 딸을 낯선 이에게 제공하는 장면이 동화책이나 역사책에 등장하는데 어린 딸이 자신의 운명을 어떻게 받아들이는지에 관한 언급은 거의 없다. 구약성서, 베다Veda[2], 고대의 북유럽 신화 같은 구전, 가곡, 전설에서 다양한 방법으로 여성 거래 풍습, 딸에 대한 아버지의 권리, 여성의 동의 부재, 일부다처제와 아내 상속, 강간을 해결하기 위한 결혼 등이 언급된다.[6]

메소포타미아에 기록 기술이 등장했을 때, 여성 거래로 인한 경제적 영향을 조명하는 기록이 작성되었다.[7] 첫 번째 성문법은 우르남무 법전 Code of Ur-Nammu(기원전 약 2,100년)으로 돌의 파편에 새겨진 불완전한 40개 법전이었다. 우르남무 법전에서 재산권은 남성에게만 부여되었다. 결혼은 남편이 아내를 성적으로 독점할 권리를 부여하고 다른 남성이 권리를 침범할 수 없도록 남편을 보호는 공식 계약이었다. 법령은 벌금을 처벌 수단에 포함했다. 아내와 성관계한 남성에게 배상으로 요구한 은의 양을 통해 여성의 가치를 추측할 수 있었다. 벌금은 차등적으로 부과되어 노예에 대한 벌금이 가장 적고 처녀인 딸에 대한 벌금이 가장 높았다.

우르남무 법전은 남성이 재산을 통제한다는 사실을 강력히 규정하고 제시했다. 여성은 소유 대상이며 여성의 가치는 출산이나 살림이 아닌 성적 봉사를 기반으로 정해졌다. 남편은 성적 독점성에 대한 보상으로 아내에게 물적 지원을 제공했다. 여성은 남성을 통하지 않고서는 경제 수단을 가질 수 없었다. 신부는 남편감과 신부 아버지 사이에서 거래되었다. 남편은 아내 이외의 다른 여성과 자유롭게 성관계를 가질 수 있었지만, 아내가 남편 이외의 다른 남성과 성관계를 했다면 살해당할 수도 있었다. 남편에게 이혼은 쉬웠지만 아내에게는 불가능했다.

---

2   인도 바라문교 경전.

더 자세하고 잔인하면서도 유사한 법률은 약 350년 후 메소포타미아에서 작성된 함무라비 법전Code of Hammurabi에 등장한다. 함무라비 법전에 따르면 일부다처제는 규범이었다. 여성은 아버지에 의해 거래되며 남성과의 관계에 따라 엄격하게 계층이 정해졌다. 법전에 기록된 규칙에 따라서 필요한 경우 처벌한다는 사실이 명시되어 있었다. 육체적 처벌의 집행, 물질적 재산과 돈의 관리, 여성의 거래 등은 전적으로 가부장에게 일임했다.

함무라비 법전에 딸을 강간한 남성을 다루는 조항은 익숙한 내용을 담았지만, 어두운 면이 더해져 있었다. 강간당한 딸은 아버지에게 가치 없는 존재이므로 강간범은 딸의 아버지에게 돈을 내고 딸과 결혼한다. 결혼을 받아들일지 다른 방식으로 딸을 처분할지 결정권은 아버지에게 있다. 아버지는 딸이 매춘부가 되도록 내보내거나 간음한 여성이라는 명목으로 살해할 수 있었다.

간음죄가 남편을 두고 외도를 저지른 아내에게뿐만 아니라 아버지가 정해준 상대 이외의 남성과 성관계를 한 딸에게도 적용된다는 점에 주목하자. 수천 년 동안 간음죄를 지은 여성에게 가장 일반적인 형벌은 죽음이었다. 방글라데시, 파키스탄, 중동의 명예 살인은 이 관행의 마지막 지점이다. 심지어 오늘날에도 앙골라, 바레인, 카메룬, 적도기니, 에리트레아, 이라크, 요르단, 쿠웨이트, 레바논, 리비아, 말레이시아, 필리핀, 타지키스탄의 법률은 여성의 아버지가 입은 경제적 손실을 보상하기 위해 강간범이 희생자와 결혼하도록 정하고 있다.

사회단체 활동가들은 강간에 의한 결혼이 유럽 식민지 법에서 유래한 것이라 주장한다. 하지만 살펴본 바와 같이 이러한 관행은 적어도

3,000여 년 전에 등장했다. 강간에 의한 결혼 규정은 지리적 측면을 근거로 서구의 많은 이가 추정하듯 이슬람교 관습에서 유래한 것이 아니고 구약성서에도 등장했다. "남성이 결혼을 약속하지 않은 처녀를 강간한 사실이 발각되면 처녀의 아버지에게 은 50세켈[3]을 내야 한다. 그리고 여성을 범한 연유로 반드시 그 여성과 결혼해야 한다. 그리고 살아 있는 한 절대 이혼할 수 없다."[8] 고대 법률 어디에도 희생자를 위한 보상은 언급되지 않았다.

보호자와 베일, 억압과 안전의 역설적 공모

함무라비 법전보다 약 500년 후에 등장한 중세 아시리아의 법에서는 오늘날 더블엑스 이코노미에서 나타나는 여성에 대한 경제적 제한을 확인할 수 있다. 재산 소유권은 남성이 독점하고 여성은 남성에게 경제적으로 온전히 의지한다. 여성의 이동을 제한하고, 교환 체계에서 여성을 배제하며, 여성이 본인만을 위해 상업에 종사하는 일을 금지한다. 여성이 글을 배우지 못하도록 해 금융 시스템에서 배제한다.

우르남무 법전과 함무라비 법전은 상속권을 언급한다. 다만 아버지에서 아들로 재산이 전해지는 점을 강조한다. 중세 아시리아의 법에서는 반드시 남성이어야 상속에 참여할 수 있는 점을 전면에 내세운다. 지금의 개발도상국에서처럼 이들 사회에서도 남편이 죽으면 미망인은 궁핍에 시달린다. 가난에 허덕이는 미망인의 수는 인도에서만 4,000만 명에 달한다.

---

3   고대의 무게 단위.

중세 아시리아의 법에 따르면 아내는 일반 가정용품에 대해서조차 소유권을 가질 수 없었다. 중세 아시리아의 법은 아내가 남편 집에 있는 물건을 가지면 도둑으로 보고 처벌로 귀를 자르도록 규정했다. 남편이 죽거나 아내를 벌할 수 없다면 국가가 아내를 죽일 것이라고 했다.

중세 아시리아의 법은 여성의 이동과 개인적 자유를 부정하는 특별한 규정을 통해 경제활동에 자유로이 참여할 권리를 차단했다. 결혼한 여성은 외출할 때 베일을 둘러 남편이 있다는 사실을 알리도록 정했다. 여성은 보호자와 함께 외출했다.9 감시를 받는 외출을 제외하고는 집에 머물러야 했다. 이 같은 엄격한 관리를 통해 남편은 아내가 자신의 아이만을 낳도록 통제할 수 있었다. 여성의 이동에 별로 신경 쓰지 않는 수렵·채집 사회와는 다른 특징이었다. 부성애에 대한 남성의 집착은 일부의 주장대로 자연스러운 현상은 아니었다. 아내를 성적으로 독점하려는 남성의 병적인 욕망은 (벌금이나 이동 제한을 통해) 아내를 관리하는 방안으로 등장했을 것이다.

보호자 없이 외출할 수 없는 제약이 여성에게 끼친 경제적 결과는 엄청났다. 여성은 집 밖에서 남편 몰래 돈을 버는 일이 불가능해졌다. 집에 있는 물건조차 소유할 수 없는 여성은 집을 소유한 남편에게 전적으로 의지해야 했다. 직물을 짜거나 바느질을 해도 결과물은 집안의 가장인 남편 소유였다. 남성은 여성의 노동을 소유하며 땅과 건물, 베틀과 실을 비롯한 자본 설비와 재료의 주인이었다.

베일을 씌우고 집에 가두고 보호자를 두는 관행은 무역과 정복을 통해 다양한 믿음, 관행, 물건과 더불어 전 세계로 확산한 것으로 보인다. 베일과 여성을 고립시키는 관습이 여성의 경제 참여를 막는 체계를 나타내는 신호라면 더블엑스 이코노미가 고대 중동에서 동쪽의 인도, 서쪽의 북아프리카, 북쪽의 지중해를 건너 유럽에 도달했다고 볼 수 있다. 고대 그리스와 같은 일부 사회에서 여성은 아버지의 집에서 남편의 집으로 가는 길을 제외하고는 바깥세상 누구와도 소통하지 못할 정도로 고립되었다.

유럽 역사의 기원이 된 지중해 문화에서 여성은 베일을 쓰고 고립되어 부친이 정한 남성과 결혼했다. 남편에게 재산을 통제당하며 상속에서도 제외되었다. 중세 유럽도 베일, 고립, 재산 통제, 중매결혼, 여성 상속 금지가 만연했다. 중동에서 북쪽으로 진출한 이슬람법의 영향을 받은 스페인인은 이러한 관습을 신대륙에 소개했다. 실제로 베일, 구속, 보호자는 전 세계 대부분의 지역에 존재했다. 오늘날에도 아프리카, 중동, 인도아대륙에는 여성을 집에 고립시키는 관습이 남아 있었다.[10]

일반적으로 여성이 자녀를 돌보기 위해 집에서 일한다고 생각하지만, 여성이 집을 떠나지 못해 집에서 일할 수밖에 없었다는 시각도 충분히 설득력 있다. 퍼다purdah[4], 수녀원, 히잡hijab[5], 윔플wimple[6], 만틸라, 셰이틀sheitel[7], 하렘은 모두 여성을 고립시키려고 만든 물건과 관습이다.[11]

고대 법률에서 적용된 수많은 규칙은 오늘날 전 세계에 걸쳐 여전히 실행되고 있다. 조혼이나 할례 등 최악의 관행에 문화일 뿐이라는 핑계를 대거나 방어하려는 움직임은 매우 일반적이다. 하지만 문화적 역사

---

4   이슬람 여성이 남성의 눈에 띄지 않게 집 안에서 별도의 공간에 살거나 얼굴을 가리는 것.
5   이슬람 여성이 머리와 상반신을 가리는 스카프.
6   중세 여성과 현대 수녀 일부가 머리와 목을 가리는 쓰개.
7   유대인 기혼 여성 일부가 쓰는 가발.

가 착취와 통제라는 비극적 시스템을 이어온 것은 분명하다.

관행이 엄격한 지역의 사람들도 그것을 반드시 지속해야 한다고 생각하지 않는다. 중동 남성과 여성이 고대 관습의 잔재를 어떻게 생각하는지 연구한 최근 자료 '남자다움 이해Understanding Masculinities'에는 양극화된 의견이 고스란히 드러난다.[12] 남녀 의견은 다양한 주제에서 일치하지 않는다. 하지만 성별 불문 많은 사람이 문화에 따른 제한적 관행이 존재하지만, 성 평등을 실현하려면 많은 변화가 이루어져야 한다고 동의했다. 엄격한 관행이 남은 곳의 시민이 변화를 원하지 않으리라고 쉽게 단언해서는 안 된다.

고대 법률은 기혼 여성을 제한하는 데에서 그치지 않았다. 아시리아에서 기혼 여성 구분을 위해 사용한 베일은 남성의 '보호' 아래 있지 않은 여성에 대한 무기가 되어 전 세계로 퍼져나갔다. 중세 아시리아의 법에 따르면 남성이 소유하지 않은 여성은 베일을 쓰지 않으며 이는 보호받지 못하는 상태로 받아들여졌다.

1986년 출간된 《가부장제의 창조The Creation of Patriarchy》에서 저자 거다 러너Gerda Lerner는 베일 관련 조항이 한 남성의 보호 아래 있지 않은 여성은 모든 남성의 것으로 간주해 성폭행해도 무방하다는 것을 강조한다고 설명했다. 중세 아시리아의 법은 결혼하지 않고 집 밖에서 일하는 여성의 안전을 도모하지 않았다. 성폭행을 피하기 위해서는 서둘러 결혼해야 했다. 그렇게 여성은 경제적 독립의 기회를 차단당했다.

결혼하지 않고 일하는 여성을 수치스러움의 상징 혹은 성폭행당해도 마땅한 '지저분한 여성'으로 취급하는 현상은 전 세계로 확산되었다. 이런 태도는 20세기 후반까지 북아메리카와 서유럽을 장악했다. 오늘날에도 개발도상국에서 일하는 여성은 부도덕한 인물로 낙인찍혀 끝없는 괴롭힘과 폭력에 시달렸다.

메소포타미아 지역에서 베일에 관한 규정을 어겼을 때 받는 처벌은 가혹했다. 시민들은 매춘부가 베일을 쓰고 궁문宮門에 나타나면 여성의 옷을 벗기고 50회 구타하고 여성의 머리에 뜨거운 물을 부었다. 노예의 경우 귀를 자르고 옷을 빼앗았다. 규정을 어긴 여성을 돕는 남성도 심한 처벌을 받았다. 몽둥이로 50대를 때리고 옷을 벗겼다. 그리고 귀를 뚫어 등 뒤에 묶인 밧줄을 꿰었다. 일부 남성이 베일을 쓰지 않은 여성을 도울 것을 고려한 처벌이었다.

메소포타미아 국가는 정형화된 경제와 농업기술을 가지고 있었다. 그들은 먼 나라와 상품을 거래하면서 대규모 전쟁을 수행했다. 최초로 상비군을 두었고, 최초로 정복 전쟁을 펼쳤다. 공격의 범위와 영향력을 확대하기 위해서 다양한 무기를 혁신했다. 메소포타미아는 여성 포로를 노예로 유입시키고 이에 대한 다양한 규정을 만들었다.

남성을 폭력에 빠지게 하는 전우애라는 함정

또 여러 명의 아내를 둔 전사가 훨씬 더 폭력적인 유전자를 전했다는 사실 역시 분명하다. 《성과 전쟁Sex and War》의 저자 말콤 포츠Malcolm Potts와 토머스 헤이든Thomas Hayden은 폭력적인 남성이 번식에 성공함으로써 파괴적 유전자가 전쟁의 문화를 부채질했다고 주장한다. 포츠는 1971년 방글라데시 해방 전쟁 직후에 원조를 제공하기 위해 방글라데시를 방문했다. 산부인과 의사인 포츠는 역사상 가장 큰 규모의 조직적 강간에 희생되었던 여성을 치료했다. 그 후로도 베트남, 캄보디아, 아프가니스탄,

이집트, 가자지구, 라이베리아, 앙골라에서 강간의 희생자를 치료하는 봉사활동을 했다.13

포츠의 공동 저자 토머스 헤이든은 분쟁 중 여성을 상대로 한 남성의 폭력을 낱낱이 파헤쳐온 저널리스트다. 두 사람은 침팬지의 행동을 기초로 인류사에서 전쟁이 어떤 모습인지 관찰한다. 전쟁에서는 대략 8명으로 분대가 구성되는데, 각각의 남성은 (포츠와 헤이든의 표현에 따르면) 팀 공격성을 높이기 위해서 매우 긴밀히 협력한다.

팀은 공격 방법의 하나로 강간을 활용하며 여성에 대한 폭력으로 단결한다. 위험성이 크면 테스토스테론과 아드레날린이 높아진다. 그렇게 맺어진 전우애 덕분에 군인들은 평소와 다른 행동과 성격을 보인다. 포츠와 헤이든은 그런 환경에서 모든 남성이 강간할 수 있다고 주장한다.

전쟁터의 남성이 얼마나 성공적으로 임무를 수행했는지는 우리의 역사와 유전형질에서 확인할 수 있다. 중앙아시아 남성의 8%는 13세기 몽골 침략을 이끈 상습 강간범 칭기즈칸의 DNA를 보유한다. 사실 오늘날 1,600만 명의 남성이 Y염색체를 통해 칭기즈칸의 유전자를 보유한다는 사실이 확인된다. 그러나 이 같은 폭력성이 영원히 지속되리라고 결론 내려서는 안 된다. 바이킹족은 역사상 가장 잔인한 전사 무리지만 오늘날 스칸디나비아인은 평화와 성 평등의 상징으로 자리 잡았다.

전사 문화는 남성이 아주 어린 나이부터 싸울 수 있도록 준비시켰다. 약탈 사회에서처럼 남성성을 얻기 위한 통과의례에는 꼭 고통스럽고 무서운 시련이 포함되었다. 일부 문화에서 이 과정을 피하는 소년을 살해하기도 했다. 남성성을 얻기 위한 극한의 압박이 시작되는 지점이었다. 역사를 통틀어 남성은 끊임없이 자신의 남성성을 증명했다. 불평 없이 고통을 참으며 감정을 숨긴 채 죄책감 없이 살해와 고문을 할 수 있어야 했다.

이는 공감 능력을 타고난 인간이라는 개체에 끔찍한 일이다. 2019년 미국심리학회(이하 APA)는 어린 시절 강요 때문에 부정적 방향으로 표현되는 남성성을 해로운 남성성toxic masculinity으로 정의하고 이에 특별한 지침이 필요하다고 표현한다. APA는 "40년 이상의 연구에 따르면 전통적 남성성은 심리학적으로 해롭다. 자라나는 소년에게 감정을 억누르게 강요하는 것은 내적, 외적 반향을 일으키는 피해를 유발한다"라고 설명한다.14

전쟁에 단련된 전사 사회는 여성 없이 공동체 생활을 하기도 했다. 남성만 분리된 공간에서 살면 경쟁과 공격의 영향에서 균형을 잡아줄 요소가 없다. 경직된 독재 체계가 등장하고, 괴롭힘과 따돌림으로 계급이 강화되며, 여성을 업신여기는 행동이 나타난다.

여성을 강제로 거래 대상으로 전락시키는 일과 마찬가지로 남성도 전투에 징집된다는 사실을 기억해야 한다. 그들은 명령에 따라 싸우며 언제, 어디서, 누구를 위해 싸울지 선택할 수 없다. 이탈은 죽음으로 처벌받았다. 오늘날 고고학자들은 과거의 전사를 미화해서는 안 된다고 강조한다. 아무리 강인한 모습이라도 군인도 인간이고 두려움과 고통을 느꼈을 것이다. 외상 후 스트레스 장애라는 용어가 사용되지 않았다고 이들이 트라우마를 경험하지 않은 것은 아니다.

고대사회 우두머리 수컷은 정교한 관개시설과 왕국을 연결할 도로를 건설하기 위해 엄청난 규모의 남성 노예를 거느렸다. 물론 황제, 군주, 왕, 파라오 등은 정복한 땅에 기념물을 지을 때도 노예들을 동원했다. 이

고대의 우두머리들은 여성뿐 아니라 남성까지 악랄하게 지배하고 부당하게 이용했다.

아내는 소유물인가 동반자인가

기록으로 남겨진 역사를 최대한 거슬러 올라가보면 아내는 사고파는 대상이 되는 데에 합의하지 않지만 언제 종료될지 모르는 계약을 강요당했다. 소유주 남성에 의해 아내는 충동적으로 교환될 수 있었다. 이들은 금전적 보상을 받지 못하고 재산을 소유할 수 없는 빈털터리였다. 영양을 제대로 공급받지 못해 몸이 약했다.

또한 아주 사소한 잘못에 대해서도 체벌을 받고 신체를 훼손당하고 심지어는 살해당하기도 했다. 저항하면 폭력의 위협을 받는 포로였다. 여성은 무기 소지를 금지당해 자신을 보호하거나 달아날 수단도 없었다. 정보에 대한 접근도 엄격하게 제한되고 바깥세상과의 소통을 통제받았다. 이런 요소가 한꺼번에 나타날 때 오늘날 국제사회에서는 노예제도라고 부른다.

더블엑스 이코노미의 가장 어두운 면은 노예제도다. 인신매매는 여성을 희생양으로 삼는 경우가 절대적으로 많고, 경제적으로 혹독히 박탈당한 이들을 표적으로 삼는다. 국제노동기구(이하 ILO)에 따르면 오늘날도 4,000만 명의 노예가 존재한다. 그중 71%가 여성이고, 1,540만 명의 여성이 결혼을 강요당한다.15

신부 거래 풍습은 지참금과 신부 대금의 형태로 지속되었다. 인도 정부는 지참금을 불법화했지만, 그것은 여전히 생사의 문제가 되었다. 인도의 결혼 거래는 오랜 협상이 필요했다. 신랑 측은 지참금이 충분하지 않고 추가금으로 약속된 돈을 받지 못했다고 항의했다. 요구가 도를 넘어 신부 가족이 계속 돈을 지불하는 경우도 있다.

결국 지참금은 신부를 인질로 삼은 갈취다. 신부의 가족이 더는 돈을 지불할 수 없을 때 신랑의 가족은 신부를 살해한다. 가장 일반적인 방법은 신부에게 등유를 붓고 불을 지르는 것이다. 친척은 서로 알리바이를 제공해 경찰 수사를 피한다. 신부 화형은 매우 흔해서 매시간 인도 여성 1명이 죽는다고 정부는 추정한다. 하지만 여성 인권 단체에 따르면 인도에서는 15분마다 여성 1명이 죽는다.

현재까지 이어지는 과거의 또 다른 결혼 관습은 강간에 의한 결혼과 신부 납치다. 강간범은 신부 아버지에게 돈을 지불하지 않고도 신부를 요구할 수 있다. 이런 범죄는 주로 가난한 남성이 저지르지만, 약물중독이나 전과 같은 이유로 신부 가족에게 결혼을 허락받을 수 없는 남성이 범하기도 한다.

남성은 여성을 납치할 때 다른 남성이나 가족의 도움을 받기도 한다. 남성은 여성을 은밀한 장소로 데리고 가 여러 차례 강간해서 다른 남성과 결혼할 수 없게 만든다. 그리고 여성의 아버지를 찾아가 그녀와 결혼하겠다고 말한다. 여성의 가족은 딸이 처녀성을 잃은 사실에 수치심을 느끼며 마지못해 남성을 받아들인다. 강간에 의한 결혼은 전 세계 모든 지역에서 일어난다. 특히 구소련 몰락 이후 범죄가 증가해온 중앙아시아에서 가장 빈번하게 발생한다. 키르기스스탄에서는 결혼의 1/3가량이 강간으로 이루어진다.[16]

그렇다면 서구의 결혼은 전 세계 다른 지역과 왜 그리고 어떻게 다른 모습이 되었을까? 변화는 북부의 기독교 로마제국에서 유럽에 종교를 전파한 성직자들에게서 시작되었다.17 전도사들은 자신의 믿음에 부합하지 않는 문화적 관습을 중단시켰다. 결혼의 근본을 바꾸려는 그들의 노력은 더블엑스 이코노미에 엄청난 영향을 끼쳤다.

사도바울이 해석한 예수의 가르침에 따라 기독교에서 남성은 아내를 오직 1명만 둘 수 있었다. 유럽 초기 교회의 지도자들은 성적인 행위를 최소화하기 위해서 일부일처제를 지지했다. 그들이 성관계를 죄악으로 여겼기 때문이다. 그리고 신부의 동의 없이 결혼할 수 없다고 주장했다. 성직자들이 여성에게 특별히 관대하지는 않았지만, 복음서의 여러 부분은 예수가 여성을 같은 인간으로 평등하게 대함을 암시했다. 여성이 동의하거나 동의를 보류할 권리를 갖는 것은 당연했다.

영국과 프랑스는 서기 700년 공식적으로 기독교 국가가 되지만 게르만족에게 기독교는 더 느리게 확산했다. 마지막으로 기독교로 개종한 지역은 스칸디나비아반도로 약 서기 1100년경이었다. 고대 노르웨이인 노르인Norsemen과 사제의 접촉은 이교도 결혼이 기독교 결혼으로 전환됨을 의미했다.

북유럽 영웅전설에는 아버지가 당사자 동의 없이 딸을 팔아넘기거나 1명의 남성이 여러 명의 아내를 두는 관습을 묘사하는 장면이 나오는데 이는 기독교 전파 이전에 만연한 문화였다. 사제들은 여성을 거래하는 관습과 일부다처제를 중단시키려는 노력을 기록으로 남겼다. 사제들은 북유럽 지역뿐만 아니라 세계 곳곳에 기독교국의 일부를 건설했다. 유럽은 광대한 지역과 다양한 인구에 걸쳐 가장 먼저 일부일처제를 받아들였다.

물론 초기 가톨릭교회가 여성에게 자유를 주려고 한 것은 아니었다.

기독교 정책은 여성에게 가혹할 때가 많았다. 결혼 개혁은 피상적으로 적용되고 고의적으로 방해받고 왜곡되었다. 하지만 가톨릭에서의 변화가 여전히 중요한 이유는 여성도 인간이며 아내는 가정 경제에서 소유물이 아니라 동반자라는 사실을 정식으로 인정했기 때문이다.

그럼에도 불구하고 여성의 경제적 종속은 이후 수 세기 동안 지속되었다.[18] 일반적 관행과 성문법은 출처를 불문하고 남편이 가계의 모든 자산과 가족의 수입 전부를 통제할 수 있는 권리를 보장했다. 베일과 여성의 고립 역시 지속되었다. 일부 여성은 집 밖에서 일할 수 있었지만, 그런 여성은 계급이 낮고 평판이 나쁜 여성으로 취급받았다. 심지어는 남성에게 성적 공격의 대상이 되기도 했다.

경제적 취약성은 여성이 고통스러운 결혼 생활을 유지할 수밖에 없도록 했다. 이혼은 거의 불가능에 가까웠다. 교회 재판소는 도주, 극단적 가혹 행위, 불륜 등의 경우 아주 드물게 이혼을 허락했다. 여기에는 사형을 제외한 가혹한 형벌이 뒤따랐다. 그런데도 가정폭력이 만연했다. 관습적이고 규범적인 법은 남성이 아내를 폭행하기를 허락했다. 프랑스 법령에는 다음과 같은 조항이 있었다. '아내가 남편의 요구를 거절하면 죽이거나 장애를 일으키지 않는 한 남편은 합법적으로 아내를 때릴 수 있다.'[19]

가족을 저버리는 일은 흔했다. 일거리가 있다는 소문이 들리면 남성은 집을 떠나 어디든 갔다. 원거리 교역을 위해 떠나는 일도 많았다. 관습에 따라 집에 머물러야 하는 여성은 이런 기회와 거래의 과정에서 배제되었다. 그리고 운송 수단이 발달하면서 남성은 멀리 바다로 나가고 유럽에서 일어난 전쟁에 참전하기도 했다. 집을 떠나간 남성은 다양한 사정으로 목숨을 잃었다. 남겨진 아내와 자녀는 교회가 남편의 사망을 인정하기 전까지 빈곤의 늪에서 허우적거렸다. 남겨진 아내와 자녀는 가난한 이들 중 가장 눈에 띄는 집단이 되었다.[20]

영국에서는 '유부녀의 신분coverture'에 대한 관습법이 성문화되었다. 기혼 여성은 남편의 '지붕 아래에 존재covered'하며 스스로 법적·경제적 자주권을 가질 수 없다고 정했다. 유부녀의 신분 법에 따라서 여성은 결혼할 때 모든 재산 통제권을 남편에게 넘겼다. 이 법은 캐나다, 호주, 미국으로 전해졌다. 로마·네덜란드 법에도 같은 개념이 등장했다. 다른 유럽 국가도 법적으로 아내를 열등한 존재로 만들어 같은 목적을 실현했다.

귀부인이 빈손으로 저택을 탈출한 이유

역사학자 중에는 여성 일부가 중세, 르네상스, 대항해시대에 재산을 가질 수 있었다고 주장하는 사람도 있지만 아주 드문 사례다. 이 시기 얼마나 많은 유럽 여성이 실제로 재산을 소유할 수 있었는지 파악하기는 힘들다. 거의 대부분의 여성은 지참금이나 상속 등으로 재산을 가져도 소유권이 아니라 결혼이나 사망 혹은 아들의 성년 전까지 사용권을 가질 뿐이다.

토지를 실제로 소유하고 있는지 판단하는 기준은 다음과 같다. 토지를 팔고 담보로 넣고 양도할 수 있는지를 보는 것이다. 이 기준에 따르면 실질적 토지소유권을 가진 여성은 드물었던 것으로 보인다. 표11은 예외적인 사례로 일반화를 시도하거나 사용권과 재산권을 혼동했을 때의 문제점을 제시한다. 숫자는 이탈리아, 스페인, 남부 프랑스, 북부 프랑스, 독일에서 400여 년 동안 남성과 여성이 (판매·기부 등의 방법으로) 양도한

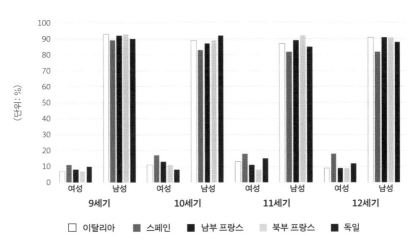

9~12세기 유럽 토지 양도인 성비

표11. 유럽 4개국에서 400여 년 동안 남성과 여성이 양도한 토지 비율을 보여준다. 이처럼 역사적 자료에서 여성의 토지 소유 사실이 드러나기도 한다. 하지만 실제로 여성은 토지의 사용권을 가질 뿐, 실질적 소유권이나 양도권을 가지는 경우는 드물었다.

출처:　데이비드 헐리히, 〈유럽의 토지, 가족, 그리고 여성〉, 701~1200. (수잔 모셔 스터어드,《중세 사회의 여성》, 펜실베이니아대학교 출판, 1976.)

토지의 비율을 나타낸다. 서기 800년에서 2,000년 사이에 남성이 부와 생산 자원을 관리했다는 사실에는 의심의 여지가 없다.[21]

　유럽의 농장은 적어도 신체 건강한 성인 2명이 일해야 빠듯하게 운영되는 경제단위였다. 남성은 사랑보다 노동력을 얻기 위해 결혼했다. 일부 역사학자는 이 시대 여성의 일이 중요하고 필수적이었기에 배우자로서 가치를 인정받았다고 쉽게 결론 내리기도 한다. 하지만 기혼 여성이 당면한 심각한 수준의 가정폭력 등 다른 환경을 고려해본다면 배우자로서 가치를 인정받은 여성은 극소수에 불과했던 것으로 짐작된다.[22]

　가정 경제가 농업이 아닌 다른 업종에 바탕을 두어도 여성은 여전히 경제력이 거의 없었다. 여성이 숙련된 공예가의 상점에서 직접 기교를 배울 만큼 귀중한 조수가 되어도 가게를 그만두고 자신의 사업을 시작할 수 없었다. 길드에서 여성을 회원으로 받아들이지 않았기 때문이다. 공예가인 남편이 죽고 미망인이 가게를 계속 이어가도록 허락할 때도 있지만 재혼하기 전까지만이었다. 결혼한 여성의 기본 원칙은 남편에게 의지하는 것이었다. 유럽 여성은 베일에 종속되지 않아도 여전히 경제적 노예에 불과했다.

14세기 유럽 여성을 다룬 이야기에서 중세 시대 감금이 어떻게 시행되었는지 불편한 진실을 파악할 수 있다. 수잔 모셔 스터어드Susan Mosher Stuard는 수필《중세 사회의 여성Women in Medieval Society》에서 라구사의 귀족은 여성을 '지참금에 관한 포괄적이고 구체적인 법률에 따라 정의한다'라고 설명한다.23 또한 여성은 부친의 가정에서 남편의 보호 대상으로 이전되며 '평생 남편에게 속한 사적 인물이라는 사실을 분명히 한다'라고 표현한다. 스터어드는 귀부인의 역할이 남편의 부를 아름답게 전시하는 것이고 그 지역 여성들은 그러한 기대에 부응하는 데에 만족하는 것처럼 보인다고 덧붙인다. 하지만 니콜레타 데 멘스Nicoleta de Mence의 이야기는 매우 불가사의하다.

역사적 기록은 1390년에 니콜레타가 왜 갑자기 남편 야체 데 소르고Jache de Sorgo의 집에서 모든 물건을 가지고 떠났는지 설명하지 않았다. 하지만 끔찍한 일이 일어난 것은 분명했다. 니콜레타가 떠나고 야체는 법을 관할하는 상인들의 소의회에 불만을 털어놨다. 법의 정신과 조항에 반하게 행동하는 여성은 거의 없어 의회는 니콜레타의 상황을 해결할 준비가 되어 있지 않았다.

먼저 의회는 대의원을 파견해 니콜레타가 돌아오게 설득했다. 하지만 그녀는 거절했다. 다음으로 의회는 니콜레타에게 14시간 내에 집으로 돌아오라는 최후통첩을 전달했다. 그녀는 다시 거절했다. 의회는 그녀를 설득할 노모를 파견했다. 여전히 효과가 없었다. 야체는 의회에 압력을 넣어 니콜레타를 감금하고 감시하게 했다. 여전히 니콜레타는 돌아오기를 거부했다. 결국 야체는 니콜레타의 물건을 몰수해 그녀를 추방했다.

스터어드는 이 기록이 의회가 니콜레타에 대한 가혹한 처벌을 피하기 위해서 열심히 노력했음을 보여준다고 말하며 이 사건을 '니콜레타 데 멘스의 순교'라고 불렀다. "니콜레타는 그녀의 지참금과 사람을 야체에게 돌려받을 수 없었다. 그 사건은 거기서 묻혔다. 이 법은 가정과 상업의 더 큰 이익 증진을 위해 연장되거나 무시될 수 있다. 여성 개인의 자유나 요구를 충족하지는 못한다."[24]

부유하거나 조금이라도 권력이 있는 여성은 그렇지 않은 여성에게 적용되던 구속에서 예외였으리라고 생각하기 쉽다. 하지만 그들도 남성에 대한 의존과 의무를 피할 수 없었다. 여성의 힘은 남성의 보살핌에 달려 있었다. 남편이 아내를 버리거나 유럽 역사의 표현대로 '제쳐놓으면' 여성은 아무것도 가질 수 없었다.

'남의 편'이 되지 않는 공감의 힘

19세기 후반 서유럽, 북아메리카, 호주에서는 여성의 경제적 지위를 규정하는 법을 근본적으로 개정했다. 이 엄청난 변화의 기원은 기독교 이야기로 거슬러 올라간다.

종교개혁은 결혼에 대한 로마 가톨릭교회의 원칙에 회의적인 시선을 던졌다. 개혁가들은 결혼을 성례로 보는 관행을 끝내야 한다고 생각했다. 가톨릭에서 개신교로의 피비린내 나는 전환이 진행되며 개혁가들 사이에서는 새로운 종교 제도의 규칙을 두고 논쟁이 일어났다.

그 논쟁의 중심인물은 독일의 종교개혁가 마르틴 부서Martin Bucer였다. 부서는 결혼이 사랑과 존경을 바탕으로 하고, 부부가 서로에게 애정을 느끼지 못하면 이혼을 허락해야 한다고 주장했다. 서구 국가들은 향후 5세기에 걸쳐 결혼이 사랑을 전제해야 한다는 생각에 점점 물들었다.25

사랑을 바탕으로 하는 결혼은 부부가 서로에게 폭력을 행사해서는 안 된다고 강조하지만 오늘날도 부부 사이 가정 폭력은 일어나고 있다. 하지만 종교개혁에 아내에게 폭력을 가하는 행동이 마침내 처벌의 대상이 되었다는 점은 주목할 만하다. 매사추세츠 청교도 법전도 여성이 남편의 폭력을 용인하지 않아도 된다고 선언했다.

새로운 이상적 결혼은 상호 신뢰와 지지를 바탕으로 했다. 이는 경제적 합의에 대한 재고로 이어질 수 있었다. 개신교 국가에서 이혼에 대한 제한이 해제되며 경제적 규제도 완화되었다. 20세기 무렵 개신교 유럽, 북아메리카, 호주 등에서 법이 통과되면서 공정성에 조금씩 다가가기 시작했다.

1882년 기혼 여성 재산법Married Women's Property Act이 통과되면서 유부녀의 신분에 대한 원칙이 영국의 법에서 사라졌다. 이것을 계기로 호주와 캐나다에서도 같은 움직임이 일어났다. 미국에서는 주마다 개별적으로 절차가 이루어져야 했다. 1830년에서 1880년까지 대부분의 주에서 남편이 무능력해진 경우 여성에게 재산을 관리할 권한, 재산을 소유할 권한, 돈을 벌고 축적할 권한을 부여했다.

유부녀의 신분 법은 미국에서도 점차 사라졌다. 실제로는 대법원이 루이지애나의 우두머리와 주인head and master 법이 헌법 위반이라고 선언한 1982년까지 폐지되지 않았다. 그리고 40년도 안 되어 유부녀의 신분법이 미국에서 공식적 끝을 맞은 것은 겸허하고 놀라운 일이다.26 일부 학자는 애정을 바탕으로 하는 결혼이 평등의 씨앗을 뿌렸다는 점에서 민주주의의 초석을 다졌다고 주장한다.27

20세기 들어 1명의 가장으로 구성된 핵가족이 자리를 잡으며 낮 동안 집을 청소하고 자녀를 돌보는 아내가 또 다른 주요 등장인물이 되었다. 당시 성장을 거듭한 소비자 문화에서 핵가족은 신상품과 가전제품의 광고에 최적화되었다. 가정주부는 문화의 중심이 되었지만 여전히 남편에게 의지했다. 이혼은 쉬워져도 수치스러운 일이었다. 가정 폭력은 여전히 문제였지만 심각하게 받아들여지지 않았다. 1954년 런던의 경시청에서 발표한 보고서는 "런던에서는 1년에 약 20건의 살인이 발생한다. 심각한 사건은 아니다. 남편이 아내를 살해하는 경우가 대부분이다"라고 표현했다.28 여성은 여전히 폭력의 위협 때문에 남편에게 경제적으로 종속된 상태였다.

내가 연구한 모든 불공정한 경제적 합의에는 남성의 공격성에 대한 여성의 두려움이 기저에 깔려 있었다. 지금 남성은 타고난 폭력성을 영원히 바꾸려고 노력하고 있다.

《남성은 여성에 대한 전쟁을 멈출 수 있다》의 저자인 마이클 코프먼은 여성에 대한 남성의 폭력을 없애기 위해 하얀 리본White Ribbon이라는 이름의 단체를 설립했다. 1991년 창립되어 90여 개국 남성이 하얀 리본의 회원으로 활동하고 있다. 마이클은 남아메리카에서 여성의 경제적 자주권을 주제로 하는 대규모 회의를 주재하며 놀라운 이야기를 접했다.

파키스탄 남성이 수도 이슬라마바드에서 공부를 마치고 고향인 스왓 계곡Swat Valley으로 돌아왔다. 그리고 강간 희생자가 법정에서 겪는 고난을 접했다. 희생자는 강간 피해 사실을 증명해줄 4명의 남성 목격자를 세우지 못하면 간음죄로 기소되어 수년 동안 수감되거나 살해당해야 했다.

남성은 이런 상황이 파키스탄의 법률적 전통에 어긋난다는 사실을 알았고 종교의 가르침에도 배치된다고 느꼈다. 그래서 남성은 희생자를 변호해 간음죄에서 벗어날 수 있게 도왔다. 그러나 정부 당국은 남성을 대신 투옥했다. 감옥에서 그는 비인간적 조건을 견디는 수많은 남성을 목격했다. "그에게 무슨 일이 일어났을지 짐작이 갈 겁니다." 마이클이 말했다.

이 영웅 같은 변호사가 남성들에게 강간이나 구타를 당했을 거라고 확신하는 관중의 신음이 들리는 듯했다. 하지만 이야기의 끝은 놀라웠다. 감옥에 갇힌 다른 남성들이 그가 왜 감옥에 갇혔는지 듣자마자 그의 석방을 요구하고자 단식투쟁을 시작했다고 했다. 마이클은 어떻게 변화가 시작되는지 설명하며 이야기를 마무리했다.

"남성도 타인의 피해를 알아보고 고통을 느낄 수 있다. 남성은 강해 보이지만 너그러움을 지니고 있다. 남성의 동정심에 호소하고, '남자다움'의 이상에 변화를 가져오고, 여성에 대한 남성의 권력을 종식하기 위해 노력하면 여성에 대한 폭력을 멈출 수 있다." 타인의 고통을 느낄 수 있는 인간의 공감 능력은 중요한 희망의 이유가 된다.

168

6장

부엌 탈출

라디아와 나는 일찍 마을로 들어섰다. 급한 일이 없었기 때문에 나는 차에서 내려 기다리는 동안 앉을 곳을 찾았다. 나무 아래의 타일 의자는 의식용 의자처럼 보였다. 라디아와 운전사에게 의자에 앉아도 되는지 물었다. 그들은 으쓱하며 "물론이죠"라고 말했다. 나는 의자에 앉았다.

우리는 방글라데시 시골 지역에서 빈곤 여성을 고용해 가정에 물품을 공급하는 일을 맡기는 분배 체계를 평가하고 있었다. 방글라데시 여성은 물건을 사기 위해 집을 떠날 수 없었다. 이 프로그램은 일이 절실히 필요한 여성에게 일거리를 제공했고, 집에 머무는 여성에게도 놀라울 만큼 요긴했다.

방글라데시 여성에게 남편이 가져오는 물품을 기다리는 대신 원하는 물건을 사는 경험은 처음이었다. 이들은 방문판매 여성에게 바깥세상의 소식과 정보를 얻고 세상과 동떨어진 삶에서 벗어날 수 있었다. 우리는 정보와 물건을 전달하는 이 프로그램이 여성의 독립에 대한 인식에 어떤 영향을 주는지 파악하기 위해 인터뷰를 진행했다. 그날은 마을에서 머문 지 이틀째 된 날이었다.

의자에 앉은 지 5분도 지나지 않아 이맘[8]이 나타났다. 이맘은 영어로 공손하게 그 의자는 의식용이니 일어나달라고 말했다. 그 말을 듣자마자 일어났다. 그는 내게 어디서 왔는지 물었다. 나는 영국에 사는 미국인이라고 답했다. 그는 다시 이슬람교도냐고 물었다. 나는 기독교도라고 답했다. 그는 결혼했는지도 물었는데, 나는 남편이 이웃 마을에 있다고 답했다. 잠깐이지만 나는 내 답변이 그에게 전부 '틀린' 대답이었을 것이라는 직감이 들었다.

이맘의 뒤쪽에서 운전사가 차 문을 열고 빨리 올라타라는 신호를 보냈다. 이맘에게 인사하고 빠르게 차에 올라탔다. 잠시 후 뒤를 돌아본 나는 충격에 휩싸였다. 이맘과 대화한 짧은 시간 동안 내 뒤쪽으로 20명 정도의 남성이 운집했던 것이다. 남성들은 우리가 탄 차를 둘러쌌다. 운전사가 내 쪽의 문을 강하게 닫았고, 라디아가 그 앞에 문을 등지고 막아섰다. 50세 정도로 보이는, 헤나로 머리와 턱수염을 밝은 오렌지색으로 물들인 남성이 무리를 대신해 벵골어로 말했다. 다른 이들은 그 말을 열심히 들으며 화난 모습이었다. 이맘은 아무 말도 하지 않았다. 그저 무리 한가운데 서서 승리에 가득 찬 얼굴로 나를 응시했다.

그때 갑자기 끼익 소리를 내며 흰색 지프 1대가 광장으로 들어섰다. 우리의 현지 남성 동료들이 뛰어내렸다. 무리는 곧 흩어졌다. 나는 방금 무슨 일이 있었던 건지 물었다. 라디아는 오렌지색 머리의 남성이 우리가 인터뷰 질문으로 마을에 불화를 조성한다고 비난했다고 설명했다.

동료들은 우리를 보호할 운전사와 다른 1명을 남겨두고 다음 마을로

---

8   이슬람 교단의 지도자.

떠났다. 우리는 설문을 마치기 위해 조심스레 건물 안으로 이동했다. 건물 안에 있던 여성들은 무슨 일이 일어났는지 이미 알고 있었다. 그들은 우리가 자신들을 도우려고 왔다는 사실을 알았다. 하지만 아무도 감히 나설 수 없었다고 설명했다. 방글라데시에서 여성을 상대로 한 폭력은 끔찍한 수준이었기 때문이다.

아내를 일터로 내보내서는 안 된다

저녁 식사를 하며 연구 조교는 보호받지 못하는 도시 여성인 자신이 이번 같은 사건에 얼마나 취약한지를 설명했다. 조교는 머리부터 발끝까지 가렸지만, 머리카락과 얼굴은 베일로 가릴 수 없었다. 보수적 시골 남성은 도시 여성이 이룬 성과에 앙심을 품고 옷차림까지 눈엣가시로 여겼다.

우리는 조교들을 보호하기 위해 대책을 세웠다. 그 뒤로 더는 불만이 제기되지 않았다. 그리고 소동 이후 인터뷰 참여 여성들은 놀라울 만큼 솔직해졌다. 아마 직접 겪어봤으니 자신들을 더 잘 이해해줄 것이라는 확신이 생긴 것 같았다. 남편들은 대부분 중동의 건설 현장에서 일했다. 마을의 남성과 일부 여성은 남편이 없는 동안 남겨진 아내를 감시했다. 아내는 남편이 해외에 나가 있는 수년 동안 집에 감금되었다.

방글라데시는 극단적 가부장제를 유지했다. 특히 시골에서는 이슬람 국가와 인도에서 여성을 고립시킬 때 사용하는 퍼다를 실행하고 있었다. 여성들은 혹시 강간을 당할까 숙소 밖으로 나오기를 두려워했다. 하지만 가정 폭력도 강간만큼 심각했다. 여성들은 어디에서도 진정으로 보호받지 못했다. 방글라데시 사회에서 남성은 여성을 통제 밑에 두고 그들이 보고 듣고 알아야 할 대상을 직접 관리했다.

경제개발 전문가들은 방글라데시 여성이 집에 머물지 않고 일터로 나가 경제 발전에 기여하기를 바란다. GDP가 상승하면 도로, 학교, 수도, 전기 등 사회기반시설을 건설할 수 있다. 그리고 시민, 특히 극빈자를 위한 사회 서비스 개발에도 도움을 준다. 국민의 행복을 목표로 한 성장은 가계 수입을 늘리고 국민의 건강, 영양, 교육의 질을 향상한다. 하지만 저소득 국가 남성은 여성의 경제활동을 강하게 거부한다. 특히 결혼한 여성은 집 밖에도 나가지 못하게 한다.

1970년대 기성복 산업이 방글라데시에 진출했을 때, 젊은 독신 여성들은 자유를 위해 일감을 찾아 도시로 떠났다. 오늘날 섬유와 의류 산업은 방글라데시 GDP의 75%를 차지했다. 유일하게 수십억 달러를 벌어들이는 경제성장 주도 산업으로 자리 잡은 것이다. 의류 산업 인력의 80% 이상은 여성이다. 공장 근무는 여성에게 자주권을 부여하고, 여성의 자녀와 친정 식구까지 가난에서 벗어나게 해주는 첫 단계였다.[1]

국가 경제에 이바지하는 엄청난 활약에도 불구하고, 여성 노동자는 여성에 대한 전통적 기대에 도전하는 무리로 매도당했다. 월급을 받아 현대식 의복과 휴대전화를 사는 행동은 여성 노동자가 독립과 성공을 과시하는 모습으로 비쳤다. '있어야 할 자리를 벗어났다'라거나 '옷차림이 천박했다'라는 말도 안 되는 이유로, 여성을 대상으로 한 폭력과 범죄에 있어 여성을 탓하는 정부 책임자도 있었다. 공장에서 일하는 여성들의 행동이 시골 지역 남편들에게는 '절대 아내를 집 밖으로 내보내서는 안 된다'라는 경고신호로 자리 잡았다.

방글라데시는 지난 200여 년 동안 다양한 부문에서 문화적 변화가 일어났다. 섬유와 의류 산업은 일반적으로 제조업 중에서 가장 먼저 빈곤국에 유입되는 분야다. 저임금 노동력을 위해 국가를 옮겨 다니기 때문이다. 섬유 공장은 19세기 초반 서구에서 처음으로 문을 연 이래 거의 독점적으로 젊은 독신 여성을 고용해왔다. 섬유산업이 도입되기 전 여성은 농업에 종사하고 집에서 만든 제품을 팔았다. 섬유를 비롯해 집에서 만들던 제품이 공장에서 제조되면서 여성은 집에서 만든 제품을 팔 시장을 잃었다.

독신 여성은 공장을 집 밖으로 달아나는 수단으로 활용했다. 마을을 벗어나 직접 돈을 벌고 결정을 내릴 수 있었다. 무엇보다 스스로 배우자를 선택할 수 있었다. 가부장제는 설 자리를 잃었다. 하지만 기혼 여성의 시나리오는 달랐다. 전통문화에서 여성은 거의 결혼했고, 오랜 시간 집에 머무는 여성은 경제성장의 발목을 잡았다. 하지만 역사적 변화에 따라 기혼 여성도 결국 일터로 나가게 되었다. 이는 지속적으로 엄청난 규모의 GDP 성장을 불러왔다. 163개국의 자료를 분석한 결과, 여성 노동 참여율과 GDP는 관계성이 높았다. 국가 성장을 돕는 가장 좋은 방법은 결혼한 여성이 부엌에서 벗어나 일터로 나가는 것이었다.[2] 하지만 이것을 어떻게 실제로 적용할지 제대로 아는 사람이 별로 없었다.

경제학자들은 결혼한 여성의 상당수가 왜 갑자기 일터로 나가는지 오랫동안 추측을 거듭해왔다. 그들은 여성 경제활동의 급격한 증가에 대해 교육 수준 향상 같은 측정 가능한 원인을 찾기 위해 다중 회귀 분석을 실행했다. 지난 수십 년간 경제학자들은 아내의 경제활동 참여를 남편이 결정했다고 가정했다. 아내의 수입에 의지하지 않아도 될 만큼 경제적 여유가 있는 남편은 아내를 일터로 보내지 않는다는 것이었다.

이 가정을 오늘날 개발도상국에 적용하기 위해 분석가들도 부유한 국가의 역사적 자료를 샅샅이 뒤져 남편이 왜 아내를 일터로 보냈는지 단서를 찾으려고 노력했다. 하지만 어떤 자료에서도 분명한 답을 얻지 못했다. 결혼한 여성은 남편에게 복종하는 것 외에는 다른 어떤 경제적 선택권도 없었다. 이 말은 즉, 여성이 남편에게 복종하지 않고 자주권을 얻고자 하면 부엌을 벗어나 일터로 향한다는 것이었다.

이제 부유한 국가의 여성이 일터로 나가기를 중단하며 서구의 경제 학자들은 개탄했다. 북아메리카와 서유럽에서 수십 년 동안 상승하던 여성의 노동 참여율이 뚜렷한 이유 없이 갑자기 정체되었다. 여성의 경제활동이 줄어들면 GDP가 하락하고 세계경제에 큰 타격을 입혔다. 가장 상황이 나쁜 곳은 미국으로 2000년 여성의 경제 참여율이 100여 년 만에 처음으로 하락했다. 미국 경제에서 여성의 기여는 약 3조 달러(약 3,840조 원)에 달했다.[3]

여성 노동자를 지키는 중산층 부인들

미국 여성은 20세기에 들어서면서 새로운 경제적 권리를 획득할 수 있었지만 여전히 역사적 무게를 짊어지고 있었다. 1800년대 미국 남성은 모든 재산과 수입부터 아내의 행방과 운명까지 관리했다. 노동자 계급에서도 기혼 여성은 거의 집 밖에서 일하지 않았다. 일하는 여성 대다수가 독신으로 돈을 벌기 위해 가정부로 고용되고는 했다. 보수는 주로 현물로 받았고, 부친에게 지급되는 경우도 많았다.

1814년 매사추세츠 로웰Lowell에 섬유 공장이 문을 열자 농부의 딸들이 현금을 벌기 위해 모여들었다. 젊은 여성 노동자들은 오랜 노동 시간이 마음에 들지 않았지만 집에서 벗어나 직접 돈을 벌 수 있다는 사실에 환호했다. 1834년 임금이 삭감되자 어린 노동자들은 미국 최초로 시위를 벌였다. 그들은 조직 활동을 계속하면서 정부에 노동권을 청원하고 열정적인 연설을 하며 급진적 내용을 담은 신문을 발간했다.

이들은 마음대로 집 밖을 돌아다니며 연설하고 글을 쓴다는 이유로 떳떳하지 못한 여성을 나타내는 용어인 퍼블릭 우먼public women으로 불렸다. 그리고 공장노동자들은 패션 잡지에 실린 옷의 모조품을 생산해 비난의 대상이 되기도 했다. 바느질 기술을 이용해 낮은 임금과 신분에 걸맞지 않은 옷차림을 했기 때문이다.

보호해주는 남성 없이 선망의 대상이 되는 옷차림을 하고 다니는 젊은 독신 여성의 모습은 많은 이에게 매춘부라는 오해를 샀다. 매춘이 아니고는 그 정도의 돈을 벌 수 없다는 것이었다.

일하려고 집 밖으로 나가기를 원하는 아내를 둔 남편에게 이런 모습이 어떤 영향을 끼쳤을지 충분히 상상할 수 있다. 공장에서 일하는 젊은 여성처럼 행동하는 아내는 신임을 잃기 마련이었다. 남편은 주변인의 동정심을 사고 아내는 따돌림을 당했다. 이런 상황을 피하려고 남편은 폭력을 행사하기도 했다.

섬유 수출 초기의 미국 경제를 설명하는 역사책은 찾기 어려웠다. 귀한 자료를 통해 확인한 사실은 다음과 같았다. 경제 부흥으로 공장이 급증하고 시골에서 도시로 이주가 늘었다. 잡화, 신발, 모자, 장신구, 휴지, 페이스 크림 등을 생산하는 새로운 제조업체가 추가되었다. 해당 제품들은 여성을 상대로 광고했고, 구매자도 물론 여성이었다. 재봉사, 디자이너, 여성 모자 제작자, 가게 보조원, 여성 잡지 작가 등 새로운 일들이 생겨났다. 전통주의자들은 의심의 눈초리로 지켜보았다. 더블엑스 이코노미의 전형은 여성 간의 교류로 구체화되었지만, 배후의 자본을 관리하는 인물은 여전히 남성이었다.

그와 동시에 여성운동의 신호가 등장했다. 초기 지도자들은 거의 신新경제 전문가였다.4 성공한 여성들은 여성클럽총연맹General Federation of Women's Clubs(이하 GFWC)을 설립했다. 단체는 성장하고 발전했다. 시간이 지나며 여성의 권리와 경제적·사회적 개혁을 위해 헌신하는 중산층 기혼 여성이 구성원의 대부분을 차지했다. GFWC는 노동권을 비롯한 구체적 목표에 집중하는 다른 여성 단체와 협력했다. 19세기 말 GFWC는 1세대 여성주의의 초석을 다지고 있었다.5

일하는 여성의 권리를 위해 투쟁하는 중산층 여성 단체 중 가장 두드러지는 단체는 여성노동조합연맹Women's Trade Union League(이하 WTUL)과 전미소비자연맹National Consumers League(이하 NCL)이었다. 남성 노동조합은 여성 노동자의 인권에 무관심하고 노동자의 권리 획득을 제로섬게임으로 인식했다. 이들은 아내가 반드시 집에 머물기를 원했다. 남성 간의 단합은 미국 노동자계급의 유대보다 강했다. 여성 노동자를 지킨 것은 노동조합이 아니라 여성운동 단체였다.

NCL은 중산층 소비자와 공장노동자의 목표를 통합했다. 그들은 여성 회원의 소비가 발휘하는 경제적 힘으로 여성 노동자를 위한 기업 환경을 개선한다는 관점을 내세웠다. 여성을 판매원으로 고용하고, 가족을 위해 소비하는 중산층 기혼 여성의 구매 성향에 매출을 의지하는 소매업체를 시작 지점으로 삼았다.

첫 번째 행동은 평등한 기업의 기준을 설립하는 것이었다. 여성에게

표12. 전미소비자연맹이 제시한 근무 환경을 충족한 공장에서 만든 옷에 달리는 화이트 라벨.

출처: 전미소비자연맹.

공정한 임금을 지불하고, 규칙적이고 합리적인 근무시간을 정하고, 2주마다 급여를 지급하고, 유급 휴가와 연차 휴가 및 기타 노동자의 권리를 포함했다. 그리고 기준에 맞는 기업들로 화이트 리스트를 작성해 이름을 올린 기업만 후원하겠다고 발표했다. 화이트 리스트에 이름을 올리려는 기업은 기준에 맞춰 노동 관습을 바꾸었다.

　NCL은 구매자와 직원이 여성으로 이루어진다는 원칙에 따라 이슬람교도를 위한 속옷을 생산했다. 그들의 기준을 따르는 제품에는 화이트 라벨을 붙이도록 허가했다(표12 참조). NCL 회원은 화이트 라벨이 붙은 제품만 구매하기로 공식 선언했고, 이 정책은 효과가 있었다.

　또한 NCL은 주 의회에 영향력을 행사해 여성의 노동시간 제한을 비롯한 법을 제정했다(하지만 20세기 중반 여성운동 단체는 이러한 제한이 오히려 여성이 좋은 직업을 얻지 못하게 한다는 사실을 깨닫고 폐지를 추진했다). 그리고 동등한 급여를 위해서도 투쟁했다. 여성은 남성의 최저임금보다 낮은 임금을 받았다. NCL은 여성도 혼자 살아가기 충분한 임금을 받아야 한다고 주장했다. 하지만 노동조합은 남성이 가족을 부양해야 하기에 '가족수당'을 받아야 한다고 주장했다. 같은 지붕 아래에 사는 여성이 남성만큼 벌면 남성에게 가족을 부양하기에 충분한 임금을 지급할 필요가 없지 않은가? 결국 NCL은 최저임금 논쟁에서 승리했다. 하지만 원칙적인 승리에 그쳤다. 여성은 남성보다 수요가 적다는 이유로 지금도 더 적은 임금을 받고 일한다.[6]

반면 WTUL은 파업 노동자를 지지했다. 1909년과 1910년 국제여성복노동조합(이하 ILGWU)에서 주도한 2번의 폭력적이고 장기적인 파업에 WTUL은 중요한 원조를 제공했다. 자금을 지원하고 생필품을 제공했다. 정부에도 개입하고 피켓 시위에도 동참했다. 경찰은 잘 차려입고 인맥이 좋아 보이는 여성을 연행하거나 폭행하기가 힘들었다. WTUL은 파업 노동자와 팔짱을 끼고 시위에 참여했다. 경찰의 잔혹성을 목격한 조합원은 소송을 제기하고 보석금을 마련했다.

전략은 효과가 있었지만, 파업 노동자는 밍크 여단mink brigade[9]에 분개하거나 조롱하기도 했다. 계층 분열은 1911년 트라이앵글 셔츠웨이스트 공장Triangle Shirtwaist Factory 화재 사건 이후 더욱 심각해졌다. 공장 화재로 146명의 노동자가 사망하고 그중 83%가 여성이었다. 화재 당시 절박한 노동자들은 옥상에서 뛰어내리기도 했다. 수사 결과 노동자가 물건을 훔치거나 일찍 퇴근하는 일을 막고자 회사 측이 비상계단과 출입문을 잠가 피해가 커졌다는 사실이 밝혀졌다.

그 비극의 여파로 여성 노동자는 WTUL과의 연대를 끊고 남성 노동자와의 협력이 더 바람직하다는 결론을 내렸다. 다양한 계층의 여성이 뭉쳤던 역사적 연대가 깨졌다. 1920년 들어 ILGWU는 남성이 지도

---

9   파업 노동자를 지지하는 중산층 여성을 조롱하듯 부르는 말.

부를 맡으며 남성 노동 문제에 초점을 맞추는 남성 중심 조합이 되었고, 1990년대 서서히 사라졌다.

오늘날까지 노동조합에 가입한 여성은 조합에 가입한 남성보다 훨씬 적은 급여를 받았다. 20세기 전반에 걸쳐 전 세계 노동운동과 사회운동은 여성의 권리에 적대적이었다. 그들의 정치 이념은 사회주의 페미니즘과 부르주아 페미니즘 사이에 확실한 선을 그었다. 사회주의 페미니즘은 '더 중요한' 남성의 주장에 항복함으로써 그들에게 받아들여졌다. 반면에 부르주아 페미니즘은 여성에게도 고유하고 중요한 주장이 있다고 말했다. 그러한 전제는 받아들여질 수 없었다. 이러한 움직임 속에서 페미니스드들은 "자신의 성에 대한 문제만을 강조하는 것은 이기적이고 부끄러운 일인가?"의 우려를 제쳐두기로 했다.[7]

방글라데시에서도 대규모 공장 화재가 발생했다. 2012년 타즈린 패션Tazreen Fashions 공장 화재로 112명이 사망하고 그중 80% 이상이 여성이었다. 비상계단과 출입문이 잠겨 희생자들은 옥상에서 뛰어내릴 수밖에 없었다. 외신들은 앞 다투어 이 사건을 기사로 다루었다. 희생자 대부분이 여성이라는 사실은 어느 곳에서도 언급하지 않았다.

5개월 후, 라나 플라자Rana Plaza 공장이 무너지면서 1,000명 이상의 노동자가 사망했다. 그때도 희생자 대부분이 여성이었다. 서구에서는 방글라데시 공장의 개혁을 촉구하고자 의류 소매업을 상대로 불매운동을 즉각 시작했다. 하지만 지속되는 움직임은 없었다. 그러던 중 소비자 항의에 힘입어 2013년 세계 노조 연합과 200개 이상의 세계 브랜드가 연합했다. 방글라데시는 결국 소방 및 건물 안전 협약에 서명했다. 보이콧 주도자들과 희생당한 의류 공장 노동자들 모두 여성이지만 연이은 화재

참사를 여성 문제로 인식하는 이는 거의 없었다. 성 문제로 인식되지 못하면서 여성이 견디는 차별을 종식할 기회는 사라져버렸다. 여성에게는 남성 주도적 노동조합이 아니라 여성 공동체가 필요했다.

여자들은 큰소리를 못 내서 관리자가 못 된다고?

문제는 남성과 여성의 일을 나누면서 시작된다. 남성의 일은 어렵고 무겁고 위험한 반면 여성의 일은 쉽고 가볍고 안전하니 남성에게 많은 급여를 제공해야 한다는 것이다. 이로써 여성의 일에 제한이 발생한다. 보수가 높은 직업은 자연스럽게 남성의 몫이 된다.

여성 노동 제한 실태

지역	여성에게 부적절하다고 여겨지는 일이 있다. (단위: %)	여성에 대한 업종별 규제가 있다. (단위: %)	여성에 대한 야간 근무 규제가 있다. (단위: %)
중동과 북아프리카	51.5	1.3	12
남아시아	59.5	1.6	19
사하라사막 이남 아프리카	44.1	1.8	53
유럽과 중앙아시아	19.9	2.8	124
라틴아메리카와 카리브해	26.9	3.6	128
OECD 고소득 국가	7.2	6.8	139

표13. 여성의 일에 규제가 가장 많은 국가가 GDP와 여성 노동 참여율이 가장 낮았다. 규제의 명목이 여성 보호라고는 하지만, 이 국가들은 성폭행과 성희롱에 보호 장치가 가장 적었다.

출처: 세계은행, '여성과 비즈니스와 법률', 2016.

여성의 근무시간, 일의 난이도와 적절성을 고려하는 것은 애당초에 여성을 보호하려는 목적이 아니다. 이런 제한을 두는 국가 어디에서도 직장 내 성희롱에 대한 법적 보호 장치를 마련하고 있지 않다. 고소득 국가일수록 여성의 일을 제한하지 않고 다른 위협에서 여성을 보호할 법적 규제도 많다. 덕분에 많은 여성이 노동에 종사하고 GDP도 높은 것이다 (표13 참조).

개발도상국의 공장에서 여성을 대변하는 관리직은 드물다. DFID는 5년에 걸쳐 공장 내 성 평등 문제를 분석하는 연구를 시행했다. 첫 번째 조사는 방글라데시 공장에서 이루어졌다. 남성과 여성, 관리자와 노동자를 대상으로 인터뷰를 진행했다.[8] 남성에게 여성이 승진하지 못하는 이유를 질문한 결과 답변은 다음과 같았다.

· 여성은 공장 중장비를 다룰 수 없다.

중장비는 버튼을 눌러 작동시키므로 체력이 필요하지 않다. 그런데 남성뿐만 아니라 여성도 자신들은 중장비를 조작할 수 없어 책임이 큰 그런 일을 맡지 못한다고 말했다. 남성의 표현을 그대로 쓰는 것이었다. 그들은 버튼을 누르기만 해도 중장비가 작동한다는 사실을 모르는 듯했다.

· 여성은 소리칠 수 없다.

남성은 공장 통솔자가 우위에 서기 위해서는 고함을 질러야 한다고 말했다. 여성은 고함을 지르지 못해 통솔자가 될 수 없다고 덧붙였다. 그리고 남성이 여성의 지시에 절대 따르지 않을 것이라고 했다.

· 여성은 책임이 큰 고위직이 되기를 원하지 않는다.

여성은 실수를 두려워하고 통솔자 역할을 맡기도 두려워했다. 심지어 남성은 여성에게 오히려 관리직은 급여가 더 적다고 거짓말까지 했다. 응답자들은 여성이 승진하려면 남성보다 더 많은 기술을 익혀야 한다고 했다. 하지만 여성이 남성보다 교육을 많이 받은 상태로 입사해도, 회사 내에서 교육의 기회를 얻지 못했다. 그들은 여성이 승진하면 모욕감을 느낀 남성이 여성 상사에게 폭력을 행사할 수도 있다고 했다.

· 여성은 승진할 만큼 오래 종사하지 않는다.

인터뷰에 응한 여성들은 절대 다시는 시골로 돌아가지 않겠다고 강조했다. 도시에 와서 결혼한 여성들은 자신이 번 돈을 남편에게 모두 맡겨야 한다는 사실을 인정하면서도 그중 일부를 몰래 숨겨둘 수 있다는 점이 시골에서보다 훨씬 나은 부분이라고 했다. 그럼에도 불구하고 가정 내 문제가 여성의 장기근속과 승진을 막는 장애가 되었다.

여성은 남편이 관리직이 아니라면 자신도 관리직을 원하지 않는다고 말했다. 가장이라는 남편의 지위를 빼앗고 싶지 않다는 것이었다. 어떤 남성은 아내가 더 강하다고 생각한 이후로 자신을 필요 없는 존재로 여겼다고 말했다. 남편은 아내가 혹시 자신을 버리고 떠날까 의심했다. 그것은 폭력으로 이어질 수 있었다.

여성은 가정에서의 '의무'를 저버리고 싶지 않다고 했다. 여성은 매주 6일 동안 10시간씩 근무하지만 집에서도 남편이 편히 쉴 때 집안일을 했다. 여성은 임신하면 해고당했다. 출산 후 직장에 복귀하면 바닥부터 다시 시작해야 했다. 그래서 여성은 공장에서 늘 임시직으로 여겨졌다.

사무직 독신 여성을 둘러싼 오해

20세기 초반 미국에서는 여성에게 개방된 새로운 유형의 직업이 등장했다. 보험회사나 법률사무소 같은 사무실이 늘며 사무 보조 인력이 많이 필요했다. 초기에는 남성이 주로 그 자리를 채웠지만, 1910년에 이르자 사무 보조 인력의 약 30%가 여성으로 구성되었다. 1950년을 기점으로 이 직종은 여성의 업무로 확실히 자리 잡았고, 지금도 여성 인력을 가장 많이 고용했다.

공장 일과 마찬가지로 사무 보조 업무도 독신 여성이 차지했다. 미국 기업은 '결혼 금지marriage bars'라는 정책을 두고 기혼 여성 취직을 막았다. 기혼 여성이 집에서 남편에게 봉사하는 '의무'는 유급 고용과 양립할 수 없었다. 아내가 집 밖에서 일하도록 허락하는 남편은 거의 없었다. 기업에서 고용한 독신 여성이 결혼하면 당사자나 남편의 의견과 관계없이 회사를 그만둬야 했다.

이러한 제한은 1930년대까지 유지되지만 전쟁으로 인력이 부족한 1940년대에 일시적으로 유보되었다. 1950년대에도 유지되던 기혼 여성에 대한 취업 제한은 마침내 1964년 연방 차원에서 불법으로 규정되었다. 기혼 여성 취업 제한이 서서히 사라지면서 여성 노동인구가 점차 증가했다.

사무직은 '어렵거나 무겁거나 위험하지' 않지만 해당 업무를 수행하려면 교육이 필요했다. 1920년대에 들어서면서 미국인 대부분은 고등학교 교육을 무료로 받았다. 남성에게는 졸업장을 요구하지 않고 보수가 높은 숙련된 직업이 존재했다. 그런 이유로 졸업장을 따는 비율은 여성이 더 높았다. 일반적인 고등학교 교육과정은 기본적으로 남성과 여성이 같았다. 그래서 고등학교 졸업장을 가진 여성과 남성은 일에 대해 같은 자격을 가질 수 있었다. 성 관념을 제외하면 남성과 여성이 다른 직업을 가져야 할 근거는 없었다.

채용과 인사에는 성별에 따른 구분이 존재했다. 결혼 금지는 법률이 아니라 인사 정책이었다. 그것은 여성은 임시직이지만 남성은 종신직 아니면 적어도 장기직이라는 성별 구분을 만들었다. 남성의 진로는 고위직으로 나아가는 것이기에 그들은 입사 초기 직업훈련을 받을 수 있었다. 반면에 임시직으로 보이는 여성에게는 회사에서 즉각적 가치 실현을 기대했다. 남성이 사업의 디테일을 알아갈 때, 여성은 모든 사무실에서 적용할 수 있는 비서직 기술을 배웠다. 입사 초기 남성은 우편물을 관리하고 여성은 비서 일을 하고, 남성은 전문 기술을 개발하고 여성은 일반 기술을 익힌다.

보험 판매나 대출 담당 직원처럼 장래 진로를 제시하는 직업은 남성의 직종이었다. 장래가 없는 직업은 여성의 직종으로 자리 잡았다. 신문의 구인 광고도 남녀의 일을 서로 다른 범주로 분류했다. 신문 구독자들은 성별로 구분된 구인 광고를 보고 직업을 찾았다.

독신 여성의 미래는 직장이 아닌 다른 곳에 있다는 인식 때문에 독신 여성은 최소한의 일만 하려고 하고 적극적인 동기가 부족하다는 편견에 시달려야 했다. 그런 이에게 복잡한 업무나 중대한 책임을 맡기려는 사람은 아무도 없었다. 여성의 일은 임시적이고 쉽고 단순하고 심각하지 않은 일로 전락했다.

그 결과 여성은 쉽게 해고당했다. 회사 자금이 부족할 때에 비서를 해고하는 것은 운영에 큰 지장을 주지 않았다. 반면 특별 훈련을 받고 중대한 책임을 맡은 남성은 회사에서 반드시 지켜야 할 자산이었다. 여성은 점점 더 경력이 필요 없는 직업을 찾고 경력을 가진 남성을 대체하기 힘들어졌다.

사무직은 남녀의 일을 구분하는 새로운 표현을 제시하는 계기가 되었다. 기존에 남성의 일은 어렵고 무겁고 중요하고 위험하고 높은 급여로 표현되었다. 여성의 일은 쉽고 가볍고 별 볼 일 없고 안전하고 무급의 가사 노동이나 낮은 급여로 표현되었다. 하지만 사무직이 등장하면서 남성의 일은 영구적이고 심각하고 복잡하며, 특별하고 경험이 필요한 직업으로 표현되었다. 여성의 일은 임시적이고 평이하고 단순하며, 일반적이고 경험이 불필요한 일로 표현되었다.

그래도 여성은 비서직이 공장 노동, 소매업, 가사 노동보다 높은 지위를 보장한다고 생각했다. 그리고 괜찮은 남편감을 얻을 기회도 사무직에 더 많다고 생각했다. 최저생계비를 버는 여성이 경제적 가능성을 높이는 최고의 수단은 결혼을 잘하는 것이었다. 1900년대에서 1960년대까지 대중문화에서 비서직은 좋은 남편감을 만나는(낚거나 훔치는) 계산적이고 교활한 수단으로 묘사되었다. 잡지에는 상사와 비서가 데이트하는 장면을 담은 코믹 시나리오가 넘쳐났다.

이런 이미지는 일과 결혼 사이의 갈등과 함께 다양한 계층의 여성이 경제적 생존을 위해 경쟁하는 모습을 지적한다. 그리고 공장에서보다 훨씬 심각할 수 있는 성희롱 문화를 지적한다. 사무실은 문을 닫으면 공장보다 더 개인적인 공간이 될 수 있다. 대중문화에 등장하는 성적 풍자는 독신 여성이 부도덕하다는 편견을 조장하기도 했다.9

결혼의 표상에 속아 무의미한 삶이라는 덫에 걸리다

과거에는 안전하고, 발전의 기회가 있고, 급여가 높고, 혜택이 다양한 좋은 직업은 남성의 몫이라고 생각했다. 가족 부양 의무가 있는 남성의 직업을 차지한 여성은 사회에 대한 모욕으로도 인식되었다. 1930년대 대공황이 닥치자 결혼 금지는 더욱 강화되었다. 기혼 여성은 남편이 실직해 가족의 생계를 위협받는 상황에서도 일자리를 찾기 더 힘들어졌다.

하지만 제2차세계대전이 발발하면서 기혼 여성에게 작용한 불문율과 기존의 남녀 분업에 대한 관념은 즉시 보류되었다. 전쟁에 나가는 남성이 늘자 기혼 여성도 예전에는 접근하기 힘들던 탱크, 선박, 항공기의 제조를 위해 중장비를 이용하는 직업에 뛰어들 수 있었다. 높은 급여를 제공하지만 여성에게는 허용되지 않던 직업들이 여성이 반드시 해야 할 일이 된 것이다.

통속적으로는 전쟁이 끝나고 군인들이 돌아왔을 때, 여성은 황급히 가정으로 돌아가 아기를 갖거나 집 안을 쓸고 닦아야 했다. 하지만 고용 현실은 달랐다. 종전 후 10년간 여성의 취업은 가장 급격하게 상승 곡선을 그렸다. 전쟁 중에 일하던 여성 대부분이 직장에 남았다. 게다가 전후 경제성장 촉진을 위해 많은 여성이 새로 직업전선에 뛰어들었다. 표14를 보면 제2차세계대전 직후 20년간 여성의 노동 참여율 상승은 전적으로 기혼 여성이 이끌었다는 사실을 확인할 수 있다.

그런데 전후 대중의 인식에는 눈에 띄는 변화가 있었다. 전시 기술이 시민의 삶에 적용되며 기적 같은 가정용품이 생산되었다. 집안일은 쉽고 현대적이고 재미있는 일로 인식되었다. 이때부터 경제학자들은 아내를 남편이 밖에서 열심히 돈을 버는 동안 한가한 시간을 즐기는

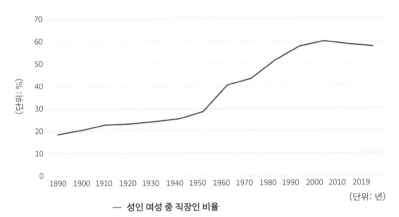

미국 여성 노동 참여율 (1890~2019)

(단위: %)

─ 성인 여성 중 직장인 비율

(단위: 년)

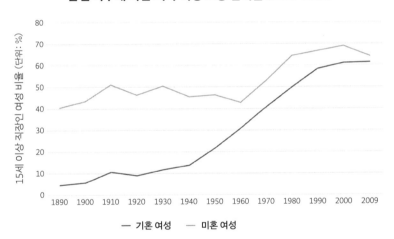

혼인 여부에 따른 미국 여성 노동 참여율 (1890~2009)

15세 이상 직장인 여성 비율 (단위: %)

─ 기혼 여성   ─ 미혼 여성

표14. 하단의 그래프에서 기혼 여성을 나타내는 곡선은 전반적 경향(미국 여성 노동 참여율의 상승)과 거의 완벽하게 일치한다. 기혼 여성의 노동 참여율은 제2차세계대전 직후 가파르게 상승한다. 1970년대 이후 기혼 여성과 미혼 여성 모두 계속해서 노동 참여율이 상승하고 있다.

출처: 1) 미국노동통계국, '고용 수치: 기혼 여성', 연방준비제도 경제 데이터, https://fred.stlouisfed.org/series/ LNS12000315, (2019.09.19.). 2) 미국노동통계국, '여성 노동력 관련 참고 자료', https://www.bls.gov/opub/ reports/womens-databook/2017/home.htm, (2017.11.). 3) 클라우디아 골딘, '여성 노동시장 참여: 흑백 차이 의 기원, 1870년과 1880년', 경제역사저널 37, 1호(1977년): 87-108. 4) 크리스티 엥게만, 마이클 오양, '사회 변 화로 기혼 여성이 노동시장에 뛰어들다', 지역경제학, 10-11, https://www.stlouisfed.org/~/media/files/pdfs/ publications/pub_assets/pdf/re/2006/b/social_changes.pdf, (2016.04.).

수혜자로 봤다. 보수가 없는 일은 중요하지 않다는 인식 때문에 주부는 비생산적 인물로 전락했다. 여성 노동 참여율이 급상승하는 가운데에도 여성의 경제적 기여는 더욱 축소되었다. 지금도 여러 경제학자와 세계 지도자가 가정주부를 보석으로 장식한 푸들로 보니 여성이 남편에게 경제적으로 예속되는 문제를 심각하게 인식하지 못한다.10

베티 프리던Betty Friedan의 《여성성의 신화The Feminine Mystique》는 미국 여성운동에 제2의 물결을 시작한 것으로 인정받는다. 이 책은 전후에 형성된 결혼의 표상에 속아 무의미한 삶이라는 덫에 걸린 여성들에서 비롯되었다. 페미니스트 고전으로 자리 잡은 이 책에서 프리던은 1950년대 교육받은 주부, 특히 스미스대학교 졸업자가 걸리는 저주에 주목했다. 그들은 미국 역사상 최고 수준 교육을 받지만 결혼 후 평생 집에만 있어야 했다. 재능과 삶이 낭비된다는 우울한 감정에 사로잡힌 이들을 프리던은 '이름조차 없는 문제'라고 불렀다. 프리던은 일을 찾는 것만이 유일한 해결책이라고 조언했다. 《여성성의 신화》는 출간 즉시 베스트셀러가 되었다. 그 결과 여성 노동 참여율은 유례없이 올랐다.11

하지만 이 세대 여성은 노동시장에 진출하고 그들에게 주어진 기회가 1920년대보다 별로 나아진 점이 없다는 사실을 깨달았다. 이런 깨달음을 통해 1세대 여성운동이 끝난 후 잠잠하던 여성운동에 새로운 바람이 불었다. 1963년에서 1978년에 걸쳐 연방법과 법원 판결, 행정명령이 합쳐져 기존의 모든 장애물이 제거되었다.

• 고용주는 같은 기술, 노력, 책임이 필요한 직업에 대해서 여성에게 동등한 급여를 제공해야 한다. (1963)

- 결혼 여부에 따른 제약과 직장 내 성희롱은 불법이다. (1964)
- 고용주는 성별을 이유로 여성의 승진을 거부해서는 안 된다. (1966)
- 고용주는 동일한 업무를 하는 여성에게 직책을 바꾸어 급여를 적게 줄 수 없다. (1970)
- 고용주는 미취학 자녀를 둔 남성을 고용하면, 같은 나이의 자녀를 둔 여성의 고용도 거부해서는 안 된다. (1971)
- 신문에서 직업을 성별에 따라 분류하는 행위는 금지된다. (1973)
- 여성이 야간근로나 신체적 부담이 큰 업무를 할 수 없도록 제한하는 조치는 키나 몸무게 제한과 마찬가지로 차별로 판결되었다. (1978)

전보다 공평한 환경 조성으로 여성 노동 참여율은 미혼 여성과 기혼 여성을 통틀어 다시 1번 상승했고 이 기세는 20세기 말까지 이어졌다. 보수주의자들은 여전히 여성을 부엌으로 돌려보내야 한다고 주장한다. 하지만 경제적 측면으로 보면 이미 늦었다. 미국 여성이 갑자기 일터를 떠나면 미국 경제는 GDP의 40%를 손해 보고 경제체제가 완전 무너질 것이다.[12] 다양한 제품 생산이 힘들어지고 서비스도 중단될 것이다.

2세대 여성운동은 미국에만 국한되지 않았다. 경기 불황, 전쟁, 베이비 붐, 자매애 부활을 경험한 다른 서구 국가를 포함해 세계적 현상이 되었다(192쪽 표15 참조). 자세한 경험은 달라도 이 국가들은 일하는 여성 문제에 있어 희한하게 같은 시기, 같은 지점에 도달했다. 이 국가들은 미국과 비슷한 내용의 개혁을 단행했다. 그 결과 여성 노동 참여율이 유사한 경향을 나타내고 GDP 성황을 맞았다. 이 국가들의 여성은 좋은 환경에서 일하고 생활수준도 높다.

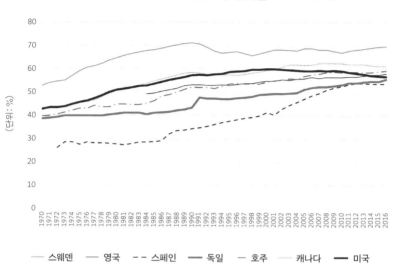

유럽 및 영어권 국가의 여성 노동 참여율 (1970~2016)

(단위: %)

— 스웨덴　— 영국　– – 스페인　━ 독일　—·— 호주　······ 캐나다　━ 미국

표15. 7개국에서 여성 노동 참여율은 1900년대 4/4분기 공통된 경향을 보인다. 약 2000년부터 대부분의 국가가 정체기를 보였고, 미국이 유일하게 여성 노동 참여율이 감소했다. 2000년 60%에서 2016년 56.7%로 하락한 수치는 충분히 우려할 만하다.

출처: 1) 세계은행 데이터베이스. 2) 연방준비제도 경제 데이터. 3) 미국중앙정보국, 《CIA 월드 팩트북 2016》, 2016.

　미국 여성 중 많은 이가 이런 경향에서 뒤처졌다. 업무 기술이 없거나 여성성 신화의 무의미를 발견하지 못한 여성, 바로 전업주부였다. 2세대 여성운동 시절 대학생들의 어머니 세대가 바로 그들이었다. 어릴 적 보던 수많은 가족 시트콤에는 멍청해도 가족에게만큼은 완벽한 하인인 주부가 자주 나왔다. 여성성의 신화에 갇힌 여성이 행복해 보이든 아니든 대부분의 사람이 그들을 업신여겼다. 젊은 세대에게 2세대 여성운동은 전업주부인 어머니의 이미지에 반대되는 것이었다. 1970년대 여성운동 중 가장 기억할 만한 구호 중 하나는 '나는 엄마의 한을 풀겠다'였다.

여성운동에 소외되는 주부들과 악마가 된 워킹맘

결혼의 표상에 속아 무의미한 삶이라는 덫에 걸린 태도는 불행한 후유증을 남겼다. 당시 여성운동은 직장 내 인권에 집중하고 전후의 결혼 생활에 대한 이상에서 독립을 선언했다. 일부 주부는 소외감을 느꼈다. 그래서 그들은 여성운동이 결혼 제도를 공격해 가족이라는 개념을 훼손한다고 믿었다. 1세대 여성운동을 주도하던 주부는 완전히 반대 방향으로 행진하기 시작했다. 이들은 당시 미국 여성 중 가장 큰 비율을 차지했다. 물론 모든 주부가 여성운동에 반대한 것은 아니었다. 하지만 주부들은 2세대 여성운동 최고의 성과인 남녀평등 헌법 수정안Equal Rights Amendment(이하 ERA)을 막기 위해 필리스 슐래플리Phyllis Schlafly가 주도한 운동에 동참했다.

나는 1978년 〈댈러스 타임스 헤럴드Dallas Times Herald〉에서 인턴 기자로 일했다. 어느 날, 필리스 슐래플리가 연설하기로 예정된 ERA 반대 시위를 취재하라는 지시를 받았다. 필리스 슐래플리는 당시 전국 유명 인사였다. 그녀는 합리적인 질문이나 주장조차 자신의 무기로 바꾸는 능력으로 널리 알려져 있었다.

나는 슐래플리가 무대에서 내려오는 순간 빠르게 다가갔다. 군중 속에서 슐래플리를 찾는 일은 그다지 어렵지 않았다. 그녀와 마주친 나는 동의를 구하고 질문을 시작했다. 슐래플리는 질문을 하나씩 받아쳤다. 당황한 나는 "여성이 일할 권리를 가져야 한다고 생각하지 않습니까?"라는 멍청한 질문을 했다. 그녀는 경멸 어린 눈으로 "여성이 남편의 지원을 받을 권리를 가져야 한다고 생각하지는 않나요? 여성이 마땅히 부양

alimony[10]을 받아야 한다고 생각하지 않나요?"라고 되물었다. 그런 다음 슐래플리는 등을 돌리고 문을 박차고 나갔다.

나는 여성의 경제적 배제 문제의 핵심이라고 할 수 있는 남편에 대한 아내의 의존을 여성운동에서 너무 부주의하게 다루어왔다는 사실을 일순간 깨달았다. 신문, 라디오, TV 토크쇼에서는 슐래플리의 말을 다루지 않았다. 대신 ERA가 낙태, 레즈비언과 동성 화장실, 기독교의 종말을 어떻게 다룰지에만 집중했다. 슐래플리는 나에게 진정한 문제를 생각할 기회를 준 것이다. 슐래플리의 지지자들은 ERA가 그들의 경제적 안정에 위협이 되리라고 생각했다.

슐래플리와 인터뷰하기 전에 여성과 의존성의 연결 고리를 찾지 못한 자신이 창피하게 느껴졌다. 우리 어머니와 고모는 전업주부지만 1970년대 중반 이혼했다. 이혼과 함께 그들을 찾아온 경제적 취약성은 내게 깊은 인상을 남겼다. 내 가족을 맴도는 빈곤의 위협을 보며 반드시 직업을 가져야겠다고 결심했다. 그러한 결심에도 불구하고, 1978년 슐래플리와 인터뷰하는 그 순간까지 2세대 여성운동이 제시하던 캐치프레이즈의 일면과 전업주부의 정치적 저항을 관련짓지 못한 것이었다.

1980년대 종교적 권리의 부상은 슐래플리가 여성운동에 맞서 이끌던 무리에서 유래했다. 미국 40대 대통령 로널드 레이건Ronald Reagan이 슐래플리의 지지에 감사하면서 전업주부를 위한 특별 세금 협상을 제안한 영상도 있다.[13] 우익은 페미니즘을 가족의 가치에 대한 공격으로 재구성했다. 직장인 여성을 다시 집으로 끌어들이려는 의도였다.

---

10   위자료, 이혼 수당, 부부 중 자식을 부양하지 않는 사람이 부양자에게 치러야 하는 비용.

그 후 40여 년 동안 우익은 가족과 관련된 모든 요소를 점유했다. 그 결과 여성운동은 부양, 이혼 관련법, 가정과 자녀 돌봄 같은 이슈에 대응하지 않았다. 불행하게도 이렇게 한걸음 물러난 태도로 인해 유급 출산 휴가나 적절한 보육 서비스 같은 워킹맘 지원에 대한 충분한 옹호가 부족해졌다. 워킹맘을 지지하는 움직임은 꾸준히 늘고 워킹맘이 자녀에게 좋지 않다는 인식도 줄었다. 하지만 우익은 양쪽에서 조용히 움직였다. 전업주부를 위한 부양의 권리는 국가 차원에서 서서히 '개혁'되어 가족을 위해 자신의 경제적 안정을 희생하는 전업주부를 위한 후원의 그림자로 남았다.

극단적 우익은 2세대 여성운동을 바라보는 시각을 묘하게 왜곡했다. 대중적 경향은 여성운동을 악마로 묘사하고 조롱했다. 이것이 실제로 얼마나 큰 영향을 끼치는지 제대로 파악하는 사람은 거의 없었다. 오늘날 역사학자들은 미국의 2세대 여성운동이 서방국가 전반에 걸쳐 여성운동 역사상 가장 성공적이고 혁신적이었다고 말한다.[14] 1970년에 처음 등장했던 동등한 급여, 동등한 권리, 동등한 기회, 생식의 자유 같은 핵심 원칙은 20세기 후반에 들어서야 대다수의 동의를 받았다.

2세대 여성운동은 일하는 여성의 이미지를 재조명하기에 성공했다. 하지만 그다음으로 고용주들은 워킹맘이 남기고 간 밀레니얼 세대를 물고 늘어졌다. 그들이 자녀 돌봄을 유기했다는 것이다. 워킹맘은 일반적으로 다른 이들보다 적은 임금을 받았다. 안티페미니스트들은 이러한 급여의 차이가 자녀를 두고 직장 생활을 하는 나쁜 선택을 반영한다고 생각했다.

경제학자들은 최근에야 미국에서 여성의 경제 참여가 줄어든 가장 큰 원인을 파악했다. 직장인 여성의 1/3은 정부가 워킹맘을 지지하는 연방 정책, 프로그램, 보호 장치 도입에 실패해 직장을 그만두었다.[15] 다른 권위 있는 분석에 따르면 워킹맘은 모성 불이익과 사설 돌봄 시설의 높은 비용 간 함수관계에 따라 급여가 충분하지 않다고 느꼈다.[16] 우익은 자주권을 원하는 여성을 공격하기 위해 아동복지의 우울한 전망을 이용했다. 미국에서 여성 경제는 더 발전하기 어려워졌다.

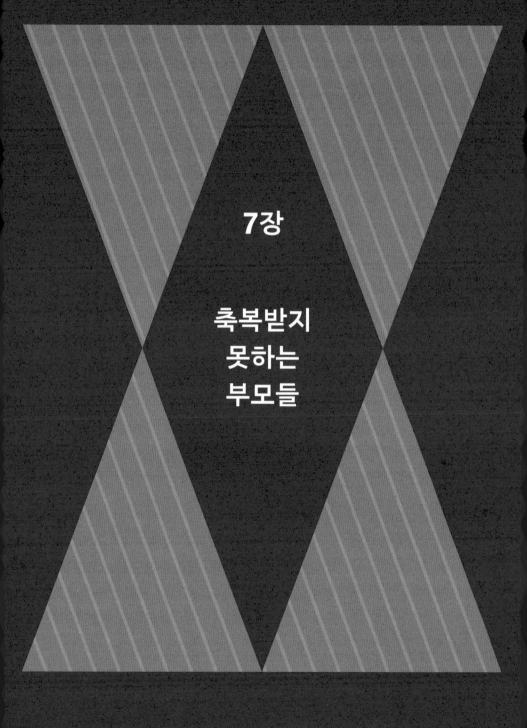

7장

축복받지
못하는
부모들

"기후변화에 대응하고 싶은가? 아이를 더 적게 낳아라." 2017년 7월 아침 〈가디언〉에 이런 머리기사가 나왔다.[1] 침대에 조금이라도 더 누워 있으려고 스마트폰으로 뉴스를 검색하던 내게 이 기사 제목은 신선하게 다가왔다. "참 황당하네"라고 생각하며 다시 이불 속으로 파고들었다. 환경 과학자가 내세운 이 터무니없는 이야기는 그날 내내 다양한 뉴스 채널에 등장했다. 자녀를 적게 낳아도 서구 사회가 유지될 수 있다는 그 이론의 기저를 이루는 가정에 의문을 제기한 기자는 1명도 없었다.

1960년대 후반 인구 폭발 뉴스가 인류 최후의 재앙처럼 처음 등장했을 때 걱정할 만한 이유는 충분했다. 당시 개발도상국에서 성년이 되어가는 세대는 그 규모가 역사상 가장 컸다. 그들이 부모 때와 같은 수의 자녀를 낳고 다음 세대에도 같은 일이 반복된다면 우리는 모두 하수구에서 살아갈 것이었다. 그 시나리오는 다행히 현실이 되지 못했다. 베이비 붐 세대는 부모의 출산율을 재현하지 않았고, 베이비 붐 세대의 자녀인 밀레니얼 세대는 인구수 감소마저 피하지 못했다.

전 세계 출산율 (2017)

여성 1명당 평균 자녀 수 (단위: 명)

0 2 4 6 8

표16. 2017년 세계 출산율을 나타낸 지도다. 출산율이 낮은 국가는 어두운색, 출산율이 높은 국가는 밝은색으로 표시되어 있다. 출생률의 등락은 장기화되지 않는 이상 문제되지 않는다. 반면에 출산율 하락은 출산에 대한 경향이 떨어지는 것으로 흐름이 생기면 바꾸기 쉽지 않다. 출산율 하락이 세대를 거듭하며 이어진다면 돌이킬 수 없는 문제로 이어질 수 있다.

출처: 미국중앙정보국, 《CIA 월드 팩트북 2017》, 2017.

지구촌 국가 절반은 자녀를 너무 적게 낳아 인구수를 유지하기 어려 웠다(표16 참조). 일부 국가의 출산율은 '돌아올 수 없는 지점' 아래로 떨어졌다. 전문가들이 여성의 수가 충분하지 않아 출산율을 뒤바꿀 수 없다고 간주하는 지점보다 더 떨어진 것이었다.[2] 다가오는 세대가 '지구를 구하라' 운동을 펼쳐 자녀를 더 적게 출산한다면 선진국 경제는 침체기에 접어들 것이다. '인구가 줄어드는 건 좋은 일 아닌가?' 하는 의문을 가질지도 모른다. 사회경제적 관점에서 보면 좋은 일이 아니다.

어떤 사람들은 출산율과 출생률을 혼동해 여성이 아기를 갖는 것은 GDP의 함수이며 주기적으로 변하므로 걱정할 필요가 없다고 주장한다. 그들이 말하는 것은 출생률로 매년 여성 1,000명당 태어나는 아기의 수를 가리킨다. 출생률은 GDP, 평균 강우량, 월드컵 우승 국가 등에 따라 달라질 수 있다. 출생률의 등락은 장기적 경향으로 전환되는 게 아닌 이상 문제 되지 않는다. 출산율은 이와 완전히 다른 개념이다. 한 사회의 여성이 평균적으로 낳는 자녀의 수를 가리키며 세대 간의 출산 경향을 나타내는 수치다. 국가의 출산율이 변화하려면 오랜 시간이 걸리고 되돌리는 데도 오랜 시간이 걸린다.[3]

현재 인구 규모를 안정적으로 유지하는 데에 필요한 출산율을 인구 대체 출산율이라고 한다. 여성 1명당 2.1명의 아이를 낳는 것을 적정 수준으로 본다. 자녀 2명이 1명씩 부모를 대체하고 만일의 사태를 대비하기 위한 수치가 추가 반영된 결과 값이다. 출산율이 1.5명 수준에 떨어지면 돌아올 수 없는 지점까지 도달한 것으로 간주한다. 전문가들의 말에 따르면 그 밑으로 떨어져버린 인구수는 되돌릴 수 없다. 여성의 숫자가 그만큼 충분하지 않기 때문이다.

출산율이 1.6명인 유럽연합은 돌아올 수 없는 지점의 절벽에 섰다. 동유럽과 남유럽은 이미 그보다 낮은 수준으로 떨어졌다. 프랑스는 대체 출산율에 가깝지만 거의 이민자의 출산율에 의지하고 있다. 호주와 미국의 출산율은 서서히 감소해왔지만, 1960년부터 꾸준히 1.8명을 유지하고 있었다. 영국은 1975년 이후 1.8명을 유지했다. 동아시아의 출산율은 더욱 낮았다. 홍콩 1.19, 일본 1.41, 마카오 0.95, 싱가포르 0.83, 한국 1.26[11], 대만 1.13, 태국 1.52, 베트남 1.81명을 기록하고 있었다. 스칸디나비아 국가들은 모두 대체 출산율 아래로 떨어졌다. 캐나다의 출산율은

---

11   2022년 한국 합계출산율은 0.78이었다.

50년간 급락한 뒤 1.6명에서 안정을 유지했다. 라틴아메리카는 대체 출산율을 유지하지만 고공 낙하 중인 상황이었다.

나머지 국가의 상황은 어떨까? 지구촌 인구의 약 55%는 출산율이 지나치게 높은 국가에서 산다. 출산율이 높은 국가의 여성은 저마다 6~7명의 자녀를 낳는다. 향후 35년 이내 인구수가 2배에 달할 전망이다. 이대로 둔다면 2050년 세계 인구는 90억 명에 달할 것이다. 출산율이 높은 국가는 중동, 중앙아시아 몇 군데를 제외하고는 거의 아프리카에 집중된다. 지구상에서 정치적으로 가장 불안정한 국가들이다. 이 국가들은 인구과잉과 전쟁으로 지구촌을 위협한다.4

앞서 환경 과학자가 제안한 자녀 덜 낳기 운동은 출산율이 높고 낮음에 관계없이 실행하기 어렵다. 여성은 스펙트럼의 어느 쪽 끝에서도 출산 결과에 영향을 미칠 자유가 없다.5

희망 없이 태어나는 아이들

우간다 인터뷰 당시 퓨리티Purity는 교사와 결혼해 20살 나이에 3살이 채 되지 않은 자녀를 2명 키우고 있었다. 여성 저축 프로젝트를 위해서 일부다처제 가정 수를 조사하던 나는 집에 다른 아내가 있는지 물었다. 퓨리티는 고등학교에 다니며 남편과 사랑에 빠졌고, 아이를 임신하고 남편에게 다른 아내가 있다는 사실을 들었다고 했다. 남편은 퓨리티의 부모를 만나 결혼을 약속했다. 다른 선택의 여지가 없던 퓨리티의 부모는 결혼에 동의할 수밖에 없었다. 남편은 근처 마을에 퓨리티의 집을 마련했다. 4년이 지나 우리가 대화를 나누던 당시에도 여전히 매주 몇 번씩 퓨리티를 찾아왔지만, 오지 않는 날에는 다른 아내와 시간을 보냈다.

퓨리티의 남편은 그녀의 부모에게 신부 대금을 내지 않았고, 여유가 생기면 꼭 지불하겠다고 약속했다. 마을에서 퓨리티는 제대로 결혼한 사람이 아니었다. 또한 교회에서 결혼식을 치르지 않아 관습적 혹은 법적 권리도 갖지 못했다. 퓨리티는 작은 텃밭에서 가꾼 채소를 팔아 아주 적은 돈을 벌었다. 그나마도 아기 2명을 돌보느라 일할 시간이 거의 없었다. 퓨리티의 시아버지는 그녀를 위해 집을 짓고 있었다. 하지만 상황이 나빠지면 그 집이 누구의 소유가 될지 분명하지 않았다. 일이 잘못되면 친정에 돌아갈 수 있냐고 물었다. 퓨리티는 그럴 수 없다고 답했다. 친정 부모님은 신부 대금을 원할 뿐이었다.

교시기 중·고등학교 여학생을 유혹하는 일은 아프리카 전여에서 문제가 되었다. 시골 교사 대부분이 남성이었고, 중·고등학교 교사들은 학생과 나이 차가 별로 나지 않았다. 지역사회에서는 그들의 행동을 용인했다. 교사는 잘 교육받고 안정적인 급여도 받는 엄청난 힘을 가진 존재였다. 그들은 잃을 것이 별로 없었다. 만약 교사의 임금으로 아내들을 부양할 수 없다면 생활비를 조금씩 나누어주거나 아내를 버릴 것이었다. 남편이 퓨리티를 버리면 그녀는 자신과 아이들을 부양해줄 다른 남성을 찾아야 했다.

세레나Serena는 23살에 2명의 자녀가 있었다. 세레나는 관습 결혼을 해 남편이 신부 대금을 지불했다. 하지만 남편이 일을 찾아 도시로 떠나 세레나는 시부모님과 살게 되었다. 시부모님이 세레나를 좋아하지 않아 그녀는 불행한 삶을 살았다. 우리가 얘기를 나누던 무렵 세레나는 남편에게 최근 또 다른 아내가 생겼다는 사실을 알았다.

남편이 세레나에게 보내는 생활비가 줄어드는 바람에 시부모님이 그녀와 아이들을 쫓아낼지도 몰랐다. 세레나는 돈을 벌기 위해 농장 일을 했지만, 아이들을 챙기느라 일할 시간도 부족했다. 그녀는 상황이 나빠지면 혼자 힘으로 아이들과 함께 살 돈을 마련하기 위해서 작은 지갑에 돈을 숨겨두고 있었다. 하지만 혹시라도 시부모님이 그 돈을 발견하면 생활비 명목으로 빼앗아갈 수도 있었다. 세레나의 상황은 위태로웠다.

이 프로젝트를 진행하면서 만난 부부 대부분은 일부다처제를 따르고 있었다. 그중에는 수십 년간 결혼 생활을 유지해온 부부도 있었다. 하지만 많은 젊은 여성이 퓨리티나 세레나와 비슷한 상황에 놓여 있었다. 남성은 가벼운 마음으로 여성과 결혼하고 자녀를 가졌다. 여성을 위한 피임은 거의 없었다. 남성은 콘돔 사용을 거부했다. 만나는 여성이 늘수록 자녀의 수도 함께 늘어갔다. 이렇게 태어난 아이들은 대부분 교육받을 희망이 없었다. 어머니가 교육비를 감당할 수 없었다. 그저 아이를 먹이고 보호하는 일만으로도 벅찼다.

인구 폭발은 전쟁의 필연적 이유가 된다

우간다는 50년 전 끔찍했던 이디 아민Idi Amin의 독재 정권이 무너진 뒤 내란에 시달려왔다. 정부는 여전히 독재적이고 불안정하며 부패가 만연하다. 교육과 의료 서비스에 대한 투자는 거의 이루어지지 못한다. GDP는 군사 장비를 구매하거나 엘리트 계층의 주머니를 채우는 데에 쓰인다.6 여성 1명당 약 6명의 자녀를 출산하며 기대 수명은 낮다. 청소년 출산율이 높고, 산모 사망률은 전 세계에서 가장 높다.

HIV로 세대가 전멸했다. 여러 여성과 성관계하고 콘돔을 거부하는 남성 때문이었다. 어린 여성이 HIV에 감염될 확률은 남성보다 2.5배나 높았다. 부모에게 버려진 고아가 넘치고 어린 여학생은 동생을 돌보기 위해 학교를 떠났다. 어떤 젊은 여성은 죽은 형제자매가 남긴 아이까지 13명을 돌보았다. 그들을 먹이고 학교에 보내는 일이 얼마나 힘든지를 설명하면서 그녀는 눈물을 흘렸다.

이 국가 여성은 지위가 낮고 권리가 거의 없다. 이들은 지구상 최악의 폭력에 시달리고 있었다. 출산율이 가장 높은 35개국 중 27개국은 성별 격차 지수 하위 50개국에 속하거나 순위에도 들지 못했다.[7] 우간다의 인구구조는 피라미드 모양으로 나타났다. 출산율이 높은 국가의 전형이었다. 성인보다 아이 수가 지나치게 많았다(206~207쪽 표17 참조).

지난 40여 년간 피라미드 모양의 인구구조를 가진 국가는 내란 발생률이 세계 평균보다 8배나 높았다. 그중에 90%가 독재국가였다.[8] 가장 출산율이 높은 35개국 중 2/3 이상은 지구촌에서 가장 취약한 국가들로 나타났다.[9]

빠르게 늘어나는 인구는 경제 자원을 압박한다. 가난에 시달리는 정부에 과부하가 발생하고 긴장과 갈등이 증가한다. 고령 인구와 젊은 인구 간의 불균형은 불안정성을 고조한다. 젊은 인구를 통제하는 노령 인구 수가 적으면 혼란에 빠지기 쉽다. 국가 간의 충돌은 자원을 파괴하고 주변 국가로 번져나가며 질병도 함께 확산된다.

국제학과 교수 밸러리 허드슨Valerie Hudson과 동료들은 권위 있는 저서 《성과 세계 평화Sex and World Peace》에서 성 불평등과 물리적 충돌 사이에 어떤 강력한 연관이 있는지 다양한 증거를 기반으로 상세히 설명한다. 이데올로기와 결핍, 가난의 기저에 극단적 남성 우월주의가 존재한다. 남성 우위적 환경 특유의 분노는 도전에 대한 최초의 반응을 폭력적인 행동으로 나타낸다.

4개 분쟁 국가의 연령별 인구구조 (2018)

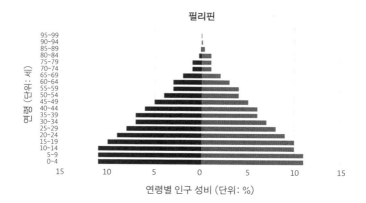

필리핀

연령 (단위: 세)

연령별 인구 성비 (단위: %)

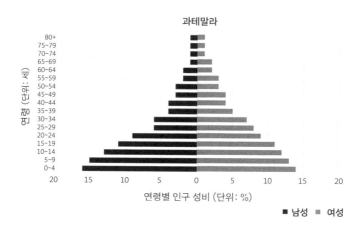

과테말라

연령 (단위: 세)

연령별 인구 성비 (단위: %)

■ 남성　■ 여성

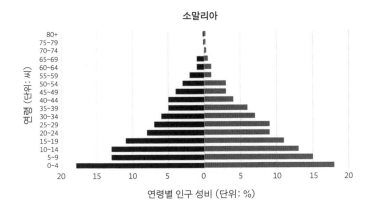

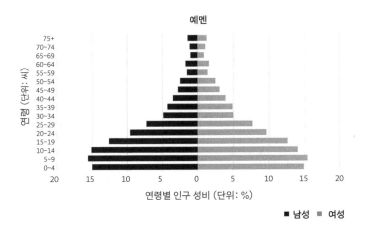

표17. 각 그래프의 왼쪽 검은색 막대는 남성을, 오른쪽 회색 막대는 여성을 나타낸다. 피라미드의 위쪽으로 갈수록 연령이 높아진다.

출처: 유엔 데이터베이스.

분쟁이 있는 국가에는 남성이 지위를 높이고 여성을 성적으로 지배하기 위해 끊임없이 충돌하는 명예 문화가 존재한다. 외부인이 그들의 여성을 빼앗아 집단 명예를 훼손하면 윤리에 따른 보복이 이루어져야 한다. 여성을 빼앗긴 남성은 남성만으로 구성된 환경에서 많은 시간을 보낸다. 여성을 향한 무례하고 폭력적인 의도를 다지면서 유대를 강화한다. 여성도 남성이나 다른 여성에게서 고립되기도 한다. 긴장이 최고조에 이르러 물리적 충돌이 시작되면 전쟁 중 강간이 만연하는데 이는 적의 명예를 훼손하는 가장 직접적인 방법이다.10

국제기구와 비영리단체들은 통제할 수 없는 출산율을 관리하기 위한 첫 번째 방법으로 피임과 임신이나 출산 관련 의료 서비스를 강조한다. 이 조치는 갈등의 위험을 줄이는 역할도 한다. 미국 보수주의자들이 이 국가들에 대해 임신과 출산 관련 보건 프로그램을 중단하자 여성을 위한 기본 의료 서비스가 중지되었다. 그것은 갈등과 빈곤을 심화했다.

재생산권12 관련 서비스가 가족계획이나 금욕에만 초점을 맞추면 높은 출산율의 근본적 원인을 해결하기 어렵다. 남성의 무분별한 성행위, 성범죄자 무단 침입, 강간 용인, 일부다처제, 무책임한 아버지 등은 불붙은 출산율에 기름을 붓는 꼴이다. 출산율을 정말 낮추고 싶다면 그에 대응하는 사회적 제재에 더 관심을 기울여야 한다.

여성의 경제적 자주권이 문제 해결에 도움을 줄 수 있다. 남성은 자원을 가진 여성에게 존중하는 태도를 보인다. 여성도 자원을 가지면 목소리를 낼 기회를 얻는다. 책임감 없는 남편에게 버림받아도 아내에게 돈

---

12   피임·임신·출산 등의 과정에서 안전과 존엄, 건강을 보장받을 권리.

이 있다면 자녀를 돌볼 수 있다. 미망인도 돈이 있다면 아내 상속을 피해 달아날 수 있다. 학대받는 여성도 경제력이 있다면 홀로 설 수 있다.

출발점은 여성에게 신체에 대한 자주권을 부여하는 것이다. 임신이나 성병의 가능성을 염두에 두지 않고 자신의 만족을 위해 콘돔을 사용하지 않는 남성과 성관계를 강요당하는 일은 여성에게 너무 흔하다. 이런 환경에서 여성에게 덜 낳기를 선택하도록 기대하는 일은 비현실적이며 잔인하다.

출산 장려 정책의 동상이몽

이와 반대로 출산율이 낮은 국가의 여성은 모든 것을 다 가진 것처럼 보인다. 이들은 학교에 가고 돈을 받고 일할 수 있다. 결혼 상대를 직접 고르고, 손쉽게 구할 수 있는 피임 도구를 사용해 자신의 만족을 위해 성관계한다. 그러나 이들도 아직 자신들을 다시 부엌으로 몰아넣으려는 남성에 맞서 투쟁하고 있다. 여성이 일과 아이 중 하나를 포기할 때까지 남성은 워킹맘의 모성을 벌한다.

출산율이 낮은 국가들은 이제 인구 고령화라는 엄청난 위기에 직면할 것이다. 평론가들은 기대 수명 연장으로 인한 문제라고 설명한다. 이 또한 타당하지만 여성이 자녀를 적게 가지기 시작하면서 고령화가 가속된 것은 분명하다.

앞으로의 위기는 개개인 모두에게 고통을 줄 것이다. 급격히 증가하는 노인을 위한 공공서비스가 마련되어야 할 것이다. 경제활동인구가 줄면 세수稅收가 줄고 성장을 지탱하기에 충분한 노동력이 제공되지 않을 것이다. 소비 시장 수요는 바닥을 치고 저축이 줄어들 것이다.

예상한 것처럼 돌봄 위기가 도래할 것이다. 고령 인구는 돌봄과 소비의 몫을 두고 아이들과 경쟁할 것이다. 여성은 고령 인구와 어린 세대를 돌볼 의무를 질 것이다. 여성 1명이 자신의 부모와 배우자의 부모까지 4명의 고령 인구와 자녀를 돌봐야 할 것이다. 적절한 대안을 내놓아 출산율을 감소시키고 이 엄청난 압박에서 벗어나야 한다.

돌봄에 대한 강한 부담으로 여성이 일을 그만두면 여성의 성장, 정신 건강, 생계, 세금에 두루 악영향을 준다. 수입 유지의 책임은 주로 남성 가장이 떠안는다. 그들은 직계가족을 돌보고 노년 인구를 위한 자원을 보충한다. 사회복지사업에 정부의 지출이 늘면서 남성의 급여는 줄어들 것이다.

여성에게 돌봄의 의무를 부담하게 하고 워킹맘에게 불이익을 주는 것이 이 같은 재앙을 향한 행진을 유발한다. 부유한 나라에서도 인구의 80%가 거주하는 도시의 생계비는 1명 수입으로 감당하기에 너무 높다. 기혼 여성도 반드시 일해야 하지만 워킹맘은 고용주에게 불이익을 받고 오명을 쓴다. 전업주부라고 상황이 좋은 것은 아니다. 1명의 수입에 의존하는 가족은 재정적 스트레스가 크고 미래를 위해 저축하기도 힘들다. 돈을 벌고 뒤처지지 않으려고 시간제로 근무하는 주부도 있지만 선택의 여지가 적다.

조사에 따르면 부유한 국가에서 전업주부나 시간제로 근무하는 여성의 75%는 종일 근무를 원하는 것으로 나타난다. 이들은 고립된 삶을 살아간다. 친구를 만날 시간도 없고 자유를 누리기도 힘들다. 2012년 미국 여성 6만 명을 대상으로 한 갤럽의 조사에 따르면, 전업주부는 일하는 여성보다 우울감과 걱정에 시달릴 확률이 높다.11

선진국은 이혼율이 높다. 젊은 여성이 혼자 자녀를 양육할 가능성이 커진다는 의미다. 이 여성들은 대부분 생활수준의 급격한 하락을 경험하고 그중 상당수가 빈곤의 늪에 빠진다. 지난 20년 동안 아이를 낳지 않겠다는 젊은 여성이 갈수록 늘고 있다. 가난, 우울, 오명, 스트레스에 시달릴 위험을 피하고자 하는 것이다. 매우 슬픈 현실이지만 지난 수십 년 동안 서서히 진행되어온 일이다. 우리는 지금 1970년대부터 기혼 여성을 집에 머물게 하고 지금껏 '단 1번도 개정되지 않은' 정책의 영향을 받으면서 살고 있다. 이것의 부정적인 영향이 어떻게 나타나는지 두 가지 사례를 살펴보자.

유럽인은 독일을 유럽의 양로원이라거나 어린이가 없는 나라라고 농담처럼 얘기한다. 독일의 출산율은 1970년 이후로 1.5명 이하를 유지해 왔다. 1.25명보다 낮았던 기간도 있다. 독일의 출산율이 제2차세계대전 이후 잠깐 늘어난 적도 있다. 하지만 그 시기 태어난 여성들이 1970년대 초 일하기 시작하면서 독일 문화는 다시 여성이 집에 머물기를 권장하는 정책으로 회귀했다. 출산율은 즉시 감소해 1978년이 되자 전시 수준으로 떨어졌다. 오늘날 독일 가정의 78%는 자녀가 없다.

다른 국가 여성들의 부러움을 사고 있는 독일의 3년 유급 출산휴가는 놀랍게도 1970년대 도입된 보수 정책이었다. 출산휴가는 주어졌지만 공공과 민간 어디에서도 3세 이하 어린이를 위한 돌봄 시설을 인가하거나 건설하지 않았다. 자녀를 가진 여성은 출산휴가와 별개로 육아 대안이 거의 없었다. 자녀가 학교에 가도 어머니는 쉴 수 없었다. 독일 학교는 중·고등학교까지 반일제로 운영되었다. 학령기가 지난 자녀의 어머니는 아이를 키우는 15년 동안 상근으로 일하지 못해 좋은 직업을 가지기가 어려웠다. 독일에서는 아이를 낳은 기혼 여성 10명 중 1명만이 출산 후 직장으로 복귀했다.

이런 잘못된 정책으로 영구적으로 자식이 없는 여성의 수는 독일이 유럽에서 가장 많다.[12] 자녀가 없는 것이 새로운 기준으로 자리 잡은 것이다. 이런 정책은 여성의 취업 전망에도 영향을 미친다. 젊은 여성은 고용해도 근무 중 임신으로 3년 출산휴가를 떠나면 직장으로 다시 복귀할 가능성이 희박하다. 이는 여성이 일을 시작하는 데에 엄청난 불이익으로 작용한다. 2010년 세계경제포럼에서 독일 대기업을 상대로 진행한 인터뷰에 따르면 신입사원 중 약 33%만 여성이었다. 영국의 40%, 미국의 52%와 비교해 매우 적은 숫자다.[13]

노동력의 공급이 심각할 만큼 위축되는 상황에서 여성이 직장을 포기하게 하면 인구 고령화 시나리오에서 더욱더 살아남기 힘들어진다. 게다가 이제 고령에 접어드는 수백만 명의 여성은 과거의 정책과 관행 때문에 연금이 매우 적거나 아예 없다. 독일의 성별 연금 격차는 60%나 된다. 독일 여성 상당수는 정부 지원 대상이다. 2006년 독일 정부는 과거에 초래한 재난에 눈을 뜨고 정책을 수정하기 시작했다. 독일은 이제라도 변화를 통해 고령화 위기를 줄일 수 있을 것이다.

안티페미니스트라면 왜 독일이 피임과 낙태를 법으로 금지해 여성이 자녀를 낳도록 강요하지 않았는지 의문을 가질 수 있다. 그 질문에 답을 제시하기 위해 인구 전문가는 루마니아의 예를 지적한다. 1966년 인구 감소의 원인을 낙태에서 찾은 루마니아 공산당 정권은 피임과 낙태를 법으로 금지하는 끔찍한 제도를 집행했다.

모성은 국가에 대한 의무가 되었다. 이 제도는 비밀경찰 세쿠리타테 securitate에 의해 무차별적으로 자행되었다. 낙태 수술을 집행한 의사는 수감되었다. 직장인 여성은 3개월에 1번씩 임신 검사를 받았다. 임신 사실이 발각된 후 아이를 낳지 않으면 기소되었다. 출산율은 국가 통제의 수단으로 탈바꿈했다.14

루마니아의 출산율은 증가했다. 출생의 급증은 또 다른 끔찍한 망령으로 이어졌다. 부모가 키울 수 없는 수십만 명의 아이를 수용하기 위해 정부에서 운영하는 보육원이 증가했다. 루마니아는 이 아이들을 돌볼 수 있을 만큼 충분한 자금을 확보하지 못했다. 국가의 다음 세대는 영양실조로 발육이 불완전하고 불결한 환경에서 사랑받지 못하면서 자랐다. 거의 학대에 가까운 조건이었다.

산아제한에 반대하는 법령 770 Decree 770의 영향으로 태어난 세대는 1989년 루마니아 공산주의의 폭력적 종말을 가져온 혁명가들을 낳았다. 법령 770 세대가 폭력성이 높고 약물을 남용하며 범죄 및 자살률이 높다는 사실도 잘못된 정책의 폐해를 보여준다. 현재 유럽이 겪는 인구 위기를 주제로 비교 연구를 진행하는 인구 통계학자들은 법령 770과 유사한 정책을 강력히 반대한다. 정부는 오히려 지금 자라는 아이들에게 제대로 된 투자를 해야 한다고 조언한다.

첫 자녀 출생, 가계 수입 감소의 신호탄

미국은 유럽보다 워킹맘에 대한 지원이 더 부족하다. 미국 여성은 출산휴가가 없고 보육 시설은 민영화되어 상당히 비싸다.15 그러나 자녀

자녀 출산 후 10년 뒤 급여 변동율 (2019)

	어머니 (단위: %)	아버지 (단위: %)
덴마크	-21	-1
스웨덴	-27	1
미국	-40	-2
영국	-40	1
오스트리아	-51	0
독일	-61	-1

표18. 부모를 위해 가장 진보적인 정책을 펼치는 스칸디나비아 국가들의 급여 변동률이 영국, 미국, 독일보다 낮다는 사실에 주목할 필요가 있다. 그러나 모든 국가에서 공통적으로 자녀가 태어난 후 가구 수입이 영구적으로 줄어든다는 사실을 확인할 수 있다.

출처: 헨릭 클레벤, 카미유 랑데, 요한나 포쉬, 안드레아스 스타인하우어, 요제프 즈바위뮬러, '국가별 자녀 불이익: 증거와 설명', '전미경제연구소 조사 보고서', no. 25524, https://www.nber.org/papers/w25524, (2019.02.).

가 있는 미국 여성의 70%는 워킹맘이며 그중 75%는 정규직이다. 미국 여성은 자녀를 낳은 뒤에도 일을 계속하므로 유럽 여성보다 경력을 쌓을 확률이 높다.16

여성은 이제 미국 노동인구의 약 절반을 차지하며 워킹맘은 보편적 대세로 자리 잡았다. 부모와 자녀가 함께 사는 대다수 가정에서 부부가 둘 다 직장에 다닌다.17 미국 여성은 국가 경제뿐만 아니라 가계 경제에도 필수다. 가족 수입의 절반 이상을 버는 여성은 약 42%에 달한다.18

보고서에 따르면 미국 기혼 여성은 일을 그만두지 않고 정규직으로 근무하며 가족을 부양하는 중대한 책임을 맡고 있다. 그런데도 미국의 고용주들은 자녀가 있다는 핑계로 여성에게 적은 임금을 주고 발전을 저지한다. 2019년 발표된 연구에 따르면 여성의 평균 임금은 첫 자녀가

태어난 즉시 감소하며 10여 년이 지나도 회복되지 않는다.[19]

표18을 보면서 모성 불이익에 대한 여러 나라의 정책과 실태를 비교해보자. 미국 기혼 여성은 자녀 출생 10년 후 급여가 40% 감소했다. 영국은 워킹맘에 대한 정부의 지원이 미약하다는 점에서 미국과 유사한 측면이 있지만(출산 여성 10년 후 급여 변동율 -40%로 동률) 1년의 출산휴가와 (소액의) 보육 지원금을 제공한다. 스칸디나비아 국가들은 아버지를 위한 출산휴가와 정부 지원 보육 시설처럼 부모를 위해 가장 진보적인 정책을 펼친다. 반면에 덴마크와 스웨덴에서 출산 여성의 급여는 10년 후 약 21%, 27%씩 감소했다. 무엇보다 장기 출산휴가가 있지만 보육 시설이 없는 독일과 오스드리아의 상황이 가장 나쁘다. 독일은 61%, 오스트리아는 51%로 출산 10년 후 여성의 급여가 제일 큰 폭으로 떨어졌다.

그리고 남성의 급여를 보면 뜻밖의 우려스러운 부분이 드러난다. 이번 연구의 저자들은 "조사 대상 국가에서 아버지의 급여는 전혀 영향을 받지 않았다"라고 언급한다. 자료에 따르면 아버지의 급여는 자녀가 태어나고 10년 동안 거의 상승하지 않는다. 남성의 임금이 전반적으로 정체된 것이다. 이 연령대 남성은 업무 숙련도에 따라 임금이 상승하는 것이 일반적이다. 첫 자녀가 태어나는 순간 아버지의 운명이 끝난 것이다. 이러한 제약은 결혼한 이들이 자녀를 갖지 않는 원인으로 작용한다.

현재 가임기 세대가 겪는 경제적 스트레스와 미국의 데이터를 종합하면 상황은 더 암울하다. 이 세대는 학교를 졸업하는 순간부터 생계비 상승과 고용 시장 쇠퇴를 맞았다. 2008년 금융 위기의 직격탄을 맞아 취업이 늘어지면서 주택 구매나 가정을 이루는 시기마저도 미뤄졌다. 그들은 큰 규모의 학자금 대출까지 부담해야 했다. 미국대학여성협회

American Association for University Women에 따르면 학자금 대출을 받은 학생의 2/3는 여성이었다. 하지만 전공과 관계없이 여학생은 졸업 후에 남학생보다 임금을 18% 적게 받았다. 결국 여학생은 학자금 대출을 상환하는 데에 시간이 더 걸리고 이자금을 더 많이 부담했다.[20]

일도 잘하고 가정도 돌보고, 다음 변명은 무엇인가?

비교적 진보적이었던 1960년대와 1970년대의 미국 정부는 직장에서 여성에 대한 장애물을 일부 제거했지만, 독일에서는 다양한 문화적 반발이 있었다. 1970년대 민간 부문 지도자들은 TV 시리즈 '매드맨Mad Men'에서 볼 수 있는 성에 대한 태도를 유지했다. 그들은 적극적 우대 조치의 강제성에 깊은 분노를 품고 있었다. 젊은 여성이 직장에 머물고 싶다면 완벽히 일해야 했고, 가정에서의 의무는 절대 언급할 수 없었다.

불평등 조건과 사회적 반감에도 불구하고 대부분의 베이비 붐 세대 여성이 일을 시작하면서 역사상 가장 의미 있는 순간이 찾아왔다. 이들은 치마 정장을 입었고, 회사에서 가족 이야기를 하지 않았으며, 일이 끝나자마자 저녁 식사를 준비하기 위해 매일 집으로 달려갔다. 그렇게 당대의 믿음에 따른 남성성을 보존했다. 여성이 이기적이어서 모든 것을 갖기를 원했다는 믿음은 옳지 않았다. 여성은 모든 일을 해내고 있었다.

그 후 수십 년에 걸쳐 보수주의자들은 2세대 여성운동의 이기심이 자녀에게 부정적 영향을 끼쳤다는 시각을 강요했다. 일하는 어머니가 자녀에게 어떤 영향을 주는지에 대한 다양한 연구가 이루어지고 결론은 오락가락했다. 그러나 2010년 확실한 대답이 나왔다. 레이철 루카스 톰슨Rachel G. Lucas-Thompson, 웬디 골드버그Wendy A. Goldberg, 조앤 프라우스

JoAnn Prause는 50여 년간 69개 연구에 대해 메타 분석을 했다.21 메타 분석에서는 모든 연구 자료를 통합하고 전체 표본에 대해 통계를 내므로 개별 연구 결과를 뛰어넘는 최종적 결론을 얻을 수 있었다. 메타 분석에 따르면 1970년대 워킹맘의 자녀는 전업주부의 자녀와 같은 행동 발달과 학습의 결과를 냈다.

1970년대 이후 실행한 연구에서 부모가 모두 직장에 다니고 가사와 자녀 돌봄을 함께한 가정에서 자란 남성은 육체적·정신적으로 더 건강하며 행복한 것으로 나타났다. 2019년 '성격과 사회심리 학회보Personality and Social Psychology Bulletin'에서 미국 내 6,000세대를 대상으로 시행한 연구에 따르면 남성은 아내의 수입이 41%일 때 가장 행복한 것으로 나타났다. 남성 혼자 가계 수입을 전부 책임져야 하는 압박감에서 벗어나는 점이 크게 작용한 것으로 보였다.22

2세대 여성운동 세대의 자녀는 어떻게 자랐을까? 하버드 경영대학원에서 29개국 10만 명을 대상으로 시행한 연구에 따르면, 워킹맘의 딸은 전업주부의 딸보다 높은 확률로 고용되고 승진하며 평균 24% 더 많이 벌었다.23 아들은 어머니의 직장 유무에 크게 영향받지 않았다. 하지만 성 평등 가치관을 가질 확률이 높고, 집안일과 자녀 양육에 많은 시간을 할애하며, 기존 세대와 달리 자녀와 가까운 관계를 유지하는 것으로 나타났다. 워킹맘이라는 역사적 물결의 자녀는 잘 자랐다. 그들은 다시 부모가 될 기회를 얻으면 아주 훌륭한 부모가 되었다.

미국의 고용주들은 여성을 억누르기 위한 평계로 모성을 이용하며 이 조직적 차별에 대한 완곡어법으로 일과 삶의 균형을 인용한다. 실제로 대기업의 다양성 계획을 돌아보면 고용주 대부분이 여성의 발전을 위해

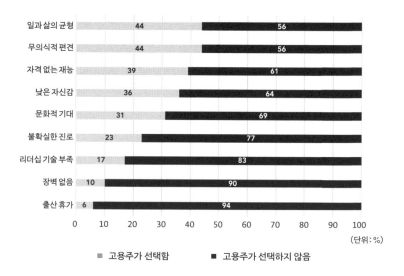

고용주는 왜 여성이 발전하지 않는다고 생각하는가? (2016)

	고용주가 선택함	고용주가 선택하지 않음
일과 삶의 균형	44	56
무의식적 편견	44	56
자격 없는 재능	39	61
낮은 자신감	36	64
문화적 기대	31	69
불확실한 진로	23	77
리더십 기술 부족	17	83
장벽 없음	10	90
출산 휴가	6	94

(단위:%)

표19. 고용주는 여성 경력 개발 문제를 대체로 무의식적 편견에 의한 것으로 보고 있으며 이는 모든 책임을 외면하는 태도다. 고용주는 경력 개발의 문제가 여성에게 책임이 있다고 본다.

출처: 세계경제포럼, '업계 성별 격차' 개요 각색, 2016.

아무것도 하지 않는다. 회사로서 책임감 있는 조치를 하기보다 여성에게 책임을 전가한다. 고용주들은 혹시 그들이 편파적이더라도 무의식적 편견일 뿐이라고 주장한다.

여성의 경력 발전이 느린 이유에 관한 전통적 해설은 고용주의 인식이 원인이라는 사실을 파악하지 못한다. 표19를 보면 고용주들은 설문에 제시된 이유에 거의 동의하지 않는다. 설문에 제시되지 않은 진짜 이유는 무엇일까? 세계경제포럼의 2010년 '기업성별격차 보고서The Corporate Gender Gap Report'에서 힌트를 얻을 수 있다. 이 조사는 여성의 발전을 평가하고, 여성을 돕는 조치와 여성의 발전을 저해하는 장벽을 찾기

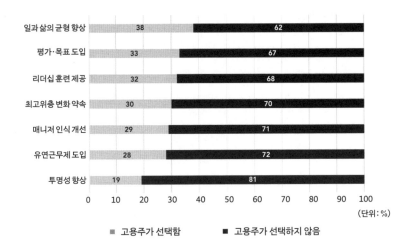

고용주는 어떤 조치를 하고 있는가? (2016)

	고용주가 선택함	고용주가 선택하지 않음
일과 삶의 균형 향상	38	62
평가·목표 도입	33	67
리더십 훈련 제공	32	68
최고위층 변화 약속	30	70
매니저 인식 개선	29	71
유연근무제 도입	28	72
투명성 향상	19	81

(단위 : %)

■ 고용주가 선택함   ■ 고용주가 선택하지 않음

표20. 이 그래프에서 여성의 발전을 위해 노력하는 고용주의 비율을 파악할 수 있다. 검은색 막대는 62~81%의 고용주가 노력하지 않는다는 사실을 보여준다.

출처: 세계경제포럼, '업계 성별 격차 - 미래 일자리 조사', 2016.

위해 20개국 고용주들을 상대로 이루어졌다.24 조사에 따르면 (이사회 여성 할당제를 도입하고 있는) 노르웨이를 제외한 모든 국가에서 고위직으로 갈수록 여성 직원의 비율이 낮아지는 것으로 나타났다. 주된 원인이 무엇이라고 생각하는지 기업의 인사 담당자들에게 질문했다. 그들은 일과 삶의 균형이나 리더십 기술 부족이 아닌 가부장적 기업 문화와 일하는 여성을 향한 사회의 부정적 태도를 여성의 경력 발전이 느린 이유로 꼽았다. 그리고 표20을 보면 고용주의 과반수가 여성의 경력 개발을 위해 특별한 노력을 기울이지 않음을 알 수 있다.

남성에게 총구를 들이민 것은 여성이 아니다

보수주의자 블로그에는 워킹맘을 향한 부정적 태도의 이면에 숨겨진 사회적 분노가 표현되어 있다. 여성 혐오 단체 웹 사이트 1위인 보이스 포 맨A Voice for Men에 글을 올리는 존 데이비스John Davis는 "페미니즘과 남성 혐오의 포주가 된 국가들은 예외 없이 출생률과 인구수가 큰 폭으로 감소하고 있다"라고 불평한다. 데이비스는 서방국가의 토착민이 100년 이내에 멸종할 것이며 노인을 돌보기 위한 사회주의 체제에 돈을 낼 수 있는 젊은 인구가 충분하지 않아 그 나라들이 공황에 빠질 것이라고 주장한다. 데이비스의 여성 혐오적 주장은 인종차별주의자의 논점과 유사하다. 그는 유럽 국가가 북아프리카 남성이 몰려와 서유럽 여성과 성관계할 수 있도록 국경을 개방하기를 원한다고 주장한다. 그의 피해자 진술은 이렇다.

지난 60여 년간 서유럽 국가에서 페미니즘에 이의를 제기하는 사람은 없었다. 페미니즘은 이제 모든 기관, 특히 유럽의 공교육에 관습적으로 필수 요소가 되었다. 서유럽 국가에서는 남성과 남성성에 대한 혐오가 만연해 남성을 억압하고 있다. 이는 세계 성별 자살률 격차를 유발하는 요소이기도 하다(남성 자살률은 여성보다 4배나 높다). 페미니즘은 출산율 감소와 순 인구 감소의 이면에 숨겨진 주된 원인이기도 하다.[25]

위태로운 남성의 분노가 표출된 글이다. 이민자와 사회주의에 관한 수사학 역시 분노에 찬 우익 포퓰리즘의 전형이다. 이런 행태는 브렉시트와 트럼프의 대선 승리로 이어져 유럽연합을 내부부터 파괴하고 있다. 이 같은 봉기, 특히나 트럼피즘[13]의 배후에 있는 사람들을 알아보기에 가장 좋은 특징은 권위주의, 즉 가부장제와의 관련성이다.[26] 실제로 미국 혐오 그룹 중에도 여성을 혐오하는 단체가 빠르게 성장하고 있다. 이 같은 조직을 감시하는 남부빈곤법률센터에 따르면 남성 우월주의 단체를 통해 혐오 집단에 입문하는 경우가 가장 많다고 한다. 1970년대 이후 혐오 집단의 증가는 인종차별적 극보수주의 형성의 기초가 되었다.[27] 여성운동의 성공(특히 여성이 남성의 좋은 직업을 빼앗아갔다는 강변)이 남성 자살률 증가의 원인이라는 주장은 보수주의 정치 담론, 특히 〈폭스 뉴스Fox News〉의 대표적인 보수주의 진행자 투커 칼슨Tucker Carlson의 방송에 자주 등장한다. 그러나 이 주장은 사실이 아니다.

세계적으로 남성은 여성보다 자살률이 높다. 하지만 자살 시도 횟수는 여성이 더 많다. 남성은 더 폭력적인 도구를 사용해 자살에 성공할 확률이 더 높은 것이다. 미국에서 자살을 시도하는 남성의 절반 이상이 총기를 사용한다. 실제로 총기로 인한 사망의 가장 큰 원인은 살인이나 사고가 아니라 자살이다. 미국 남성이 총기를 소지할 확률은 여성보다 50% 더 높다.

남성 자살률은 2000년부터 증가한 이래로 줄어들지 않고 있다. 같은 기간 총기 생산은 2배 늘었고 총기 소유자의 지리적 집중 현상이 더욱 심해졌다. 총기 소유와 남성 자살은 중서부 지역 나이 든 백인 남성에게 집중되어 있다. 총기 소유 역시 자신을 전통적 남성성과 지나치게 동일시하는 남성에게 집중된다.

---

13   트럼프와 포퓰리즘의 합성어.

여성의 노동 참여와 남성의 자살률 (2000~2016)

(단위: 년)

── 여성의 노동시장 참여율   ── 남성 자살률(연간 1,000명당)

표21. 미국 남성 자살률은 2000년에서 2016년 사이 굉장히 증가했다. 그러나 같은 기간 여성 노동시장 참여율은 가파르게 하락했다. 여성이 남성의 직업을 빼앗아 남성 자살률이 높아진다는 주장은 사실이 아니다.

출처:　1) 연방준비제도 경제 데이터, '여성 노동시장 참여에 대한 조사', https://fred.stlouisfed.org, (2019.09.07.). 2) 미국 질병통제예방센터, '남성 자살률', https://www.cdc.gov/nchs/data/hus/2017/030.pdf, 2017.

게다가 여성 취업과 남성 자살의 추이는 완전히 반대 방향으로 움직인다(표21 참조). 백인 남성의 자살률 증가 원인은 쉬운 총기 소지와 전통적 남성성에 대한 압력이지 일하는 여성이 아니다. 해결책은 남성에게서 총을 빼앗는 것이지 여성을 부엌으로 돌려보내는 것이 아니다. 그러나 투커 칼슨의 청중은 진실이 무엇인지 궁금해하지 않는다.28

남성과 국가까지 참여하는 공동육아

아시아는 가족 규범이 여전히 확고하지만 2세대를 거치며 출산율이

6명에서 1명으로 줄었다. 1950년 일본의 인구구조는 피라미드 형태였지만 50여 년이 지난 지금 일본의 출산율은 1.44명으로 역전되었다.

아시아 여성은 자녀를 낳지 않을 뿐 아니라 결혼을 피해왔다. 지난 35년 동안 싱가포르, 한국, 대만에서 여성의 노동시장 진출과 결혼 회피, 신생아 수 급감에는 대칭적 변화가 드러난다(224쪽 표22 참조). 〈이코노미스트〉에 따르면 아시아 여성은 좋은 교육을 받고 직업적 장래가 밝다. 하지만 배우자, 자녀, 양가 부모님의 보살핌을 모두 떠맡아야 한다. 〈이코노미스트〉는 "누가 왜 이런 책임을 맡겠는가"라고 덧붙였다.29

아시아 아버지는 탐욕스러운 가부장 경제 제도에 따라 몰인정한 우두머리 남성의 위계를 견디며 터무니없이 긴 시간 동안 직장에 머물러야 한다. 서구에서는 밀레니얼 세대 남성 사이에서 이 같은 과도한 제도적 요구에 대응하는 의외의 추세가 나타나고 있다. 이 거침없는 태도는 아버지로서의 전통적 남성성 모델과 남성성이라는 이미지 자체의 타당성에 이의를 제기한다. '해로운 남성성'이라는 용어는 우리 시대의 유행어로 자리 잡고 있다.

아버지는 가장 중요한 대행 부모alloparent이지만 사회는 아버지가 어머니만큼 부모 역할을 할 수 없게 한다. 여성을 위한 권력 이동 포럼의 일원인 조쉬 리브스는 타임 워너Time Warner를 상대로 아버지의 출산휴가를 요구했다. 조쉬는 자신의 경험과 더불어 젊은 아버지 수백 명과의 인터뷰를 토대로 책을 냈다. 책에 소개된 젊은 아버지들은 자녀 양육에 협력하려는 열정과 타산적 권력 구조의 대립에 좌절감을 표현했다.30

알로마더링 체계, 즉 정부 지원 돌봄 시설은 문제 해결에 큰 도움이 될 것이다. 보육 후원은 워킹맘 지원에 효과가 있다고 증명된 유일한 정책

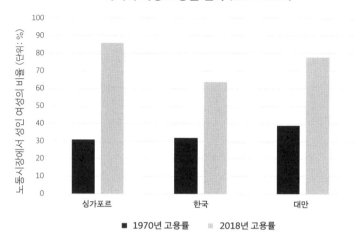

아시아 여성 고용률 변화 (1970~2018)

■ 1970년 고용률　　■ 2018년 고용률

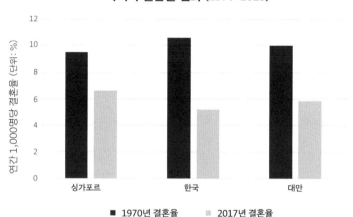

아시아 결혼율 변화 (1970~2018)

■ 1970년 결혼율　　■ 2017년 결혼율

표22. 1970년 이후 3개국 여성의 노동시장 참여율은 2배 이상 늘었지만, 결혼율은 절반으로 줄었다.

출처: 1) '싱가포르, 한국, 대만의 1970년대 고용 자료: 이스트웨스트 센터', 〈아시아 여성의 지위 변화〉,《아시아 인구의 미래》, https://www.eastwestcenter.org/fileadmin/stored/misc/FuturePop05Women.pdf. 2) 세계은행 데이터베이스, '한국과 싱가포르의 최신 취업 자료'. 3) '대만의 결혼율: 웨이-신 유', 〈대만 여성과 고용〉, 브루킹스 연구소 기고문, https://www.brookings.edu/opinions/women-and-employment-in-taiwan/, (2015.09.14.). 4) 경제협력개발기구, 'OECD 통계 - 가족: 1970년과 2017년 한국 결혼율 자료', http://www.oecd.org/els/family/database.htm. 5) 싱가포르의 2017년 결혼율은 1995~2017년 사이 변화율을 기준으로 대만과 비교했을 때 대략 9.5로 추정했다. 6) 싱가포르 통계청, '싱가포르의 2017년 결혼율', https://www.statista.com/statistics/995762/singapore-crude-marriage-rate/. 7) 중국 통계 자료 중 대만 통계, '대만의 2017년 결혼율', https://www.statista.com/statistics/321428/taiwan-marriage-rate/. 8) 대한민국 통계청, '한국의 2017년 결혼율', http://kosis.kr/statHtml/statHtml.do?orgId=101&tblId=DT_1B8000F&language=en.

이다. 고민과 투자가 함께 이루어지면 이는 자녀 성장발달에 도움이 될 것이다.

아주 어린 아이도 학습 능력이 있고 자극이 필요하다. 아무리 사랑을 주고 많은 학습 도구를 활용해도 혼자서 아이의 발달에 필요한 충분한 자극을 주기는 어렵다. 게다가 보육 서비스의 질은 계층에 따라서 크게 차별화되기 때문에 유아 발달을 개인 소득에 의지하면 불평등해질 수 있다. 나는 5세 미만의 모든 아이가 양질의 조기 보육 기회를 얻을 수 있기를 희망한다. 그러면 갈수록 아이들이 잠재력을 최대한 발휘하는 모습을 볼 것이다. 미래 사회가 원하는 기준에 맞게 아이를 양육하기 위해 양질의 보육과 우수한 교육에 투자하는 비용을 부모가 사적으로 부담하는 것은 그들의 현재 경제 상황을 고려하면 지나치다.

문제는 그 비용을 마련할 방법이다. 예산 산정에 있어 보육은 세금을 할애할 필요가 없는 여성의 소질이다. 세금은 더 가치 있는 데에 써야 한다는 기본적 가정이 자리 잡은 경우가 많다. 그래서 정부는 최소한의 보육비를 남은 돈에서 어떻게 짜낼지에 집중한다. 브루킹스연구소는 자녀 세액 공제에서 예산을 확보하는 방법을 제안했다.31 브루킹스의 시나리오는 전국의 자녀 절반밖에 지원하지 못한다. 자본가에게서 비용을 마련하자고 제안하는 정치인도 등장했다. 지도층이 확실한 대의명분을 위해 노력할 수도 있기는 하다.

경제적 성 렌즈를 분석에 적용하면 양질의 보육 비용을 충분히 마련할 수 있다. 브루킹스에 따르면 전국의 자녀 절반에게 보육을 제공하려면 420억 달러(약 53조 7,600억 원)가 필요하다. 우리에게 필요한 금액은 840억 달러(약 107조 5,200억 원)의 예산이다. 전前 IMF 총재 크리스틴

라가르드Christine Lagarde는 여성이 남성만큼 일하면 미국 GDP가 5% 상 승할 것이라고 말했다.32 미국 GDP는 20조 달러(약 2경 5,600조 원)이므 로 5%는 1조 달러(약 1,280조 원)다. 1조 달러에 대한 세금은 2,710억 달러 (약 346조 8,800억 원)이므로 조기 보육을 제공할 수 있는 금액의 3배에 해당한다. 더 보수적인 계산에 따르면 최근 여성 노동 참여율이 1/3 하 락했으므로 이것을 회복하면 930억 달러(약 120조 9,000억 원)의 세금이 확보된다.

경제의 최우선 사항은 구성원의 물질적 필요를 제공하고 인구 재생 산을 지원하는 일이다. 이것에 실패한 경제는 주식시장의 성과와 관계 없이 실패다. 더블엑스 이코노미의 윤리는 미래를 위해 모든 자원을 신 중하게 사용하는 것이다.

8장

교육을
역전하다

"남성과 여성의 타고난 차이점으로 남성이 왜 지도를 더 잘 읽는지 설명할 수 있다."

영국 일간지 〈인디펜던트〉의 2013년 12월 머리기사다.[1] 기사에 인용된 펜실베이니아대학교의 연구는 여성의 커넥톰[14]이 남성과 다르다는 결론을 내렸다. 연구진에 따르면 여성의 두뇌는 좌우로 연결되어 있지만 남성의 두뇌는 앞뒤로 연결되어 있다. 그로부터 1달 뒤 이 주제를 다룬 주요 언론 기사는 87개에 달했고 수천 개의 블로그 게시물과 댓글이 올라왔다. 연구 결과는 "여성의 두뇌가 열등하므로 남성과 여성은 전통적 성 역할에 따라 행동하도록 생물학적으로 타고났다"라는 내용의 '과학적 증거'로 빠르게 재구성되었다.[2]

2016년 9월, 런던 과학박물관은 '성 측정기sex-o-meter'라는 전시를 연적이 있다. 이것은 관람객이 분홍색에서 파란색까지 이어지는 눈금판에 '두뇌 점수'를 표시할 수 있는 전시였는데, 트위터와 과학계의 격렬한 반

---

14   학습과 경험으로 형성되는 뇌 연결 패턴.

발로 인해 철수해야 했다. 어느 신경과학자는 "성별 간의 타고난 특성에 대한 고정관념은 잘못됐다. 어쩌면 이것은 자연계의 질서라는 의미로 암시되어 해로운 영향을 끼칠 수도 있다"라고 항의했다. 큐레이터는 전시가 일종의 농담이며 역시 과학을 따라잡기는 쉽지 않다는 변명을 하며 전시물을 철거했다.3

2017년 8월, 제임스 다모어James Damore라는 구글 직원은 테크 기업이 여성을 고용해서는 안 된다는 내용의 메모를 동료들에게 전달했다. 과학에 따르면 여성의 두뇌는 생물학적으로 과학기술 업무를 따라가기에 부적절하다는 주장이었다. 이 사건에 대한 뉴스가 소셜 미디어를 장악하고 다모어는 해고되었다. 하지만 그는 구글이 자신의 이단적 정치관을 차별했다고 주장하며 부당 해고에 소송을 제기했다.4 극우 성향 인터넷 언론 〈브레이트바트〉가 다모어를 지지한다고 발표하며 그는 하룻밤 사이 극단적 보수주의를 상징하는 인물이 되었다.5

과학과 무의식으로 편견을 보호하기

수 세기 동안 남성 과학자들은 남성과 여성의 뇌에 차이를 증명하는 물리적 성질을 파악하기 위해 노력해왔다. 하지만 아무 소용없었다. 모든 사항을 고려할 때 뇌는 고환과 난소보다 간이나 안구에 가깝다. 뇌는 일부 과학자들이 원하는 것처럼 성을 반영하지 않는다.6

그런데도 남성과 여성은 인지학적으로 다르고 여성이 열등하다는 사실을 증명하려는 열망에 사로잡힌 이들이 여전히 존재한다. 여성의 뇌가 특별히 다르다는 사실을 증명한 것처럼 보이는 연구는 소셜 미디어를 통해 삽시간에 퍼져나간다. 인간의 뇌와 인지능력은 성별과 관계없이 근본적으로 같다. 그에 대한 연구 결과도 풍부하고 다양하지만 대중의 인식을 제대로 충족시키지는 못한다. 결국 언론은 시장성이 높은 연구를 선별해 홍보하고 가벼운 오락을 빙자해 여성 혐오적 결론을 다룬다.

신경과학은 이런 현상으로 지금 위기에 처해 있다. 과학자들은 악랄한 사람이 악랄한 목적으로 자신의 연구를 이용하는 모습을 본다. 악인들은 공립학교가 성별에 따라 분리 운영되어야 하고, 여학생은 어차피 이해하지 못하므로 과학과 수학 수업에서 배제해야 한다고 주장한다.[7]

무의식적 편견이라는 완곡한 용어가 널리 사용되지만 이 또한 변명이 될 수 없다. 우리의 뇌는 빠르게 판단하고, 그 판단은 타인에 대한 편협한 결론으로 이어질 수 있다. 우리는 또 편견이 만연하는 문화에 몰입해서 편협한 결정을 내리게 배운다. 하지만 극심한 편견은 완전 다르다. 극심한 편견이란 의도적이고 의식적이며 연설과 행동으로써 분명하게 드러난다. 편견이 아주 심한 사람은 증오를 유지하고자 자신의 믿음에 모순되는 새로운 정보를 거부하거나 자의적으로 재해석한다. 제임스 다모어가 그렇다. 그는 과학을 무기로 무의식적 편견을 양산하는 문화에 또 다른 편협한 문화적 유전자를 더했다.

그리고 다모어는 다른 편견이 극심한 이들이 전면에 나서도록 해 실리콘밸리 최악의 충동을 부추겼다. 구글 사건이 언론에 보도되었을 때, 구글과 우버나 애플 같은 테크 기업 직원을 상대로 추잡한 설문이 재빠르게 진행되었다. 응답자 절반 이상이 다모어를 지지했다. 사건이 그들의 편견을 강화한 것이다. 이 남성들의 태도를 무의식적 편견이라고 부를 수 있을까? 그들이 자신들의 믿음을 분명히 표현하면 더는 무의식이라고 부를 수 없다. 설문으로 문서화된 내용은 의문의 여지가 없는 극심

한 편견이다.[8]

테크 기업에서 근무하는 여성 직원은 이런 일이 발생한 당시 어땠을까? 남성 동료가 여성 직원에게 억제되지 않은 경멸을 표현할 때 어떤 기분이었을까? 경력 유지에는 어떤 영향을 미칠까? 그 해답은 신경과학에서 찾을 수 있다. 입사 당시 아무리 능력이 뛰어난 여성이라도 이런 극심한 편견을 마주한다면 고전을 면치 못한다. 편견을 마주한 여성은 폄훼에 저항하기 위해 인지적 노력을 기울여야 한다. 이는 일을 처리하는 데에 써야 할 뇌의 용량을 차지한다. 이런 파괴적 환경에 매일 노출된 여성은 계속해서 자신의 능력보다 더 부족한 성과를 낼 것이다. 고정관념 위협이라고 부르는 이 현상은 사회과학 분야에 가장 획기적인 발견 중 하나로 꼽힌다.

중요한 점은 가장 능력이 뛰어난 여성이 가장 취약하다는 것이다. 자신이 특히 잘하는 활동에 정체성 대부분을 투자해왔기 때문이다. 이런 여성은 자기비하에 빠지거나 모른 척하지 않는다. 오히려 그 자리를 떠나 전혀 다른 진로를 선택한다. 여성이 지나치게 적은 분야에서 또 1명의 빛나는 인재가 지는 것이다.[9]

증명되지 않은 가설이 과학이 되는 세상

앞서 말한 런던 과학박물관의 분홍과 파랑 전시도 유해한 영향이 지속되게 한다. 공적 영역에서 성에 대한 고정관념을 접한 사람은 편견을 표현할 준비를 하고 일상에서 차별적인 결정을 내릴 확률도 더 높다.[10] 과학박물관은 무지한 편견을 조장하는 곳이 아니다. 과학의 이해를 도우며 대중에게 지식을 정확히 전달하는 곳이다. 박물관 같은 기관은 소수 집단을 배려하며 세심한 주의를 기울여야 한다.

언론은 이런 해로운 메시지를 더 많은 대중에게 전한다. 펜실베이니아대학교 정책 홍보팀은 언론 보도 자료에 지도 읽기에 관한 내용을 담았지만 연구팀은 주장에 대한 증거를 제시하지 않았다. 언론의 주목을 받기 위해 왜곡된 연구 결과는 〈인디펜던트〉의 머리기사를 장식하고 말았다. 연구에 참여한 연구자 중에 1명은 인터뷰에서 이 연구는 남성이나 여성이 왜 서로 다른 분야에서 능력을 더 잘 발휘하는지를 설명한 것이라고 언급했다. 언론은 연구와 무관한 저자 인터뷰와 자료를 추가했다. 첫 번째, 여성은 멀티태스킹에 강하다. 두 번째, 남성은 이성적이고 여성은 감성적이다. 세 번째, 여성은 집안일을 하기에 타고나지만 남성은 그렇지 않다. 네 번째, 남녀 차이의 근본적 원인은 생물학적 요소다.

이 같은 내용을 담은 언론 보도에 일부 독자는 부정적 방향으로 토론을 전개했다. 어떤 사람은 여성의 멀티태스킹이 그저 주의산만이어서 형편없는 성과만 낸다고 주장했다. 또 다른 사람은 여성의 멀티태스킹이 주어진 일에 집중을 못 하고 끝내지 못하는 것을 완곡히 표현한 것이라고 언급했다.[11] 남성의 우월성을 지지하는 이들은 분노에 가득한 방어적 태도를 보이며 여성은 노벨상이나 체스 경기에서 수상한 적도 없다는 신랄한 비평을 했다. 전 세계 온라인 커뮤니티에서 이런 발언의 영향력을 확인할 수 있었다. "인도는 여성에게 다양한 시설과 보호를 제공한다. 하지만 모든 분야에서 남성이 여성보다 훨씬 더 낫다. 남성은 단일 업무를 하든지 멀티태스킹을 하든지 여성보다 뛰어나다."[12]

유니버시티칼리지런던(이하 UCL) 연구팀은 펜실베이니아대학교 연구에 대한 반응을 추적한 후 이런 결론을 내렸다. 사실 대중은 연구의 실제 내용에 별로 관심이 없고 성차별의 타당성을 입증할 기회를 포착할 뿐이라는 것이다.[13] UCL 연구팀은 신경과학자들에 대한 경고로 글을 마무리했다. "성별의 차이에 관련한 신경과학은 현대사회의 규범에 성별의 차이를 반영하고 심지어 규범을 적극적으로 형성할 수도 있다."[14]

30여 년 전 신경과학에서 주장한 이론이 있다. 자궁 내에서 발육 중인 남아는 고환에서 형성된 테스토스테론에 씻기고 이 과정에서 뇌가 변화하므로 여성과 다르게 기능한다는 것이다. 그 후 성별에 따른 뇌의 차이는 고정관념으로 자리 잡았다. 이론이 처음 등장하고 호르몬이 뇌에 미치는 작용, 그로 인한 사고나 행동의 차이를 찾는 긴 여정이 계속되었다. 하지만 결론에 도달하지는 못했다. 뉴스를 통해 접하는 과학 이야기가 전부 후속 실험으로 증명되지는 않는다.[15]

왜 노벨상 수상자는 거의 남성일까?

연구자들이 발견한 성별의 차이는 주로 사소한 것이지만 논문을 펴내기 위해 통계적으로 중요하다고 선전하고는 한다. 통계와 일상은 차이가 있다. 예를 들어, 킹스칼리지런던의 행동유전학 교수 로버트 플로민Robert Plomin은 "남자아이들과 여자아이들의 언어능력에 대해서 점수 분포도를 그리면 두 그래프의 차이는 아주 정교한 연필이 필요할 만큼 근소하다. 하지만 사람들은 이 엄청난 유사성을 무시하고 대신 그들 사이의 작은 차이를 심히 과장한다"라고 말했다.[16]

주장을 충분히 뒷받침할 만큼 표본이 크지 않을 때도 있다. 남아가 여아보다 생물학적으로 수학에 뛰어나다는 주장은 1980년대 미국에서 처음 등장했다. 카밀라 벤보우C. P. Benbow와 줄리언 스탠리J. C. Stanley

는 두 가지 연구를 통해서 13세 아동 5만 명을 대상으로 학업 적성 검사 Scholastic Aptitude Test(이하 SAT)의 수학 점수를 분석했다. 특정 나라의 특정 시험에 대한 10년간의 데이터로 인간이라는 종 전체를 일반화하는 결론을 낸 것이다. 그들이 사용한 표본도 적지는 않지만 남녀의 생물학적 차이를 주장하기에는 충분하지 않았다.[17]

1990년 여아와 남아의 수학 성적에 대한 100여 개 연구를 메타 분석한 자넷 하이드Janet Hyde, 엘리자베스 페니마Elizabeth Fennema, 수잔 라몬 Susan J. Lamon 교수는 불과 10년 뒤 성별 차이가 존재하지 않는다는 결론을 내렸다(실제로는 여학생이 남학생보다 더 나은 성적을 보였지만 무시해도 될 만큼 작은 차이였나). 하지만 고등학교에서는 여학생이 복잡한 문제 해결에 있어 남학생에게 뒤졌다. 이는 1995년 수학, 화학, 물리 고급 과정에 여학생이 참여하지 않은 것이 원인으로 지목됐다.

그러나 10여 년 후, 고급 과정을 수강하는 여학생 수는 남학생을 따라잡았다. 2000년에 700만 명 이상의 수학 성적을 분석한 결과, 벤보우와 스탠리가 지목한 차이는 사라졌다. 타고난 생물학적 차이가 근본적 원인이면 시간이 지나도 이 같은 변화는 일어나지 않았을 것이다.[18]

2008년 여학생은 수학을 못한다는 주장을 뒤집는 흥미로운 연구가 〈사이언스〉에 등장했다. 여학생의 수학 시험 점수는 세계경제포럼의 세계 성별 격차 지수와 매우 관련성이 높다는 내용이었다.[19] 성 평등 지수가 높은 국가에서는 여학생의 수학 성적도 높았지만, 성 평등 지수가 낮은 국가에서는 여학생의 수학 점수도 낮았다.[20] 성차별 관행의 영향은 시험 결과에 나타날 만큼 강력했다. 이 같은 체계적 변수가 작용하면 생물학적 차이는 원인이 될 수 없었다.

성별 격차 관련 주장이 마지막까지 제기된 부문은 공간 추론이었다. 하지만 공간 인지에 관한 성별 격차 논란은 2007년 여학생이 10시간의 비디오 게임 지시를 수행한 징펑Jing Feng의 연구가 발표된 후 종결되었다. 어린 시절부터 게임기, 스마트폰, 태블릿 등의 기기에 노출되는 오늘날 초등학생은 공간 인지에서 성별 격차를 전혀 보이지 않는다.[21] 경험의 차이가 한때 생물학적 차이로 여겨지던 부분을 넘어선 것이다.

1990년대 수학자들은 수학 성적에서(체스를 포함해서) 성별 격차를 나타내는 가장 큰 요소는 참여하는 남학생의 수가 많은 것이지 실력 차이는 아니라고 증명했다.[22] 이런 연구 결과를 고려할 때 저명한 과학자, 체스 선수, 노벨상 수상자가 남성이 더 많다는 것이 생물학적 우월성을 주장하는 근거가 될 수는 없었다.

남녀의 생물학적 차이에 따른 수학 능력 격차를 뒤집는 연구는 계속 등장했다. 하지만 대중 언론은 여성과 남성이 심리학적으로 매우 다르다는 이론을 계속 발전시켰다. 2005년 자넷 하이드 교수는 남녀가 인지 능력을 포함한 대부분의 심리적 변인에서 동일하다는 양성 유사성 가설 Gender Similarities Hypothesis을 제안했다.[23] 하이드 교수는 기질, 취향, 습관 등 성격과 능력의 다양한 측면에서 성별 차이를 다룬 광범위한 메타 분석으로 자신의 이론을 뒷받침했다.

여성과 남성은 유사점이 차이점보다 훨씬 많지만, 모집단 수준에서는 선입견을 뒷받침하는 차이점이 발생한다. 개체 또는 소규모 집단에서는 너무 다양한 변수가 존재해 이런 차이를 예측할 수 없다. 바느질하는 남성과 축구를 좋아하는 여성도 많다.

남녀의 유사성과 다양한 변수를 설명하는 뇌에 관한 명쾌하고 새로운 이론은 계속 등장하고 있다. 인간은 뇌에 신경세포끼리 연결된 시냅스를 만듦으로써 생각하는 법을 배운다. 신생아는 성인이 되려면 1,000억 개의 시냅스를 만들어야 한다. 태어난 순간에는 그중 단 10%를 생산할 수 있는 6,000개의 유전자만을 가지고 있다. 나머지는 경험과 배움을 통해 이루어진다. 우리는 인생의 매 순간 정보를 습득하고 시냅스를 형성한다. 커넥톰은 배우고 기억하는 내내 성장하고 변하고 약해진다. 생성한 지도 정보를 지우기도 하고, 기량을 닦아 피아노 연주 기술을 습득하기도 한다. 배움과 망각을 거듭하며 개인의 커넥톰 연결 패턴은 지문이나 눈 결정처럼 독특한 모습을 형성한다.[24]

남아와 여아는 문화적 요소에 따라 다른 영역을 익힌다. 따라서 하이드 교수가 관찰한 바와 같이 모집단 수준에서 남아와 여아의 지식은 조직적 차이를 보일 수 있다. 그러므로 남아와 여아의 커넥톰이 다른 패턴을 보일 가능성도 있지만 아직 알 수 없다. 30여 년 전 인간 게놈 프로젝트처럼 인간 커넥톰의 변수를 도표화하려는 노력이 현재까지도 전 세계에서 진행되고 있다. 미국 국립보건원은 커넥톰 프로젝트에 5년간 3,000만 달러(약 384억 원)를 지원해왔다. 이와 유사하게 인간과 동물 수백 개체의 뇌를 정밀히 검사해 세계적 규모의 인간 발육 커넥톰 프로젝트Developing Human Connectome Project를 진행하고 있다.[25] 남성과 여성이 다른 커넥톰을 가지는지, 그 의미가 무엇인지 확실히 이해하려면 연구가 끝날 때까지 기다려야 한다. 더 큰 시각에서 보면 펜실베이니아대학교의 연구는 단지 시안試案이었을 뿐이다.

여성 취업 증진과 교육 확대의 선순환

역사적으로 여성은 교육에서 배제되었다. 고대 사회에 남성 엘리트 무리는 여성을 포함한 약자에게 글쓰기 기술을 전하지 않았다. 여성은 수천 년 동안 글을 읽고 쓸 수 없었다. 19세기에 이르러 세계 여성은 대체로 남성과 동등한 교육을 받을 수 있었다. 아프리카 소녀들은 아직 오래된 싸움을 하고 있다(표23 참조). 하지만 문제는 여전히 남아 있었다. 여성은 교육을 받더라도 좋은 직업을 갖기 힘들었다. 여성의 교육 확대는 취업 증진과 상호 유의미한 관계를 맺으며 나아가야 했다.

라틴아메리카와 카리브해는 여기에 좋은 본보기를 보여준다. 표24는 남아메리카 여성의 고등교육 등록률, 노동 참여율 그리고 국가 GDP 추이를 나타낸다. 남아메리카 여성의 노동 참여율은 고등교육 등록률과 매우 유사하게 상승했다. 일하는 여성이 늘수록 배우는 여성도 늘었다. 여성이 가질 수 있는 직업이 다양해지면서 부모가 딸의 미래에 기대를 걸고 교육에 더 많은 투자를 했기 때문이다.

서구에서는 남성보다 여성이 더 많이 고등교육을 받는다. 이들은 남성보다 더 높은 점수를 받고, 졸업률과 대학원 진학률 역시 더 높다.26. 그러나 뇌에 관한 편견이 가득한 사람들은 그 사실을 입증하는 데이터를 보고도 무시한다. 여성은 올바른 과목을 연구하지 않고 단순한 성과 향상은 중요하지 않다고 폄하한다. 그들이 말하는 올바른 과목은 디지털 기술, 공학, 수학, 과학, 비즈니스다. 그들은 이 과목들이 가장 어렵고 미래 경제에 중요하다고 생각한다. 이들은 철저하게 남성이 장악하고 있다. 그래서 여성이 가장 두려워하는 과목이다.

실제로 여성이 주로 교육받는 분야를 보자(표25 참조). 정보통신기술

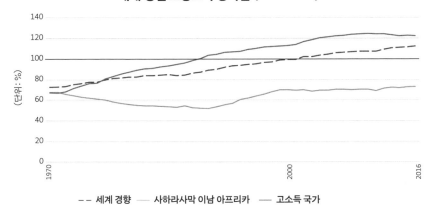

세계 성별 고등교육 등록률 (1970~2016)

- - 세계 경향 ── 사하라사막 이남 아프리카 ── 고소득 국가

표23. 남성을 100%로 기준 삼아 여성의 비율을 표시했다. 검은색 가로선이 남성과 평등한 수준을 나타낸다. 세계 여성은 대체로 2000년경 남성과 평등한 교육 수준을 이루었다. 사하라사막 이남 아프리카는 아직 교육 평등을 이루지 못했다.

출처: 세계은행 데이터베이스.

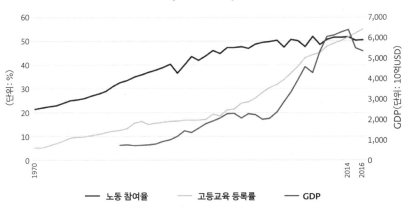

남아메리카 여성 노동 참여율과 고등교육 등록률에 따른 GDP 비교 (1970~2016)

── 노동 참여율 ── 고등교육 등록률 ── GDP

표24. 1970~2016년 남아메리카의 여성 노동 참여율은 고등교육 등록률과 매우 유사한 경향을 보인다. GDP도 여성 교육 및 노동 참여율과 같이 성장한다. 2014년부터의 GDP 하락은 정치적 불안정성에 영향을 받았다.

출처: 세계은행 데이터베이스.

연구 분야별 졸업생 성비 (2017)

	전체 학생 비율 (단위: %)	남학생 비율 (단위: %)	여학생 비율 (단위: %)	남학생 대 여학생 비율 (단위: %)
비즈니스	27.1	26.3	27.8	106
공학, 제조, 건설	12.2	19.4	6.1	31
교육	14.2	10.4	17.3	166
사회과학, 저널리즘, 정보	9.1	7.9	10.1	128
인문학, 예술	9.2	7.7	10.4	135
정보통신기술	4.7	6.5	3.2	49
보건복지	9.8	6.4	12.6	197
자연과학, 수학, 통계학	5.0	5.3	4.8	91
서비스	2.9	3.7	2.3	62
농업 및 임학	2.3	2.8	1.8	64

표25. 표에 나타난 수치는 정보를 제공하는 모든 국가의 합계로 인구수를 고려하지 않는다. 강조 표시된 정보통신기술 분야의 비중이 매우 작다는 것을 고려하면 남녀 격차가 크지 않다고 볼 수 있다.

출처: 세계경제포럼, '세계성별격차 보고서', 2017.

분야에 종사하는 여성은 남성의 절반 수준이다. 하지만 모든 학생 중 정보통신기술을 연구하는 학생의 비율은 5% 미만이다. 남성 6.5%와 여성 3.2%는 전체에서 큰 비중을 차지하지 않는다.

여성은 교양과목 같은 '쉬운' 학문을 공부한다는 고정관념이 존재한다(나는 인문학이 쉽다거나 비실용적이라는 평가에 동의하지 않는다). 인문학, 교육학, 사회학 분야를 공부하는 여성이 남성보다 많은 것은 사실이다. 하지만 비즈니스 전공도 여성이 더 많다. 비즈니스를 전공하는 여성은 인문학을 공부하는 여성보다 3배나 많다. 비즈니스 전공은 남성도 많은 경쟁적 분야다. 그렇다고 여성이 위축되리라는 것은 고정관념이다.

수학, 과학, 기술을 장악하는 용감한 여학생들

미국에서도 남녀의 교육 격차는 좁아져왔다(242쪽 표26 참조). 고등교육에 등록하는 여성 비율이 남성과 같아진 것은 1970년대 초반부터다. 이는 2세대 여성운동의 결과다. 이 추세는 1970년대 여성운동 세대 딸들이 고등학교를 마칠 무렵까지 25년간 이어졌다. 그리고 1990년대 여성의 경력 강조와 워킹맘의 영향에 힘입어 상승률은 다시 한번 높아졌다.

입학하는 여성 수가 늘어남에 따라 미국 대학은 정원에 압박이 더해졌다. 정원을 우수한 학생으로 채우기 위해 입학 기준은 높아졌다. 여학생의 증가는 곧 입학 기준을 충족한 여학생의 능력을 입증했다. 1990년대 후반 미국 사립대학교는 성별 균형을 맞추기 위해 남학생에 대한 입학 기준을 낮췄다.[27] 이 관행이 이어지며 여학생은 남학생보다 더 나은 성적을 받고도 대학에 입학하기 힘들어졌다. 대입 과정에서 여학생에게 의도적 불이익이 작용했지만, 오늘날 여학생의 비율은 57%에 달했다. 학사학위를 받은 미국 여성의 수는 남성보다 조금 더 많았다. 이것은 젊은 여성에게 국한되지 않고 G7 국가에도 전반적으로 나타나는 현상이다.

대학을 졸업한 여학생의 수가 남학생보다 많아지자 대중은 격렬하게 반응했다. 크리스티나 호프 소머즈Christina Hoff Sommers는 저서 《소년은 어떻게 사라지는가》에서 남학생에게 가만히 앉아 집중하기를 기대해서는 안 되며 지금 학교에서 아이들을 가르치는 방식은 차별적인 처사라고 주장했다.[28] 교육자들은 지난 수십 년 동안 남학생이 여학생보다 대학에 많이 가는 이유가 남학생이 더 똑똑하고 우수하기 때문이라고 주장했다. 크리스티나의 주장은 과거와 모순되었다.

대학에 들어가는 남성의 수가 더 적어진 진짜 이유는 남성이 같은 직

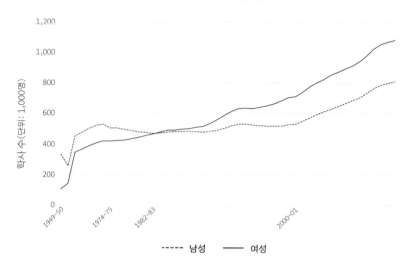

학사학위를 받은 미국인 성별 통계 (1950~2015)

----- 남성   —— 여성

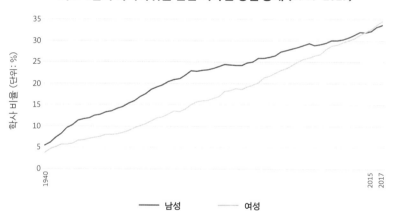

최소 4년의 학사학위를 받은 미국인 성별 통계 (1940~2017)

—— 남성   —— 여성

표26. 상단의 그래프는 제2차세계대전 이후 학사학위를 받은 미국인의 성별 통계를 보여준다. 남성의 비율은 1970년대부터 2001년경까지 유지되는 반면 여성의 비율은 1983년 남성과 동등한 수준에 도달하고 꾸준히 상승해왔다. 하단의 그래프는 2015년경부터 미국에서 대학을 졸업한 여성의 수가 남성보다 많다는 사실을 보여준다.

출처: 미국 국립교육통계센터, https://www.statista.com/statistics/185157/number-of-bachelor-degrees-by-gender-since-1950/.

업을 얻기 위해 여성만큼 자격을 갖춰야 할 필요가 없었기 때문이다. 북아메리카 대륙 1억 2,200만 명의 직업 프로필을 연구한 결과, 여성 소프트웨어 엔지니어가 학사학위를 가진 남성과 같은 직업을 얻기 위해서는 석사학위를 따야 했다.29 남성은 여성보다 교육을 적게 받아도 빠르게 승진했고 급여도 많이 받았으며 중요한 직책을 독점했다.30

직업 세계에서 여성의 신분이 낮은 이유는 여성이 덜 똑똑하거나 동기와 절제력이 부족해서가 아니다. 하버드대학교 경제학부 클라우디아 골딘Claudia Goldin 교수에 따르면 1970년 이후 여성의 관심 분야는 크게 달라졌다. 더 목표지향적으로 진로를 선택하는 모습을 보였다.31

분야의 우세를 이끄는 힘은 여학생의 등록률 증가였다. 여학생이 선택한 분야는 성장했고, 여학생의 흥미를 끌지 못한 분야는 정체되었다. 가장 크게 성장한 분야는 비즈니스이고 건강학이 다음이다. 정보통신기술과 공학은 50여 년간 남녀 학생 모두의 흥미를 끌지 못했다(244쪽 표 27 참조).

STEM 분야가 아닌 지리학, 경제학, 임학, 예술 등의 다양한 분야를 전공하는 학생이 전체의 51%다. 건강학(의학, 수의학, 간호학, 언어병리학 등)을 전공하는 남학생은 많지 않다. 비즈니스를 전공하는 남녀의 수는 비슷하며 수학 및 통계학도 성별 격차가 크지 않다. 격차가 큰 분야는 전체 인원이 가장 적은 정보통신기술과 공학이다(244쪽 표28 참조).

과학을 두려워하는 겁쟁이라는 편견과 달리 여성은 남성이 장악한 분야에 입문하는 용기를 보여왔다. 오늘날 여성은 미국 의대생의 50%를 차지하지만 1965년에는 10% 미만에 불과했다. 특히 생물학 분야는 여성이 대다수를 이루었다. 모든 과학 분야에서 여성은 박사학위 취득자의

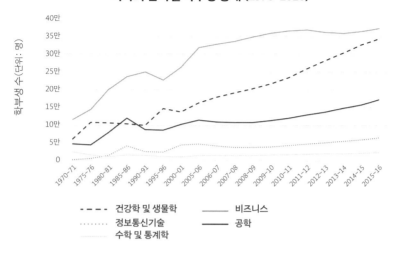

미국의 분야별 학부생 통계 (1970~2016)

- - - - 건강학 및 생물학 ——— 비즈니스
········ 정보통신기술 ——— 공학
——— 수학 및 통계학

표27. 위 그래프는 미국 학부생 관심 분야 변화를 나타낸다. 여학생의 유입이 큰 비즈니스와 건강학은 상승세를 보였고, 여학생의 흥미를 끌지 못한 분야는 현상을 유지했다.

출처: 미국 국립교육통계센터.

미국 STEM 분야 학사 성비 (2015)

	학사 비율 (단위:%)	여성수 (단위:명)	남성수 (단위:명)	여성 비율 (단위:%)
건강학	11.4	18만 2,570	3만 3,658	84
생물학	5.8	6만 4,794	4만 5,102	59
비즈니스	19.2	17만 2,489	19만 1,310	47
수학 및 통계학	1.2	9,391	1만 2,462	43
물리학	1.6	1만 1,560	1만 8,478	38
정보통신기술	3.4	1만 2,509	5만 2,207	19
공학	6.0	2만 1,521	9만 2,948	19
기타	51.4	60만 7,431	36만 6,504	62
총계	100	108만 2,265	81만 2,669	57

표28. 위 표는 2015년 미국 STEM 분야 학사 성비를 보여준다. 건강학에서 여성의 비율은 압도적이다. 기타로 취합된 항목에서도 여성의 비율은 무려 62%에 달했다.

출처: 미국 국립교육통계센터.

50% 이상을 차지했다.32 때마침 생물학이 STEM에서 제외된 사실은 매우 흥미롭다.

여성은 문제없이 더 나은 선택을 할 뿐이다

의학 분야에 진출할 권리를 얻기는 매우 힘들었다. 의학에 뛰어든 여성은 분리주의 정책을 추구하는 학교에서 격렬한 반대에 부딪혔다. 1869년 펜실베이니아 여자의과대학 학장은 학생들이 임상 관찰에 참석할 수 있도록 의과대학 부속병원을 설득했다. 그 내용이 전해지자 의대 남학생 수백 명이 반대 의견을 표현하기 위해 모여들었다. "남학생들은 일렬로 서서는 무례하고 공격적인 언행으로 문밖에 나가는 여학생들을 공격했다. 거리로 나간 무리는 다 함께 익숙한 방법으로 여학생들에게 모욕을 주었다. 종잇조각, 은박지, 담배꽁초 등을 던지고 옷에 재를 떤 물을 뿌리기도 했다."33

오늘날 정보통신기술과 공학 분야에서도 이런 행동을 확인할 수 있었다. 관련 분야에 종사하는 고위직 여성을 대상으로 한 '계곡의 코끼리 The Elephant in the Valley' 연구에 따르면 87%가 남성 동료에게 모욕적 발언을 들었다. 눈을 쳐다보지 않는 동료나 고객을 대한 적이 있는 여성은 무려 84%에 달했다. 매우 공격적인 표현을 들은 여성은 84%였다. 그중 42%는 공격적 표현을 2회 이상 들었다고 했다.

90%의 여성이 회사 외부 행사에서 성차별적 행동을 경험했다. 59%가 남성과 동등한 기회를 얻지 못한다고 느꼈고, 47%는 남성이 하지 않는 수준 낮은 업무를 지시받았다고 말했다. 가장 충격적인 내용으로 60%가 원하지 않는 성적 접근을 경험했고, 그중 65%가 상사의 행동이었으며,

그중 절반이 상사의 성적 접근이 2회 이상 있었다고 말했다.[34]

퓨리서치센터의 연구에 따르면 남성이 대부분을 차지하는 STEM 분야에 종사하는 여성은 희롱이나 경멸 같은 성차별을 경험할 확률이 다른 분야에 비해 월등히 높았다.[35] 세계경제포럼은 정보통신기술 업계에 입문하는 젊은 여성 절반이 12년이 되기 전에 업계를 떠난다고 밝혔다. 정보통신기술 업계에서 여성의 평균 근속 기간은 7년에 불과했다.

여학생이 정보통신기술과 공학을 공부하기에 바람직한 분야라고 판단하기는 어려워 보인다. 선행 투자가 많고 평생의 기회비용을 수반하지만 그 성과를 거두는 기간이 받아들이기 어려울 만큼 짧다. 해당 분야를 선택하는 것은 단기간에 높은 급여를 받을지라도 장기근속할 수 없다는 점에서 비경제적이고 비이성적이다.

여성은 자신을 위해 더 나은 선택을 해왔다. 미국에서 건강학은 여성이 가장 많이 진출한 분야로 2018년 기준 정보통신기술 분야보다 많은 일자리를 제공했다. 향후 10년은 다른 분야보다 많은 일자리를 제공할 것으로 예측된다. 제조업은 감소세다.[36] 가장 이윤을 많이 남기는 기술적 혁신은 생물학 분야에서 일어났다. 이 분야의 다수가 여성이다. 여성이 수학과 과학을 두려워하고, 혁신할 수 없고, 자신감이 부족하다는 표현은 틀렸다. 여성의 뇌에는 전혀 문제가 없다.

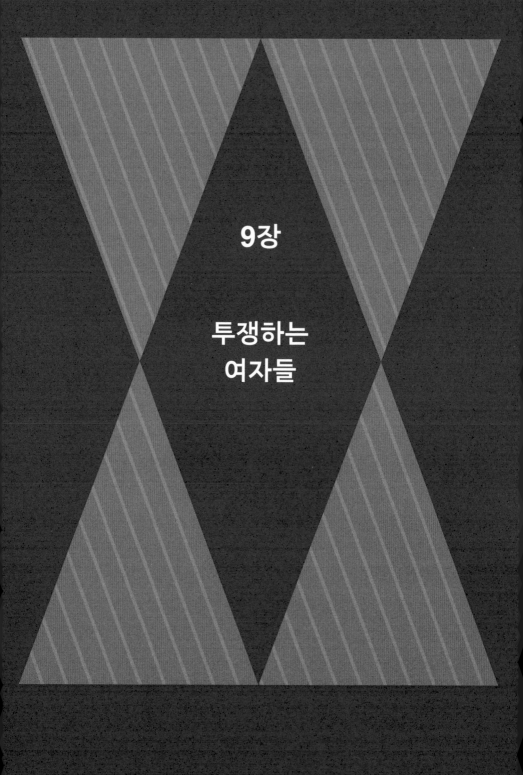

9장

투쟁하는
여자들

2018년 봄, 영국 정부는 매우 이례적인 일을 시행했다. 직원이 250명 이상인 모든 기업에 성별 임금 격차를 온라인에 게시하도록 한 것이다. 데이터가 공개되자마자 즉각 격렬한 논란이 일기 시작했다. 약 1,500만 명의 근로자에 대한 지속적인 불평등 패턴이 만천하에 공개되었기 때문이다. 다양한 기업과 업계에 성별에 따른 임금 격차가 존재했다. 여성은 고액의 보수를 받는 직장에서 완전히 배제되고 있었다.

　이에 대해 〈가디언〉의 기자 아멜리아 젠틀맨Amelia Gentleman은 "도시경제의 극심한 임금 격차는 새롭게 떠오른 문제가 아니다. 하지만 눈길을 끄는 부분이 있다면 대학부터 정육점, 정부 기관, 의류 소매점, 상하수도 회사, 호텔에 이르기까지 다양한 기관의 내막이 자세히 드러난 점이다. 기업들은 벌거벗겨졌다. (…) 여성에 대한 태도가 불편할 만큼 명백히 드러났다"라는 내용의 기사를 실었다.[1]

　수많은 기업 중에서도 특히 최악은 항공사와 은행이었다. 항공사에서 조종사로 근무하는 남성의 급여는 매우 높았다. 하지만 승무원으로 근무하는 여성의 급여는 매우 낮았다. 영국 저가 항공사 이지젯easyJet에 소속된 조종사의 94%는 남성이었고, 평균 급여는 9만 2,400파운드(약 1억 5,200만 원)였다. 승무원의 69%는 여성이었는데, 평균 2만 4,800파운드 (약 4,100만 원)의 급여를 받았다. 항공사에서는 조종사와 승무원의 급여 차이에 전혀 문제가 없다고 생각하는 듯했다. 이지젯은 2020년까지 여성 조종사를 20%까지 늘리겠다는 목표를 세우고 모두가 만족하리라고 기대했다. 이지젯은 1970년 동일 임금법이 제정된 이후 줄곧 조종실에 잠들어 있었는가?2

기업 대변인들은 영국 여성이 다양한 분야에서 남성을 이미 앞질렀다는 사실을 인지하지 못했다. 딜로이트Deloitte는 매출액 기준 세계 1위의 영국 회계 법인이자 컨설팅 펌으로 43%의 성별 임금 격차를 보였다. 인사 담당자는 발전은 한순간에 일어나지 않는다며 불평했다. "우수한 여성 임원들이 갑자기 회사에 나타나 실무에 배치될 수는 없다. 회사는 여성 직원이 발전할 수 있게 힘을 기울여야 한다. 이 과정은 거의 10년이 걸릴 것이다."3

영국 여성은 지난 수십 년간 남성과 같은 수준의 교육을 받았다. 현재 고등교육을 마친 여성은 남성보다 31% 더 많다. 더 많은 여성이 대학에 진학하고, 더 좋은 성적을 받으며, 더 많이 대학원에 진학한다. 그런데도 정부와 언론, 기업은 여성이 좋은 직업을 얻기 위해서는 더 풍부한 능력을 가져야 한다고 주장한다. 여성은 전반적으로 더 나은 자격을 갖추고도 경력을 발전시킬 기회를 얻지 못한다. 이는 성차별 관행이 지속되는 것이 분명하다.

그렇다면 법률 부문은 어떠한가? BBC는 법정 통계를 조사하면서 엄청난 수의 동일 임금 관련 소송이 고용심판원에 제기되었을 것이라고

기대했다. 하지만 놀랍게도 2010년 이후 동일 임금 관련 소송은 1건도 제기되지 않았다.[4]

영국의 동일 임금법이 실패한 비결

서구 국가에서는 1970년대 이래 동일 임금법이 시행되었다. 고용주에게는 이 법을 실행할 만큼 충분한 시간이 있었다. 하지만 동일 임금은 어디에서도 적용되지 않았다. 오늘날 분석가들은 그 주요인으로 세 가지를 지적했다. 그것은 바로 모성 불이익, 여성 위주 산업에서의 밀집, 발전의 결여다. 전문가, 인사 담당자, 정부 공무원들은 대체로 빅 데이터만 읽고 편견의 눈으로 숫자 뒤에 숨겨진 이유를 바라보았다. 그들은 여성이 아이를 낳고, 적합하지 않은 곳에서 근무하고, 충분히 노력하지 않는다고 비난했다.

동일 임금법에 대한 영국과 미국의 사례는 아주 다르다. 영국은 동일 임금법을 도입했지만 아무 효력도 보지 못했고, 미국은 집행 체계가 꽤 효과적이었지만 법원을 장악한 이들로 인해 무력해졌다. 서구 국가 전반에 걸쳐 공통된 것은 정부의 실행 의지 부족으로 성별 임금 격차가 유지되었다는 것이다.

영국은 최초로 평등 법안의 기초를 마련했다. EU는 1957년 제정된 로마조약Treaty of Rome에서 여성에 대한 동일 임금 법안을 주장했다. 당시 영국 지도자들은 성 평등에 무관심하고 EU에 속하지도 않았다. 1960년대 초반 영국 노동조합에서 결의안을 통과시켰지만, 조합 지도부와 정부 모두 동일 급여를 실현하기 위한 구체적 단계를 밟지 않았다.

관련 영상 자료에는 1968년 대거넘Dagenham 포드 공장의 봉제공 파업으로 정부의 방어벽이 무너지는 장면이 담겨 있었다. 당시 투표에서 영국 시민 3/4은 동일 노동에 대한 동일 임금 법안을 지지했다. EU가 모든 회원국에게 여성에 대한 동일 임금 법안을 채택하도록 요구했던 까닭에 당시 EU 가입을 원한 영국 정부가 동일 임금 법안을 제정했던 것으로 보인다. 영국은 1970년 동일 임금 법안을 통과시키고 1973년 EU에 가입할 수 있었다. 하지만 EU가 성 평등에 적극적이지 않던 영국 정부를 상대로 성차별 관행 완화에 압력을 행사한 일은 이번이 마지막이 아니었다.

1970년에 통과된 영국의 동일 임금 법안은 10쪽 분량밖에 되지 않지만 '한 성을 다른 성과 다르게 취급할 수 없다'라는 향후 50년간 평등권을 장악한 조항을 담고 있었다.[5] 법안을 작성한 이들은 남성의 분노에서 자신들을 보호하고 이 조항을 통해 여성의 이익을 보장할 수 있었다. 표면적으로는 올바르고 이성적인 내용으로 보이지만 이는 남녀 간에 이미 불평등이 자리 잡고 있고, 과거의 차별이 남성에게 엄청난 이익으로 작용해왔으며, 사회구조에 긴밀하게 통합된 태도로 인해 여성이 고통을 겪고 있다는 내용을 인정하지 않았다. 심지어 현 상황까지 성차별에 이용되고 있다는 사실도 인정하지 않았다.[6]

결국 시작부터 영국 여성을 위한 양보나 지지는 '긍정적 차별'로 표현되었고(미국에서는 '적극적 우대 조치'라는 용어를 썼다) 불법적인 조치였다. 긍정적 차별주의는 성 평등이라는 목적에 역효과를 낳는 고용 딜레마로 이어졌다. 고용주가 같은 자격을 가진 남성과 여성 중 1명을 선택한다면 어느 쪽이든 이론적으로 성차별에 대한 소송을 제기할 수 있었다. 인사 관행이 교묘하게 진화함에 따라서 같은 조건에도 남성은 고용되거나 승진할 수 있었지만 여성은 모든 남성 지원자보다 우수해야만 고용될 수 있었다.

영국법의 구조적 결함은 법 집행 문제로 더 악화되었다. 부당한 대우를 받고 있다고 느끼는 여성은 남성이 추가로 받은 급여, 승진 혹은 다른 이득을 제시하고 자신이 같은 직업을 어떻게 수행하고 있는지 증명해야 했다. 그러나 고용주는 다른 직원에게 자신의 급여에 관해 언급한 직원을 합법적으로 해고할 수 있었다. 여성은 남성 직원이 급여를 더 많이 받는지 파악하기 힘들었고 질문하는 행동 자체가 위험할 수 있었다.

오늘날도 법적 절차에는 수년이 걸리지만 여성은 고작 체불 임금과 미비한 손해 금액을 배상받을 뿐이다. 급여가 매우 높지 않다면 체불 임금으로는 소송비용을 감당하기 힘들다. 영국 법원은 유죄판결을 받은 고용주에게 원고의 소송비를 마땅히 부담하라고 명령하지 않는다. 그에 반해 법원과 고용주가 소송이 부당하다고 여기면 소송을 제기한 직원에게 모든 소송비용을 부담하라고 명령할 수 있다. 영국에서는 집단소송이 없으므로 원고의 비용 분담도 존재하지 않는다. 게다가 엄격한 명예훼손 법이 존재해 어떤 소송이라도 대중이나 언론에 알려지기 어렵다. 모든 절차는 성실청the star chamber[15]처럼 비밀스럽다.

평등권을 주장하는 과정에서 여성에게 닥칠 위험은 가능성 있는 이득을 훨씬 뛰어넘는다. 고용주가 위험에 처할 가능성은 매우 작다. 그러므로 아무 일도 없으리라는 가능성에 도박을 걸고 여성에게 낮은 급여를 지급하는 게 경제적 이치에 맞다. 영국 평등 임금 법안의 결함은 2018년 봄에 일어난 돌풍에서 모두 드러났다. 고위직을 차지한 여성은

---

15   배심원을 두지 않고 전횡을 일삼다 1641년 폐지된 영국의 형사 법원.

거의 없었고 남녀 간 임금 격차는 심각했으며 재판장은 조용했다.

'남자답지' 못하니 대우가 다를 뿐이다

1990년대 후반 EU는 전 회원국에 걸쳐 동일 임금이 실현되지 못하고 있다는 사실을 받아들였다. EU는 '적극적 조치' 정책 도입을 제안했다. 영국의 보수주의자들은 EU의 지시를 영국의 긍정적 차별 조항과 조화시켜 새로운 평등 정책을 마련하기 위해 열띤 협상을 시작했다. EU 정책에 반대하는 이들은 긍정적 차별이 편법이 아니라 마그나 카르타Magna Carta[16]라도 되는 듯 법적 전통에 관해 논의하기 시작했다.

2010년의 평등법이 마침내 발표되고 대중의 가장 큰 관심사는 새로운 법안을 통해 자격 있는 여성을 동등하게 고용하는 일이 합법화되었다는 사실이었다. 하지만 이것은 크게 잘못된 해석이었다. 이 법안은 긍정적 차별을 여전히 불법으로 취급했다. 정부는 변화가 일어났다고 주장하기 위해 타이브레이커tiebreaker라는 새로운 특징을 도입했다. 타이브레이커의 사용 조건은 믿을 수 없을 만큼 복잡했다. 남성보다 월등히 뛰어나지 않은 여성을 고용하거나 승진시키려면 위험부담이 크다는 사실이 명백했다. 여성이 모든 면에서 완벽히 동등하다는 사실을 입증했다면 고용주는 반드시 다음 사실을 증명해야 그 여성을 고용할 수 있었다.

- 회사나 부서 내에 존재하는 다양성 문제를 문서화할 수 있다.

---

16   대헌장. 영국의 자유 및 법과 민주주의의 초석으로 여겨짐.

- 이 행동은 '(그 의미가 무엇이든) 필요에 맞다'.
- 기업은 모든 후보자의 배경 관련 알 수 있는 모든 사항을 철저히 평가했다.
- 여성의 자격은 업무에 직접적이고 필수적이다.

위 사실에 의문이 든다면 남성은 자신에게 유리한 정보를 제공할 기회를 얻을 수 있었다. 남성의 이의 제기를 피하려면 여성의 고용을 결정한 방법과 이유에 관해 광범위하게 기록을 남기라고 인사 담당자는 권고했다. 5년 뒤 영국 정부는 타이브레이커를 사용한 고용주가 단 1명도 없었다는 사실을 발견하고 엄청난 충격을 받았다.

영국식 접근법은 고용주가 객관적 판단을 내릴(편견에 대한 가능성을 인지하며) 것이라는 기대에 크게 의존한다. 하지만 성 편견이 고용 결정에 영향을 미친다는 연구는 너무 많다. 연구는 다음과 같다. 위조 이력서들이 있다. 이력서는 여성의 것일 수도 있고 남성의 것일 수도 있다. 고용주들에게 이력서를 제공하고 가장 우수한 후보자를 선택하도록 요청한다. 그리고 이력서에 후보자의 성별만 추가해 다시 평가를 거친다.

결과가 어떨지 상상할 수 있을 것이다. 고용주들은 같은 이력서에도 여성보다 남성에게 좋은 평가를 내린다. 여성의 자격을 의심하고 성과를 깎아내린다. 같은 이력서에 남성의 이름이 적혀 있으면 더 우수하다고 판단한다. 많은 연구가 있었지만 남성과 여성이 동등한 평가를 받는다고 결론을 내린 연구는 없었다.

성별 임금 격차를 옹호하는 기업 대변인들은 2018년 격분한 여성들에게 정부의 보고 요구 사항의 한계를 맨스플레인mansplain[17] 하는 데에 엄청난 시간을 할애했다. 그들은 임금 격차를 계산하는 정부의 방식이 단순해 기업 급여체계의 복잡성을 반영하지 못한다고 불평했다.

사실 단순한 공식은 모든 기업의 숫자를 비교하고, 보고의 부담을 최소화하며, 고용주가 임금 격차를 조작할 수 없게 한 조치였다. 〈블룸버그 비즈니스위크〉는 '성별 임금 격차의 현실을 보여주는 새로운 수치'라는 제목의 기사에서 이렇게 설명했다. "영국 정부의 엄격한 접근법으로 기업은 더 이상 임금 격차를 숨길 수 없게 되었다. 그 어떤 통계적 메커니즘으로도 여성의 고용 불평등을 은폐할 수 없게 되었다. 또한 더 높은 급여를 받는 직원은 대부분 남성이라는 사실을 미화할 방안도 없다."[7]

EU는 영국 정부를 수년간 비판해왔다. 영국은 아동 돌봄 비용이 유럽에서 꽤 높은 편이지만 워킹맘에게 보육비를 제공하지 않았다. 일하는 영국 여성의 40%는 시간제 근로자로 선진국에서 가장 높은 비율을 차지했다. 시간제 근로자는 같은 업무에 대해 시간당 급여가 더 적어 급여 격차를 확대했다. 그들 대부분은 젊은 엄마였다. 노인을 함께 돌보는 여성의 비중도 늘었다.

영국의 젊은 부부는 외벌이를 원하지 않았고, 영국의 주부는 전일제 근무를 선호했다. 하지만 영국의 돌봄 비용은 너무 비싸 아이가 있는 부부는 꼭 1명은 자녀를 돌보기 위해 집에 머물러야 했다. 집에 남는 쪽은 대체로 아내였다. 여성은 오랜 기간 일터를 떠나 직장에 복귀하더라도 더 낮은 급여를 받는 덜 중요한 업무를 맡았다. 그들은 교육과 경력을 모

---

17   주로 남성이 여성을 상대로 사건이나 사물에 관해 잘난 체하며 설명하는 현상.

두 희생해왔다.

영국의 산업에서 여성은 돌봄, 의복, 음식 분야에 무리를 짓고 있다. 더 높은 급여를 제공하는 분야는 여성, 특히 자녀를 가진 여성을 반기지 않는다. 여성은 부당한 대우를 피해 우호적이고 유연한 분야로 모인다. 하지만 여성 밀집 분야에서도 평등 임금 문제는 나아지지 않는다. 결국 여성은 모든 분야에서 낮은 급여를 받는다.

2018년 스캔들에서 등장한 또 다른 맨스큐즈manscuse[18]는 여성은 협상 능력이 떨어지기 때문에 더 낮은 급여를 받는다는 설명이었다. 2007년 출간된 저서 《여자는 어떻게 원하는 것을 얻는가》에서 저자는 남성과 다르게 여성은 돈을 더 받기 위해 협상하지 않으므로 더 낮은 급여를 받는다고 말했다.[8] 저자의 해결책은 단순했다. 여성도 맨업man up[19] 하고 급여 인상을 요구하라는 주장이었다. 하지만 후속 연구에 따르면 여성이 급여 인상을 위해 협상을 시도하지 않는 데는 타당한 이유가 있었다. 급여 인상을 요청하는 여성은 그에 대한 대가를 치렀다. 여성이 급여 인상을 요청하거나 그것을 위해 자신의 가치를 주장하는 모습은 부적절한 행동으로 보였다. 급여 관련 투명성이 떨어질수록 여성이 높은 급여를 요청할 때 원하는 바를 얻을 확률이 낮았다. 다른 협상 조건도 도움이 되지 않았다. 큰 기대를 모았던 어떤 연구는 여성이 정중하게 부탁하면 급여 협상에서 승리할 확률이 높다고 주장했지만 추가 연구에서 지지를 얻지 못했다. 여성은 매우 정중하게 요청해도 급여 인상을 얻을

---

18   '남자들의 변명'이라는 뜻을 가진 신조어.

19   '남자답게 행동하는 것'을 뜻하는 신조어.

수 없었다. 여성은 대부분 이 사실을 이미 알고 있었다. 그래서 여성은 급여 인상을 요구하지 않았다.9

집단소송이 갖는 원고 보호의 힘

성별 임금 격차를 산출하는 올바른 방법에 관한 논의로는 문제 해결에 진전을 이룰 수 없었다. 극단적 시장경제학자들은 성별 격차가 없다는 사실을 증명하고자 했다. 그것이 자신들이 지지하는 사익에 기반한 경제 운용 방식에 부합했기 때문이다. 극단적 시장경제학자들은 성별 임금 격차가 존재한다면 기업은 비용을 절감하기 위해 여성만 고용할 것이라고 주장했다.

이 학자들은 남녀 임금 격차가 사라질 때까지 데이터에서 변수들을 통제해 자신들의 이념적 의제를 추구했다. 그리고 여성이 남성과 같은 선택을 내린다면 동일 급여가 실현될 것이라고 결론 내렸다. 그런 다음 연구 결과를 언론에 발표했다. 언론은 남녀의 두뇌 차이에 관한 연구를 발표했을 때처럼 쉽게 결론을 도출했다. 결국 모두가 성별 임금 격차에 관한 내용은 거짓이라고 생각하게 만들었다.

연구에서 변수 통제가 적절히 필요할 때도 있다. 하지만 통제가 지나치면 모든 결과가 사라지게도 만들 수 있다. 이 학자들은 남성보다 여성을 묘사할 확률이 높은 시간제 근무, 재택근무, 보건·교육·패션 업계 종사 같은 항목을 제어해 임금 격차가 허구라고 주장했다. 하지만 조작한 데이터가 말하는 내용은 "직장 내 성 편견을 강화하고 반영하는 모든 요소를 제거하면 여성은 남성과 동등한 급여를 받는다"라는 것이었다.

유추로 문제가 더 분명해지기도 한다. 흑인 남성은 일반적으로 백인 남성보다 적은 급여를 받는다. 남성 급여에 대한 데이터에서 빈곤 도시의 우편번호나 최근 실직하거나 체포된 경험과 같은 변수를 조절한다고 가정해보자. 이 모든 요소를 지우면 백인 남성과 흑인 남성은 같은 급여를 받는다. 분석가는 "미국에는 인종차별이 없다! 흑인이 백인처럼 행동하면 같은 급여를 받을 것이다!"라고 발표할 것이다. 하지만 제거된 변수는 인종차별을 반영하거나 실현하는 매개체로 이 결론은 유효하지 않다. 우리는 이러한 분석 이면에 숨겨진 동기를 의심할 수 있다. 여성에 대한 데이터 분석에도 우리는 똑같이 의심을 품어야 한다.

세계경제포럼, OECD, EU는 영국 내 성별 임금 격차의 추정치를 18~45%로 발표했다. 사용하는 자료와 계산법에 따라 수치가 달라질 수 있지만 큰 차이를 보인다는 사실만큼은 달라지지 않는다.

성별 임금 격차가 영국 경제에 주는 손실은 막대하다. 영국 여성은 성별 임금 격차로 1년에 1,400억 파운드(약 231조 원)를 손해 보고 있으며 이는 1명당 평균 9,112파운드(약 1,503만 원)에 달한다. 또한 영국은 불평등 급여와 관련된 생산성 손실로 1년에 1,230억 파운드(약 202조 9,500억 원)의 손해를 보고 있다. 하지만 정부는 실질적 개혁을 거부한다. 어떤 여성은 〈가디언〉 기고문에서 "우리는 변화를 추구하지만 남성이 힘의 지렛대를 쥐고 있다. 우리는 우리를 억압하는 자들이 시스템을 변화시키기를 기대하고 있다. 이는 칠면조에게 크리스마스를 지지하는 1표를 부탁하는 상황과 같다"라는 말로 울분을 터뜨렸다.10

미국은 다른 출발지에서 이 여정을 시작했고 한동안 바람직한 진전이 있었다. 미국에서 동일 임금의 법적 보장은 인종에 대한 보호 장치에 성 문제가 추가되며 민권운동에 이어서 마련되었다. 모든 평등 법안의 추동력은 과거의 부당함을 수정하고 현재에 영향을 발휘하려는 바람이었다. 영국과 달리 미국 법안은 권리와 기회의 차이를 인정했으므로 장애물을 제거하고 균형을 맞춰 불법화해야 했다. 이 접근법에는 미국에서 가장 우세한 집단인 백인 남성이 차별에 제일 큰 책임이 있고 지금까지 혜택을 누려왔다는 점을 인정한다는 사실이 내포되어 있었다. 현재 사회에도 심각한 편견이 만연하다는 사실 역시 인정하고 있었다. 1963년에 동일 임금 법안이 제정되었을 때 흑인과 백인, 여성과 남성이 동등한 입장에서 새롭게 시작한다고 생각하는 사람은 아무도 없었다.

미국 성 평등 프로그램은 두 가지 방향으로 진행되었다. 의회와 3명의 대통령이 법안과 행정 명령을 통과시켰고 풀뿌리 시민단체들은 소송을 제기했다. 이 과정에서도 시행의 부담은 여성 개인이 짊어져야 했지만 조항으로 행정명령, 집단소송, 징벌적 손해배상, 만일의 사태에 대한 준비 등이 마련되었다. 미국인들은 이 같은 중요한 법정 소송을 지켜보고 있었고, 가능성 있는 집행 체계도 자리 잡고 있었다.

대통령 지시에 따른 행정명령이 확정, 실행되며 연방 정부와 계약을 맺은 기업들에서 성차별이 금지되었다. 따라서 정부를 상대로 한 모든 공급자는 여성과 약자에 대한 평등을 실현하기 위해 중대하고 영향력 있는 노력을 기울여야 했다. 이에 실패하면 계약을 잃을 위험에 처했다. 정부는 가장 큰 고용주이면서 마요네즈부터 미사일에 이르는 다양한 물품의 최대 구매자였다. 정부의 계약 취소 위협은 위력이 충분했다.

새로운 법안을 외면한 고용주는 민사소송에 휘말릴 위험 또한 컸다. 미국 법률 제도는 개인이 민사소송을 통해 불만을 시정할 수 있게 할 뿐 아니라 정부의 명령을 공개적으로 시험하고, 기관의 불쾌한 관행을 드러내며, 대중의 의식에 문제를 제기하는 장을 제공했다. 동일 임금 같은 사회적 부담이 큰 문제에 대한 민사소송 절차는 가두街頭의 연설대만큼 공개적이었다.

성차별 소송은 피고 측 기관에 매우 큰 위험 요소로 작용했다. 미국은 집단소송에 필요한 큰 규모의 원고 집단을 세우는 일이 비교적 쉬웠다. 2001년 월마트에 제기된 소송은 역사상 가장 큰 규모로 원고가 무려 160만 명에 달했다.

또한 법원은 매우 심각한 사건에 징벌적 손해배상을 청구할 수도 있었다. 이는 유해한 행동을 강력하게 제지하려는 조치였다. 법원은 소송에서 원고에게 직접적으로 발생한 재정적 손해에 대한 보상과 더불어 고용주에게 배상 금액을 추가로 부과할 수 있었다. 대규모 원고 집단이 소송에서 승리하면 고용주는 원고 모두에 대한 보상금뿐 아니라 징벌적 손해배상금까지 부담해야 했다.

이 같은 집단소송에서 오가는 돈은 엄청나게 큰 금액이었다. 액수가 워낙 커서 집단소송에서 청구인을 대변하는 변호사는 사례금의 형태로 소송을 맡았다. 즉 투자한 시간만큼 비용을 청구하는 것이 아니고 소송에서 승리하면 일정 비율의 성공 사례금을 받았다. 집단소송이 언론의 관심을 끌면 변호사는 향후 더 많은 고객을 확보할 수 있으므로 명성을 높이기 위해서라도 더 열정적으로 소송에 임했다.

미국 성차별 법에 관한 두 가지 오해는 할당제 및 역차별과 관련이 있다. 1978년 캘리포니아주립대학교와 바키 사건Regents of the University of California v. Bakke이 대표 사례다. 백인 남성 알란 바키Allan Bakke는 캘리포니아주립대학교 의과대학 입시에서 흑인 학생을 우대하는 할당제 때문에 자신이 낙방했다며 스스로 역차별 희생자라고 주장했다. 법원은 바키 같은 백인 남성이 차별을 주장하면 과거에 차별을 겪은 집단의 고통을 보상하고자 만들어진 법의 의도를 약화할 수 있다고 보았다. 역차별은 인정되지 않았고 그 개념 자체가 완전히 배제되었다. 다만 법원은 백인 남성도 법률상 동등한 대우를 받을 권리가 있기에 대학이 평등을 위해 할당제를 사용한 조치는 헌법에 어긋난 행동이었다고 판결했다. 통념과 다르게 미국의 적극적 우대조치가 할당제를 요구한 적은 없었다.

여성의 집단적 경험을 부정하는 미국 대법원

미국 여성의 급여는 1973년부터 1990년까지 남성과 비교해 30% 가량 급격히 상승했다. 하지만 1990년 무렵부터 계속 정체되어 그 후 30여 년 동안 12% 상승하기에 그쳤다. 1990년까지의 상승률을 20세기 말까지 유지했다면 미국은 지금쯤 동일 임금에 도달했을 것이다.

여성 급여의 상승세가 느려진 까닭은 보수파 성장, 보수주의 대법관 임명에서 해답을 찾을 수 있었다. 보수파는 사법부를 장악하고 세 가지 과감한 조치를 했다. 첫째, 고용주가 평등권에 우선하는 고용계약을 작성할 수 있도록 허락했다. 둘째, 법원에 징벌적 손해배상 제도의 사용을 제한하는 압력을 넣었다. 셋째, 여성은 집단이 될 수 없다고 선언했다. 그로 인해 1970년대 여성 고용권이 본질적으로 무너졌다.

1990년대 초반부터 고용주는 신입 사원에게 고용에 대한 모든 불만 사항은 중재를 통해 해결해야 한다고 규정한 고용계약에 서명하도록 요청했다. 이는 직원에게 불리한 관행이었다. 직원은 또한 집단소송에 참여하지 않겠다고 서명해야 했다. 하급법원에서는 잇따라 이 계약이 근본적으로 불법이라고 판결했다. 하지만 2018년 대법원은 강요된 중재에 합헌 판정을 내렸다. 그 무렵 미국 노동 인력의 약 50%에 해당하는 6,000만 명의 여성과 남성이 그 규정에 따랐다. 대법원은 미국이 동일 임금을 향해 나아가게 해준 지급 체계를 하나씩 부정했다.11 같은 기간 차별 소송을 맡고 있던 법원은 지급 판결을 체불임금의 반환으로 제한하고 징벌적 손해배상을 없애기 시작했다. 이러한 변화는 사법 체계를 장악하려는 보수주의 전략으로 요약될 수 있었다.

월마트의 성차별 소송은 모든 하급법원이 원고를 지지한 사례이지만 대법원은 이 결정을 뒤집었다. 2004년 미연방 법원은 이 사건을 과거와 현재에서 모든 월마트 여성 직원을 대표하는 집단소송으로 인정했다. 그러나 2011년 대법원은 여성은 집단이 될 수 없다고 판결했다. 대법관의 사상과 성별에 따라서 5명의 보수주의 남성 법관과 4명의 진보주의 법관(여성 3명, 남성 1명)으로 의견이 엇갈렸다.

월마트가 미국 역사상 가장 큰 규모의 성차별 소송에 승리하며 대중의 이목이 집중되었다. 하지만 이 사건을 결정한 문제는 월마트에서 성차별이 있었는지가 아니라 여성이 '집단'으로 불릴 만큼 공통성을 가졌는지였다. 보수주의자들은 해당 소송이 개인 경험의 집합에 불과하므로 각자의 상황에 따라 개별적으로 소송을 제기해야 한다고 주장했다.

사실 여성을 집단으로 보지 않는 미국 대법원의 반대는 인종 문제와의 암묵적 비교로 오랫동안 이어져온 일이었다. 1978년 바키 소송에서 법원은 '인종 분류가 본질적으로 끔찍하다는 인식은 성별 기반 분류와 달리 길고 비극적인 역사에서 유래한다'라며 아프리카계 미국인이라는 집단에 대한 역사적 학대를 강조했다. 여성의 집단적 유사성을 노골적으로 부정한 것이었다.[12] 이 같은 태도는 2011년의 월마트 판결에서도 확인되었다.

월마트 소송이 종결되고 여성은 집단을 구성할 만큼 고용 차별 문제에 많은 공통점을 갖지 않는다는 선례에 입각한 법원 판결이 잇따랐다. 마이크로소프트를 상대로 한 소송에서도 원고는 집단소송 자격을 인정받지 못했다. 2개의 권위 있고 독립적인 대규모 보고서에서 여성이 급여와 승진의 기회가 더 적다는 것이 통계상 유의미한 패턴으로 발견된다는 결론을 내렸지만 소용없었다. 여성 다수가 제기한 소송이 계류 중이었지만 집단소송은 실패로 끝나고 말았다.

평등은 저절로 익는 열매가 아니다

오바마 정부는 2009년 릴리 레드베터 평등 임금 법Lilly Ledbetter Fair Pay Act을 통과시켜 여성의 고용권에 큰 진전을 이뤄냈다. 하지만 보수파는 평등 임금 법을 미루는 데에 계속해서 힘을 기울였다. 트럼프 대통령은 기업에 성별에 따른 급여 데이터를 자세히 공개하도록 요청한 오바마의 행정명령을 돌연 취소했다(하지만 다행히도 연방 법원 판사는 급여 관련 데이터를 계속해서 수집하게 명령했다). 그리고 평등 임금 문제를 해결하기 위한 여러 법안이 보수주의자들의 힘에 밀려 의회에 계류 중이다.

이 시점에서 모든 서구 국가는 시민 절반의 동등한 권리를 보호하는 데에 실패했다. 그것이 2009년에 유럽위원회가 EU 회원국, 캐나다, 남아프리카, 미국이 달성한 결과를 연구하며 도달한 결론이었다.[13] 모든 평등권 절차의 치명적인 결점은 시행의 부담이 여성 개인에게 있다는 점이었다. 여성은 비용뿐 아니라 자신에게 유리하지 않은 소송을 제기하는 위험성까지 부담해야 했다. 여성은 사법부에 대한 신뢰를 완전히 잃었다. 노조와 정부도 상황을 해결할 의지가 없었다. 고용주들은 처벌받지 않고 차별을 일삼으며 20세기 말까지 버텨왔다.

2010년 유럽위원회는 개혁을 위해 이용할 수 있는 메커니즘을 분석한 다른 보고서를 발표했다.14 위원회는 성차별 법 시행에 대한 책임을 여성 개인의 부담으로 두지 말고, 사법부가 성차별 법에 완전히 손을 떼고, 관리와 집행의 권한을 비롯한 사안 전체를 정부로 이관해야 한다고 결론을 내렸다. 이는 조세 회피, 금융 사기, 안전 위반 등을 관리하고 집행하는 방식과 같이 이루어져야 한다고 덧붙였다.15 이를 위해서 규정, 보고 요청, 규정 준수를 감사하는 기관, 기업을 주기적으로 평가할 인력, 다양한 처벌 규정이 필요했다. 불만 사항이 제기되면 전문가 위원회가 판결을 내리고 노동조합은 승인을 위한 단체협약을 제출하도록 했다.

진전을 위해서는 이런 제안과 여성의 권리 행사를 획기적으로 개혁할 다른 방안이 무엇보다 중요했다. 임금 평등을 실현하려면 50년, 100년, 200년이 필요하다고 말하는 기사들은 모두 틀렸다. 임금 평등은 느리게 저절로 진행되는 과제가 아니었다. 뿌리 깊은 저항에 맞서는 오랜 노력의 결과였다. 우리는 행진과 파업, 투표를 통해 저항할 수 있고, 지금은 이 모든 과정을 투쟁으로 받아들여야 할 때다.

10장

세상을
굴리는
소비의 힘

이런 시나리오를 떠올려보자. 크리스마스를 기념하는 모든 국가의 여성이 올해는 지난해 소비한 금액의 80%만 소비하기로 약속했다고 가정해본다. 여성들은 성별 임금 격차가 사라질 때까지 매년 같은 금액만큼 소비를 줄이겠다고 맹세한다. 해시태그, 티셔츠, 범퍼 스티커가 생겨나고 뉴스 보도가 등장한다. 소매업자와 생산자, 경제학자가 두려움에 몸을 떨기 시작한다.

크리스마스 소비를 20%만 줄여도 크게 경종을 울릴 수 있다. 서구 국가 경제에서 홀리데이 시즌은 매우 중요하다. 소비자 지출은 경제의 활력을 유지한다. 크리스마스는 가장 중요한 연례행사이며 4분기 소비는 1년의 지출 중 제일 큰 부분을 차지한다. 예를 들어서 미국에서 소비자 지출은 GDP의 70%를 차지하며 그중 1/3은 11월과 12월에 발생한다. 크리스마스의 소비 열풍으로 발생하는 백화점 매출은 230억 달러(약 29조 440억 원)이며 온라인 쇼핑 매출은 600억 달러(약 76조 8,000억 원)에 달한다. 장난감 판매라는 단일 범주에서 약 60만 개의 일자리가 창출된다. 크리스마스 쇼핑은 식품, 가정용품, 장난감, 보석, 향수, 의류, 고객 서비스, 여행, 음료, 전자 기기, 서적 등 모든 부문에 영향을 미친다.

하지만 크리스마스는 1년에 딱 1번이다. 큰돈을 벌 수 있지만 그 반대 경우도 가능하다. 크리스마스 기간의 손실을 다음 분기에 만회할 수는 없다. 홀리데이 시즌 소비자 지출이 20% 삭감된다면 서구 국가 경제는 회복하기 힘들다. 해마다 연말 소비가 2~4% 성장하면 경제가 건강하다는 신호로 본다. 그보다 수치가 낮으면 기업은 불안에 밤잠을 설친다.[1]

시나리오를 이어 서구 경제가 크리스마스 쇼크에서 숨을 돌릴 때 세계 여성들이 음력설에 80% 소비를 준비한다고 상상해보자. 음력설은 세계에서 가장 큰 명절이다. 2018년 중국에서만 1,420억 달러(약 181조 7,600억 원)가 소비되었다. 중국 경제는 성장을 소비자 지출에 점점 더 의존하고 있다. 2018년 음력설 소비 8.5% 하락은 경제학자들을 초조하게 했다.[2] 그러면 20% 하락은 어떤 파급효과를 가져다줄지 생각해보자.

연말이 되면 크리스마스는 돌아오지만 소비 규모는 80%의 80%가 될 것이다. 전반적 행동과 계획은 2017년 여성 행진Women's March[20]처럼 소셜 미디어를 통해 조직된다. 홀리데이 시즌 중 여성이 축제에 필요한 상품을 만들거나 구매하지 않아도 되는 날은 없다. 이 시즌 소비는 전적으로 여성에게 달려 있다.[3] 덩크슛이나 마찬가지다.

소비는 경제학자나 여성학자들이 자주 간과하고 과소평가하는 경제 영역이다. 그러나 소비에 영향을 주는 구매 결정은 투자 결정과 유사한 영향력으로 경제를 움직이며 이를 좌우하는 인물은 대체로 여성이다.

---

20 트럼프가 미국 대통령으로 취임한 다음 날인 2017년 1월 21일에 세계적으로 벌어진 시위. 위싱턴에서 열린 주요 시위는 유튜브, 페이스북, 트위터에서 생중계되기도 했다.

서유럽과 북아메리카에서 여성은 소비자 지출의 75% 이상을 차지한다. 보스턴 컨설팅 그룹의 추산에 따르면 전 세계 여성의 소비 시장은 중국 GDP의 3배, 인도 GDP의 6배에 이른다. 중국과 인도는 지구에서 가장 인구가 많은 국가다.[4] 소비자 지출은 더블엑스 이코노미가 좌우하는 경제적 삶의 일부다. 이 엄청난 힘이 낭비되는 원인은 과거 여성운동이 생산 중심의 경제관에 초점을 맞춰왔기 때문이다. 이 관점은 생산은 중요하지만 소비는 주로 여성의 영역이므로 중요하지 않다고 보는 남성 본위의 접근법이다. 우리는 구매가 경제에 미치는 힘을 망각했다. 그리고 최근에 와서 그 힘을 통제할 수 있게 되었다.

가족을 위하지 않는 가부장적 구매 결정

20세기 초반부터 서구 여성은 잡지를 통해 소비자로 묘사되었다. 하지만 현실에서는 남성이 여전히 가계 예산을 장악했다. 1960년대 들어 여성은 구매 결정에 있어 더 큰 자율권을 가졌다. 세탁 세제, 가정용 세척제, 식품, 의복과 같은 물품을 선택하는 과정에서 영향력을 발휘하기 시작했다. 남편은 아내가 재량에 따라 가족을 위한 물품을 구매할 수 있도록 생활비를 제공했다. 그러나 사치품이나 중요한 소비에서 결정은 여전히 남편 몫이었다. 여성이 보수를 받고 일하기 시작하며 여성 소비자는 증가하는 수입으로 다양한 상품에 대한 재량권을 얻었다. 오늘날 서구 여성은 여전히 생필품을 구매하고 큰돈이 드는 사치품의 구매까지 관리하고 있다.

살림살이 장만에 대한 의사결정력 획득은 여성에게 중대 사건이었다. 여성이 가정의 의사결정, 특히나 큰돈이 드는 구매에서 힘을 발휘하는

지를 보면 그 여성의 경제적 자주권이 얼마나 인정받는지를 알 수 있었다. 그중에서도 여성이 자신을 위해 작은 사치품을 살 수 있는지는 중요한 판단의 근거가 되었다.

박사과정 제자 로렐 스타인필드Laurel Steinfield와 나는 생리대 같은 물품이 우간다 가계 구매품 중에 서열이 어느 정도 되는지 알아내기 위해 엄청난 노력을 기울였다. 우리는 NGO 플랜 인터내셔널Plan International의 동료와 시장에 들러서 소비자의 성향을 대변한다고 생각되는 물품들을 구매했다. 생필품, 간식, 자주 구매하지 않는 물품, 자주 구매하는 물품, 남성용 물품, 여성용 물품, 아동용 물품, 설탕, 향신료, 상하기 쉬운 음식, 잘 상하지 않는 음식 등이 포함되었다. 우리는 그것들을 가지고 첫 번째 표적 집단에 도착했다.

폐교의 긴 테이블을 둘러싸고 남녀가 섞여 앉아 있었다. 우리는 물품들을 꺼내놓고 필수품에서 사치품 순으로 정리해달라고 요청했다. 구성원들은 약간 어리둥절한 표정으로 물건을 배열하기 시작했다. 얼마 지나지 않아 정렬이 완성되었다. 사치품 쪽에서 남녀는 조금씩 견해차를 보였다. 사치품에는 맥주, 배터리, 심SIM 카드, 세숫비누, 붙임머리, 페이스 크림, 그리고 생리대가 포함되어 있었다.

다음으로 요청한 내용은 자주 구매하는 물품과 그렇지 않은 물품을 순서대로 나열하는 일이었다. 자주 구매하는 물품은 파라핀, 소금, 설탕, 식용유, 맥주, 배터리, 전화 카드 순이었다. 자주 구매하지 않는 물품은 쌀(우간다에서 쌀은 특별한 행사 음식이다), 세숫비누, 향신료, 사탕, 페이스 크림, 붙임머리 순이었다. 가운데쯤 채소 바로 옆에 생리대가 있었다.

로렐과 나는 '아하!' 하는 눈빛을 교환했다. 그리고 즉흥적으로 남성은 필수적이라고 생각하지만 여성은 동의하지 않는 물품을 찾아보게 요청했다. 이쯤에서 그들은 웃음을 터뜨리기도 하며 작업에 흥미를 가졌다. 선정된 물품은 맥주, 배터리, 전화 카드, 음료수였다. 이제 드디어 여성은 필수적이라고 생각하지만 남성은 동의하지 않는 물건을 선별할 순서가 되었다.

남성과 여성은 '마침내 시작됐군!' 하는 눈빛으로 서로를 봤다. 여성은 논란의 중심에 선 물건을 집어 반항하듯 테이블 한가운데에 놓았다. 모두 큰 소리로 웃었다. 테이블 위에 놓인 물건은 세숫비누, 페이스 크림, 생리대, 붙임머리였다. 우리는 일주일 내내 동성 그룹과 이성 그룹 등 다양한 표적 집단을 대상으로 새로운 생필품 접근법을 시행했다. 그 과정에서 많은 깨달음을 얻었다.

이곳 공동체의 모든 구매 결정은 가장의 소비 관리에 영향을 받았다. 여성 대부분은 일하더라도 집을 벗어나지 않았다. 반면 남성은 가까운 작은 마을로 통근했다. 남성은 일의 대가로 현금을 받았고 여성은 필요한 물건을 교환했다. 따라서 남성은 항상 돈을 가졌지만 여성은 남편이 필수적이고 필요하다고 판단할 때만 현금을 받을 수 있었다.

남편이 얼마를 버는지, 얼마를 어디에 감추는지 아는 아내는 아무도 없었다. 우리는 남편이 아내와 자녀는 거의 먹지 못하는 쌀과 고기를 먹고 청량음료까지 곁들인다는 사실을 알았지만 아내는 전혀 알지 못했다. 남편은 이따금 여윳돈이 생기면 자녀에게 줄 음료와 사탕을 사거나 드물게 아내에게 주기도 했다. 남편은 가족에게 이런 선물을 안길 수 있는 유일한 존재로 힘을 과시했지만 아내에게는 그런 기회가 없었다. 다른 마을에 일하러 가는 남편에게 전화 카드는 필수였고, 배터리는 남편의 라디오를 위한 물건이었다. 일 나가는 남편은 반짝이는 새 신발과 멋진 옷이 필요했지만 여성의 옷은 필수품에 포함되지 않았다.

남편은 왜 아내에게 빨간 립스틱을 주지 않을까

우리가 인터뷰한 여성들은 모두 남편이 다른 남성이 대접하지 않는한 맥주를 마시지 않는다고 주장했다. 그러나 남편들은 아내가 없는 자리에서 매일 저녁 맥주를 마신다고 실토했다. 그들은 매일 밤 번갈아서돈을 내기 때문에 집에 돌아가면 그날 돈을 낸 사람을 제외하고 모두가다른 사람에게 맥주를 대접받았다고 얘기할 수 있었다. 대체로 하루에2달러 정도를 버는 남성들이 맥주에 쓴 돈은 1명당 평균 일주일에 몇 달러가 되었다. 하지만 남성들은 맥주를 마시는 시간이 남성에게 당연한권리이며 자리를 거절하기도 어렵다는 변명을 늘어놓았다.

이들의 말은 전부 이해할 수 있었다. 그런 모임은 인간이라면 충분히가질 수 있었다. 하지만 생리대에 관한 견해차 때문에 마음이 불편했다. NGO 직원들은 생리대가 하찮은 물건이며 빈곤한 이들에게 너무 비싸다고 주장했다. 나는 직원들에게 맥주에 쓰이는 돈에 대해 알고 있는지물었다. NGO 직원들도 상당한 금액이 맥주에 쓰인다는 것을 파악하고있었다. 그러나 아무도 그들의 소비 패턴이 적절한지 의문을 제기하지않았다.

사실 여성들은 생리대뿐 아니라 세면도구도 문제였다. 그들은 한 가지 비누를 모든 용도로 썼다. 약 12인치의 파란색 비누를 소시지처럼 잘라 마루를 닦거나 설거지를 하거나 아기를 목욕시키거나 얼굴을 닦았다. 그 비누는 거칠어 여성들은 부드러운 세숫비누를 정말 소중히 여겼다.

세숫비누와 페이스 크림으로 여성들은 한결 피부가 좋아질 수 있었다. 그들의 설명은 가슴 아팠다. 그런 물건을 사용한다는 것만으로 짐승이 아닌 사람처럼 느껴진다고 표현했기 때문이다. 누가 부드러운 비누나 페이스 크림을 선물하면 자신이 품위 있는 사람으로 느껴진다고 했다. 또한 여성들은 붙임머리를 늘 하고 싶지만 결혼식, 장례식, 부활절 같은 특별한 행사가 있거나 남편에게 선물을 받아야지만 할 수 있다고도 덧붙였다.

빨간 립스틱은 비난의 대상이었다. 우리는 5~6개의 물품을 모아 어떤 사람이 이런 물건을 소유할지 표적 집단에 질문했다. 남성은 빨간 립스틱, 페이스 크림, 세숫비누, 전화 카드를 도시 매춘부와 연결했다. 남성이 매춘부만 화장을 하며 아내에게는 화장품이 필요 없다고 하자 여성이 크게 웃었다. 다른 여성도 웃으며 고개를 끄덕였다. 남성들도 따라 웃었다.

매우 빈곤하고 구매할 수 있는 물건이 거의 없는 산꼭대기 마을에 사는 여성들은 빨간 립스틱, 페이스 크림, 전화 카드, 세숫비누를 가진 여성을 동경한다고 말했다. 이유를 물으니 그들은 자신의 돈으로 아름답게 보일 수 있는 물건을 살 만큼 스스로를 존중한다는 점에서 존경받아 마땅하다고 표현했다.

이들 중 립스틱을 가진 사람은 없었고, 경제력을 가진 사람도 없었다. 이 현장 조사 이후로 나는 여성의 경제적 자주권을 조사할 때 늘 페이스 크림과 세숫비누를 살 자유가 있는지를 묻는 질문을 넣었다. 그것은 여성의 불평등을 판가름하는, 정곡을 찌르는 질문이었다.

우간다의 사례를 통해서 우리는 힘을 가진 사람이 가정에서 구매할 물품을 결정하고, 그 과정에서 불평등이 발생하기도 한다는 것을 알게 되었다. 결정권자는 교육 자금을 마련하기도 하지만 그 비용을 맥주에 써버리기도 한다.

구매 결정은 근본적으로 공동체의 모습을 결정한다. 구매를 결정하는 사람은 직접적이고 단호하게 공동체 미래에 영향을 준다. 우간다에서는 남성이 결정을 내렸다. 그들의 소비는 자녀의 미래보다 자신의 만족에 더 큰 가치를 부여하고 있었다.

가난한 여성에게 미백 크림을 건넨 아파라지타

케어 방글라데시에서 디자인한 농촌 배급 제도에서도 유사한 점을 발견할 수 있었다. 이 상황에서 구매력은 현금 소지와 이동의 가능성에 따라 결정되었다. 케어는 극빈층 여성 중에서 판매 사원을 뽑아 '패배를 인정하지 않는 여성'이란 뜻의 '아파라지타aparajita'라는 이름으로 불렀다. 이 제도는 '지타Jita'라는 이름을 얻었다.

이 제도를 고안한 경제개발팀은 지역사회와 국제기업을 상대로 여성이 샴푸, 세탁 세제, 비누, 치약 등을 판매할 수 있게 협상을 진행했다. 여성은 전화 카드, 채소 씨앗, 과자 등도 함께 팔았다. 핵심 내용은 여성 판매원을 고용해 결혼 후 집에 갇혀 지내는 다른 여성들에게 물품을 판매하는 일이었다. 이것은 마케팅과 경제를 공부한 이슬람교도 남성 2명이 고안해낸 아이디어였다. 사이프 알 라시드Saif Al Rashid와 아시프 아흐메드Asif Ahmed는 열정적인 페미니스트였다.

아파라지타는 집에서 나오지 못하는 여성들을 찾아가 물건을 판매하며 고객이 원하는 물품은 무엇이고 힘든 점은 무엇인지를 파악했다. 여성들이 가장 원하는 물품은 예상대로 생리대였다. 그들은 생리대가 필

276

요했지만 구매를 결정하는 남성들이 절대 사줄 리가 없었다. 여성들은 남편 몰래 먹을 피임약도 원했다(방글라데시는 처방전 없이 경구 피임약을 구매할 수 있다). 여성들은 또한 브래지어를 갖고 싶어 했다.

아파라지타는 판매 물품에 변화를 주기 시작했다. 기존에 판매하던 물품에 고객이 요청하거나 원할 만한 물건도 몇 개 더했다. 아파라지타 와 인터뷰를 마치면서 판매하는 물품을 보여줄 수 있는지 물었다. 아파 라지타가 흔쾌히 공개해준 가방에는 머리 장식과 작은 향기 주머니가 있었고 딸기향 콘돔도 있었다.

하지만 아파라지타가 판매하는 물품 중에는 사업 전체를 무너뜨릴 여지가 있는 품목이 한 가지 있었다. 유니레버라는 업체에서 피부 미백 브랜드 페어 앤 러블리Fair & Lovely의 상품을 공급받았던 것이다. 아파라지 타 사업은 선을 넘는 중이었다. 이 사업은 서구에서 기업을 위해 빈곤층 이 물건을 팔게 하고, 가난한 이들에게 필요하지 않은 물건을 판매한다 고 비판받았다. 아파라지타는 빈곤을 줄이는 데에 큰 역할을 하고 수천 명을 도울 수 있을 만큼 규모를 키웠다. 하지만 서구의 평론가와 기부자 들은 가난한 여성이 가질 수 있는 물건에 놀라울 만큼 비판적인 태도를 보였다.

소비의 도덕성(누가 무엇을 가질 수 있고 무엇이 금지되는지)은 장소에 따라 크게 달라진다. 필수품과 사치품을 구분하는 관념도 마찬가지다. 이에 관한 책이 여러 권 있지만 내가 최고로 꼽는 작품은 메리 더글러 스Mary Douglas와 바론 이셔우드Baron Isherwood의 《상품의 세계The World of Goods》다.5

서구 언론과 기부자들(그리고 정부 관리와 옛날 방식의 NGO 직원들)은 그

소비의 도덕성에 우리 모두가 동의할 수 있는 것처럼 행동한다. 화장품은 비도덕적이며 마약이나 술처럼 중독의 대상이라고 주장하는 사람도 있다. 나는 총기 소지가 자유인 텍사스에서 어린 시절을 보냈지만 총에 대한 반감이 크다. 세계 보건 공동체는 자신들이 콘돔을 보급하는 도덕 개혁 운동가라고 생각하지만, 가톨릭 신자는 아직 콘돔이 비도덕적이라고 여긴다.

나는 말레이시아에서 피부 미백 크림에 관해 비판적 발언을 했다가 망신을 당한 적이 있다. 다른 이들 앞에서 나를 무안하게 만든 여성은 미백 크림과 태닝 크림은 차이가 없다고 말했다. 당혹감을 감출 수 없던 나는 그녀의 말이 옳다는 사실을 깨닫고 이의를 제기하지 않았다. 국제사회는 어떤 제품이 도덕적이라고 합의한 적이 없고 앞으로도 합의하지 않을 것이다.

무엇이 필수적인지도 마찬가지다. 더글러스와 이셔우드에 따르면 사람들이 꼭 필요하다고 생각하는 물품은 가축과 우리가 공통으로 가지고 있는 것이다. 저자들은 필수적이라는 가정을 완전히 수의학적인 접근으로써 묵살한다.6 생존에 꼭 필요한 것에 대한 사람의 욕구를 무시하는 태도는 비인간적이다. 그 세상에 음악이나 책, 예술은 존재하지 않을 것이다. 그것들은 소에게 사료가 필요한 것처럼 인간이 살아가는 데에 꼭 필요한 요소가 아니기 때문이다. 누군가는 예술이 인간을 인간답게 하고 생활을 보람 있게 한다고 주장한다. 공동체를 먹여 살리는 일을 하겠다면 소의 사료 그 이상을 생각해야 한다.

삶을 풍요롭게 하는 취향의 기쁨

운 좋은 사람 몇몇은 '가난한 이들은 생존하는 문제에만 집중해서 살아가므로 꼭 필요하지 않은 물건에 대해서 신경 쓰지 않는다'라고 쉽게 짐작한다. 혹은 '빈곤한 이들은 너무도 끔찍한 고통을 받고 있어서 아름다움에 감동하지 않을 것'이라고 여기기도 한다. 어쩌면 우리는 가난한 사람들이 생존에만 집중해야 하며 아름다운 것을 가질 권리가 없다고 생각하는지 모른다(정말일까 두렵다). 우리는 아름다움이 인간에게 발휘하는 긍정적 효과와 사소하고 작지만 예쁜 물건이 힘든 삶에 얼마나 큰 위안을 주는지 과소평가한다.

가난에 시달리고 소외된 삶을 살아가는 이들도 기쁨을 느낄 줄 알고, 느끼고 싶어 한다. 모험심이 있고 유머가 있다. 피폐하고 빈곤한 지역에서 일어날 수 있는 최악의 상황은 모두가 절망에 빠지는 일이다. 그 지점에 도달하면 스스로를 구제하려는 욕구를 이미 상실한 상태라서 도움을 주기가 극도로 어렵다. 그들이 여전히 삶의 기쁨과 행복을 느끼고 새로운 일을 시도하면서 웃고 즐길 수 있다면 인간애와 희망이 아직 살아 있다는 뜻이다.

아파라지타 직원들은 사업이 방글라데시 전체로 퍼져나가는 모습을 지켜보며 가슴 아픈 장면을 발견했다. 방글라데시 여성은 주로 파란색 옷을 입었다. 직원의 설명에 따르면 방글라데시에서는 여성의 옷을 구매하는 사람이 대부분 남성이라 여성이 남성이 가장 선호하는 파란색 옷을 입는다고 했다. 아파라지타가 활성화되며 여성들은 파란색 옷 대신 다양한 색과 무늬를 가진 옷을 직접 골라 입게 되었다. 기존의 일관된 파란색 옷은 남성의 통제를 상징했다. 여성들은 처음으로 직접 옷을 고르면서 자신의 취향을 표현했다.

우리는 인터뷰에 옷에 관한 질문을 추가해 젊은 세대와 나이 든 세대의 차이를 파악했다. 젊은 세대는 남편보다 자신의 만족을 위해서 옷을 골랐다. 반면에 나이 든 세대는 남편의 취향에 맞춰 옷을 입었다. 어떤 젊은 여성은 가장 선호하는 색이 검은색이라고 말했다. "검은색은 세련된 느낌입니다. 어디에든 잘 어울려요. 차려입을 때는 물론이고 간편하게도 입을 수 있어요. 사시사철 무난합니다." 그 여성은 마치 고급 패션 잡지 에디터처럼 말했다. 나는 여성의 옷장 아래쪽에 놓인 세련된 신발에 관해 물었다. 여성은 패션 아이템 중에서 신발을 가장 좋아한다고 대답했다. 그녀가 부르카burka[21]를 입고 외출할 때 자신을 표현할 수 있는 유일한 수단은 신발뿐이었다.

방글라데시에서 부르카를 입는 여성은 흔치 않았지만, 보수주의자들이 여성의 의복이 갈수록 상스러워진다고 생각해 의복을 가리도록 강요하면서 부르카 착용이 늘었다(나이 든 남성이 젊은 여성의 옷차림을 경박스럽게 보지 않는 문화가 존재하기는 할까?). 이런 움직임에 재미있는 중간 지점을 택하는 이들도 등장했다. 어둡고 단조로운 부르카 대신 하늘색 부르카와 신발을 신는 젊은 여성도 있었다. 남편이 하늘색 부르카를 입은 모습에 만족하자 여성은 다양한 색의 부르카를 만들어 입기 시작했다. 여성의 멋 내기는 물라mullah[22]에 대한 피상적 반박이었다.

방글라데시인은 색과 패턴에 특히나 애정이 깊었다. 그들은 축제를

---

21   이슬람 여성 전통 복식으로, 눈 주위의 망사를 제외하고 머리부터 발목까지 덮는 의상이다.
22   이슬람 국가에서 종교학자나 율법학자, 성직자에게 붙여주는 칭호. '주인'에서 파생되었다.

준비하듯 트럭과 인력거를 색칠했다. 아파르지타 마을에서도 대부분의 집이 콘크리트에 나무 기둥과 물결 모양 강판으로 만들어져 소박했지만 금속제 지붕의 지지대와 벽에는 항상 패턴이 있었다. 포도 덩굴이나 다이아몬드 모양을 그린 곳도 있었다. 주민이 마음에 드는 색을 칠하기도 했다. 창살은 청록색 같은 밝은 색조로 되어 있고 현관 마루 중심에 꽃이 그려진 붉은 원이 있는 집도 있었다. 처음에는 종교적 상징이라고 생각했다. 하지만 시간이 흐르며 그 색과 문양들이 단순히 아름다움을 위한 것이라는 확신을 갖게 되었다.

아파르지타의 예시로 소비는 표현일 뿐 아니라 정체성, 도덕성, 미의 일부라는 사실을 이해하게 되었다. 옷으로 반대, 동의, 소유, 충성을 표현할 수도 있고 반란이나 경솔함을 나타낼 수도 있다. 그들에게 집은 단순히 비를 피하는 곳이 아니라 기분을 관리하는 장소이기도 했다. 하지만 여기에서도 구매 결정권자는 살림살이에 과도한 영향을 주었다. 그는 문화와 가족을 지키는 존재였다.

소비의 강편치를 날려라!

국가의 소득이 높아질수록 여성의 공급자 역할은 점점 더 커진다 (282쪽 표29 참조).[7] 선진국 여성은 소비자 지출 부문에서 체급 이상의 편치를 날린다. 가족의 자금으로 자녀와 남편을 위한 지출까지 관리하기 때문이다. 여성은 옷을 사도 본인뿐 아니라 자녀와 남편의 옷까지 사는 경우가 많다. 식품에서 스포츠 용품에 이르기까지 다른 구매들도 마찬가지다.

또한 여성은 독립적으로 여겨지는 시장의 여러 요소를 실질적으로

여성, 소비, 국부의 관계

	1인당 GDP (단위: 1,000USD)	여성이 관리하는 소비자 지출(단위: %)
미국	46	73
캐나다	37.9	75
영국	37	67
독일	36	70
프랑스	34	71
스페인	33	60
일본	32	63
이탈리아	32	57
중국	7	50

표29. 1인당 GDP가 상승할수록 여성이 관리하는 소비자 지출도 증가한다.

출처: 1) 마이클 J 실버스타인, 케이트 세이어, '여성 경제', 〈하버드 비즈니스 리뷰〉, (2009.09.) 2) 세계은행 데이터베이스, '국제비교 프로그램: 국민소득 및 구매력평가'.

장악하고 있다. 마케팅 전문가들은 '젊은 시장'에 비중을 둔다. 청소년은 자신이 무엇을 먹고 입을지에 관해 유아보다 큰 발언권을 갖는다. 다만 구매를 결정하고 돈을 지불하고 물건 사용에 제한을 두는 인물은 주로 어머니다.

친환경이나 공정무역 같은 큰 사회적 목표를 추구하는 상품을 구매하는 일은 지난 20여 년 동안 매우 중요한 주제로 자리 잡았다. 여성은 남성보다 사회적·환경적 목표에 따라 구매할 확률이 훨씬 높았다. 여성은 또한 구매를 통해 다른 여성을 지지하는 일에도 매우 열성적이었다. 유니세프와 팸퍼스가 진행한 산모와 신생아 파상풍maternal and neonatal tetanus 파트너십 같은 캠페인 마케팅은 여성을 대상으로 큰 성공을 거두었다.8

여성은 사회문제에 적극적으로 참여하는 소비 활동을 통해 파업이나 기타 전통적 항의 조치보다 생산적이고 큰 영향력을 발휘했다.

2017년 미국에서는 여성의 권리에 대한 트럼프 정부의 태도에 항의하기 위해 총파업을 진행하면서 직장 여성들에게 출근하는 대신 집에 머물도록 요청했다. 그러나 여성은 남성과 다른 방식으로 경제활동에 참여해 파업은 여성에게 효과가 없다. 많은 여성이 전업주부고, 직장에 다녀도 동료들도 다 여성인 밀집 산업일 것이다. 그리고 여성 대다수는 불안정한 형태로 고용되어 더 쉽게 해고당한다.

여성이 없는 날Day Without a Woman 파업을 조직한 단체는 파업한 당일 전업주부는 집안일을 하지 않아야 한다고 제안했다. 하지만 자녀가 있는 주부는, 특히 어린 자녀라면 단 하루도 아이를 돌보지 않을 수 없다. 그리고 하루쯤 집 청소를 미룬다고 누가 알아주겠는가? 그뿐만 아니라 이들의 제안은 편견을 내포한다. 모든 가정이 남녀로 이루어져 여성의 파업으로 곤란을 겪는 파트너가 꼭 남성일 것이라고 생각하는 것이다. 남성 파트너가 여성의 아군일 가능성도 배제된다. 설득력이 떨어지는 제안이다.

뉴스에 나온 여성들은 자신으로 인해 다른 여성이 업무를 떠맡을 수 있다는 생각에 파업에 참여하지 않을 것이라고 했다. 그중 어느 여성의 답변은 남성과 같은 파업의 방식이 왜 여성에게 효과가 없는지 완벽한 답을 제시했다. 그 여성은 어머니가 일할 권리를 위해 투쟁하는 모습을 지켜봤기에 그 뜻에 어긋나는 파업에 참여하고 싶지 않다고 말했다.9

80% 크리스마스 전략처럼 소비를 통해 경제에 영향을 주려는 노력은 훨씬 큰 효과를 발휘할 수 있다. 구매는 주로 혼자 하는 활동이므로 다른

사람이 지켜보거나 보복을 견뎌야 할 가능성도 적고 모두가 참여할 수 있다. 기념일을 위한 소비를 줄인다고 우리 중 피해를 입을 사람은 거의 없다. 기업은 대부분 여성 소비자와의 관계에 문제가 될 만한 행동을 피하려고 한다. 그런데도 기업은 여성이 목표 시장이자 인력이라는 사실을 잊는 경우가 많다. 이 사실을 일깨울 필요가 있다.

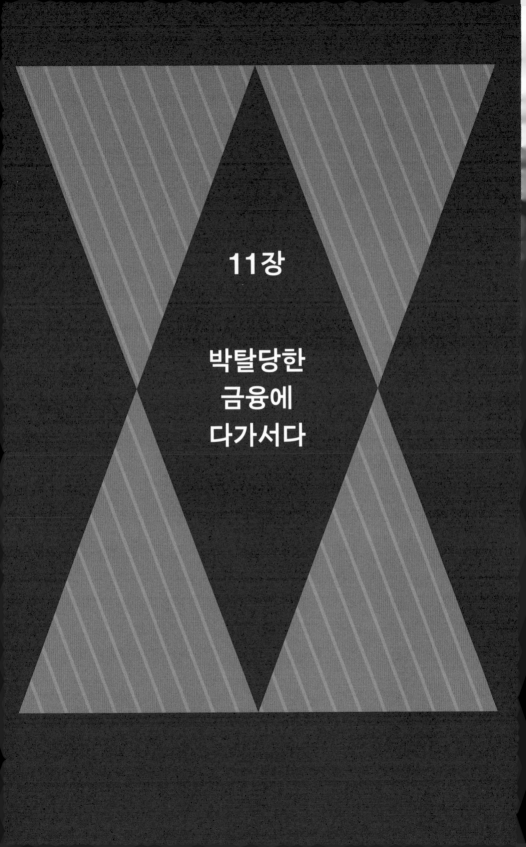

11장

박탈당한
금융에
다가서다

나는 옥스퍼드 아쉬몰리안 박물관의 동전 전시회 담당 큐레이터들과 몇 주에 걸쳐 의견 충돌을 겪었다. 2014년 여성을 위한 권력 이동 포럼을 계획하고 있었고 주제는 재무였다. 포럼의 환영 행사가 아쉬몰리안 박물관 동전 전시회 대기실에서 열리면 큐레이터가 전시 가이드 투어를 제공할 예정이었다. 나는 큐레이터들에게 여성의 화폐 제도 참여에 관해 이야기해달라고 청했다.

큐레이터들은 처음에는 당황스러워하다가 모욕감을 느끼는 듯했다. 화폐학은 그런 정치적 질문을 연구하는 학문이 아니라며 못마땅하게 여겼다. 나는 전시가 왕과 정복, 경제 정책을 다루는데 이는 정치적 주제가 아니냐고 질문했다. 큐레이터들은 그 주제는 역사라고 답했다. 큐레이터들은 여성의 화폐 제도 참여를 논하는 대신 여러 여신이 새겨진 아름다운 동전을 보여주는 것은 어떨지 물었다.

남성 학자가 장악하고 있는 교과목은 대체로 여성에 관해 언급하지 않는다. 인류학은 1970년대까지 여성을 연구 주제로 다루지 않았다. 고고학도 여성이 진출해 정치적 질문을 하기까지 마찬가지였다. 역사학자들은 중요한 주제는 왕과 전쟁뿐이라는 시각으로 역사를 다루었다. 금융 제도의 역사에서 여성을 배제하는 태도도 같은 이유일 것이었다.

여성이 돈에 접근하면 안 된다는 도덕적 관행은 현실 곳곳에 깊이 뿌리 내리고 있다. 여성이 돈을 관리할 수 없다는 관념은 모든 문화, 시골 대부업자에서 벤처 투자자까지 널리 적용된다. 모든 세대에 걸쳐(19세기 주부부터 오늘날 기업가까지) 여성은 금융 제도에서 배제되어왔다.

여성과 금융 제도의 거리는 2000년대 초반 극빈층 대상으로 시행한 소규모 대출, 소액 융자의 증가와 더불어 뚜렷하게 가시화되었다. 방글라데시 은행가 무함마드 유누스Muhammad Yunus는 이 같은 혁신을 인정받아 2006년 노벨평화상을 수상했다. 마이크로 크레디트microcredit의 주요 고객은 빈곤 여성이다. 서비스 초기부터 여성 고객이 몰려들었다. 대출 기관은 터무니없이 높은 이자를 책정했지만, 다른 기관에서는 대출을 받을 수도 없었다. 여성의 대출은 친사회적 소비에 쓰였다.

그런데 자선단체에서도 마이크로 파이낸스 프로그램을 마련하면서 다양한 문제가 생겼다. 첫 번째 문제는 마이크로 크레디트가 제공되는 마을에서 일어나는 남성들의 폭력적 반발이었다. 여성에게 돈을 빌려주는 은행은 남성 본위 사회에 위협이 되었다. 마을 남성은 여성이 빌린 돈을 무단으로 사용하고 갚지 않으며 폭력적으로 대응했다. 이때부터 여성을 포용하는 금융 프로그램에서는 가정 폭력 대응 계획까지 함께 마련하는 것이 일반적 관례가 되었다.

소액 융자는 매우 작은 규모지만 25~50%에 달하는 천문학적 이자율로 부채의 늪에 빠지는 여성도 있었다. 과잉 부채의 위험은 은행 제도에 내재한 비도덕성을 보여주었다. 여성이 재정적 책임을 다할 수 없다는 일반적 믿음을 강조하는 것처럼 보였다.

동등한 교육을 거쳐도 금융 이해력 테스트에서 남성은 여성보다 높은 점수를 기록한다. 이로써 연구자들은 여성이 경제 정보를 흡수하는 능력이 떨어진다는 결론을 내린다. 그러나 문화적 관행은 남성과 여성의 생활 기술 발달, 커넥톰 형성에 큰 영향을 미친다. 남성은 어린 시절부터 재무 경험의 기회가 많지만 여성은 접근이 엄격히 차단되는 경우가 많다. 심지어 여성은 돈이 더럽다는 기괴한 생각을 믿기도 한다. 나는 '돈이 더럽다'라는 만트라mantra[23]를 반복하는 여성을 여럿 보았다.

NGO, 여성에게 금융 경험을 제공하다

1990년대 중반부터 여성 저축 프로그램을 운영해온 NGO는 돈에 익숙해지는 것이 다른 특별한 교육보다 효과적이라는 사실을 증명했다. 그들은 여성들에게 금융 경험을 제공했다. 여성들은 남성이 없는 독립된 공간에서 주기적으로 무리 지어 만났다. 그리고 각자가 적은 금액을 자물쇠가 달린 저금통에 예치했다. 액수가 커지면 모인 자금으로 무엇을 할지 결정했다. 남성의 개입이나 갈취는 없었다. 어떤 그룹은 비상금과 공동체 지원금을 남겨두었다. 그리고 잔액은 닭 사육이나 사리sari[24] 제작 같은 소득 창출에 쓰이게 그룹 구성원에게 대출했다. 이자는 마이크로 크레디트보다 낮은 20% 정도로 책정했다. 연말이면 금액을 정리하고 그룹이 모은 돈을 나누었다.

---

23   신비한 힘을 가진 단어나 언사.
24   인도 전통 의상.

NGO는 실질적인 효과가 나타나는 여성 저축 프로그램을 권장했다. 여성의 수입이 증가하면 가족의 영양 상태가 좋아지고 자녀는 더 규칙적으로 등교하며 주거 환경이 향상했다. 이 모든 결과로 빈곤을 줄일 수 있었다. 그리고 여성은 저축 프로그램 일원으로 자매애를 형성해 자신감을 기르고 가정에서도 스스로 가치 있다고 느꼈다.

다만 여성들 간 교육 격차로 그룹 내 불평등이 생기기도 했다. 어느 그룹은 교사 2명과 학교에 다녀본 적 없는 1명으로 구성되었다. 교사 1명이 그룹을 위한 은행 계좌를 열었다. 교사들끼리 월차 계산서를 의논했다. 학교에 다니지 않은 여성은 글과 수를 몰라 무슨 일이 일어나는지 전혀 이해할 수 없었다. 그 여성은 부채의 늪에 빠졌고 그룹에서도 소외감을 느꼈다. 또한 자신이 빌린 돈이 일으킬 결과와 입출금 명세서를 이해하지 못해 신뢰를 잃었다.

또 다른 그룹은 구성원 중 유일하게 중등교육을 받은 여성을 리더로 선출했다. 그녀는 모든 현금 거래를 관리했다. 학교를 다니지 않은 여성들이 동전과 지폐를 이해하지 못했기 때문이다. 모든 거래는 구체적 형태를 갖춰 그룹의 리더는 구성원의 신뢰를 얻었다.

기부자들에게 저축 그룹 참여 인원을 늘리라는 압박을 받아온 NGO는 남녀가 함께하는 저축 그룹도 조직해보지만 운영이 쉽지 않았다. 남성은 그룹의 주도권을 잡고 더 많은 융자를 요청하거나 대출금을 갚지 않고 이자율을 낮추거나 없애달라고 요구했다. 비상금 예치를 거부하고 자선 활동에 돈 쓰기를 주저했다. 그들은 위험한 경제활동만 참여하며 여성이 사업을 전혀 모른다고 주장했다. 또 사적 비밀을 유지하지 못해 손실이 발생하기도 했다. 이는 다른 사람 모르게 돈을 모아야 하는 여성에게 치명적이었다.

내가 처음 방문했던 혼성 그룹은 남성이 2명이었다. 남성이 회의를 주도하며 거래를 기록하기 전에 여성들의 저축 통장을 들여다보았다. 여성은 공손하게 남성의 질문에 답했다. 그곳에는 거래의 비밀, 그룹의 단합, 독립적 의사결정, 여성의 존엄성, 남성의 괴롭힘에서 자유로운 환경 등 저축 그룹의 주요 성공 요인이 모두 사라지고 없었다. 기부자들은 이러한 성별 역학을 이해하지 못한 채 저축 그룹의 숫자를 임의로 늘려 달라고 요청했다. 그렇게 큰 효과를 발휘한 빈곤 구제 장치를 위태롭게 하고 있었다.

물론 예외도 있었다. 케어 인터내셔널에서 조직한 어느 혼성 그룹은 모든 구성원이 협조적으로 결정을 내렸다. 그들은 다른 그룹보다 큰 경제적 이득을 얻었다. 하지만 남성 우위를 해칠까 두려워 새로운 방식을 받아들이지 않는 사람도 있었다. 이 그룹의 예외적 성과에도 불구하고 케어는 혼성 그룹 조직을 중단했다. 취약한 사람을 이용하는 몇몇 경제적 행동의 결과가 치명적이었기 때문이다.

모바일 뱅킹과 가족 상담의 필요성

여성의 경제적 자주권이 소득을 버는 데에만 머무르면 안 된다. 돈을 관리하지 못하면 벌어도 빈곤을 줄일 수 없다. 은행은 여성이 돈을 모으는 데에 도움이 되지 않는다. 나는 케어 인터내셔널과 프로젝트를 진행하면서 금융기관이 여성의 자산 관리에 제한을 둔다는 사실을 알게 되었다. 이 프로젝트는 두 가지 요소를 시험했다. 여성의 자산 관리를 돕는 모바일 뱅킹 서비스와 가정 내 의사결정 과정에서 여성의 평등한 참여를 유도하는 가족 상담 프로그램이었다. 여성이 자기 돈을 스스로 관리하고 가정 내에서 의사를 표현해 빈곤 퇴치를 도모한다는 취지였다.

하지만 은행의 태도와 관행 때문에 프로젝트의 시행이 쉽지 않았다. 최근까지 우간다 은행에서는 가까운 남성 가족이 함께 방문해 허락하지 않으면 여성의 이름으로 계좌를 열어주지 않았다. 이 규칙은 법적으로 변경되었지만 은행은 계속해서 여성의 금융 접근을 어렵게 했다.

예를 들어 은행은 계좌를 열기 전 출생증명서 같은 서류를 요청한다. 하지만 출생 기록이 없는 여성도 가끔 있다. 사실 세계적으로 공식적 신분증은 여성의 금융권 접근에 주된 방해 요소로 작용한다. 신원 증명을 받으려면 마을 곳곳을 다니며 자신의 출생을 기억하는 사람을 찾아야 하기 때문이다. 계좌를 개설하려고 신분보증을 요청하는 과정에서 돈에 관한 사적 비밀이 유출될 수 있다.

은행은 지역 지도자의 승인서를 요청하기도 한다. 그리고 이 지도자는 여성이 은행 계좌를 열려고 한다는 사실을 남편에게 알려야 한다는 도덕적 의무감을 느낀다. 반대로 남편이 은행 계좌를 열 때는 아내에게 그것을 굳이 통보하지 않는다. 은행 계좌를 여는 데에 필요한 이런 과정은 돈을 사적으로 관리하려는 목적에 배치된다. 오히려 돈에 대한 남성 가장의 통제를 도울 뿐이다.

게다가 시골 지역에는 은행이 거의 없다. 걸어서 이동해야 하는 여성에게 마을 간 거리는 장애가 된다. 여성은 집을 떠나려면 허가를 받아야 한다. 남편에게 알리지 않고 은행에 가기란 불가능하다. 이러한 문제는 모바일 뱅킹으로 해결할 수 있다. 거리와 관계없이 은행 서비스를 이용할 수도 있고 사생활도 보장된다. 가까운 곳에 있는 작은 단말기를 통해 돈을 예치하고 찾을 수 있다.

하지만 여성이 휴대전화를 사용할 확률이 낮고 계좌를 등록하려면 신분증이 필요하다. 그때 저축 그룹을 통해 돈을 예치하면 사생활을 유지하면서 자산 관리가 가능하다. 여성에게 휴대전화가 없다면 다른 구성원의 휴대전화를 빌려 계좌에 접근할 수 있다. 이것이 저축 그룹을 확산하려는 이유다.

모바일 뱅킹 서비스는 여성의 독립성과 사생활 보호라는 의도를 담고 있다. 가족 상담 프로그램은 협조적인 가정환경을 유도함으로써 같은 목적을 달성할 수 있다. 가족 상담은 남성 가장이 의사결정 과정에서 여성을 동등한 파트너로 인정하고, 자신의 목표만큼 여성의 목표 역시 중요하다는 사실을 인정하도록 설득하는 프로그램이다.

마을 여성은 관례상 자신이 번 돈 전부를 남편에게 주었다. 반면에 남성은 이미 은행 계좌를 보유하고 개인적으로 돈을 사용했다. 여성은 가정의 재무 상황을 전혀 알지 못했다. 결국 여성은 남편에게 돈을 줄 때 약간의 현금을 몰래 남겨 최대한 숨겨두었다. 하지만 남편에게 발견되면 즉시 빼앗겼다. 이 여성들은 쉽게 위험에 빠질 수 있었다. 가정 재무 상황을 전혀 파악하지 못하는 여성은 가정에 닥칠 예상치 못한 재난을 걱정해 돈을 모으려고 한다.

남편의 재정 상태를 파악하지 못하는 여성은 초조함에 시달리고 우울함을 겪을 확률이 높다.[1] 여성은 남성보다 불안이나 우울함에 시달릴 확률이 더 높다. 자신의 운명을 스스로 좌우할 수 있다는 믿음을 측정하는 펄린 마스터리 스케일Pearlin Mastery Scale에서 남성은 여성보다 훨씬 높은 점수를 기록한다.[2] 자신이 직접 수입을 관리하는 여성은 그렇지 않은 여성보다 우울함이나 불안이 덜했다. 삶을 통제할 수 있다는 안도감을 느끼는 것이었다.

우리 팀은 가부장적 믿음의 영향을 평가했다.[3] 남성이 기관과 정부를 장악해야 한다고 동의하는 사람은 미래를 좌우하는 자신의 능력을 쉽게 믿지 못했다. 이러한 가부장적 지배에 대한 믿음은 남성이 여성보다 강했다. 체제에 권력을 빼앗긴다고 느끼는 경향도 마찬가지였다. 여성은 가부장적 지배에 대한 믿음이 적지만 현실에서 체제로부터 받는 부정적 영향은 더 컸다.

가족 및 제도적 관행은 중소규모 사업을 운영하는 여성에게 엄청난 장벽으로 작용했다. 2017년 나는 세계은행이 몰도바에서 진행한 투자 대출 업무 중 여성 기업가 관련 활동을 평가했다. 몰도바는 소비에트연방 일원이었던 동유럽 국가다.[4] 몰도바 법률은 가구의 자산을 공동소유로 규정했다. 하지만 몰도바 남성은 가정의 자산 전부를 관리했다. 소규모 구매를 제외하고 모든 자산에 관련된 결정을 남성이 내렸다.

'성 중립' 금융은 왜 실패할까?

이 같은 가족 자산 관습은 소련이 붕괴한 후에 몰도바 정부가 재산을 분배하는 과정에서 잘 나타났다. 몰도바의 사유화 과정에서 토지는 남녀에게 균등하게 배분되었다. 당시 세계은행은 공평한 분배를 시도하면서 토지소유권 관련 지식이 제한된 여성이 불이익을 당할 수 있다는 염려를 표했다. 게다가 집안의 가장인 남성은 아내의 토지에도 결정권을 가질 것이었다. 결혼한 여성은 자신에게 분배된 토지에 통제권을 갖기 어려웠다.[5]

초기의 공평한 분배에도 불구하고 지금 남성은 여성보다 10배 넓은 토지와 농기구의 90%를 소유했다. '성 중립' 프로그램은 여성이 경험하는 특수한 불이익을 반영하지 못해 남성에게 이득이 되었다. 이 같은 결과는 여성의 경제적 자주권을 주제로 한 연구에서도 반복되었다.

평가를 진행하며 나는 몰도바 남성의 재산이 기하급수적으로 늘고 있는 것을 발견했다. 하지만 남성 사업 실적은 여성과 비교해 평범했다. 남성 기업가들은 은행에서 제공하는 특혜를 누렸다. 여성이 운영하는 기업은 우수한 실적에도 불구하고 자본에 대한 제한된 접근과 지나치게 엄격한 조건으로 느리게 성장했다.

기업가 관련 비교 문화 연구에서는 여성 실적 부진의 주요 원인을 여성이 가족의 자산을 기업 경영을 위한 담보로 세우기를 주저하기 때문이라고 결론짓고는 한다. 이러한 결론은 경제적 불이익에 대한 책임이 여성에게 있다고 주장한다. 하지만 '여성이 남성처럼 가족의 자산을 담보로 세우지 않는 이유는 무엇인가'라는 핵심적인 질문은 하지 않는다. 연구가들은 금융 관행이 중립적이라고 생각한다. 남성과 여성의 환경이 매우 다르다는 사실을 고려하지 않는다. 그로 인해 여성의 부정적 결과는 타고난 열등함 때문이라고 결론을 내린다.

여성의 사업 능력에 관한 대부분의 진술에는 근거가 없다. 기업가의 성별에 따라 고객 자료를 분류해 수집하는 은행은 없었다. 인터뷰에 응한 은행들은 여성을 우수 고객이라고 생각하지 않았다. 사업에서 중요한 부분을 차지한다고 여기지도 않았다. 결국 그들은 성별 분류 자료가 필요 없다고 생각해서 만들지 않았다. 세계은행의 글로벌 핀덱스Global Findex에서 잠재 고객을 대상으로 수집한 자료에 따르면 여성은 남성보다 계좌를 가질 확률이 적었다. 세계은행은 은행들에게 성별 계좌 자료를 제출하도록 요청했다.

대부분의 서구 국가에서는 1970년대 규정에 따라 은행이 고객 자료에 성별을 표시하지 못하게 정하고 있다. 이는 은행의 차별을 금지하기 위한 제한이지만 오히려 지금 은행은 이 규정을 통해 책임에 대한 염려 없이 차별할 수 있게 되었다. 기업 대출 신청은 대면으로 이루어지므로 대출 담당자는 고객의 성별을 알 수 있었다. 하지만 고객 정보에 성별을 기재하는 지면이 없다면 은행의 차별을 평가할 방법이 없었다.

2014년 미국 상원 중소기업 및 기업가 위원회에서 실행한 연구에서 은행이 기업 대출의 95%를 남성에게 할당한 사실이 밝혀졌다.[6] 남성은 대출받을 기회가 월등히 많고 더 큰 금액을 융자받을 수 있었다. 하지만 미국 중소기업의 약 1/3은 여성 경영자가 이끌었다. 그 기업들은 국가 경제에 매년 3조 달러(약 3,840조 원)를 창출하고 2,300만 명을 고용했다.[7] 은행이 여성 기업가에게 자본을 융자하면 국가 성장에 막강한 저류를 형성할 수 있었다.

BLC은행, 여성을 위한 은행이 되다

레바논의 BLC은행은 성별로 분류된 고객 자료의 힘을 보여주는 좋은 예시다.[8] 2014년 BLC은행은 성별 고객 자료 분류를 통해 여성은 규모가 작지만 높은 수익을 창출하고 위험성이 낮은 고객이라는 것을 발견했다. 레바논에서 여성 기업가가 운영하는 중소기업은 대략 1/3에 달하지만 재래식 기업 융자의 5%밖에 얻을 수 없었다. 여성 기업은 국가 경제에 큰 역할을 하면서도 은행에게 외면당하고 대접받지 못했다. 여성 기업가를 고객으로 하는 시장은 열려 있었다. 침체기를 걷던 레바논 금융시장에서 여성 고객을 상대하는 사업은 은행의 성장을 보장하는 드문 기회로 작용했다. 그래서 BLC은행은 여성을 위한 은행이 되기로 했다.

국제금융공사(이하 IFC)의 지원으로 BLC은행은 여성 기업가를 대상으로 표적 집단 연구와 인터뷰를 비롯해 대규모 시장조사를 시행했다. BLC은행은 여성 기업가의 니즈와 선호도를 파악해 그에 맞는 상품과 서비스를 개발하고 수정했다. 여성 기업가는 은행의 영업시간이 길어지고 거리가 가까워지기를 바랐고, 대출 신청 절차가 간소화되기를 원했다.

시장조사를 통해 BLC은행은 여성 기업가가 은행의 부정적 태도에 민감하다는 사실을 파악했다. BLC은행은 비판을 수용해 여성 고객을 대할 때 공손함을 유지했다. 성 중립이 아닌 여성 맞춤으로 새로운 상품과 서비스를 소개했다. 기존에 다른 은행들은 여성 맞춤형 상품을 개발하면서도 성별에 따른 전략을 숨겼다. 남성 고객이 불쾌하지 않아야 한다고 생각한 것이다.

BLC은행은 문제를 정면으로 다루었다. 여성이 은행을 상대로 경험할 만한 문제를 각색해 유머러스한 광고 시리즈로 제작했다. 직원 모두가 편견에 사로잡혀 행동하지 않도록 교육했다. 여성 고객을 유치하는 직원에게 성과급을 지급하고 조직 내 고위직 여성 임원의 수를 늘리기 위해 인사 정책을 변경했다. 직장 내 성차별 근절 교육을 위해 직원들이 콩트를 연기하는 영상을 유튜브에 게시했다.

BLC은행은 레바논 여성의 선택을 받는 은행으로 탈바꿈했다. 여성 고객의 수뿐만 아니라 대출 건수나 규모, 계좌 수도 놀랄 만큼 증가했다. 여성 고객은 주거래은행에서 집중적으로 금융 서비스를 받는 성향이 있었다. 그 성향이 반영되어 BLC은행의 신규 여성 고객은 남성 고객보다 큰 규모의 수익을 창출했다. 여성 고객은 채무불이행 건수도 현저히 적었다. 고객 조사에 따르면 남성과 여성 모두 여성을 포용하려는 은행의 진보를 환영했다. BLC은행은 정체된 금융시장에 수익성이 높고 위험성이 낮은 고객을 성공적으로 유치했다.

2019년 세계은행이 실시한 연구에 따르면 개발도상국 은행에는 1조 4,600억 달러(약 1,868조 8,000억 원)에 이르는 성별 신용 격차가 있었다.9 여성에 대한 신용을 거부하는 관행은 국가 성장을 억제했다. 그 규모는 1조 달러로 확대되었다. 세계은행의 또 다른 조사에 따르면 여성에게 더 나은 은행 서비스를 제공하는 국가일수록 경제 안정성도 크게 향상하는 것으로 나타났다.10

금융계의 가라오케 관행

2014년 중국 남서재경대학교의 자페이 진Jiafei Jin 교수와 함께 작성한 사례 연구는 여성을 배제하려는 은행의 현실을 제시하고 그 명분이 얼마나 근거 없는지 보여준다.11 청두은행(가명)의 대출 포트폴리오에는 선친의 기업을 외동딸이 상속받은 경우를 제외하면 여성이 운영하는 기업은 1개도 없었다.12 청두은행은 여성이 기업을 경영해도 융자를 신청하지 않는 것이라고 주장했다. 그들에게는 융자 신청에 관한 방문, 대기, 포기, 거절, 승인 등 그 어떤 기록도 없다고 했다.

청두은행은 여성 고객이 은행에서 환영받지 못하는 이유를 이렇게 늘어놓았다. '여성은 질문을 너무 많이 한다.' '이자율을 지나치게 따지며 위험을 감수하지 않는다.' '자녀가 있어서 진지한 태도로 사업에 임하지 않는다.' 자세하게 질문하고, 이자율에 신경 쓰면서, 부채에 조심스러운 태도를 보이는 것은 전부 믿을 수 있는 고객을 나타내는 신호였다. 이런 이유로 여성 고객을 거절하는 관행은 말도 안 되었다.

청두은행은 여성이 좋은 고객인지 아닌지 아는 바가 없었다. 여성을 고객으로 상대해본 경험이 전혀 없었다. 그런데도 여성에 대한 자신들의 믿음이 옳다고 목소리를 높였다. 그들이 여성 고객을 멀리하는 것은 무의식적 편견보다 사회적 의례에 따르는 것이었다.

나는 중국 동부 저장에서 미국계 투자은행 골드만삭스가 진행한 교육 프로그램을 마친 여성 기업가 3명을 인터뷰하고 있었다. 성공의 가장 큰 장벽이 무엇이었는지 질문하자 그들은 교육이라고 답했다. 교육은 이제 마쳤으니 그다음 장벽은 무엇이라고 생각하는지 질문을 이어갔다. 나는 그들이 자녀 양육이라고 답하리라는 확신에 차 있었다. 여성 기업가들은 서로를 힐끗 쳐다본 뒤 내 쪽으로 시선을 돌리며 일제히 이렇게 말했다. "가라오케요."

화들짝 놀라는 내게 그들은 설명을 이어갔다. 은행에서 융자를 얻기 위해서는 대출 담당자와 술을 마시며 저녁을 함께해야 한다고 했다. 저녁 식사가 끝나면 대출 담당자는 2차로 가라오케를 원한다고 했다. 여성의 안전과 명예에 너무 위험한 상황이었다. 나는 은행과 여성을 더 자세하게 조사하기 위해 자페이 진 교수에게 공동 연구를 제안했다.

청두은행은 가라오케 관행을 충실하게 따랐다. 이를 위해 은행은 큰 비용을 부담해야 했다. 이는 대출 담당자에게도 건전하지 못했다. 이런 저녁 행사는 주로 주중에 있었다. 담당자는 다음 날도 숙취로 고생하며 업무에 지장을 줄 수밖에 없었다. 가족에게도 당연히 해로웠다. 결국 은행에서 고위직 여성 임원은 드물어졌다. 게다가 여성 기업가들이 이런 관행을 거부한다는 것은 은행이 여성 고객을 유치하지 않는 현실을 정당화할 핑계가 되어주었다. 청두은행은 대출 담당자와 술 취한 밤을 보내기를 거부하는 이와는 신뢰를 쌓을 방법이 없다고 말했다.

사실 가라오케 의례는 거의 모든 금융 중심지에 자리 잡고 있었다. 런던과 뉴욕에서는 랩댄스lap dance[25]가 가라오케를 대신했다. 동유럽에는 사우나가 있었다. 구체적 사례가 무엇이든 성적으로 위험한 관행은 여성의 금융 제도 진입을 막는 용도로 사용되었다. 해로운 관행은 오히려 남성에게 이롭게 작용했다.

3명의 여성 기업가에게 은행에 더 쉽게 접근하려면 어떤 요소가 필요한지 질문했다. 그들은 망설임 없이 은행에 있는 고위직 여성 임원이 늘어나기를 원한다고 이구동성으로 답했다. 이런 답변을 수차례 듣지만 여성의 경력 발전을 막아온 금융 부문에서 쉽지 않은 해결책이었다.

진짜 불청객은 누구일까?

2018년 영국의 동등 임금 논란 당시 은행의 상황은 항공, 도박, 육류 가공업체보다 훨씬 심각했다. 성별 임금 격차는 은행 전반에 만연하고 고위직이나 임금이 높은 직종에 속한 여성은 찾기 힘들었다. 골드만삭스에서 높은 임금을 받는 여성은 17%에 그쳤다. 바클레이은행은 높은 보수를 받는 여성이 19%밖에 되지 않는다고 보고했다. HSBC에서 가장 높은 임금을 받는 직원의 34%가 여성이었지만, 가장 낮은 임금을 받는 여

---

25 나체의 무용수가 관객의 무릎에 앉아 추는 선정적인 춤.

성 직원이 71%에 달했다.13 은행에서 일하는 여성이 불평등을 겪는 이유는 역시 성별 수학 격차 때문이었다.

2016년 IFC를 위한 교육 프로그램을 마련하면서 이 같은 두뇌에 관한 편견을 직접 마주했다. 프로그램은 전 세계 IFC 산하 은행이 더 활발하게 여성 고객을 유치하도록 설득하기 위한 작업이었다. 첫 번째 전화 회담에서 IFC 대표자는 교육과정에 뇌의 차이에 관한 내용을 포함해달라고 요청했다. 나는 남성과 여성의 뇌에 아무런 차이가 없다는 사실이 이미 증명되었다고 설명했다. 프로그램 내용 개발 과정에서 IFC는 같은 문제를 여러 차례 제기했다.

결국 내가 직접 남녀의 뇌 차이를 주제로 문헌 분석을 하지 않는 한 이 일을 제대로 해내기는 어렵겠다는 결론에 도달했다. 그래서 뇌의 성 적이형이 인지능력의 차이를 유발하지 않는다는 사실을 보여주는 과학 논문을 통합했다. IFC 고객은 매우 만족했다. 여성의 뇌가 수학적 능력이 떨어진다는 은행가들의 공격적 주장에 매번 좌절했다고 그들은 털어놓았다.

은행에서 여성이 겪는 문제는 임금과 직급의 불평등뿐만이 아니었다. 은행가들은 뻔뻔하게 성희롱을 일삼았다. 금융가에서 여성을 대하는 태도는 언론에 여러 번 나왔다. 금융가의 남성과 여성은 투자회사의 상징이 된 유치하고 천박한 '남성들의 대화'에 대해 자신이 느낀 바를 전했다. 투자은행 베어스턴스에서 상무이사로 근무한 모린 셰리Maureen Sherry는 큰 수익을 달성한 남성의 머리 위로 비버 인형을 던지던 거래소 의식을 되새겼다.

셰리는 〈포춘〉에 '금융가 여성에 대한 잔인한 진실'이라는 제목의 글을 기고했다. "비버는 성공적 거래를 축하하는 의미에서 한 트레이더가 다른 트레이더에게 넘기는 선물이었다. '비버[26]를 얻었다'라는 성적 함축이 핵심이었다. (…) 몇 안 되는 여성 동료는 혐오감을 감추려고 애썼다. 왜냐하면 우리는 우리의 직업이 자랑스러웠고 금융가를 떠나고 싶지 않았기 때문이다."[14]

샘 포크Sam Polk는 '월스트리트 남성의 대화는 왜 여성을 억압하는가'라는 제목의 〈뉴욕타임스〉 기사에서 여성이 없는 자리에서 대화가 훨씬 심각해진다고 전했다. 그는 상무이사와 함께 중요한 고객과의 미팅을 위해 스테이크 레스토랑에 갔던 일을 떠올렸다. 여성 종업원이 테이블에서 멀어지자 고객은 "저 종업원을 테이블에 눕혀 고기를 먹이고 싶다"라고 말했다. 샘은 억지로 미소를 지었지만 속으로는 분노를 느꼈다고 고백했다. "그 자리가 고통스러웠고 그런 표현을 하는 고객에게 역겨움을 느꼈다. (…) 왜 당시에는 아무 말도 하지 못했을까?"[15]

이런 상황에서 여성은 이를 갈면서도 '직업을 유지하고 승진하려면 이 정도는 참고 넘어가야 한다'라고 생각하며 참으려고 애썼다. 월스트리트 남성의 이런 행동은 전우애를 표현하는 방식일 뿐이다.[16] 이에 동조하는 남성은 호감을 얻고 넉넉한 보상이 뒤따른다. 거부하는 남성은 처벌이 뒤따른다. 불안정한 남성은 감시자처럼 행동하며 반란의 기미를 찾아내려고 애쓴다.

남성들의 대화는 그들 간의 유대를 강화하지만 여성에게는 환영받지 못한다는 느낌을 전달한다. 그 자리에 있는 스스로가 사물과 같은 신분

26　여성의 음부를 뜻하는 속어.

이라는 사실을 떠올리게 한다. 이러한 환경에서 여성은 가장 낮은 계급으로 인식된다. 여성이 승진할 때마다 남성 무리가 어떻게 느낄지 상상해보자. 여성 1명이 승진하면 남성 1명은 승진의 기회를 얻지 못한다. 아마 승진에서 탈락한 후보자가 분노의 보복을 할지도 모른다. 금융회사에서 남성 무리가 고위직 여성의 승진을 막는 건 아닌지 확인해야 한다.

남성 무리는 여성에게 공포를 안겨주는 일도 서슴지 않는다. 강요된 동료애로 무리의 다른 남성이 자리를 지킬 수 있도록 노력한다. 2018년 여름, 금융가에서 일어난 또 다른 충격적 사건이 신문을 장식했다. 직장 내 괴롭힘 이력으로 채용 과정에 참여 자격을 잃었던 크레디트스위스의 상급 은행원이 승진했다는 내용이었다. 그는 남성 인턴에게 폭력을 행사한 혐의로 면직되었다. 크레디트스위스에서 상급 직원을 상대로 적절한 대응을 하지 않고 방치한 결과라는 공식 항의가 이어졌다. 이런 기업은 그럴듯한 차별 금지 프로그램을 운영하고 채용 과정에 다양성 프로그램을 채택하고 있었다. 하지만 남성의 원초적인 유대를 이용해 여성의 접근을 막는 공격적 행동은 심각하게 다루어지지 않았다.

이런 해로운 환경은 실질적 권한이 없는 기관의 진정 절차로 영구화된다. 게다가 남성 지배적 환경에서는 괴롭힘을 일삼는 자가 그런 행동으로 어려움에 부딪히기는커녕 오히려 높은 자리에 오르기도 한다. 지나친 공격성은 우두머리 자리를 낚아채는 특성과도 일치한다. 우두머리 남성도 보통 거래소의 남성과 다르지 않으며 더 심각할 수 있다. 남성 무리에 추앙받지 않으면 책임자의 자리에 오를 수 없다. 우두머리 남성은 여성이 지나치게 민감한 태도로 문제를 키운다며 책임을 돌리고 효과도 없는 징계 절차로 불평을 억누른다. 미투 운동으로 고발당한 남성에 대한 법적 절차가 미비하다고 많은 여성이 불만을 제기했다. 진정 절차로 인해 여성들은 오히려 정당한 법적 절차를 밟을 수 없었다.

우리는 팀이 되어야 한다

금융가 상위 계층을 구성하는 이들은 대부분 내로라하는 집안 출신이다. 명문 학교를 졸업하고 사생활에서도 특별한 행사에 초청받는다. 그들은 상황을 판단할 수 있고 필요하면 행동을 멈출 수 있다. 아내에게 폭력을 일삼는 남편이 공공장소에서 멋진 신사인 척하고 집에서는 괴물이 될 수 있듯이, 직장에서 괴롭힘을 일삼는 자도 다른 곳에서는 금지되는 행동을 하지 않을 수 있다.

이런 경솔한 행동은 21세기 인류에게 통하지 않는다. 세계경제의 미래에 가장 큰 영향을 미치는 금융기관에서는 물론이다. 상위 계층의 그들은 경제, 비즈니스 그리고 금융 부문은 적자생존의 정글이라고 주장한다. 이 기이한 환경에서는 최고만 살아남을 수 있다고 말한다. 저급한 행동이 공적을 대신하는 것처럼 말이다. 최고 관리자들은 많은 여성이 유입될수록 금융가의 수준이 낮아질 수 있다고 표현한다.

금융 부문에서 남자다움을 과시하는 환경은 오히려 올바른 결정을 내리는 남성의 능력을 약화한다. 그 결과 세계경제가 위태로워진다는 사실을 뒷받침하는 자료는 너무도 많다.

저명한 연구에 따르면 남성으로 이루어진, 형제애가 넘치는 환경에서 남성은 무분별한 금융 선택을 할 확률이 높다. 이들은 현명하지 못한 위험을 부담하고 거래에서 폭력적 성향을 보이며 집단적 사고의 희생양이 된다.[17] 앞서 다룬 전사 경제의 특성처럼 테스토스테론과 스트레스 호르몬인 코르티솔의 상승이 상황을 설명한다. 구성원 각자가 자신의 남성성을 입증하려는 욕구가 강해질수록 상황은 악화된다. 혼돈에서 벗어나 큰 그림을 보려는 의지나 능력이 상실된다.

남성 지배적 환경은 호르몬의 상호작용으로 과한 자신감을 유발한다. 위험 감수 성향이 강해지고, 판단력과 계산력이 상실되고, 충동 조절과 독립적 행동 능력이 사라진다. 거시적으로 이러한 현상은 시장 거품을 초래한다. 주가가 그 가치에 대한 합리적 추정을 벗어나 오르는 것이다. 거품은 비판적으로 사고하지 않는 트레이더로 인해서 발생한다. 사실 그들은 무리와 함께 행동할 뿐이다. 금융가에서 남성적 문화가 우월하다는 생각은 터무니없다. 화폐제도가 이런 조건에서 운영된다니 생각만 해도 끔찍하다.

여성에게도 테스토스테론이 있다. 테스토스테론의 상승으로 자신감이 커지는 것은 여성도 마찬가지다. 하지만 여성의 경우 테스토스테론과 코르티솔의 상호작용이 사고력과 판단력에 손상을 일으키지 않는다. 형제애에 속하지 못하는 여성은 남성의 관례에서 배제되어 거래소에서 침착함을 유지할 수 있다.

다수의 재무 행동 연구에서 성별 행동과 재무 의사결정 간의 관계를 밝혀냈다.[18] 일반적으로 여성이 더 바람직한 결과를 얻는다. 여성은 과제를 잘 수행하고 상승과 하강 위험에 현실적 예측을 내리며 큰 그림을 본다. 또 장기적인 안목으로 접근하며 집단 사고의 영향을 덜 받아 고정관념을 벗어나는 경우가 많다. 하지만 이보다 중요한 사실은 결국 최상의 결과는 남녀가 협력한 팀에서 나온다는 것이다. 남성과 여성의 투자 성향은 서로를 보완한다. 성별이 균형 잡힌 근무 환경에서는 원치 않는 형제애의 압박으로 결정이 왜곡되지 않는다.

성 평등 기업의 투자가치가 오르는 이유

2008년 세계 금융 위기에 관한 글을 쓰던 전문가들은 다소 과장된 질문들을 쏟아냈다. 테스토스테론이 요동치는 거래소의 이미지를 떠올리며 남성이 아닌 여성이 금융 부문을 장악했더라면 과연 위기가 일어났을 것인가 하는 질문이었다.

금융 부문에서 일하던 여성들은 시장 안정성과 세계 통화 시스템의 향방에 관한 질문을 던지기 시작했다. 여성들은 금융 시스템이 선善을 위해 활용될 묘안을 찾고자 모였다. 당시 등장한 핵심 개념은 성 관점을 활용한 투자였다. 여성 존중 투자 철학을 목표로 삼는 방법이었다.19

크라이테리온 인스티튜트Criterion Institute 창립자 조이 앤더슨Joy Anderson은 이 사상의 개발에 앞장섰다. 크라이테리온 인스티튜트는 여성에게 도움이 되는 금융 혁신을 중점으로 지원하는 기관이었다. 이들은 먼저 '재무 지표는 논리적이고 필수적이고 객관적이고 신성한 지위를 갖는 수치'라는 관념을 극복해야 했다. 역사학 박사학위가 있는 조이는 이 수치가 얼마나 임의적인지 역사적 근거를 들어 설명했다.

다음 과제는 여성의 현실을 반영하는 새로운 재무 지표를 창출하고 그에 따르는 이득을 따지는 일이었다. 예를 들어 지하철 건설을 위해 채권 등급을 매긴다면 야간에 여성 통근자의 안전이 보장되는 프로젝트를 더 긍정적으로 평가하는 것이다. 여성의 안전이 보장되면 경찰 및 의료 대응 비용이 줄고 생산성이 향상한다. 여성의 현실을 반영함으로써 경제적 이득이 늘고 투자 가치가 상승하는 것이다.

이 개념은 인기를 얻었다. 2018년 가을 런던에서 열린 젠더 스마트 투자 회담Gender-Smart Investing Summit은 새로운 투자 전략을 찾는 투자자들로 성황을 이루었다. 성 관점 투자는 기업에 다양한 영향을 줄 수 있었다. 이사회에 여성의 수를 늘리고 여성 친화적 제품을 디자인할 수 있었다.

성 관점 투자는 초기에 실효성 없는 전략으로 여겨졌다. 그러나 2017년 〈블룸버그〉가 새로운 성 평등 지수를 시험하면서 이 개념이 주류가 되었다. 〈블룸버그〉는 전 세계 32만 5,000개 금융기관에 투자 정보를 제공했다. 투자자들은 성별 포용성이 나아지면 다른 수치도 향상하리라는 기대를 안고 〈블룸버그〉에 성 평등 지수를 창출하도록 요청했다. 그리고 그 판단이 옳았다.

〈블룸버그〉가 처음 시험한 성 평등 지수는 매우 기본적인 것이었다. 이사회 여성의 수, 여성 최고 경영진의 수, 출산휴가 유무 등의 요소로 기업을 평가했다. 첫해에는 이 장에서 살펴본 금융 서비스 회사만을 상대로 실행되었다. 그해의 결과에 따르면 성 평등 지수가 높은 금융회사는 규모가 작아도 경쟁자들보다 지속적으로 더 나은 성과를 기록했다.

그리고 또 다른 결과가 나타났다. 그 이후 몇 년 동안 성 평등 지수가 MSCI의 금융 지수를 점점 능가하는 것이었다. 2018년 블룸버그는 230여 개 협력 기업의 데이터를 추가했다. 블룸버그의 데이터는 업계 전반의 성 평등 지수를 반영하게 되었다. 2019년 3분기에 블룸버그 성 평등 지수는 MSCI의 금융 지수를 안정적으로 능가했다(308쪽 표30 참조).

블룸버그 성 평등 지수는 여성의 경제적 자주권에 매우 중요한 요소를 제공한다. 〈블룸버그〉 구독자는 기업의 주식을 살 때 이 지수를 통해 성별 문제를 고려할 수 있고, 성별 친화적 기업의 전반적 재무 상황이 어

금융회사의 성 평등 지수와 실적 비교 (2016~2019)

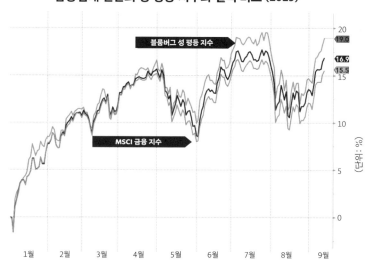

금융업계 전반의 성 평등 지수와 실적 비교 (2019)

표30. 두 그래프는 금융회사와 업계 전반의 실적을 성 평등 지수와 비교한 것이다. 실적은 **MSCI 금융 지수, MSCI 세계 금융 지수**로 나타냈다. 성 평등 지수는 **2017년부터 우수한 수준을 보이다가 2019년 3분기에 다른 금융 지수를 압도했다.**

출처: 블룸버그 파이낸스, L. P. (2019)

떤지 지켜볼 수 있다. 기업의 성 평등 수준과 재무 가치 간에 긍정적 연관성을 확인할 수 있는 것이다. 성 평등 기업은 좋은 투자처로 보인다. 투자자들은 성 평등을 실천하는 기업의 주식을 더 많이 사고 그 기업의 주가도 상승할 것이다. 이는 성 평등을 제대로 실현하지 못하는 기업이 그러한 관행을 바꾸게 장려하는 역할도 할 것이다.

또 다른 떠오르는 힘은 여성 자산의 영향력이었다. 세계적으로 여성이 차지하는 자산의 규모는 남성보다 훨씬 작았다. 그렇지만 상속법의 변화와 여성 기업의 성공으로 여성의 몫은 계속 증가해왔다. 부유한 여성은 사회적·환경적으로 책임감 있는 투자를 하고 자선단체에 기부할 가능성도 크다. 그리고 여성은 금융시장이 전통적으로 추구해온 단기 수익 대신 투자의 장기적 영향과 이득을 적절히 고려한다.

금융 부문은 그동안 투자 자금을 보유한 여성에게 서비스를 제대로 제공하지 못했다. 자산 상담가들은 여성이 금융 관련 지식이나 실질적 목표와 계획이 전혀 없다고 일관되게 믿어왔다. 그들은 여성에게 혁신적이기보다 안전하고 표준적인 투자 옵션을 제시해왔다. 포트폴리오의 당사자가 여성이면 남편과 연락해 그것을 가족 자산으로 칭하며 여성 자산가를 인정하지 않았다.20

성차별적 금융 자문은 국가 경제를 위협했다. 실비아 앤 휴렛Sylvia Ann Hewlett과 안드레아 터너 모핏Andrea Turner Moffitt이 미국, 영국, 인도, 중국, 홍콩, 싱가포르의 자산가 6,000여 명을 대상으로 실행한 연구에 따르면 상당수의 여성은 재무 자문 서비스에 만족하지 못했다. 그 결과로 많은 여성이 자산을 투자하는 대신 현금으로 보유했다.21

여성이 가진 상당한 자산이 투자처를 찾지 못해 현금으로 유지되면 경제성장과 일자리 창출, 혁신을 지지할 국가 능력이 감소한다. 사회적·환경적으로 긍정적인 영향력을 발휘하는 기업에 더 활발히 투자하는 여성의 성향을 고려하면 이는 큰 손해다. 자산 관리 기업도 정중한 태도로 여성을 대하면 큰돈을 벌 수 있다. 하지만 그들은 편견에 얽매여 국가와 자신들의 재무에 손해가 되는 비합리적 경로를 선택하고 있다.

휴렛과 모펏의 연구에 따르면 남성과 여성 모두 다양한 리더십을 가진 조직을 지지했고, 사회에 긍정적 영향을 미치는 방법으로 자산을 투자하기를 원했다. 단순한 수익 창출보다 공익을 목적으로 투자하기를 원하는 사람이 많다는 사실은 매우 고무적이다.

이러한 경향은 세계경제의 방향이 급격히 변화할 가능성을 시사한다. 책임감 있는 투자가 좋은 성과를 내고, 지속 가능한 투자 기회를 원하는 자산가가 늘고, 국제기관의 차원에서 성 윤리를 도입한다면 금융권은 약탈적 경제관의 악순환에서 벗어날 수 있다.

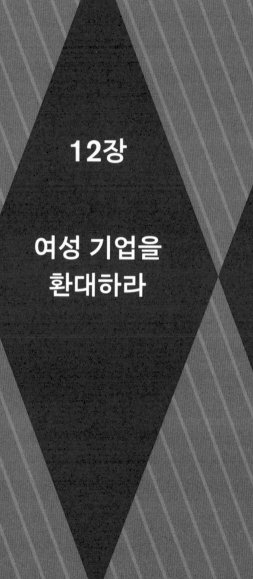

12장

여성 기업을
환대하라

호주 출신이었던 베라vera의 부모는 나치를 피하고자 5살밖에 되지 않은 베라를 킨더트렌스포트Kindertransport27에 태워 영국으로 보냈다. 제 2차세계대전이 발발하기 직전 약 1만 명의 고아가 킨더트랜스포트를 통해 안전하게 영국으로 수송되었다. 어린 난민은 평범한 가정에서 보살핌을 받았다. 이들 중 상당수는 전쟁이 끝나고 가족 중 유일하게 살아남은 인물이 되었다.

다른 피난 고아들처럼 베라 역시 영국에서 삶을 이루어갔다. 어릴 때 수학에 관심이 많았지만, 베라가 다니던 여학교에서는 수학과 과학을 가르치지 않았다. 베라는 특별히 남학교에 입학할 자격을 얻었다. 하지만 여학생이 공부할 수 있는 과학 과목은 식물학뿐이었다. 베라는 식물학에 흥미를 느끼지 못해 대학에 진학하지 않기로 했다.

대신 그녀는 런던 돌리스 힐Dollis Hill의 우체국 연구소Post Office Research Station에서 일했다. 2,000여 명의 프로그래머 중 유일한 여성이었던 베

---

27   유대인 아이들 구하기 운동의 이송선.

라는 컴퓨터를 기초 단계부터 제작하고 기계어로 코드를 썼다. "나는 초기에 여성이라는 이유로 천대를 받았다. 하지만 열정적으로 업무를 해나가자 나를 배척하려는 이들은 설 자리를 잃었다."1 18살이 된 베라는 수학 과목 학위를 얻기 위해 야간학교에 다녔다. 그리고 영국 시민권을 딴 후 스테파니Stephanie로 이름을 바꿨다.

스테파니가 물리학자 데렉 셜리Derek Shirley와 결혼하자 고용주는 퇴사를 강요했다. 다행히 스테파니는 새로운 직장을 찾을 수 있었지만, 재능 있는 여성이 결혼이나 출산을 이유로 직장에서 쫓겨나는 상황을 두고볼 수 없었다. 사회적으로 불공평하고 인력을 낭비하는 관행에 종지부를 찍기로 마음먹은 스테파니는 1959년 운명의 날 6파운드의 자본금만 가지고 프리랜스 프로그래머freelance programmers라는 회사를 설립했다. 자본금이 턱없이 부족하다는 이유로 스테파니는 회사명을 항상 소문자로 썼다.28 프리랜스 프로그래머에서는 여성도 아내이자 엄마이면서 소프트웨어 개발자로 일할 수 있었다. 결과물에 오류가 없고 마감 시각만 지키면 직원 누구나 집에서 일하고 근무 시간을 직접 정할 수 있었다.

스테파니는 사업을 위해 계좌를 열 때 은행에 남편을 동반해야 했다. 판매처를 구하기 위해 서신을 보낼 때도 여성형 이름 스테파니 대신 스티브Steve로 이름을 기재했다. 1960년대에 여성 개발자였던 그녀는 실제로 스티브라는 이름을 사용하기 시작했다. 이런 열악한 조건에도 굴하지 않고 스티브의 기업은 성장을 거듭하며 우수한 프로그래밍 기술로 빠르게 명성을 얻었다. 프리랜스 프로그래머는 극단적인 가족 친화

---

28   'capital'은 자본금, 대문자를 의미하는 다의어.

를 근무 환경의 모델로 삼았다. 스티브는 몇 년 후 이렇게 설명했다. "나는 결혼이나 출산을 이유로 컴퓨터 업계를 떠나야만 했던 유능한 전문직 여성을 고용해 집에서 근무하는 조직에 적응하도록 힘썼다."[2]

1975년에 프리랜스 프로그래머의 직원은 300여 명으로 늘었다. 콩코드의 블랙박스 같은 세간의 이목을 끄는 고도의 보안 프로그래밍 프로젝트에도 참여했다. 1980년대에는 직원이 수천 명으로 늘고 영국 최고 기업들에게 의뢰를 받았다. 1996년 회사가 영국 증권거래소에 상장되었을 때, 기업 가치는 1억 2,100만 파운드(약 1,996억 2,000만 원)에 달했다. 스티브가 자신의 주식을 직원들에게 분배하면서 직원 중 약 70여 명은 백만장자가 되었다.

스티브 셜리는 영국에서 가장 부유한 여성 중 1명이 되었다. 지칠 줄 모르는 열정을 가진 그녀는 영국 최고의 자선가이기도 해서 80세에 자산 대부분을 기부하기도 했다. 스티브는 때때로 영국에 온 어린 시절을 이렇게 떠올렸다.

"무슨 일이 일어나는지 아무것도 몰랐던 내게 선량한 이들이 다가와 기꺼이 도움의 손길을 내밀었다. 나는 오랜 세월이 지나 이 사실을 깨닫고 그 의미를 되새길 수 있었다. 깨달음을 얻자 마음속 깊은 곳에서 아주 단순한 해결책이 떠올랐다. 나는 반드시 내 목숨을 구해준 이들이 그들의 선택을 후회하지 않을 삶을 살아야 했다."[3]

옥스퍼드에서 만났을 무렵 '스테파니 여사'라는 호칭으로 불리던 그녀는 이미 30여 년째 영국의 아이콘으로 자리 잡은 인물이었다. 나는 스테파니처럼 기업가가 되고 싶은 전 세계 수많은 여성에게 어떻게 힘을 실어줄 수 있을지 논의하고 싶었다. 나는 여성을 위한 권력 이동 포럼의 개회식에서 이야기를 들려달라고 요청했다. 스테파니의 경험은 여성 기업가가 부딪힐 제약, 그것을 극복할 창의적 방법, 여성 기업가가 경험할 해방, 그리고 그들이 남길 유산을 완벽히 보여주는 이야기였다.

개발도상국 여성을 돕는 에이본의 사업 확장

여성이 직업적으로 경험하는 불이익은 대체로 고용주가 남성이어서 발생한다. 여성이 이끄는 기업은 여성을 고용하고, 여성의 직업 시장성을 향상할 교육과 승진의 기회를 제공할 가능성이 더 크다. 따라서 다른 노력과 더불어 여성의 근무 환경 개선을 위해 함께 다루어야 할 유익한 전략은 여성 고용주가 설 기반을 조성하는 일이다.

나는 전작 《프레시 립스틱Fresh Lipstick》을 쓰기 위해 일리노이대학교 도서관에서 오래된 여성 잡지를 살펴보았다. 그러다 아프리카에서 에이본 연구를 해봐야겠다는 아이디어를 떠올렸다.4 1880년경부터 1920년 사이에는 여성 중개인이 판매하는 다양한 상품 광고가 많았다.

당시 기혼 여성은 공식적으로 일터에 나갈 수 없었지만, 집 근처에서 중개인으로 일할 수는 있었다. 그 무렵 미국 전역에서 여성 중개인 네트워크가 등장했다. 중심부에서 시골 지역으로 상품을 전달하며 이 여성들은 소비자 시장에서 엄청난 규모를 차지했다. 여성 중개인들은 돈을 벌면서 다른 여성과 교류할 수도 있었다.

나는 이런 네트워크 시스템이 개발도상국에서도 가난한 여성에게 혜택과 힘을 제공할 수 있을지 파악하고 싶었다. 잡지 광고에 등장한 기업 대부분은 이미 사라진 지 오래였지만, 에이본만큼은 세계적인 대기업이 되어 있었다. 19세기 후반에 향수 회사로 시작한 에이본은 여전히 탄탄

했다. 유통 체제에 변화를 주지 않고 주로 개발도상국에서 사업을 했다. 아마존강 주변에서 에이본 외판원이 활동한다는 기사가 있었다.

메일로 에이본 글로벌 CEO 안드레아 정Andrea Jung에게 아프리카에서 에이본 연구를 진행할 수 있을지 물었다. 안드레아는 연구를 허가하고 남아프리카 지점 담당자까지 연결해주었다. 2달 뒤, 요하네스버그에서 담당자를 만났다. 연구에 참여할 여성을 소개받을 예정이었다. 그 외에 에이본은 3년 동안 연구에 전혀 간섭하지 않았다.

2007년 DFID는 경제사회연구회Economic and Social Research Council(이하 ESRC)를 통해 공고문을 발표했다. 개발도상국의 빈곤을 타계하기 위한 혁신적인 아이디이를 찾는 내용이었다. 내가 에이본 연구를 이아기하자 ESRC 담당자는 크게 웃으며 "새롭고 터무니없는 아이디어를 찾으니까 제출하셔도 되겠네요"라고 말했다. 우리 팀은 ESRC의 자금을 얻어서 연구를 시작했다.

에이본은 광고가 아니라 카탈로그를 통해 물건을 판매하는 까닭에 소비자는 에이본이 전 세계에서 다섯 번째로 큰 화장품 회사라는 사실을 전혀 모른다. 에이본 립스틱은 1초에 4개씩 판매되고 외판원은 650만 명에 이르며 그들 중 99%는 여성이다. 이들은 전 세계 100여 개국에서 활동한다. 25개 언어로 제작된 6억 권이 넘는 에이본 카탈로그는 매년 143개국에 배포된다. 이것은 매년 발간되는 성경책의 6배에 이르는 숫자다.[5]

하지만 1970년대 서구 여성이 직장에 다니면서 에이본 성장의 근간이던 방문판매는 난관에 부딪혔다. 판매원에게 문을 열어줄 사람이 없었다. 에이본은 개발도상국에서 사업 확장을 위한 실험을 시작했다. 소비에트연방이 무너지고 에이본은 소비에트연방의 기존 위성국에서 사업을 시작했다. 그곳의 여성은 경제적으로 살아남을 방법을 찾으려고 고군분투하고 있었다.

여성에게 수입을 제공하지만 자본금과 교육, 사무 공간이 필요 없는 거대한 국제 기업이었던 에이본은 동유럽에서 삶의 터전을 잃어버린 여성에게 구명 밧줄을 제공했다. 우크라이나에서 처음 열린 채용 현장에는 1만 4,000여 명의 여성이 모여들어 성황을 이루었다. 동유럽에서의 성공을 발판으로 에이본은 개발도상국에서 계속 성공 가도를 달릴 수 있었다. 브라질은 군인보다 에이본 외판원이 더 많다고 얘기하는 이도 있었다.

외판원이 아니라 기업가를 키운다

에이본 외판원은 직원이 아니라 자영업자 혹은 넓은 의미에서 기업가였다. 그들이 받는 20%의 수수료는 이런 유형의 다른 일과 비교해 넉넉한 수준이었고, 다른 여성을 외판원으로 영입하면 추가 수입을 얻을 수 있었다. 새로운 직원 역시 또 다른 여성을 추가로 영입할 수 있었다. 여성들은 모두 서로 연결되었다. 이들의 관계를 그림으로 그리면 가계도처럼 보였다. 에이본에 고용된 여성은 즉시 집단의 일원이 되었다.

에이본 시스템은 유기적으로 성장했다. 에이본은 매장 유통 시스템을 가진 다른 화장품 회사보다 새로운 시장에 더 쉽게 진입할 수 있었다. 에이본은 업계를 집어삼킬 듯 규모를 확대하면서 눈부시게 성장했다. 외판원 네트워크가 성장하면 체계적인 라인 관리가 시작된다. 상부 라인의 외판원은 바로 아래 라인의 외판원을 교육한다. 업무에 관해 조언하고 격려하고 갈등을 해결하며 멘토 역할을 한다. 그리고 상부 라인은 담당하는 하부 라인의 판매에 대해 약간의 수수료를 받는다. 하부 라인이 많아질수록 모이는 수수료가 커진다. 이는 남아프리카 흑인 여성의 가난을 해소하는 역할을 한다.

남아프리카 흑인 여성은 남성과 비교해 경제적으로 훨씬 소외되어 있었다. 연구 진행 당시 최저 소득 기준은 645란드(약 4만 5,000원)였다. 흑인 남성의 70%는 적어도 1달 동안 약 1,000란드(약 7만 원)를 벌었다. 같은 금액을 버는 흑인 여성은 53%에 불과했다. 게다가 흑인 여성은 남성과 비교해 실업률이 높았고 급여와 교육 수준이 낮았으며 등록되지 않은 기업에서 일할 확률이 높았다. 금융 상품의 이용률도 낮았다. 흑인 여성은 자영업 비율이 가장 높았는데, 사업체의 94%는 농작물과 수공예품을 파는 비공식 영역이었다.

남아프리카 여성이 남편이나 애인의 폭력으로 사망할 확률은 세계 평균의 6배에 달했다. 연구에 따르면 남아프리카 남성의 25%가 적어도 1명의 여성을 강간한 경험이 있었고, 그중 절반은 강간 횟수가 2회에서 10회에 달했다. 레디 틀하비Redi Tlhabi를 비롯한 남아프리카 출신 작가들은 흑인 사회에서 일어나는 강간에 얽힌 참혹한 현실에 관해 기록으로 남겼다. 강압적 성관계가 만연하는 탓에 남성 2명당 5명의 여성이 HIV에 감염되거나 에이즈 환자가 되었다. 하지만 의학저널 〈랜싯Lancet〉은 2009년 기사를 통해 남아프리카의 HIV바이러스 및 에이즈 문제를 해결하고자 하는 "정부의 관리와 지도력이 부족했다"라는 결론을 내렸다.[6]

우리 팀에 주어진 보조금은 빈곤 문제 해결에만 쓰일 수 있었기에 우리의 표본은 가난한 흑인 여성만으로 구성되었다. 그들이 에이본에서 벌어들이는 월 평균수입은 900란드(약 6만 3,000원)로 남아프리카 흑인 여성 상위 50%에 해당했다. 이는 자영업자 흑인 여성 상위 10%의 수입과 맞먹으며 남성 평균에 가까웠다. 이는 최저생계비를 훨씬 뛰어넘는 금액이었다. 에이본에서 16개월 동안 평균수입을 얻은 여성은 4인 가족의 생활비 대부분을 감당할 수 있지만 주거비까지는 조달하지 못했다.[7] 가족이 있는 에이본 외판원은 다른 이들과 같이 거주하거나 다른 직업을 가져야 했다.

우리 응답자의 68.6%는 가정의 가장이거나 생활비를 분담하는 다른 성인 여성과 함께 거주하고 있었다. 남성이 도와주는 경우는 거의 없고 대부분 자녀가 있었다. 남아프리카 가정의 41%는 여성이 가장이었다. 이는 세계 평균과 비교할 때 매우 높은 비율이었다.

우리는 에이본 판매와 당시 유행한 소액 금융 제도를 비교하는 작업에 큰 관심이 있었다. 소액 금융 제도는 여성이 직접 물품을 판매하도록 제작이나 구매에 자금을 지원했다. 내구성이 있는 태양열 손전등이나 조리용 레인지 같은 실용품을 판매하는 시스템은 에이본과 유사했다. 그러나 돈이 많이 들거나 운반이 어렵거나 일회성 구매에 그치는 물품들이어서 문제가 생기기 쉬웠다.

여성이 마을의 모든 이에게 1개씩 판매하고 나면 그 이후에는 수입을 창출할 다른 방도가 없었다. 이들에게는 가격이 낮고 휴대가 쉬우며 주기적으로 다시 판매할 수 있는 상품이 필요했다. 소액 금융 제도에서도 여성에게 돈뿐만 아니라 그 이상이 필요하다는 사실을 깨달았다. 이들에게는 도움과 조언, 약간의 교육과 엄청난 용기가 필요했다. 조언과 교육 프로그램은 시작하는 데에 큰돈이 필요했다. 그런데 효과가 떨어지는 경우가 대부분이었다. 그리고 가장 큰 문제는 소액 금융 제도의 높은 이자율이었다.

에이본 프로그램은 모든 문제에 대한 해결책을 포함하고 있다. 예를 들어 에이본은 소액 금융보다 월등히 우수한 신용 시스템을 보유하고 있다. 에이본은 현금이 아닌 재고만을 대여하며 외판원이 처음 물품을 판매하려면 신용도 확인을 거쳐야 한다. 그리고 에이본은 아무리 빈곤한 여성도 통과할 수 있는 신용 평가 시스템을 고안했다. 신용 평가를 통과한 여성은 처음에는 소량의 물품을 넘겨받고 고객층이 확대됨에 따라 신용도를 쌓는다. 신용평가를 통과하지 못한 신규 외판원은 현금으로 제품을 살 수 있고 시간이 가면 신용도를 쌓을 수 있다. 만약 당장 현금이 없다면 다른 에이본 외판원에게 대여할 수도 있다.

재고는 새로운 카탈로그가 발행되는 매 6~8주마다 정산하므로 소액 금융에서처럼 빚이 축적되는 현상이 일어나지 않는다. 이자를 부과하지 않는 에이본은 관대하지만 꼼꼼하게 관리한다. 외판원은 당장 채무를 갚지 못해도 나중에 언제든 갚을 수 있다.

에이본은 여성에게 은행 계좌 사용을 권장하는 등 금융 활동에 참여시키려는 다양한 노력을 펼친다. 여러 제약이 있지만 에이본을 통하면 외판원은 모두 계좌를 가질 수 있다. 응답자 중 92%가 자신의 명의로 된 계좌를 가지고 있었다.

빈곤 퇴치 전략으로 사용되던 소액 금융 계획은 대개 일자리 창출을 목표로 설정하지 않고 여성과 그 가족을 위한 최저생계비를 제공하는 데에 초점을 둔다. 하지만 정부는 일자리 창출의 우선순위가 높다. 우리 표본에서 에이본의 그룹 지도자는 평균적으로 137명(최소 10명에서 최대

817명)의 외판원을 관리했다. 이들이 에이본에서 얻은 인력 관리 경험은 시장성 있는 기술이다. 여성들은 에이본에서 근무하는 동안 여러 기본적인 사업 관리 방법을 교육받아 이를 다른 직업을 얻거나 자신의 사업을 시작할 때에 활용할 수 있었다(응답자의 89.9%는 에이본에서 익힌 기술을 다른 업무나 분야에 적용할 수 있었다고 답했다).

에이본은 실질적으로 저비용 은행이면서 신용 관리 서비스 역할을 했다. 그뿐만 아니라 공급, 교육, 마케팅까지 담당했다. 프로젝트를 마무리 지을 즈음 소액 금융 제도의 전형이 되었던 외판원 네트워크는 라틴 아메리카, 아프리카, 아시아 전역에 걸쳐 등장했다가 빠르게 사라졌다. 경제개발 전문가들은 에이본의 125년 역사와 세계적인 중개상 시스템을 보고 에이본의 방법을 궁금해했다.

동료 몇 명과 언론 비평가들은 우리가 에이본 시스템을 빈곤 퇴치 수단으로 생각한다는 사실을 두고 도덕적 유린moral outrage이라고 말했다. 그들은 에이본이 가난한 이들에게 필요하지도 않은 물품을 판매해서는 안 된다며 분개했다. 하지만 에이본 외판원들은 지역을 벗어나 판매하거나 부유한 고객을 상대하면서 정당성을 입증했다. 우리 팀의 자료를 보면 가난한 고객은 대부분 로션이나 비누와 같은 필수품을 구매했다. 그들은 작은 사치품을 사도 할인이 크게 적용되어 나올 때만 구매했다. 우울한 일상에 작은 기쁨을 더할 목적에 부합할 정도로 작은 선물 크기의 물품을 구매했다. 옥스퍼드의 도덕가들은 매우 다른 소비 윤리를 가진 아주 먼 곳의 취약한 이들에게 모국의 상황에 맞는 판단을 강요하고 있었다. 그들의 반대 의견은 식민주의적 관점에서 나온 것으로 보였다.

일 없이 주눅 드는 여자가 되지 않겠다

외판원들에게 제품은 힘을 더하는 요소로 작용했다. 우리는 응답자들에게 에이본 제품 판매를 농산물이나 수공예품 판매와 비교해달라고 요청했다. 그들은 에이본 제품은 더 빨리 판매되고 다양하며 수익과 재구매율이 높다고 했다. 또 쉽게 상하지 않고 뜨거운 햇살 아래 온종일 길거리에 앉아서 판매하지 않아도 된다고 설명했다. 에이본 제품의 판매는 좀 더 품위 있게 돈을 버는 모습으로 비쳤다. 에이본의 시장 지배력도 큰 이점으로 작용했다. 에이본의 알고리즘은 외판원들에게 관련 시장을 제공하고 수요 있는 제품과 가격대를 추천해줬다. 어떤 시장에 다양한 색조 화장품 같은 특별한 무언가가 필요하다면 에이본은 딱 맞는 제품을 디자인하거나 찾아 제공했다. 미국 화장품 회사로서는 최초로 흑인 피부에 맞는 메이크업 제품을 제공했다. 에이본은 수십 년의 경험을 통해 남아프리카 시장에 최적화된 서비스를 제공할 수 있었다.

판매를 위해 낯선 사람과 교류해야 한다는 사실은 에이본이 남아프리카에서 사업을 진행하는 동안 장벽으로 작용했다. 폭력도 자주 발생했다. 심지어 판매 과정에서 강도나 강간을 당한 여성도 있었다. 그러나 가정 내에서 여성을 상대로 일어나는 폭력은 더 심각하고 잦았다. 아내의 성공에 분개한 남편이 외판원으로 일하는 아내에게 폭력을 가했다는 이야기도 심심치 않게 들려왔다. 그들 대부분은 자녀와 자신을 위해 돈을 충분히 모은 후에 폭력적인 남편을 떠났다고 전했다. 실제로 학대 가정을 떠날 발판을 제공하기 위해 가정폭력의 위험에 노출된 여성을 고용하는 외판원도 많았다.

에이본은 번 돈을 소비하기보다 저축하도록 장려했다. 이를 위해 위

단계 외판원은 아래 단계 외판원에게 꿈꾸는 집과 같은 큰 목표를 담은 그림을 매일 볼 수 있는 장소에 붙여두고 되새기라고 권유했다. 그런 다음 꿈을 이루는 데에 필요한 사업 계획을 작성했다. 모든 직원이 서로의 꿈을 알았고, 그에 전념해야 한다는 책임을 느꼈다. 여성들은 계획하고 성취한 것은 물론이고 더 먼 미래를 위한 계획까지 세운 것을 자랑스러워했다. 그들에게 하루하루 살아남는 것 이상으로 계획을 세울 수 있다는 사실은 매우 중요했다. 그들 가운데 중산층의 상징처럼 볼 수 있는 집을 사거나 자녀를 대학에 보내거나 자동차를 구매한 이는 거의 없었다.

대부분은 말 그대로 무일푼에서 시작했다. 그렇기에 그들이 이룬 성과는 특히 감동적이었다. 그들 중에는 난민이나 부모의 HIV 감염으로 고아가 된 이도 있었고, 가정폭력에서 달아난 이도 있었다. 난민 수용소를 달아난 미혼모는 이런 사연을 전했다.

나는 문제가 많았다. (…) 삼촌은 나를 강간했다. (…) 나는 학교에 계속 다닐 수 없었고, 압박감을 견딜 수 없었다. (…) 그러던 어느 날 내가 삼촌 때문에 HIV에 감염되었다는 사실을 알게 되었다. (…) 하지만 아무것도 할 수 없었고 신경 쓰지도 않았으며 아무것도 알고 싶지 않았다. (…) 자살할 용기가 없었던 나는 죽을 날만을 기다리고 있었다.

하지만 이제 나는 죽고 싶지 않다. 에이본에서 하는 내 일이 잘되기를 바란다. (…) 나는 위 단계에 오르고 싶다. 나는 학교를 일찍 떠났다. 에이본 일을 계속하는 것 외에는 살아갈 수 있는 다른 방법을 모른다. 에이본 일을 하면서 나는 내 아이들을 먹이고 입힐 수 있다. (…) 내 위 단계 직원들처럼 나도 차를 사서 아이들을 태워 다니고 원하는 것을 사주고 싶다. 이게 내 꿈이다. (…) 학교에 다니지 못했으므로 나는 직업을 가질 수 없었을 것이다. 자녀를 키우는 일처럼 나는 에이본을 천직으로 생각하고 열심히 할 것이다.

이제 만일 죽어도 나는 아이들을 위해 무언가를 남길 수 있다. 나는 내 아들이 "우리 엄마에게는 일이 없었다"라고 말하지 않기를 바란다. (…) 나는 가능한 오랜 시간 에이본에서 일할 것이다. 에이본은 인생에 찾아온 최고의 기회다. 에이본을 만나기 전의 나는 슬프고 비참했다.

우리가 인터뷰한 여성은 모두 자녀의 끼니 걱정이 어떤 일인지 잘 알았고 대부분 굶주림을 경험한 적이 있었다. 많은 이가 심각한 외상을 견뎠고 아파르트헤이트를 기억했다. 그들은 강간, 질병, 유기 같은 끔찍한 일들을 겪어왔지만 얼굴에 미소를 잃지 않았다. 나는 캐서린에게 우리의 연구에 참여한 여성들은 에이본에 관해 마치 예수를 대하듯 이야기한다고 농담하기도 했다. 캐서린이 지은 우리의 첫 기사 제목은 '립스틱 복음주의'였다.[8]

이 여성들은 자녀를 돌볼 의지가 없는 남편의 모습을 떠올릴 때마다 목소리가 변했다. 어떤 응답자는 "흑인 사회와 인도 사회에서는 자녀 양육은 여성의 역할이라는 문화적 관념이 존재합니다. 남성은 '가장인 내가 나가서 사냥할 테니 너는 요리하고 아이들을 먹여야 한다'라고 생각해요. 자녀를 챙기는 흑인 남성은 거의 없습니다. 이는 잘 알려진 사실이에요"라고 표현했다. 남성이 없는 가정이 많은 국가에서 혼자서 자녀를 돌봐야 한다는 부당함은 더 큰 충격으로 와닿는다.

부담은 자녀에서 그치지 않는다. 응답자 중에는 8명을 부양하는 이도 있었고 환자나 장애가 있는 친척을 돌보는 여성도 있었다. 사실상 모든 이가 가족에게 돈을 보내고 있었다. 다른 사람의 자녀에게 교육을 제공하는 이도 있었다. 여성들은 거의 모든 곳에서 최선을 다해 자신보다 어려운 처지의 누군가를, 특히 다른 여성을 돕고 있었다.

에이본은 외판원이 직접 제품을 시연해보는 것은 물론이고 제품을 판매하면서 매력적이고 자신감 있는 모습을 보이도록 권장하지만 메이크업을 강요하지는 않는다. 깨끗하고 단정한 모습, 자신감 있는 모습 이외에 다른 특별한 사항을 강조하지 않는다. 이런 사항에 불만을 제기하는 이는 없었다. 오히려 외판원 대부분은 전문가로서 자신의 단정한 모습에 자부심을 느꼈고, 노력을 기울이지 않는 이를 업신여기기도 했다 (어떤 여성은 내 턱을 잡고 볼을 가까이 들여다보며 "이런, 피부가 엉망이네요. 내가 살짝 손봐줄게요"라고 말하기도 했다. 나는 무료 메이크업 제안을 여러 차례 받았으니까 메이크업이 필요한 사람인 것이 분명하다). 외판원들은 달라진 외모를 통해 자신감을 얻었다고 말했다. 전반적 외모는 겉모습 이상이었다. 그들은 고개를 세우고 힘차게 걸었으며 눈빛은 정면을 응시했고 직접적인 말투를 썼다. 응답자의 88%는 에이본의 판매 경험으로 자신감이 커졌다고 답했다.

남아프리카는 인종과 계급으로 고도로 계층화된 사회다. 내가 가장 감동한 점은 이 고통받는 나라에서 가장 혜택받지 못하고 소외된 삶을 살던 흑인 여성들이 자신들보다 (그들의 표현에 따르면) 높은 이들에 대해 가졌던 두려움을 극복했다고 말한 것이었다. 74%의 응답자는 "에이본 덕분에 나보다 높은 사람이라고 생각했던 이들 앞에서 주눅 들지 않습니다"라고 말했다.

이들이 힘을 갖게 된 걸까? 여성들은 분명 힘을 얻었다고 생각했고 다양한 표현으로 우리에게 그 사실을 전했다. 그러나 에이본 외판원들이 생산수단을 가졌다고는 할 수 없었다. 비즈니스 전문가들은 이들을 기업가로 간주하지도 않을 것이었다. 다만 여성들은 자신의 운명에 대한 결정권을 잃어버렸던 과거의 고통이 얼마나 가혹했는지 끝없이 이야기했다. 스스로 생계를 꾸리기 위한 수단을 장악하는 능력은 자율성으로 가는 중요한 첫걸음으로 보였다.

우간다 산악 지역 여성 농부들의 수입을 올리기 위해 고민했던 때가 떠올랐다. 그렇게 물질적으로 부족함이 많은 환경에서 포장재와 운송수단을 마련하기는 쉽지 않은 일이었다. 마찬가지로 이곳의 여성들도 새롭고 부가적인 상품 아이디어를 내는 것은 거의 불가능한 일이었다. 하지만 에이본은 꼭 필요한 요소를 전부 제공하면서 '뜨거운 물을 붓고 젓기만 하면 됩니다'라고 말하는 것과 같다. 에이본은 직업 기술을 제공하고 돈 관리를 돕고 자신감을 키워준다.

경제개발 관련 종사자들은 빈곤 문제를 해결할 유일한 주체가 정부라고 생각하는 경향이 있다. 이렇게 말하는 이들은 주로 시민을 구제하겠다는 의지와 수단이 있는 부유한 국가의 정부를 떠올린다. 그러나 많은 국가가 그동안 여성 시민을 돌보지 못했다.

남아프리카에서 흑인 여성에 대한 경제적 배제 문제를 제대로 대응하지 못한 결과는 경제에 지속적이고 엄청난 악재로 작용해왔다. 여성에게 의존하고 있는 가구의 수는 전체의 절반에 가까웠다. 남아프리카 법률은 이론적으로 여성의 평등권을 보장했다. 하지만 부족의 규칙, 폭력, 부양의 부담은 여성을 조직적으로 배제해왔다. 이는 여성까지 다른 남성들처럼 가족을 부양하지 못하게 했다. 남아프리카는 국가를 회생할 힘을 가진 여성을 위해 경제 환경을 평등화하려고 노력해야 했다. 그렇지 않으면 절대 빈곤에서 벗어날 수 없을 것이었다.

남성의 손에 쥐어지는 여성 기업의 성취

몰도바 정부는 그나마 여성을 돕기 위해 노력하고 있다. 유럽에서 가장 가난한 국가인 몰도바는 아직 1990년대 소비에트연방의 붕괴로 인한 경제적 충격에서 벗어나지 못하고 있다. 정식 고용이 제한적이고 노동생산성이 낮고 부패가 만연하다. 게다가 외국으로 이민하는 숫자가 증가하며 노동력이 감소하고 있다. 남성은 교육 수준이 낮아도 할 수 있는 일을 찾아 러시아로 이주하고, 교육받은 여성은 서유럽으로 이주한다. 이민하지 않고 국내에서 일자리를 찾아도 문제가 남아 있었다. 몰도바는 전 세계에서 여성 가장 가구의 비율이 가장 높은 국가 중 한 군데(남아프리카와 비슷한 40% 수준)이지만 5세 미만의 자녀를 위한 돌봄 서비스가 부재하다. 출산율은 1960년 이후 줄곧 감소해 여성 1명이 평생 낳은 자녀의 수는 현재 평균 1.25명이다. 저출산과 외국 이민의 증가로 인구는 해마다 감소한다.

현재 몰도바 정부는 다른 정부와 마찬가지로 여성 취업과 기업 경영을 장려한다. 이것은 경제성장 도모와 일자리 창출을 위한 움직임이다. 몰도바에서 유출되는 두뇌 자원은 여성 인력이다. 출산율은 어머니에 대한 경제적 전망이 좋지 않은 상황을 보여준다. 정부는 여성 기업이 새로운 일자리를 창출하고, 여성을 고용해 동등한 급여와 승진의 기회를 주기를 바란다.

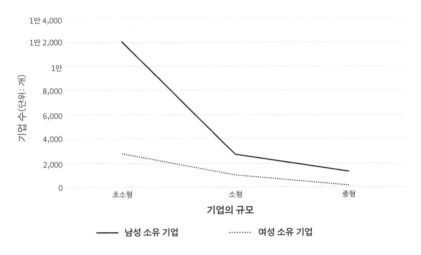

성별에 따른 몰도바 기업 규모 통계 (2017)

기업 수(단위: 개)

1만 4,000
1만 2,000
1만
8,000
6,000
4,000
2,000
0

초소형   소형   중형

기업의 규모

——— 남성 소유 기업   ········ 여성 소유 기업

표31. 남성 소유 기업과 여성 소유 기업의 수를 규모에 따라 표시했다. 사업을 시작하는 남성은 여성보다 많지만 그중 상당수가 초기에 문을 닫는다. 최종 단계에서 성별에 따른 격차가 많이 줄어드는데 이는 남성이 여성 소유 기업을 사들이기 때문이다.

출처: 몰도바 여성 기업 지원.

2017년 나는 세계은행의 의뢰로 몰도바에서 투자 대출 프로젝트의 일환으로 실행된 여성 기업가 지원 활동을 평가했다.[9] 몰도바의 여성 기업가 비율은 세계 평균인 30%에 못 미치는 약 25%다. 소비에트연방이 붕괴하고 자본의 성별 균형 정책이 실행되었지만 여성이 운영하는 기업은 남성 소유 기업보다 성장 속도가 느렸다. 기업을 시작하는 것도 남성의 수가 여성보다 많았지만 남성 소유 기업은 기초 발전 단계에서 여성이 운영하는 기업보다 약 3배나 많이 도산했다(표31 참조). 그 결과 여성 기업이 남성 기업보다 지속 기간이 평균적으로 2배 더 길었다.

몰도바 전체 산업 부문의 약 절반가량에서 여성 기업은 판매 실적과 생산성이 더 높았다. 여성 기업은 경제 전반에 걸쳐 더 많은 직원을 고용했다. 더 많은 여성을 고용하고 더 자주 교육을 제공하며 여성의 승진율 또한 높았다. 고위 관리직 여성의 비율이 높고 사업 지분을 보유한 직원 수가 많았다. 다방면에서 여성은 여성에게 더 나은 고용주 역할을 했다. 표면적으로 여성 기업이 정부의 목표를 실행해줄 가능성은 커 보였다. 그러나 기업의 재무 상황을 들여다보자 더블엑스 이코노미에 적용된 불이익이 눈에 들어오기 시작했다.

남성은 초기 자본 마련이 쉬워 기업을 사들이는 경우가 많고 이 과정에서 상당한 자본을 축적한다. 가계 자본도 남성 몫으로 간주되므로 남성은 개인 수입과 가족의 경제적 지원으로 기업에 자금을 조달한다. 따라서 남성은 사업을 확장하거나 장비를 업데이트하거나 혁신을 도모하기 위해 부채를 안을 필요가 여성보다 적다.

반면 여성은 기업 운영을 은행 신용도에 의지한다. 신생 기업 자금 조달도 마찬가지다. 금융기관은 대체로 남성보다 여성에게 높은 이자를 부과하며 더 많은 담보를 요구한다. 여성은 결국 채무에 시달려 재투자 능력 또한 떨어진다. 그래서 여성은 창업한 기업의 규모가 커지면 사업에 통제력을 잃는다. 기업이 성장해도 사업을 확장할 만큼 충분한 자기 자본을 확보하지 못하고 신용을 잃는다. 규모를 키우기 위해서는 많은 주식을 매도하는 수밖에 없다. 그 지점에 이르면 돈을 가진 남성에게 사업체를 넘겨야 하는 것이다.

여성이 주식 대부분을 남성에게 매도하면 기업은 이제 세계은행과 국제 자료 수집 기관의 연구에서 남성 기업으로 전락한다. 실적이 좋은 여성 기업이 남성 기업가에게 넘어가면 남성이 여성보다 건강한 기업을 가진 것처럼 보인다. 게다가 여성 기업 리스트에서는 우량 기업이 삭제 되므로 여성 기업이 덜 건실해 보인다. 여성이 성취한 업적으로 남성이 인정받으므로 최종 결과는 왜곡된 자료다.

다만 두 가지 예외를 보면 자본에 대한 접근 균등화의 이점도 있었 다. 서비스 부문에 자리 잡은 여성들은 몰도바 경제의 사유화가 일어나 는 동안 성인이었다가 이제 고령에 접어들었다. 이 여성들은 성 평등 분 배 정책에 따라 토지를 배분받아 그곳에 호텔이나 식당을 열었다. 자기 자본을 가진 이 여성들은 빚에 의존할 필요가 없었다. 몰도바는 아름다 운 나라였다. 아직 관광객이 많이 찾는 곳은 아니지만 이 여성들은 식당 과 호텔 분야에서 좋은 성과를 거두었다. 몰도바 정부는 고령 여성에 대 한 지원을 심각한 문제로 인식했는데 이 여성들은 상황이 훨씬 나았다.

다른 예외는 도매업이었다. 도매업에 속한 여성 중 상당수가 사업을 상속받아 자기자본을 바탕으로 시작하면서 빚을 떠안을 필요가 없었다. 이들은 수익과 생산성에 있어 남성에 뒤지지 않았다. 하지만 여성 도매 업자는 소외되었다. 자료에 따르면 세무조사원들은 여성들을 지나치게 자주 찾아 매번 뇌물을 챙겼다. 수상할 만큼 남성 도매업자에게는 부패 문제가 전혀 없었다.

나는 몰도바 수도 키시너우에서 권장 사항을 제안하는 발표를 했다. 자리에 참석한 정부 관료와 비영리단체의 수장들은 매우 수용적 태도를 보였다. 나는 정부가 여성을 위해 효과적인 정책을 실행하리라는 기대 감을 안고 발표를 마무리했다. 이 여성들을 지지해주면 이민과 저출산 을 비롯한 경제 문제들을 해결하는 데에 도움이 될 것이었다. 더블엑스 이코노미는 늘 투자의 가치를 입증했다.

벤처 투자의 서바이벌 예능화

여성은 자신의 사업을 시작하기보다 수당과 연금 등의 요소가 갖춰진 안정적인 정식 고용 상태를 선호하며 그 직업을 유지하려는 경향이 강하다. 여성의 이와 같은 선호도는 장기적 안정과 가족에 대한 일관된 지원을 원하는 더블엑스 이코노미의 일반적 윤리와 목표에 완벽히 일치한다. 그런데 영국에서는 여성의 공식 노동시장 참여율이 정체되었다. 오히려 여성이 자신의 사업체를 운영하기 시작했다.

부자가 되겠다는 목표를 제일 우선시하는 남성과 달리 사업을 시작할 때 여성은 개인의 자율성과 자아실현을 강조한다. 이들은 돌봄과 일의 균형을 추구하려고 애쓰지만 그것만 주된 목표로 삼지는 않는다. 이들은 독립적이고 안정적이며 직장에서 성차별적 태도를 피하려고 한다. 그리고 사회에 긍정적으로 이바지하기 위해 애쓴다.

미국과 마찬가지로 비즈니스와 건강학 혹은 생물학에 집중하는 영국 여성의 교육 특성을 고려할 때, 그들이 병원이나 회계 사무소 같은 전문직 사무실에서 첫 사업을 시작한다는 사실은 전혀 놀랍지 않다. 이런 유형의 사업은 영국에서 실질적으로 가장 수익성이 높고 안정적이며 발전 가능성이 크다. 그러나 이런 사업은 직원을 많이 두지 않는 경우가 많고 기술 부문과 같은 성장률을 보이지 않는다.

현재 영국 문화는 기업가 정신을 과잉 남성성, 고위험, 고소득으로 미화한다. 영국의 인기 TV 시리즈인 '드래곤스 덴Dragons' Den'에는 남성 벤처 투자자에게 투자를 얻으려는 영세 자영업자들이 등장한다. 제목의 드래곤 같은 벤처 투자자는 용이 으르렁거리는 것처럼 자영업자의 아이디어에 혹평을 하며 거래를 제안할 때는 거들먹거리기도 한다('드래곤스

덴'은 영국판 '샤크 탱크Shark Tank'로 모두 일본의 '마네노토라マネーの虎'를 따온 프로그램이다).

이 과장된 시나리오는 영국 대중에 비즈니스 세계를 대변하는 존재가 되었다. 영국 경제나 실제 기업가의 삶에서 투자를 얻기 위해 분투하는 경험의 비중을 지나치게 부풀린 것이다. 영국 기업에서 벤처 투자는 겨우 1%를 차지하는데, 신청하는 이들 중 투자의 기회를 얻는 이는 단 2%에 그친다. 결정을 내리는 과정에서는 성 편견이 엄청나게 큰 영향을 미친다.

벤처 투자자의 93%는 남성이며 이들이 여성 기업에 투자하는 금액은 10~15%밖에 되지 않는다. 벤치 투자자는 기술 기업을 지나치게 선호한다. 여성은 기술 부문 연구진과 직원의 30%를 차지한다. 하지만 여성이 운영하는 기술 신생 기업은 투자금의 약 9%를 배당받는다. 벤처 투자자가 이런 성별 격차를 좁히면 영국 국내 생산은 300억 달러(약 38조 4,000억 원)로 늘고 15만 개의 일자리가 창출된다.[10]

실제로 영국의 벤처 자금은 전부 기술 기업에 투자된다. 하지만 기술 신생 기업은 영국에서 가장 위험도가 높다. 절반 이상은 창업 초반 5년 이내에 도산한다. 그보다 오래 살아남는 기업은 많지 않다. 벤처 투자 거래는 신생 기업의 수명을 가속한다. 벤처 투자자는 신생 기업을 빨리 매물로 내놓거나 공모를 발행한다. 성공적 퇴장을 유도하는 것이다. 그러면 세상을 돕거나 좋은 근무 환경을 창출하겠다는 경영자의 희망은 어느새 사라지고 만다. 성공적 퇴장은 벤처 투자자나 기업가가 빠르게 큰돈을 버는 수단이 된다. 그러나 빠르게 거둔 승리는 빠른 실패를 의미하기도 한다. 벤처 투자를 받은 젊은 남성의 27%만 성공적 퇴장을 달성한다.

그럼에도 불구하고 벤처 투자자와 그들이 선호하는 남성 기업가가 영국 기업의 역동적 이미지를 대변하게 되었다. 영국 언론은 벤처 캐피털 투자 대회를 극한 스포츠처럼 다룬다. 매년 머리기사는 여성 기업가에게 배당된 돈이 얼마나 적은지, 투자자가 아이디어를 홍보하려는 여성 기업가에게 어떻게 굴욕을 주고 거절했는지 다룬다. 벤처 투자자는 성 편견이 심하다. 영국 남성이 벤처 투자를 받을 확률은 여성보다 86% 더 높다.

벤처 투자자가 여성 기업가에게 자금을 투자하지 않는 이유는 의문의 여지가 없다. 세계적으로 벤처 투자자가 극심한 성 편견에 사로잡혀 있다는 사실을 보여주는 연구는 꾸준히 발표되었다. 〈하버드 비즈니스 리뷰〉는 제안서의 이름과 사진의 성별을 바꾸거나 발표 시 남녀의 성별을 바꾸는 두 가지 연구를 실행했다. 그 결과 같은 아이디어도 남성이 발표하면 투자를 얻고 여성이 발표하면 투자를 얻지 못했다.

벤처 캐피털 발표와 투자자 질문과 의견을 보여주는 200여 개 영상을 분석한 연구에서 발표자의 성별에 따라 투자자의 질문이 극명하게 차이가 난다는 사실을 발견했다. 남성 발표자는 "어떻게 돈을 벌 것인가?"라는 질문을 받지만 여성은 "어떻게 돈을 잃지 않을 계획인가?"라는 질문을 받았다. 투자자가 기업가의 제안에 보이는 의견도 성별에 따라 달랐다. 벤처 투자자는 남성 기업가에게 '이득, 희망, 이상, 성취하다, 달성하다, 열망하다, 획득하다, 벌다, 확장하다, 성장하다' 등의 단어를 썼다. 반면에 여성에게는 '정확, 불안한, 염려하는, 피하다, 조심하는, 보수적인, 방어하다, 두려움, 손실, 의무, 고통'이라는 단어를 사용했다.11

벤처 투자자의 차별은 투자 선택에 그치지 않는다. 신생 기업에 대한 방대한 데이터베이스 통계인 크런치베이스Crunchbase를 분석한 연구에 따르면 남성과 여성 사이에 성공적 퇴장의 차이는 전적으로 벤처 투자자의 성별에 달린 것으로 밝혀졌다. 남성 벤처 투자자가 남성의 신생 기업을 사서 퇴장 단계를 관리하면 성공 확률이 27%였다. 하지만 여성의 신생 기업을 사서 퇴장 단계를 관리하면 성공 확률이 17%로 낮아졌다. 반면에 벤처 투자자가 여성이면 여성 기업의 성공 가능성이 남성 기업만큼 높았다.[12]

지속 가능한 비즈니스 기회를 만드는 투자 윤리

여성과 벤처 투자자 사이의 이야기는 길고 추악했다. 부모를 위한 웹사이트인 멈스넷Mumsnet의 창업자 저스틴 로버츠Justine Roberts는 벤처 투자자에게 홍보하던 경험을 이렇게 회상했다.

미팅에서 만난 남성은 계속 옆 사람에게 고개를 돌려 내 이름을 물었다. 내가 방어적인 태도를 보이면 '곧 울음이 터질 것 같다'라고 표현했다. 그는 결혼하지 않았으면 나와 성관계를 가졌을 것이라고 말했다. 나는 내가 누구인지와 나의 가치를 전달하려고 했지만 결국 '무엇을 위해서 그렇게 오래 참고 앉아 있었을까?'라는 생각이 들었다.

멈스넷은 오늘날 영국에서 방문자 수가 가장 많은 사이트로 순 방문자 수는 1,200만 명에 이른다. 로버츠는 영국 경제에 이바지한 공로로

CBE[29]를 받았다. 그런데 아직도 로버츠에게 실제 경영자가 따로 있는지 질문하는 투자자도 있었다.[13] 온라인 속옷 신생 기업 써드러브ThirdLove의 공동 창업자인 하이디 잭Heidi Zak은 벤처 투자자에게 홍보하며 겪은 일을 이렇게 기억했다.

> 미팅이 끝나갈 무렵 여성 속옷을 판매하는 나에게 남성 투자자는 "미안합니다. 우리는 우리가 이해할 수 있는 것에만 투자해요"라고 말했다. 엄청나게 복잡한 기술에 투자하는 그들에게 나는 브래지어를 설명해 투자를 받을 수 없었다.[14]

2018년 써드러브는 〈포브스〉가 매년 선정하는 '차세대 1조 가치 신생 기업' 목록에 올랐다. 써드러브의 현재 기업 가치는 7억 5,000만 달러(약 9,600억 원)에 이른다.[15]

킴 테일러Kim Taylor는 벤처 투자자가 발표자에게 가지는 성 편견에 관해 이렇게 얘기했다. "남성 기업가가 미팅룸에 들어오면 그는 자동적으로 유능한 인물로 간주되었다. 하지만 내가 들어갈 때는 반대였다."[16] 테일러는 그녀의 온라인 교육 회사를 2,500만 달러(약 320억 원)에 매각했다. 그녀가 아이디어를 제시했을 때 투자자는 그녀의 시장 분석 데이터를 믿지 않았다. 그녀는 "내가 제시한 데이터와 정보는 국가적으로 받아들여지는 자료였는데도 투자자는 내 자료를 믿지 않았다. 그 사실이 정말 이상하게 느껴졌다."[17] 벤처 투자자가 자신의 편견에 대해 모르는

---

29 대영제국 훈장 3등급.

것은 아니다. 그들은 설령 자신의 편견으로 나쁜 결정에 이르더라도 그 문제를 개선하려고 노력하지 않는다.

영국에서 성 편견은 여성을 위한 투자 환경에 전형으로 자리 잡았다. 여성 기업가는 매년 가용 투자 펀드의 9%를 얻는다. 2018년 3월 〈텔레그래프〉가 750명의 여성 기업가를 상대로 진행한 설문 조사에서 65%의 응답자가 여성에 대한 금융 서비스의 태도가 부당하다고 답했다. 67%는 자신이 남성이었다면 남성 투자자가 다르게 대했을 것이라고 했다.

사업 초기 단계에 진지하게 받아들여지기가 어려웠는지 묻는 질문에 65%의 응답자가 그렇다고 답했다. 그리고 절반이 사업은 남성이 이끌어야 한다는 조언을 들었다. 자녀를 가진 여성은 더 부당한 경험을 했다. 이들 중 72%는 제도적 재정 지원이 거의 없었던 까닭에 예금이나 신용카드를 이용해 사업 자금을 조달했다.[18]

영국 기업 펀드에서는 성별 격차에 대한 해결 방안으로 에인절 투자 angel investment를 떠올렸다. 에인절이란 벤처 캐피털에서 드래곤에 대항하는 개념이다. 에인절 투자자는 기업가뿐만 아니라 비즈니스 아이디어에도 투자한다. 기업가의 꿈을 입김으로 태워버리는 드래곤과 달리 기업가가 꿈을 실현하도록 지원한다. 에인절 투자자는 벤처 투자자처럼 공동 자금이 아니라 자신의 자금을 이용해 투자한다. 하지만 에인절 투자자도 86%가 남성이다. 벤처 투자자와 마찬가지로 남성에 투자하려는 편견을 갖고 있지만 벤처 투자자만큼 강한 편견은 아니다. 벤처 투자자에게 자금을 받는 남성은 86%이지만, 에인절 투자자에게 자금을 받는 남성은 56%에 그친다.

에인절 투자자로 활동할 만한 부유한 영국 여성은 없는 걸까? 영국비즈니스에인절협회UK Business Angels Association의 주도 하에 유럽 전역의 부유한 여성 600여 명 이상을 인터뷰한 결과, 에인절 투자 요건에는 맞는데 에인절 투자의 개념이나 접근법을 모르는 경우가 많았다. '여성은 안전하고 일반적인 투자를 선호한다'라고 생각하는 재무 조언가가 에인절 투자를 언급하지 않았기 때문이다. 잠재적 에인절 투자자들은 자신들이 에인절 투자의 가치를 따질 시간이 없다고 했다. 그리고 이런 유형의 투자가 너무 위험하다고 믿었다. 그러나 투자 평가를 함께할 다른 투자자 그룹에 합류해 위험을 분산할 수 있다고 제시하자 그들은 매우 큰 관심을 보였다.

여성 투자자 중 기존 에인절 투자 그룹에 합류를 시도해본 이들도 있었지만, 기존 그룹의 남성들은 여성 투자자들에게 호의적이지 않았다. 프랑스인 여성 투자자는 "에인절 네트워크에 함께하고 싶었지만, 나이 든 남성이 운영하는 곳이 대다수였다. 분위기가 나빠 전혀 투자하고 싶은 마음이 들지 않았다"라고 말했다. 포르투갈 출신 여성 투자자는 "남성 위주의 에인절 네트워크에 합류하려면 규칙을 잘 파악해야 했다. 여기서 규칙이란 어떻게 결정이 이루어지는지에 대한 문제였다. 그곳은 남성의 공간이었다"라고 표현했다. 연구 보고서는 다음과 같이 결론 내렸다. "유럽 전체에 걸쳐 남성 위주 혹은 남성만으로 구성된 에인절 투자 그룹에 참석한 여성 투자자는 부정적 경험을 했다. 그러므로 여성이 중심이 되거나 여성에게 호의적인 에인절 투자 그룹은 꼭 필요하다."[19]

보고서가 제시한 확실한 해법은 여성만으로 구성된 에인절 그룹의 결성을 도모하는 일이었다. 또한 보고서는 정부에서 여성 기업가를 지원할 에인절 그룹을 위한 펀드를 제공하기를 권고했다. 하지만 영국에서는 긍정적 차별의 우려로 실행되기 힘든 조치였다. 벤처 캐피털과 기존 에인절 캐피털은 남성 투자자와 남성 수혜자의 숫자가 압도적으로 많았지만, 여성만으로 구성된 그룹의 조성은 영국에서 부당한 조치로 간주될 것이었다.

여성 신생 기업에 자금을 조달하는 다른 방법은 크라우드 펀딩이다. 킥스타터Kickstarter나 인디에고고Indiegogo와 같은 온라인 사이트에서는 대중을 상대로 기부나 투자 제안을 게시할 수 있다. 제안을 올리는 사람은 남성이 대다수이지만 여성도 충분히 투자를 모을 수 있다. 여성 투자자는 대부분 여성 소유 신생 기업에 투자하려고 하기 때문이다. 크라우드 펀딩은 기업가와 투자자 모두가 금융의 위협적 환경에서 살아남을 방법이 될 수 있다. 누구나 아이디어를 게시할 수 있고, 펀딩 참여자는 개인 자금을 원하는 사업에 투자할 수 있다. 이런 방법은 영국에서도 용인될 수 있다.

벤처 캐피털, 디지털 기술에 대한 강조는 여성에게 저주와 다름없다. '드래곤즈 덴' 시나리오는 정부에도 악재다. 고성장과 혁신을 지지하는 것은 당연하지만 경제 전체가 테스토스테론에 열광하는 롤러코스터에 오른다면 불안정하고 크게 성장하기 어렵다. 성공적 기술 기반은 매우 한정되기 때문이다. 국가 경제에 안정성, 지속 가능한 성장, 안정적 고용, 공동체의 책임감을 더하는 주체는 여성 기업이다. 여성 경제 윤리를 느리고 바람직하지 않고 무능력한 것으로 취급하는 것은 어리석다. 이런 태도에서 나올 수 있는 결과물은 나약한 정책뿐이다.

성장이 느려도 위험이 적은 비즈니스 기회를 만드는 여유, 오히려 그런 투자 윤리야말로 우리에게 필요한 것이다. 투자 포트폴리오는 항상 균형을 갖춰야 한다. '단기, 위험, 높은 잠재력'과 '장기, 안전, 현실적 투자'의 조화를 바탕으로 작성되어야 한다는 뜻이다. 이런 철학을 바탕으로 여성을 위한 투자 프로그램이 마련되지 못할 이유는 없다. 그런데도 실현되기가 힘든 이유는 무엇일까? 전우애로 가득한 기업 투자 문화에서는 위험 행동을 부추기고 선량한 사람을 배제하면서 불손한 태도를 못 본 척한다. 악의적으로 좋은 아이디어를 무시하고 지나친 공격성을 가치 있게 평가한다. 이는 결코 국가 경제를 건설하는 데에 책임감 있는 방법이 아니다.

13장

세계시장의
문을
두드리다

파푸아뉴기니의 여성 단체는 어떤 여성 사업가의 소식에 환호했다. 3만 명의 여성 농부가 스톱 앤드 숍Stop & Shop에 농산물을 조달하도록 거래를 성사했다는 내용이었다. 이 여성들은 작은 정원에서 나오는 농산물로 생계를 꾸렸다. 지역에서 조직한 비영리단체인 마더스 헬핑 마더스Mothers Helping Mothers는 여성들이 대규모 구매자에게 상품을 조달할 수 있게 교육했다. 여성들은 새로운 기술을 익히고 품질 테스트를 통과할 만한 과일과 채소를 고르는 법을 배웠다. 일주일에 1번 오는 컨테이너 배에 농산물을 싣는 법을 익혔다. 이 거래를 통해 스톱 앤드 숍은 고품질의 믿을 만한 농산물을 확보할 수 있었다. 그리고 경제적으로 취약한 여성들은 고정된 임금을 확보할 수 있었다.

글로벌 시장은 마치 거대하고 환상적인 괴물 이름처럼 들리지만 각 시장에서 이루어지는 수천 건의 거래로 구축된 거래소 그물일 뿐이다. 글로벌 시장은 미지의 세계 같은 것이 아니다. 세계 시장에서는 평범한 사람들이 연결되어 교환에 동의하고, 이곳에서 저곳으로 물건을 만들어 교환하는 관계를 맺기 위해 모인다. 그러나 여성은 이 거대한 네트워크에서 배제되는 경우가 많다.

네트워크의 일원이 되는 것은 중요하다. 다만 마더스 헬핑 마더스, 스톱 앤드 숍과 같은 거래 관계가 성사되기 이전에 반드시 해결해야 할 문제들이 있다. 새로운 농법에 필요한 비료를 어떻게 얻을 것인지, 상자를 컨테이너 배로 어떻게 옮길 것인지처럼 평범한 문제들이다. 이 문제들만 해결되면 판매자는 계속 굴러갈 수 있는 일련의 행동과 거래를 구축하게 된다. 체인 끝에 상품을 구매할 소비자만 있다면 이는 거의 자동적으로 지속될 것이다. 이 거래 관계가 성사된다면 트럭을 운전하고, 비료를 만들고, 상자를 파는 사람을 비롯한 모두에게 좋은 수입원이 생기는 것이다.

다양성을 포함하는 공급망 형성하기

대기업이나 정부에서 대량으로 구매하는 과정을 조달procurement이라고 부른다. 그 대상은 자몽이 될 수도 있고, 비누나 귀걸이 혹은 압정이 될 수도 있다. 구매 물품이 국경을 넘으면 그것은 국제 거래로 간주된다. 남성은 전 세계 조달 거래의 99%를 차지하며 그 결과 국제 거래의 99%를 관할한다.[1] 조달 거래는 수익성이 매우 좋은 부문이지만 여성은 거의 배제된다.

대규모 거래가 성사되기만 하면 여성 기업도 조건에 맞는 물건을 제작할 수 있다. 생산에는 문제가 없고 진짜 문제는 따로 있다. 집이나 농장을 떠날 수 없는 계층의 여성이다. 이들은 누구에게 물건을 팔아야 하는지, 문제가 생기면 어떻게 해결해야 하는지 전혀 알지 못한다. 판매 활동에 필요한 수많은 절차도 마찬가지다. 그래도 여성의 경제적 자주권은 조달과 무역까지 확장되고 있다. 국제 거래의 80% 정도가 다국적 기업을 거친다. 여성 기업이 공급망에 포함될 수 있는 다국적 운동이 시작된 것이다.

공급망supply chain은 특수 용어이지만 그 의미는 매우 단순하다. 어떤 기업이 의류 회사에서 유니폼을 구매한다고 가정하자. 이는 공급망의 첫 번째 단계다. 의류 회사는 다른 기업에서 옷감과 재봉기, 실, 포장재를 구매한다. 이는 두 번째 단계다. 그 기업은 또 다른 방직업체, 제철공업체, 플라스틱 회사, 제지 회사, 목재 회사에서 필요한 물품을 구매한다. 이는 세 번째 단계다. 네 번째, 다섯 번째 단계에 이르면 더 다양한 산업과 많은 인력이 동원된다.

많은 여성이 다국적 공급망의 일원으로 일하고 있다. 공급망에 집중하면 여성 노동자뿐만 아니라 기업가도 도울 수 있다. 예를 들어 프라이마크Primark나 타겟Target 같은 소매업체가 공장에서 물품을 구매할 때, 그 공장은 공급자로서 안전기준에 부합하는지 심사를 받는다. 큰 고객이 공장에 조명이 갖춰진 비상구 같은 기준을 요구한다면 공장주는 계약을 따고 유지하기 위해 그 조건을 충족하려 할 것이다. 공장은 큰 고객에게 사회, 보건 관행을 향상하기 위한 교육 프로그램 제공을 의뢰할 수 있다. 또 큰 고객은 공장의 성별, 인종별 구성을 문의해 다양성을 갖춘 기업과 거래하기를 선호한다는 의미를 전달할 수 있다.

고객은 공장에 생산 자재를 난연성 직물이나 친환경 포장재 등으로 명시할 수 있다. 이는 두 번째 단계에 영향을 미친다. 거대 다국적 기업은 첫 번째 단계에서 온화한 영향력으로 공급망에 상당한 변화를 주도할 수 있다. 하지만 구매자가 공급자를 소유하지는 않기에 구체적으로 지시할 수는 없다. 거래처를 바꾸겠다는 위협만 할 수 있다.

두 번째 단계를 넘어가면 다국적 기업도 제한적으로만 공급 회사에 관여할 수 있고 영향력도 줄어든다. 개발도상국에서는 세 번째, 네 번째 단계에 노동 착취나 노예제도 같은 어두운 관행이 숨겨져 있기도 하다. 이를 해결하기 위해 다국적 기업은 정부, 노동조합, 비영리단체, 국제기구, 동종 업계 회사와 협력해 부패와 권력 남용을 일소해야 한다.

월마트의 EWT 프로그램

2011년 월마트는 여성의 경제적 자주권에 힘쓰겠다는 엄청난 공약을 내걸었다. 향후 5년간 미국 여성 기업에서 200억 달러(약 25조 6,000억 원)에 해당하는 상품을 구매하고 국제시장에서 여성에 대한 지출을 2배로 늘리겠다고 약속했다. 월마트는 여성 농부를 위한 대규모 프로젝트를 포함해 여성의 경제적 자주권 프로젝트를 지지하기 위한 기금으로 1억 달러(약 1,280억 원)의 보조금을 지원했다. 그리고 개발도상국 여성 2만 명을 대상으로 소매업에 필요한 교육을 제공했다. 공급자들을 상대로는 동등한 보수와 직장 내 폭력 감소를 위한 운동을 펼쳐 놀라운 성과를 이루어냈다.[2]

나는 월마트의 여성 역량 강화Empowering Women Together(이하 EWT) 프로그램을 평가할 방법을 모색했다.[3] EWT는 초소형 여성 기업이 월마트의 1억 4,000만 소비자에게 물품을 공급하게 해 성장을 돕고자 했다. 초기에는 온라인 매장을, 비즈니스가 성장하고는 수천 개의 오프라인 매장을 이용했다. 이 프로그램은 농산물뿐만 아니라 땀 밴드에서 바구니까지 다양한 소규모 제조 상품을 포함했다. EWT가 성공하면 월마트는 여성 기업을 공급망에 포용시켜 국제무역의 참여 가능성을 보여주는 것이었다. 이는 다른 다국적 기업의 참여를 자극할 수 있는 좋은 사례였다.

월마트의 공급망은 규모가 엄청나다. 월마트에서 판매하는 물품을 생각해보자. 가정용품, 장신구, 정원 용품, 가전제품, 식음료 등 너무도 다양하다. 월마트는 세계적으로 큰 소매업자이자 식료품 잡화상이다. 전 세계에 광범위하고 다양한 공급망을 가지며 거의 모든 국가와 산업에 관계를 맺고 있다. 이런 관계망에 여성의 경제적 자주권이라는 주제를 포함하면 수많은 사람에게 도움을 줄 수 있다.

우리 팀이 연구를 시작하던 당시 EWT는 북아메리카, 아프리카, 라틴 아메리카, 아시아 소기업과 신생 기업을 이끄는 30명의 여성 기업가를 선발했다. 프로그램에는 4개 대륙 12개국이 포함되었다. 공급자는 여아를 위한 학습용 완구를 개발하는 2명의 스탠퍼드대학교 공학대학원생에서 펠트 꽃을 제작하는 네팔 공장까지 다양했다.

여성 기업 30개를 찾는 일은 쉽지 않은 과제였다. 여성 소유 소기업 등록부는 공급자 다양성을 위해 노력해온 미국에도 존재하지 않았다. 명단이 없어 당시에 미카엘라 워드로 레몬Mikaela Wardlaw Lemmon이 이끌던 월마트 EWT는 행사를 돌아다니고 신문과 잡지를 뒤져 정보를 찾아야 했다. EWT 구매 담당자는 '샤크 탱크'에서 환경친화적인 드라이클리닝 주머니를 제작하는 기업을 발견했다.

여성기업협의회Women's Business Enterprise Council(이하 WBENC)는 미국 여성 기업 등록부 작성을 위해 설립되었다. 다양한 기업, 도시, 기관은 여성 기업에서 구매하기 위해 WBENC에 자금을 댔다. 미국 정부는 모든 공급 계약자에게 다양성 요건을 제시했다. 많은 기업이 공급처를 여성 기업으로 선정하려고 노력했다. 기업이 조건을 맞추려면 실제로 여성이 경영한다는 사실을 증명해야 했다. WBENC는 여성이 대규모 구매자의 공급자가 될 수 있음을 증명하고 교육했다.

개발도상국에서 여성 기업을 찾는 일은 더 어려웠다. 대부분의 국가가 시장에서 다양성을 추구하는 노력을 하지 않았다. 여성 기업을 막연히 찾아다닐 수는 없었다. 그것은 비효율적이며 위험했다. 그래서 2013년 세계 여성 기업 등록부 작성을 위해 위커넥트 인터내셔널 WEConnect International이 설립되었다. 위커넥트는 1년에 약 1조 달러(약 1,280조 원)를 제품과 서비스에 할애하는 기업 72개가 모여 설립한 비영리단체였다. 정부 지원을 받아 여성이 국제시장에서 공급자가 되도록 대형 행사를 열고 있었다. 세계 여성 문제 미국 대사를 지낸 멜란 베르비어와 미 국무장관을 지낸 힐러리 클린턴Hillary Clinton은 이 중요한 국제 운동의 리더로 활동했다. 위커넥트는 여성에게 자격을 부여하고 교육하며 100개국이 넘는 곳에서 공급자를 찾았다.

유럽에서는 정부와 협력해 공급자 다양성을 추진하는 위커넥트 기관들이 독립적으로 운영되었다. 유럽에서는 공급자 다양성이라는 개념 자체가 아직 초기 단계인데도 반발의 움직임이 이어졌다. 특히 영국에서는 국제 거래에 여성을 포함하려는 노력이 여성에 대한 특별 대우라며 반발이 심했다. 기업 99%를 남성이 운영하는 영국에서 여성에게 작은 부양책을 제공하는 일이 그토록 심각하게 반대할 만큼 부당한 일인가? 남성 독점 현상이 계속되도록 놔두는 일은 부당하지 않은가?

월마트는 지구 반 바퀴를 돌아서 겨우 구매할 만한 제품을 가진 여성 기업 1개를 찾았다. 그리고 풀 서클 익스체인지Full Circle Exchange와 글로벌 굿즈 파트너스Global Goods Partners라는 2개의 비영리기관까지 발견했다. 풀 서클 익스체인지와 글로벌 굿즈 파트너스를 창립한 이들은 평범하면서도 특별한 사람들이었다.

풀 서클 익스체인지는 아이다호 보이시 출신 중년 남성 3명이 창립한 단체다. 프리디 형제Priddy brothers로 불리던 이들은 대형 소매점을 시작해서 돈을 벌고 그 수익을 다른 사람들과 나누고 싶어 했다. 2012년 이들은 사비를 털어 풀 서클 익스체인지를 세웠다. 그리고 여성의 경제적 자주성을 사명으로 활동했다. 몇 년 지나지 않아 존John, 마크Mark, 에드 프리디Ed Priddy는 아프리카에서 페루까지 네트워크를 확장했다. 그리고 여성이 제작한 수공예품을 홍보할 아이디어를 모았다.

글로벌 굿즈 파트너스를 창립한 캐서린 시모니Catherine Shimony와 조앤 시프린Joan Shifrin은 존스홉킨스대학교 고등국제학대학 재학 시절 중에 만났다. 석사과정을 마친 캐서린과 조앤은 각자 다른 기관에서 일하며 개발도상국 빈곤 퇴치 프로그램에 자금을 조달했고, 경제력이 여성에게 얼마나 도움이 되는지 연구했다. 2005년 그동안 일하던 재단의 도움으로 캐서린과 조앤은 뉴욕의 낡은 사무실을 기반으로 글로벌 굿즈 파트너스를 시작했다. 개발도상국 여성 장인을 미국 소비자 시장에 연결하는 것이 이들의 주된 목표였다. 재단에 근무하던 시절부터 알고 지내던 여성 단체의 포트폴리오를 바탕으로 경제개발 계약 네트워크 자료를 참조해 20여 개국에서 40여 개 파트너 그룹을 만들어낼 수 있었다.

조앤, 캐서린, 프리디 형제 그리고 '샤크 탱크'의 도움으로 EWT는 30여 개의 기업과 연계할 수 있었다. 글로벌 굿즈 파트너스는 여성을 도울 계획이 확립된 조직을 상대로만 협력했다. 파트너 그룹 중 마사이여성개발기구Maasai Women Development Organization(이하 MWEDO)는 원주민 여성이 수백 년 동안 만들어온 구슬 장식품을 팔 시장을 확보해 그들이 가족을 부양하도록 도왔다. 북아메리카에서 풀 서클 익스체인지는 협력 기업이 여성 난민과 전과자에게 일을 제공하도록 했다. 그뿐만 아니라 소수민족 여성이 이끄는 기업과도 협력했다. 협력 기업은 도움이 필요한 여성에게 일자리를 제공했다.

여성 기업 앞에 펼쳐진 총제적 난국

프로그램에 참여할 여성 기업은 찾았지만 다음 단계에서 거래가 좌절되는 경우가 많았다. 여성 기업은 윤리적 구매 감사라고 불리는 월마트의 공급자 심사 과정을 거쳐야만 했다. 다국적 기업은 공급처의 근무환경에 많은 비판을 받았다. 서구 기업은 이런 비판을 심각하게 받아들이고 기준과 절차를 마련해 위반 사항을 줄이기 위해 노력했다. 월마트는 공급처의 근무 환경 개선을 위해 독립된 평가자의 엄중한 감사를 통과한 공급자하고만 계약을 맺었다. 화장실, 화재 안전장치, 비상구 조명, 양쪽으로 열리는 문을 갖추고 있는지부터 시간과 임금을 지정한 노동계약을 맺고 있는지, 미성년 노동자를 고용한 것은 아닌지 등을 비롯해 책임감 있는 고용주가 갖추어야 할 요건이 평가 기준에 포함되었다.

북아메리카의 공급자들은 어려움 없이 감사를 통과했다. 미국과 캐나다 정부가 법적으로 마련한 기준이 이미 적용되었기 때문이다. 개발도상국의 경우는 달랐다. 이곳 여성들은 대체로 소규모 자본이나 무자본으로 비공식 기업을 시작했다. 기업주는 시간당 임금이나 고정된 일정 없이 집에서 일했다. 생산 비용도 직접 부담했다. 재택근무, 생산 비용 개인 부담 등이 월마트 감사 요건에서 허락될 리 없었다. 전기나 배관 시설이 없는 마을에는 수세식 화장실과 안전등도 설치할 수가 없었다.

야외의 나무 아래에서 일하는 여성도 있었는데, 이 경우도 월마트 요건에 맞지 않았다. 일하면서 자녀들을 한곳에 모아 돌보는 여성도 있었지만, 어린이 출입 금지 규칙에 위반되었다. 개발도상국에는 이동 제한으로 인해 출근할 수 없는 여성도 있었다. 집을 오래 비워두었다는 이유로 남편에게 벌을 받지는 않을까 두려워했다. 시내에서 공예품 재료를 챙겨 남편이 눈치 채기 전 서둘러 집으로 돌아가는 여성도 많았다.

나는 월마트 본사의 윤리 담당팀에 이 문제를 설명할 기회를 얻었다. 그들의 평가 기준은 객관적이고 도덕적이지 못했다. 그런 기준을 세운 사람들은 전기도 배관 시설도 없는 지역의 나무 아래에서 일하는 여성을 본 적도 없을 것이었다. 생활환경의 차이를 고려해 시스템 변화가 이루어져야 했다. 서구 사회의 대형 공장 이외의 생산 환경에 맞는 국제 기준이 필요했다. 현대 설비를 갖출 만한 자본을 가진 소유주만 인정해왔기에 가난한 여성은 국제무역에서 제외되었다.

MWEDO 감사에도 신원 확인 문제가 있었다. 마사이족은 아동 결혼 문화가 있었고, 자녀 양육의 책임이 어머니에게 있었다. 그래서 자녀를 돌보기 위해 꼭 일해야 하는 아주 어린 어머니가 많았다. 아프리카 시골 지역에는 출생 기록조차 없는 사람이 많았다. 그래서 제 나이를 모르는 여성도 상당수였다. 영양실조로 18세 여성이 12세처럼 보이기도 했다. 감사를 받으면 많은 노동자가 미성년자처럼 보였다. 생일을 증명할 수도 없었지만, 그들은 자녀를 키우고 있었다. 이런 경우 감사 담당자들은 어린 어머니의 나이를 확인할 때까지 온 마을을 수소문하는 수고를 마다하지 않았다.

신원 확인 문제는 은행 계좌, 전화 혹은 신용카드를 만드는 공식적인 등록이 필요한 상황에서 매번 발생했다. 프로젝트 실행 후 마스터카드 같은 기업은 개발도상국 정부와 협력해 시골 지역 여성을 비롯한 모든 사람에게 신분증을 발급해줬다.

원자재에 대한 접근도 문제였다. 북아메리카에서는 재료를 온라인으로 주문하고 다음 날에 문 앞까지 배송받을 수 있었다. 반면에 개발도상국에서는 일부 재료를 구하기 어려운 경우가 많았다. 케냐 여성은 직물 바구니에 쓸 착색제를 구할 수 없었다. 그들은 돌 난로와 강물을 이용해 라피아야자 섬유를 물들였다. 그런 다음 덤불에 늘어놓고 태양 빛으로 말렸다. 단계마다 발색이 조금씩 달라질 수 있었다. 그렇게 되면 월마트의 품질 인증을 통과하지 못할 수도 있었다. 그들은 재료 조달과 기술에 도움이 필요했다. 이 과정을 도우면 또 다른 장애물을 제거할 수 있었다.

북아메리카 기업은 기술적으로 발전된 시장 여건뿐만 아니라 시장 윤리도 유리했다. 덴버의 비영리단체 우먼스 빈 프로젝트Women's Bean Project는 콩으로 만든 상품을 판매했다. 그들이 사용하는 콩의 가격이나 이용 가능성이 달라지면 공급자는 미리 연락을 줬다. 대체품을 제안하고 지연 사실을 알려 대비할 수 있도록 한 것이었다. 하지만 개발도상국 여성에게는 이런 협력 과정이 쉬운 일이 아니었다.

개발도상국 여성은 기술에 관한 조언, 원자재 접근부터 제작까지의 모든 과정에 도움이 필요하다. 북아메리카 기업의 제작 과정을 예로 들어보자. 제품을 디자인하고, 제작 사양과 가격을 정하고, 생산 공장과 계약을 맺는다. 미국이나 캐나다에 있는 시설을 활용하기도 하지만 다른 곳에 있는 공장에서 제작하기도 한다. 공장은 작업에 필요한 설비를 갖추고 제작 사양을 맞춰야 한다. 이 모든 과정에 인맥이 작용한다. 네트워크의 일원이 아닌 개발도상국 여성은 그 과정을 소화하기 어렵다.

제품이 들어오면 태그를 붙이고 소매업자에게 운송하기 위해 포장을 해야 한다. 수량이 많다면 이 과정도 엄청난 작업이다. 북아메리카 여성 대부분은 이런 과정을 대신해주는 풀필먼트fulfillment[30] 회사가 있다는 사실을 몰라 몇 달에 걸쳐 직접 포장했다.

여성 기업이 늘어나고, 여성 기업의 필요를 인식하는 이들이 있다면 학습곡선은 덜 고통스러울 수 있다. 예를 들어 미국과 캐나다에서는 상공회의소나 로터리클럽 같은 자원봉사 기관을 통해 기술적 조언을 얻을 수 있다. 개발도상국에서는 농업 현장 요원의 배치 등 여성 개개인에게 원조를 제공할 수도 있을 것이다.

빈곤한 국가 EWT 공급자에게 배송 및 세관은 비용과 위험을 더한다. 생산 지점에서 수출 지점으로 운송하는 과정은 비용이 많이 들고 까다롭다. 설상가상으로 세관원이 뇌물을 요구하거나 세액을 제멋대로 바꾸기도 한다. 나이로비에서 라피아야자 바구니를 운송하려던 공급자에게는 이런 일도 있었다. 그녀는 많은 절차로 다양한 문제를 겪고 예상치 못한 제작비를 감당했다. 심지어 수출 지점 세관원이 초기 견적과 다르게 수수료를 요구하는 바람에 수익보다 비용이 더 커진 일도 있었다.

세관의 부패는 남성보다 여성에게 더 큰 문제다.[4] 여성이 세율, 규칙을 잘 모른다고 생각하는 세관원은 여성을 속여도 괜찮다고 생각한다.

---

30   주문 처리, 물류 대행.

개발도상국은 거의 주요 항구가 한두 군데밖에 없다. 수출 과정에 여성을 도울 수 있는 전담 요원을 배치한다면 효율성이 크게 향상할 것이다. 이는 여성 기업의 수출을 늘리는 과정에 중요하고 직접적인 도움이 될 것이다.

스타일과 자본금의 한계에 부딪히다

뜻밖에도 개발도상국에서 여성 기업가의 성공에 가장 큰 장애물은 스타일이다. 박사과정을 밟던 메리 존스톤 루이스Mary Johnstone-Louis와 나는 2012년 멕시코시티 국제무역센터에서 주최한 여성판매인박람회에 갔다. 이 행사는 여성 기업가, 특히 개발도상국 여성이 대규모 구매자와 위커넥트를 상대로 홍보하고 계약할 기회를 마련하는 무대였다.

교류를 시작하면서 구매자들은 개발도상국 여성이 시장에 내놓을 만한 물건을 만들지 못하고 있다고 탄식했다. 서구 소비자가 찾는 물건이 아니라는 뜻이었다. 하지만 개발도상국 여성은 서구 시장에 관해 아는 바가 없었다. 이들은 자신의 상품이 소비자 안전 테스트를 거치고 동물 복지 인증을 받아야 한다는 사실을 듣고 놀랐다.

상하이, 뉴욕, 밀라노 등에서 열리는 국제무역박람회는 이들이 참여하기에 비용이 너무 많이 들었다. 이런 여성들이 참석할 수 있는 박람회가 따로 마련되어야 했다. 초기 비용이 많이 들겠지만, 여성들이 시스템에 빠르게 적응하고 그것을 활용한다면 그만큼의 비용을 상쇄할 수 있을 것이었다. 몰도바의 어느 여성 패션 디자인 회사는 단 1번의 국제무역박람회 참석으로 큰 전환을 맞았다.

글로벌 굿즈 파트너스의 디자이너들은 전통적 구슬 장식 기술을 이

354

용하면서도 유행하는 스타일에 맞는 장신구를 제작하기 위해 마사이족 여성들과 협력했다. 하지만 모두의 노력에도 불구하고 상품은 월마트 창고에 1년 이상 보관되고도 팔리지 못했다. 월마트가 모든 비용을 부담했지만 판매 실패로 EWT는 더 진행될 수 없었다.

월마트 고객은 EWT가 지속될지를 결정하는 최종 심판관이었다. 미국인이라면 대부분 월마트에서 쇼핑해본 적이 있지만 정기적으로 월마트를 찾는 이들은 빠듯한 예산으로 사는 사람들이었다. 한정된 돈으로 현명하게 구매해야 하는 이들에게 실험적인 세계 발전 프로그램을 위해 높은 가격을 부담하라고 요구할 수는 없었다.

프로섹트를 진행하는 동안 월마트의 저가 정책으로 인해 개발도상국 여성이 피해를 보는 것은 아니냐고 질문하는 이들이 종종 있었다. 이 같은 질문을 하는 사람들은 월마트에서 쇼핑하는 가난한 이들도 피해를 입으면 안 된다는 사실을 잊는 경우가 많았다. 월마트 상품의 가격 선을 정하는 주체는 월마트 고객이다. 더블엑스 이코노미를 진정으로 자유롭게 하려면 모든 여성의 이해관계에서 균형을 추구해야 한다.

때로는 월마트 고객이 받아들일 수 있는 가격의 제품을 만들기가 힘들 수 있다. 어떤 브랜드는 선댄스Sundance나 앤트로폴로지Anthropologie 와 같은 고급 아울렛을 통한 온라인 판매에 더 적합한 상품을 개발할 수도 있다. 브랜딩의 주목적은 높은 가격을 요구할 수 있을 만큼 다른 상품과 차별화하는 것이다. 미국광고주협회Association of National Advertisers in the United States나 유럽브랜드협회European Brands Association 같은 조직이 여성 기업의 마케팅 조언가로 나선다면 큰 도움이 될 것이다.

소셜 미디어도 도움이 될 수 있다. EWT 공급자들은 월마트 웹 사이트에서 그들의 상품이 충분히 홍보되지 못한다고 토로했다. 그 사이트는 여성이 만든 상품을 찾거나 이름으로 상품을 찾는 구매자를 위한 것이었지만 모두 드문 경우였다. 게다가 온라인 인터페이스 전반에 걸쳐 경쟁 우선순위가 너무 많았다. 그래서 비즈니스에 필요한 만큼의 시각화를 유지하기가 힘들었다. 국제사회에서 마케팅 조언과 지원을 아끼지 않고, 디지털 결과를 최적화하는 도움을 준다면 소규모 공급자에게 큰 혜택이 될 것이다.

여성 기업 제품은 그 자체로 홍보 효과가 있었다. 월마트가 실시한 소비자 설문에 따르면, 소비자의 절대다수를 차지하는 여성은 다른 조건(특히 가격)이 동일하다면 여성 기업 제품을 선호하는 것으로 나타났다. 월마트는 모든 소매점에서 여성 기업 제품을 표시할 수 있도록 WBENC가 로고를 개발하는 것을 도왔다(표32 참조).

EWT 공급자는 제작비를 마련하고 노동자에게 임금을 지급하는 과정에 어려움을 느꼈다. 이들은 자본을 오래 확보하고 있을 여유가 없었다. 선적, 송장 작성, 주문 처리, 지불에는 대기시간이 필요했다. 북아메리카에서 은행은 월마트의 구매 주문을 토대로 신용을 연장하기도 했다. 하지만 개발도상국에서 은행은 부동산 담보 없이 대출을 주지 않았다. 토지가 없는 여성 기업은 구매 주문이 있어도 대출을 받을 수 없었다.

프리디 형제는 문제를 해결하기 위해 은행과 사회적 영향력을 가진 투자자에게 끈질기게 접근했지만 성과는 없었다. 존 프리디는 언젠가 이렇게 말했다. "문제를 파악했어요. 우리는 여성 기업의 성장을 원하지만 그들에게는 자본금이 없습니다. 기업이 확장할 기회를 만들기 전에 자본금부터 모아야 합니다. 누가 돈을 쥐고 있을까요? 바로 남성이에요!

표32. 소매점에서 여성 기업 제품을 표시할 수 있도록 개발된 로고.

출처: 여성기업협의회, https://www.womenownedlogo.com.

여성 기업이 우리 프리디 형제에게 자본금을 얻는다고 가정해보세요. 우리는 여성 기업을 돕기를 원하지만 결국 여성 기업은 자본을 가진 남성의 것이 되고 맙니다."

글로벌 굿즈 파트너스는 비영리 사회적 기업이기에 영리단체는 이용할 수 없는 자금 지원을 받을 수 있었다. 글로벌 굿즈 파트너스가 주문 금액의 50%를 선불로 지급하면 공급자는 제작비와 임금을 지불할 수 있었다. 여성이 자금에 동등하게 접근하는 해결책은 아니었다. 하지만 이런 자금 조달책 없이는 여성 기업들이 운영을 지속하기가 힘들었다.

세계은행의 여성 기업가 금융 이니셔티브Women Entrepreneurs Finance Initiative(이하 We-Fi)는 여성 기업 지원에 쓸 수 있는 3억 달러(약 3,840억 원)의 자금을 전 세계 지역개발 은행에 배부했다. 시간이 지날수록 We-Fi 의 성 인식은 향상했다. 여성의 신용뿐만 아니라 자기자본을 비롯해서 다른 주제에도 집중하게 되었다. 이러한 인식 향상은 다양한 인센티브 와 지원 정책을 통해 여성이 자기자본을 형성할 수 있도록 돕는 노력 으로 이어졌다. 변화를 만들기 위해서는 세계은행 같은 영향력과 권위 를 가진 조직, 그리고 자극제와 완충제 역할을 할 자금이 필요했다. G7, G20, APEC 같은 주요 국제경제기구와 지도자가 관심을 기울이면 쉽게 성취될 수 있는 사안이었다.

결국 월마트는 개발도상국의 여성 기업을 위한 생태계가 소규모 기업과의 계약에 도움이 되지 않는다는 결론을 내렸다. 월마트는 기존 공급자 중 여성 기업이 더 성장할 수 있게 돕고 좋은 결과를 내는 다른 프로그램에 집중하기로 했다. 나는 월마트의 결정에 실망했지만, 이해할 수 있었다.

WTO, 국제경제에서 여성의 권리를 선언하다

기업, NGO, 국제기구, 여성 단체, 정부가 협력하는 작업이 이어지며 개인과 기업의 움직임을 넘어 전 세계의 경제 생태계에 대대적 변화가 필요하다는 점이 분명해지고 있다. 여성이 세계경제에서 동등한 지위를 얻으려면 세계경제를 관리하는 최고위층이 성 평등에 한층 더 다가서야 한다. 캐나다 지도부의 사례는 이것이 실현될 희망을 보여주었다.

캐나다는 세계 최초로 페미니스트 총리와 페미니즘 국외 정책을 가진 정부임을 강조하며 실천을 통해 그 사실을 증명하고 있다. 국제무역을 대하는 캐나다의 새로운 점진적 접근법은 새로운 세계 질서에 대한 비전이다. 캐나다 정부는 파괴적이고 지속 불가능하다는 이유로 세계 주요 경제 철학에 따라 무역을 실행하지 않겠다고 확고히 주장한다.

캐나다는 세계경제가 인간적이고 지속 가능한 미래로 나아가는 주요 전략이 성 문제에 집중하는 것이라고 꼽았다. 캐나다의 무역 위원회는 국제무역에서 여성에 대한 장벽을 제거함으로써 1,140억 달러(약 145조 9,200억 원)만큼 경제를 신장할 수 있다고 예측했다.

2017년 7월 캐나다와 칠레는 성 평등 조약을 담은 국제무역협정을 맺었다. 새로운 캐나다·칠레 자유무역협정의 '무역 및 성' 조항에서는 현 무역이 성 중립적이지 않고, 포용적 경제성장 촉진에 성 관념을 포함하는 것이 중요하고, 성 문제에 대응하는 정책은 지속 가능한 사회경제 발전에 핵심 역할을 담당한다고 강조했다.5

협정의 각 조항에서 캐나다와 칠레는 성 평등에 관한 그들의 약속을 재확인했다. 자국 내에서도 성 평등 법, 규율, 정책, 실행에 대한 대중의 인식을 증진하기로 약속했다. 그것은 여성에 대한 경제적 포용, 리더십 부문과 의사결정 단계에 여성 참여를 늘리는 등 여성의 힘을 강화하는 다양한 활동 계획을 포함했다. 양국은 성별로 구분된 자료를 수집하고 통합해서 분석할 계획이었다.

캐나다·칠레 무역협정은 무역에서의 성 평등 추구를 위한 공동위원회를 구성했다. 이는 NGO, 민간 부문, 국제기구와 협력할 수 있는 명시적 권한을 가졌다. 성 문제에 힘쓰는 많은 조직과 함께 성별 친화적 생태계를 조성하기 위한 무대를 마련한 것이다.

캐나다는 다른 국가들이 캐나다의 사례를 본받도록 적극적으로 설득했다. 캐나다는 2017년 부에노스아이레스에서 열린 세계무역기구(이하 WTO) 회의에서 무역과 여성의 경제력 강화 선언Declaration on Trade and Women's Economic Empowerment의 초안 작성에도 관여했다. 선언을 주도한 인물은 유엔 산하 국제무역센터(이하 ITC)의 아란차 곤잘레스 전前 사무총장이었다.

그녀는 2015년 여성을 위한 권력 이동 포럼의 개회 연설을 맡았다. 그날 아침 총장은 세계시장의 성 불평등이 얼마나 불명예스러운 일인지 열변을 토했다. 또한 여성 기업가 중 11%만이 중요한 의사결정에 참여한다는 사실을 설명하면서 ITC는 공식적으로 2020년까지 100만 명의 여성이 국제무역에 참여할 수 있도록 힘쓰겠다고 발표했다. 목표가 실현되면 세계의 GDP가 148조 달러(약 17경 9,200조 원) 가까이 증진할 것이라고 ITC는 전망했다. WTO의 선언 지지자들은 성 문제 해결이 WTO가 더 진보적인 과제로 나아갈 첫 걸음이 될 것이며, 이러한 문제 제기로 유엔 또한 진정한 사명으로 돌아갈 것이라고 설명했다.6

1945년 작성된 유엔헌장에서 국제무역은 평화의 지지라는 새로운 목표에 집중하기로 했다. 55조 '국제경제와 사회 협력'에서는 세계경제 주요 목표가 국가 간의 평화적이고 우호적인 관계에 필수적인 안정과 행복이라는 조건을 만드는 것이라고 명시했다.7 유엔은 세계은행, IMF, ITC, WTO의 전신을 포함해 새로운 경제 안건을 전담하는 기관을 세웠다. 하지만 무역이 1948년의 관세 및 무역에 관한 일반 협정General Agreement on Trade and Tariffs에 따라 분리되었을 때, 경제학과 인도주의적 임무도 분리되었다. 그 당시 무역 정책은 1950년대 경제학에서 일반적이던 강권주의might-is-right 사상을 따랐고, 이는 향후 75년 동안 유지되었다.

그러한 흐름 속에서 2017년 WTO의 선언을 통해 여성의 권리가 국제경제와 인도적 안건에서 다시 한번 다루어진 것이다. 선언은 구속력을 갖지 않지만 국내 및 국제 정책에 적용될 수 있는 성별 기반 분석을 가능하게 했다. 여성 기업가 정신과 금융의 포용성을 장려하며 여성의 무역 참여를 가로막는 장벽을 제거하고 유용한 성별 통계와 연구까지 개발하는 중요한 합의였다. 아이슬란드와 시에라리온 정부가 제기하고 119개국(차후 122개국)이 서명했다. 여기에는 미국을 제외한 모든 선진국이 포함되어 있었다. 이슬람 국가에서는 튀르키예와 파키스탄만 서명에 동참했다. 인도는 세계에서 인구가 두 번째로 많고 성차별이 극심한 국가였지만 성 문제는 무역협정에서 고려할 대상이 아니라고 주장하며 서명하지 않았다.[8] 서명을 하지 않은 46개국은 여성을 위한 조달 계약 요청에 불만을 제기했다.

표면적 진보주의자들과 자유의 의미

미국이 서명에 동참하지 않은 것은 전혀 놀랄 일이 아니었다. 미국은 1979년 유엔의 여성차별철폐협약Convention on the Elimination of All Forms of Discrimination against Women도 비준하지 않았다. 이란, 팔라우, 소말리아, 수단, 통가와 함께 이 중요한 조약을 비준하지 않은 6개국에 속했다. 미국은 극단적 시장 철학이 시작된 곳이다. 지금도 시장에서 성 불평등을 포함한 사회문제를 다루어서는 안 된다는 시각을 고수하고 있었다. 미국은 WTO에서 이기적으로 행동하며 진보적 안건에 적극적으로 참여하지 않으려는 움직임을 보였다.

인도의 입장도 비슷했다. 무역이 본래 성 문제를 내포하지 않는다는 말은 시장이 객관적으로 운영된다는 철학에 근거했다. 이것은 현상이 유지될 때에 이득을 보는 이들이 문제를 수월하게 넘어가기 위해 쓰는 명제다. 이 철학을 따르는 것은 현 세계 교환 체계의 구조와 가치, 수혜자를 지지한다는 의미다. 이러한 관점은 갈등 없이 성 관점과 결합할 수 없다. 성 관점은 객관적이라는 세계 질서에 실은 두 가지 다른 경제가 존재하며, 어느 한쪽이 다른 한쪽과 비교할 때 구조적으로 심한 불이익을 당한다는 사실을 인정하는 관점이다.

시민사회의 반응도 실망스러웠다. 일부는 WTO 선언이 성별 포용의 진전을 늦추기 위한 예측 가능한 전략이 되었다고 질타했다. 겉보기에 진보주의적인 관찰자들은 세계 여러 문제가 해결되거나 세계 질서가 무너지고 다른 것으로 대체되기 전까지 여성을 돕는 모든 정책에 반대했다.

이러한 입장은 여성을 인질 삼아 그들이 우선시하는 다른 이데올로기적 의제를 해결하려는 냉소적 시도였다. 여성을 위한 움직임이 잠정적으로 시작되려고 하면 그들은 세계 모든 문제를 전면에 내세우며 "여성은 마지막이다. 다른 모든 것이 우선이다!"라고 외쳤다. 이는 가부장적 정치가 비양심적으로 변화한 형태였다. 시스템 차원의 성 개혁이 고려되는 곳이라면 이러한 유형의 진보주의자를 더 많이 볼 수 있었다.

여성 단체도 이러한 추세에 편승해 성 관점에서 벗어난 성명을 발표했다. 160개 이상의 여성 단체와 협력 조직은 그들의 정부 대표들에게 선언에 서명하지 말 것을 요구하는 청원서를 썼다. WTO의 사상 최초 성 평등 협정에 항의하면서 그들은 이렇게 말했다.

세계 여성 인권 단체는 WTO의 악행에서 관심을 분산하기 위해 계획된, 즉 본질을 흐리는 이 선언에 반대한다. 정부가 여성 인권에 진정 관심이 있다면, 여성의 임금을 낮추고 여성을 모국에서 몰아내며 다국적 기업의 이익을 위해 공공재를 사유화하는 현재 국제무역의 규칙을 변경해야만 할 것이다. 우리는 성 평등 문제가 신자유주의를 정당화하려는 냉소적 책략으로 사용되는 일에 신물을 느낀다.

— 케이트 라핀Kate Lappin, 여성, 법률, 개발에 대한 아시아 태평양 포럼 Asia Pacific Forum on Women, Law and Development 지역 담당자

여성 소작농은 농업 시장을 외국 투자자에게 개방한 자유무역정책으로 큰 피해를 보았다. 무역자유화는 기업의 토지 침해를 심화시켜 여성에게서 토지와 생계 수단을 빼앗는다. 결국 굶주림이 확산하며 공동체가 무너지고 여성은 더욱 불행해진다.

— 제나이다 소리아노Zenaida Soriano, 아미한: 필리핀농민여성연맹Amihan, National Federation of Peasant Women, Philippines 소속

여성은 WTO가 세계 규모에서 자본주의적 가부장제를 어떻게 제도화했는지 보여주는 첫 번째 사례가 되었다. 우리는 여성이 여성과 아동, 농부와 노동자, 그리고 지구의 삶과 생태계를 파괴하는 시스템을 확장하려는 트로이 목마로 사용되게 허락하지 않을 것이다.

— 밴다나 시바Vandana Shiva, 인도 학자, 환경 운동가, 식량 주권 옹호자[9]

이들 주장에서 여성 문제는 얄팍한 덮개, 더 실질적인 문제를 숨기는 트로이 목마처럼 취급된다. 이 주장은 여성 문제가 또 다른 진짜 목적을 위해 소모될 뿐인 사소한 무언가인 것처럼 이야기한다. 오히려 여성을 위해 아무것도 이루어지지 않는 편이 진중하고 실질적이고 이롭다고 생각하는 것이다. 이들에게 여성 문제 해결을 위한 모든 노력은 냉소적 술책일 뿐이다. 토지소유권에 관한 언급("무역자유화는 여성에게서 토지를 빼앗는다")은 충격적 수준의 무지를 드러낸다. 여성에게서 토지를 빼앗은 것은 WTO가 아니다. 애초에 여성은 토지를 소유한 적이 없다.

여성 단체, 비영리단체의 '진보적' 인물들은 빈곤하고 굶주린 이들을 돕는다는 '더 가치 있는' 목적을 위해 WTO와의 긍정적 관계를 용납할

수 없었다. 그들의 시각에서 WTO는 자신들이 저지른 해악에서 시선을 분산하고자 여성 경제권을 미끼로 던진 것이었다. 그렇다면 선택지는 두 가지였다. WTO에 반대하거나, WTO와 함께하며 죄책감을 느끼거나. 어느 쪽이든 더 생산적이라고 보기는 어려웠다.

신자유주의는 용어의 무분별한 사용으로 제대로 된 의미를 파악하는 것조차 어려워졌다. 신자유주의는 자유방임주의에 대한 맹신을 의미할 수도 있다(나는 이를 극단적 시장경제학이라고 불렀다). 혹은 구조적 문제를 다루지 않고 개인이 스스로 문제를 해결하기를 기대하는 이데올로기를 의미할 수도 있다. 'WTO가 세계시장에서 여성 소외 문제를 해결하기 위해서 나서야 한다'라고 설득하는 이들은 둘 중 어느 쪽에도 해당하지 않는다.

신자유주의는 19세기 자유주의의 결함을 인정하고 공공의 이익을 위해 정부에 의한 사회 정책의 활동 범위를 확대하려는 사상이다. 19세기 자유주의의 결함은 자본가와 노동자 사이의 평등한 교환은 이상에 불과하고 둘 사이에는 착취에 가까운 불평등 교환만 만연한다는 점이었다. 이런 문제에 대응하는 개념이라면 신자유주의는 현재 경제 구조 내에서 (정부와 기업, 조직의 개입을 어느 정도 인정하는 선에서) 경제적 약자를 구제하며 일하는 모두에게 적용되는 별칭일 것이다.

이러한 신자유주의를 피해 가려면 그 어떤 국제경제 조직이나 기업과도 일해서는 안 된다. 164개국 회원국을 포함해 WTO에 대표를 보내는 어떤 정부와도 일해서는 안 된다. 현재 경제 구조에 관련된 그 어떤 조직과도 일해서는 안 된다.

어떤 비평가는 자본주의를 지금까지 존재해온 가부장제의 유일한 형태로 취급하기도 한다. 이러한 관점은 여성이 오래도록 겪은 끔찍한 경험을 모두 부정한다. 가부장제는 다양한 형태와 무한한 생명을 가진 권력이다. 이 비평가의 관점에 따르면 구석기 가부장제, 약탈 가부장제, 원예 가부장제, 유목민 가부장제, 전사 가부장제, 농업 가부장제, 사회주의 가부장제, 공산주의 가부장제, 소비에트 가부장제가 존재하지 않는 것으로 치부된다. 모든 경제 유형에서 여성은 동등한 참여를 막는 독특한 제약 조건으로 고통을 겪는다. 가부장제의 형태는 유일하지 않다.

인구의 절반은 충분히 많은 숫자다. 5,000년간 이어진 잔혹성은 고통 그 자체였다. 희망찬 미래를 확보한다는 것만으로 성 불평등을 해소할 이유는 충분하다. 이제 더블엑스 이코노미를 돌아볼 시간이 왔다.

세계시장의 문을 두드리다

인류가 여성을 대한 방식은 우리 역사에서 매우 어두운 부분이다. 오랜 시간 우리는 고통스러운 현실을 마주하기가 두려운 듯 여성 문제에 관심을 기울이지 않았다. 이제 이 비극은 역사부터 통계까지 방대한 증거를 통해 드러났다. 통계는 구원의 길을 제시하기도 한다. 정의와 연민, 그리고 모든 인류의 물질적 복지를 위해 여성의 경제적 역량 강화라는 중요하고도 새로운 여정에 여러분이 동참해주기를 간청한다.

세계적으로 여성은 1,000년간 이어진 경제적 관행으로 고통을 겪어왔다. 소녀들은 자신의 의사와 무관하게 거래되었다. 지참금이 소진된 신부는 화형당했다. 미망인은 자신과 자녀의 생존을 위해 성적 모욕을 받아들여야만 했다. 가정 내에서 일어난 사소한 잘못에 대한 벌로 남편은 아내를 굶겼다. 달아날 곳 없는 어머니들은 자녀를 위해 가정폭력을 견뎌야 했다.

우리는 이제 지구상 어디에 사는 여성이든 경제 메커니즘으로 인해 의존적이고 불평등한 관계를 견뎌야 했다는 사실을 안다. 남성은 자본을 독점하고 가족 수입을 도용했다. 결혼은 여성에게 취업의 방해 요소가 되었고, 여성은 직장 내 성폭행을 견뎠다. 여성은 두뇌에 대한 편견을 견뎌야 했고, 부당한 노역을 부담했으며, 모성에 대해 처벌받았다.

더블엑스 이코노미의 배제는 사회 전체에 엄청난 비용을 초래한다. 어린 딸을 결혼으로 팔아넘기는 까닭에 청소년 출산율과 유아 사망률이 높아진다. 무일푼이 된 미망인은 극빈층의 큰 부분을 차지한다. 여성이 토지를 소유할 수 없는 까닭에 식량 불안과 세계 기아 문제가 악화된다. 불평등한 수입이 수십 년간 이어지므로 나이 든 여성은 정부 보조금에 의지한다. 여성에게 자율성을 주지 않는 국가는 그로 인한 사회 문제에 막대한 비용을 지출한다. 여성에게 경제력을 부여하지 않음으로써 아이들이 굶주리고 병들고 교육받지 못한다.

기회비용 또한 만만치 않다. 일하는 여성은 경제성장에 있어 가장 신뢰할 만한 자원이다. 보육 시설이 없어서 혹은 남편이 집 밖으로 나가지 못하게 해서 여성은 집에 머물러야 한다. 이로써 여성뿐만 아니라 국가 전체가 많은 것을 잃는다. 많은 사회에서 여성 교육에 큰 비용을 투자해 놓고는 여성을 직장에서 몰아내 귀중한 자원을 낭비한다.

더블엑스 이코노미에 대한 제약을 완화하려는 전 세계적인 노력을 통해 가장 비극적인 문제가 해결될 수 있다. 여성의 경제적 역량 강화는 빈곤에 맞서는 가장 효과적인 무기다. 경제적 자주권을 가진 여성은 학대에서 벗어날 수 있다. 어린 여성들은 인신매매로부터 자신을 지킬 수 있다. 성 평등은 모든 유형의 폭력을 줄인다.

여성을 온전히 포용하여 얻는 이로운 효과는 제도적이고 국가적인 수준에서 관찰될 수 있다. 금융 체계에 여성을 포함하면 제도적 이익이 생성된다. 위험이 줄고 투명성이 커져 경제 전반에 안정성이 신장된다. 국제무역에 여성의 참여를 늘리면 국가 회복력과 혁신성이 향상된다. 여성에게 소비할 돈이 생기면 인적 자본이 개발되고, 공동체 투자와 자선 기부금도 늘어난다. 여성이 경제적 리더십을 얻으면 수익이 늘고 위험성이 낮아진다. 환경 훼손이 줄고 업무 환경이 개선된다.

더블엑스 이코노미는 성장을 일으키고 비용을 줄이는 힘을 갖는다. 포용한다면 충분히 자신의 임무를 수행할 것이다. 예를 들어 자녀 돌봄 서비스에 대한 투자는 자녀를 돌보기 위해 집에 머물 수밖에 없던 여성 인력을 노동시장에 유입시킨다. 이는 GDP의 상승과 세수 증가로 이어진다. 여성이 노동시장에 유입된다고 해서 남성이 일자리를 잃는 것은 아니다. 오히려 경제성장을 일으켜 일자리 창출로 이어진다.

남성은 경제적인 책임을 여성과 분담함으로써 다른 면에서 혜택을 누릴 수 있다. 과도한 업무, 남성 위주 직장 문화, 1인 가장으로서 가족 부양은 남성에게 너무도 큰 부담으로 작용한다. 직장과 가정에서 성별 친화적으로 기여한다면 남녀 불문 최상의 경제적 결과를 얻을 수 있다. 남성과 여성이 팀을 이루면 투자 결과가 좋아지고 생산성이 향상한다. 실패율은 줄고 수익은 느는 것이다. 가사 노동과 임금노동을 분담하는 부부는 자녀와 좋은 관계를 유지하고 평등을 추구하며 서로 간 긴장이 줄어든다.

더블엑스 이코노미의 제약을 제거하는 데에는 저항도 있을 것이다.

일부 남성은 전통적 남성성에 대한 집착을 버리는 과정에서 고통까지 느낀다. 그들의 분노는 위험을 초래할 것이다. 우리는 함께 그에 맞서 이 시급한 문제를 해결해야 한다.

경제학자들 역시 저항할 것이다. 경제학은 종의 절반을 체계적으로 배제하는 이 현상을 설명할 수 없기 때문이다. 경제학자들은 여성 불이익이 선택에 따른 결과라고 주장한다. 세계경제의 모든 영역에서 모든 여성이 자멸적 선택을 하거나 성공 자질이 부족하다고 믿게 강요한다. 하지만 수백만 여성이 똑같이 나쁜 선택을 내리고, 똑같은 부적합성을 가질 리는 없다. 더블엑스 이코노미가 비극적 역사를 겪어왔을 뿐이다. 우리가 모두 함께 노력한다면 이 추악한 역사를 고치고 그 자리를 번영의 평화로 채울 수 있다.

여성에 대한 조직적 제약을 제거하려면 모두가 함께하는 전 세계적 움직임이 필요하다. 해야 할 일은 많고 쉽지 않을 것이며 신속히 이루어지지 않겠지만 그 변화는 노력의 가치를 충분히 발휘할 것이다. 우리는 수천 년 동안 여성과 남성 모두를 지배하고 지구를 파괴해온 가부장적 착취로부터 자유로우면서도 포용적인 세계경제를 만들기 위해 나아갈 수 있다.

인류가 지배가 아닌 공유의 윤리를 추구하려면 그야말로 점진적인 도약이 필요하다. 우리가 나아가야 할 길은 명확하고 잠재력 또한 무한하다. 더블엑스 이코노미의 자유를 위해 모두 함께하자.

에필로그

우리는 변화를 만드는 하나의 물결이다

우리가 나아가야 할 중대한 여정에 있어서 모두가 해야 할 일이 있다. 나는 더블엑스 이코노미를 설명하면서 몇 가지 제안을 내놓고 그 한계와 방안을 공유했다. 에필로그에서는 글을 마무리하며 더 많은 아이디어를 공유하고자 한다. 하지만 먼저 우리 모두가 지나온 길을 되돌아보아야 한다. 여성이 감당해온 한계를 생각해보고 그 장벽을 조금이라도 움직일 방법을 모색해 어떻게 적용할 수 있을지 고민해보자. 나는 국제사회와 개인이라는 두 가지 분야에서 구체적 방법을 제시하고자 한다.

국제사회의 과제

글로벌 거버넌스에서의 여성 경제 문제 논의

여성은 경제의 글로벌 거버넌스global governance[31]에서 목소리를 내지 못하고 있다. 지난 몇 년간 G7, G20, APEC은 외부를 대상으로 한 공개

---

31   세계 문제 해결을 위해 국제사회가 협력하는 정치적 상호작용.

발표에 착수했다. 하지만 대부분 이런 활동은 포용하는 모습을 보여서 여성운동가들을 달래려는 노력에 불과했다.

이런 경제협력 정상회담은 여성의 경제 문제를 제기하는 여성 주간을 별도로 개최한다. 하지만 이 행사에 본부 대표단은 참석하지 않는다. 적어도 6개월 후에 본부의 주요 회의가 열린다. 이때도 여성 대표단은 참석하지 않는다. 두 행사의 유일한 연결 고리는 여성 주간에서의 주된 내용을 요약해 본부 대표단에 보내는 것뿐이다. 대체로 이 문서는 기존 관행과 정책에 대한 정보와 증거를 기반으로 하기보다 여성 주간에서의 합의에 따라 급하게 작성된다. 이런 문서에 본부 대표단이 얼마나 관심을 기울일지 의심스럽다.

여러 부문에서 여성 경제학에 대한 전문 지식 부족은 고통스럽지만 명백한 사실이다. 2018년 4일간 이어진 APEC 여성 주간에서 경제학을 거론한 연설자는 오직 3명이었다. 나머지 발표자들은 생식권의 자유, '경제학적 관심이 빠진' 여성에 대한 폭력 혹은 전문직 종사자들(사업가, 후원가, 현지 기업가 등)을 언급했다. 막바지에는 APEC에서 어떤 조처를 해야 할지 급히 투표를 진행했다. 여성 주간은 거의 이런 방식으로 진행되었다.

APEC의 대표는 대체로 남성이다. 그가 여성 주간에 참석해 '여성은 경제학에 무지하다', '여성 문제는 WHO 같은 단체에서 이미 전부 다루었다' 하는 식의 결론을 내리더라도 아무도 이의를 내놓지 않을 것이다. 경제 이슈를 다루는 회의에서 생식권을 언급하고 논하는 것은 '여성은 아이를 낳는 존재일 뿐이다'라는 관념만 무의식에 강조한다. 결국 여성 경제학은 더욱 설 자리를 잃는다.

370

경제 글로벌 거버넌스에 관여하는 남성 대부분은 더블엑스 이코노미에 관심을 기울이기를 당당히 거부한다. 약 2년 전, 세계 전문 인력이 참여하는 세계은행 내부 교육 회의에 패널로 참석했다. 당시 참석자는 약 400여 명이었는데 여성 경제 패널은 25명만 참석했다. 같은 해 W20은 실질적으로 남성만으로 구성된 싱크 탱크 20Think Tank 20에 발표를 위해 초대되었다. 남성들은 환경 문제를 비롯한 여러 발표에 참석했다. 하지만 W20이 무대에 오르자 그들은 자리를 떠났다.

더블엑스 이코노미에 대한 총체적 공감 결여로 다른 회의에서도 그 목적이 분산되고 약화되었다. 최근 열린 여성의 경제적 자주권에 관한 유엔 고위급 패널은 세계적 공감대를 얻어낼 절호의 기회이자 경제적 관점에 따른 여성운동의 시발점이었다. 하지만 패널들은 대부분 다른 이해관계와 이데올로기에 대한 영역 싸움에 빠지고 말았다. 더블엑스 이코노미를 다루기 위한 국제적 노력에 합류할 참석자는 전문성, 여성 문제에 관한 진지함, 독립성에 따라 선정되어야 모두가 함께 여성 문제에 집중할 뿐만 아니라 다른 안건 때문에 여성의 이익을 제쳐놓지 않을 것이다.

정보에 입각한 견지에서 여성의 경제적 이해를 옹호하기 위한 독립적인 글로벌 조직을 개발하고 자금을 지원해야 할 필요가 절실하다. 이 조직은 장소와 직원을 확보하고 전 세계 정상 회의에 대표자 자격으로 참석할 권한을 얻어야 한다. 이 조직은 여성 경제학에 관한 연구 자료의 보고寶庫가 되어야 하며 진전 상황을 모니터하고 보고해야 한다. 수년간의 표류 기간에도 불구하고 W20은 그 시작점이 될 가능성이 가장 큰 것으로 보인다. 네덜란드의 막시마 왕비Queen Máxima는 W20의 자금 모금과 형성을 주도하는 역할을 담당해왔다. 이 노력이 성공을 거둔다면 모든 여성이 혜택을 누릴 것이다.

WTO 같은 조직은 성 관점을 채택하기 위한 더 큰 노력을 기울여야 한다. 캐나다는 좋은 예시를 보여주고 있다. 이런 노력을 지지하는 가장 탁월한 방법은 각 나라의 시민이 정부에 압력을 넣는 것이다. 지도부는 안건을 마련한 뒤 전 세계적 우선 과제로 지정할 수 있다. 이제 이들은 충분히 성 중립적 관점을 따르고 있다고 안일하게 생각해서는 안 된다. 이들은 시민을 위해 일하는 사람들이다. 그들이 책임져야 한다.

여성 친화적 리더십과 전문 지식 양성

크리스틴 라가르드 유럽중앙은행 총재(전前 IMF 총재)나 캐나다의 저스틴 트뤼도Justin Trudeau 총리 같은 지도자는 큰 변화를 주도해왔다. 국제 경제 조직에서 여성 친화적 리더십의 지지는 극히 중요하다.

민간 부문 리더십의 지지 또한 매우 중요하다. 나는 기업이사회에서 여성을 지지하는 운동을 마치 부유한 여성에게만 이득이 될 조직이라고 일축하는 이들에게 큰 실망감을 느낀다. 기업의 지도자는 그곳에서 일하고, 물품을 공급하고 소비하는 모두에게 영향을 준다. 그뿐만 아니라 기업이 속하는 공동체와 환경에도 영향을 미친다. 그 영향력의 범주는 평등 임금과 경력개발, 근로자와 상품의 안전에서 투명성과 부패에 이르기까지 다양하다. 특히 여성 경제 리더의 존재는 매우 중요하다.

경제 부문에 여성에 관한 전문 지식의 부족은 유감스러운 수준이다. 이는 성별 친화적이지 못한 경제 부문의 특성에 기인하는 바가 크다. 전 세계 대학, 정부, 기관에는 유용한 조언을 제공할 수 있는 여성 경제 전문가가 많다. 이들을 발굴해 지원하고, 한 자리에 모아 정책을 만들고, 다른 정책 공동체와 협력할 수 있도록 도와야 한다. 젊은 여성들이 관련 프로그램을 실행하도록 격려하고 차세대의 직책을 맡을 인물로 양성해야 한다.

여성에 대한 직접적인 자금 지원

여성의 경제적 자주권을 금전적으로 지원하기 위해서는 세계 자선단체를 납득시켜 관심을 끌어야 한다. 기부국의 시민은 자국의 국제 원조 예산 일부를 여성을 직접 돕는 데에 써달라고 요청해야 한다. 예산의 상당 부분이 군비로 쓰이거나 부패에 악용되게 내버려두어서는 안 된다. 여성에 대한 지원은 효과적으로 생산적 결과를 유발할 것이다.

개인의 행동

여성을 지원하는 투자

투자자는 여성을 지지하는 기업, 여성 기업, 여성에게 혜택을 주는 대규모 프로젝트에 투자해야 한다. 에인절 투자를 위한 여성 투자자 연합이 형성되어야 한다. 소규모 투자자도 이런 움직임에 동참할 수 있어야 한다. 크라우드 펀딩은 누구나 참여할 수 있다. 많은 투자자가 이에 동참할수록 더 좋은 결과가 나올 수 있다.

성 평등을 위반하는 기업의 주식은 처분해 압력을 행사할 수 있다. 이 같은 행동이 변화를 이끈다. 성 평등에 좋은 점수를 얻는 기업이 더 많은 지원을 받으면 다른 기업들에게도 경영에 좋은 본보기가 될 것이다.

기업의 성 평등을 장려하는 똑똑한 소비

목적의식이 있는 소비도 좋은 아이디어다. 다만 보이콧은 도움이 되지 않고 오히려 노동자에게 해가 될 수 있다. 여성 친화적 기업의 상품을 적극적으로 구매한다면 경쟁사 개혁에 도움이 될 것이다.

몇 가지 방법으로 기업이 성 평등을 지지하는지 판단할 수 있다. 블룸버그 성 평등 지수를 활용할 수도 있고, 엣지 인증Edge Certification을 활용할 수도 있다. 기업주가 엣지 인증을 얻기 위해서는 비용이 많이 들고 까다로운 절차를 거쳐야 한다. 엣지 인증 기업에는 돈을 투자해도 좋다. 이외에도 성 평등 기업 또는 브랜드를 찾거나 순위를 참고하기 위해 앱app을 이용해도 좋다.

소매업체와 마케팅 협동조합에서 여성 기업이나 농부가 생산한 상품을 표시하는 라벨을 제공하기도 한다. 이런 라벨을 발견하고 지원하면 시험 단계에서 실제 적용 단계로 나아가도록 도울 수 있다. 시험 단계에서 판매가 조금이라도 늘면 기업은 경제적으로 여성을 지지하는 다양한 형태를 개발하기 때문이다.

기업 구성원으로서 투명하고 평등한 운영 감시

직장에서는 동료와 매니저로서 행동할 수 있다. 가장 획기적인 방법은 합법적으로 임금의 투명성을 보장하는 것이다. 이는 비공식적 대화에서도 충분히 효과를 발휘할 수 있다. 임금 협상에서 여성에게 작용하는 장애물은 편견과 불투명한 임금 지불 방식이다.

본격적인 멘토링 프로그램이 필요한 것은 아니다. 지나친 비판은 해로울 수 있다. 자신감을 북돋우는 방식이 오래도록 효과가 이어질 수 있다.

능력 내에서 여성을 위한 경력 개발 기회와 프로그램을 마련하는 방법도 도움이 될 것이다.

조직 관리의 많은 전문가와 자문가들이 다양성 성과에 따라 매니저를 평가하고 장려하는 방법을 추천해왔다. 지난 수년간 CEO의 다양성 지향만으로 충분하다고 여겨져왔지만 매니저를 비롯한 직원들이 공동 목표를 추구하는 것 역시 중요하다.

우리 모두는 여성에 대한 폄하 발언을 거부하는 움직임에 동참할 수 있다. 성희롱에 관해 목소리를 높일 수도 있다. 그리고 편견이 심한 이들에 함께 맞설 수 있다.

성 평등 인식 확산을 위한 적극적인 움직임

우리가 함께 여성을 배제하는 방식에 대한 인식을 높이고 영향력의 범위를 확대해 기관에 대한 압력을 강화한다면 변화가 일어날 수 있다. 이 과정은 여러 범주, 다양한 방식에 걸쳐 이루어질 수 있다. 여성의 경제력 강화에 대한 인식과 지지를 소셜 미디어에 공유한다면 그것도 큰 도움이 될 것이다.

언론은 대중에게 많은 영향을 미친다. 언론에서는 다양한 사연과 이미지를 담은 콘텐츠를 전할 수 있다. 세계은행, 국제금융공사, 채텀하우스Chatham House[32], 위커넥트, USAID, DFID, 유엔여성기구 등 국제사회의 움직임을 잘 아는 기관도 대중의 인식을 개선할 수 있다. 대형 기관에서 성별 문제를 담당하는 팀은 대체로 규모가 작다. 그들의 의견을 널리 전

32 　왕립국제문제연구소.

할 수 있다면 도움이 될 것이다.

대중의 인식과 지지는 정부와 자금 투자자, 공공 부문과 민간 부문이 성별 문제에 대해 여성을 돕는 방향으로 행동하도록 만든다. 대중이 이 문제에 많은 지지를 보낼수록 일은 쉽게 풀릴 것이다.

성 불평등에 대한 마땅한 비판

암묵적 편견과 무의식적 편견이라는 용어는 실제로 무의식적이거나 가시적으로 언급되지 않는 편견에 관해서만 사용되어야 한다는 캠페인이 필요하다. 이런 용어가 노골적 편견에 사용되어서는 절대 안 된다. 편견이 있는 사람은 인종차별자들처럼 비난받아 마땅하다.

단체를 조성해 모성 불이익을 끝내야 한다. 공공 연설을 통해 자녀를 돌보는 부모에 대한 불공정 임금을 비판하고 그에 담긴 도덕적 모욕을 제대로 전달해야 한다. 대중의 눈에 띄지 않아도 이는 비열한 태도다. 이 태도와 차별적 행동이 중단될 때까지 그들은 수치심을 느껴야 한다.

여성을 후원하는 기부

여성의 경제력 강화에 집중하는 자선단체는 소수이며 기부 금액도 많지 않다. 여성의 경제력을 강화하는 데에 힘쓰는 단체를 찾아 기부하자. 내가 가장 신뢰하는 단체는 케어이지만 온라인 단체 중에서도 여성의 경제력 강화에 힘쓰는 자선단체가 여러 곳 있다. 분쟁 지역에 집중하는 우먼 포 우먼 인터내셔널도 추천하고 싶다. 여성을 후원하는 자선단체는 후원의 가치를 충분히 발휘할 것이다.

내가 제안한 내용 외에 여러분이 힘을 발휘할 수 있는 곳을 찾아보고 방법을 적용하기를 바란다. 모두가 목소리를 내고 힘을 발휘하면 목표는 쉽게 이루어질 것이다. 역사상 가장 중요한 목표에 동참하고자 하는 여러분을 환영한다.

주석

1장 　 더블엑스 이코노미란 무엇인가

1. Diane Coyle, "Economics Has a Problem with Women," *Financial Times*, August 28, 2017, https://www.ft.com/content/6b3cc8be-881e-11e7-afd2-74b8ecd34d3b; Mary Daly, "Economics Trails the Sciences in Attracting a Diverse Student Mix," *Financial Times*, May 13, 2018, https://www.ft.com/content/d47e885a-539b-11e8-84f4-43d65af59d43; "Inefficient Equilibrium: Women and Economics," *Economist*, December 19, 2017, https://www.economist.com/christmas-specials/2017/12/19/women-and-economics; Elizabeth Winkler, "'Hotter,' 'Lesbian,' 'Feminazi': How Some Economists Discuss Their Female Colleagues," *Washington Post*, August 22, 2017, https://www.washingtonpost.com/news/wonk/wp/2017/08/22/hotter-lesbian-feminazi-how-some-economists-discuss-their-female-colleagues/; Justin Wolfers, "Evidence of a Toxic Environment for Women in Economics," *New York Times*, August 18, 2017, https://www.nytimes.com/2017/08/18/upshot/evidence-of-a-toxic-environment-for-women-in-economics.html; Justin Wolfers, "Why Women's Voices Are Scarce in Economics," *New York Times*, February 2, 2018, https://www.nytimes.com/2018/02/02/business/why-womens-voices-are-scarce-in-economics.html; Ann Mari May, "Women Are Missing from Economics. Here's Why That Matters for All of Us," *Huffington Post*, June 11, 2018; Mark.J. Perry, "Women's Voices Might Be Scarce in Economics, but They Are Abundant and Over-Represented in Most Academic Fields and Graduate School Overall," *AEIdeas*, February 4, 2018, http://www.aei.org/publication/womens-voices-might-be-scarce-in-economics-but-they-are-abundant-and-over-represented-in-most-academic-fields-and-graduate-school-overall; Alice Wu, *Gender Stereotyping in Academia: Evidence from Economics Job Market Rumors Forum*(thesis, University of California, Berkeley, December, 2017), https://

growthecon.com/assets/Wu_EJMR_paper.pdf.

2. Wolfers, "Why Women's Voices Are Scarce in Economics"; American Physical Society, "Doctoral Degrees Earned by Women," https://www.aps.org/programs/education/statistics/fraction-phd. cfm.

3. John T. Harvey, "Do Women Avoid Economics... or Does Economics Avoid Women?," *Forbes*, January 11, 2019, https://www.forbes.com/sites/johntharvey/2019/01/11/do-women-avoid-economics-or-does-economics-avoid-women/#642585aa2f32; Winkler, "'Hotter,' 'Lesbian,' 'Feminazi.'"

4. "Market Power: Women in Economics," *Economist*, March 23, 2019, 11-12; Daly, "Economics Trails the Sciences in Attracting a Diverse Student Mix"; Wolfers, "Why Women's Voices Are Scarce in Economics"; "Inefficient Equilibrium"; Winkler, "'Hotter,' 'Lesbian,' 'Feminazi.'"

5. "Inefficient Equilibrium."

6. Coyle, "Economics Has a Problem with Women."

7. 이 시도는 유엔 개발 프로그램의 1995년 '인간개발 보고서'에서 처음 제기되었다. 그러나 그 후로 침묵이 계속되었다. 세계경제포럼이 2006년 첫 번째 '세계성별격차 보고서'를 발간하면서 다른 기관들도 성 평등과 경제적 건전성의 관계를 보고하기 시작했다. 2006년부터 2012년까지 여러 건의 중요한 보고서가 연이어 발표되었다. 그리고 세계은행, OECD, 유니세프 등 여러 단체의 활동이 해마다 늘고 있다. 2019년 초반을 기준으로 주요 기관의 보고서는 해마다 발표되고 있다.

8. Ronald Inglehart and Pippa Norris, *Rising Tide: Gender Equality and Cultural Change Around the World* (Cambridge, UK: Cambridge University Press, 2003).

9. Katrin Elborgh-Woytek, Monique Newiak, Kalpana Kochlar, Stefania Fabrizio, Kangni Kpodar, Philippe Wingender, Benedict Clements, and Gerd Schwartz, *Women, Work and the Economy: Macroeconomic Gains from Gender Equity* (Washington, DC: International Monetary Fund, 2013); DeAnne Aguirre, Leila Hoteit, Christine Rupp, and Karim Sabbagh, *Empowering the Third Billion: Women and the World of Work* (New York: Booz and Company, 2012); Sandra Lawson and Douglas. B. Gilman, *The Power of the Purse: Gender Equality and Middle-Class Spending* (New York: Goldman Sachs Global Market Institute, 2009); Jonathan Woetzel, Anu Madgavkar, Kweilin Ellingrud, Eric Labaye, Sandrine Devillard, Eric Kutcher, James Manyika, Richard Dobbs, and Mekala Krishnan, *The Power of Parity* (New York: McKinsey Global Markets Institute, 2015); "Pursuing Women's Economic Empowerment, Meeting of the G7 Ministers and Central Bank Governors, June 1-2, 2018, Whistler, Canada," prepared by the staff of the International Monetary Fund, May 31, 2018, https://www.imf.org/en/Publications/Policy-Papers/Issues/2018/05/31/pp053118pursuing-womens-economic-empowerment; UNICEF, *State of the World's Children*.

10. Woetzel et.al., *The Power of Parity*, 26. According to McKinsey, the global average in 2015 was 37 percent. However, the GDP contribution of women is higher in the bigger economies, and it

is growing. On this basis, I have conservatively estimated roughly 40 percent at this time. See also Food and Agriculture Organization, "Women in Agriculture: Closing the Gender Gap for Development," in *The State of Food and Agriculture* (Rome: Food and Agriculture Organization of the United Nations, 2011).

11. Ewa Lechman and Harleen Kaur, "Economic Growth and Female Labor Force Participation—Verifying the U-Feminization Hypothesis: New Evidence for 162 Countries over the Period 1990-2012," *Economics and Sociology* 8, no. 1 (2015): 246-57.; Claudia Goldin, "The U-Shaped Female Labor Force in Economic Development and Economic History," NBER Working Paper Series, no. 4707 (Cambridge, MA: National Bureau of Economic Research, 1994).

12. UNICEF, *State of the World's Children.*

13. Quentin Wodon and Benedicte De La Briere, *Unrealized Potential: The High Cost of Gender Inequality in Earnings* (Washington, DC: World Bank Group, Children's Investment Fund Foundation, Global Partnership for Education, Canada, 2018).

14. Lawson and Gilman, *The Power of the Purse.*

15. World Economic Forum, *The Global Gender Gap Report,* 2006-2018.

16. Organisation for Economic Co-operation and Development, *Closing the Gender Gap.*

17. For landholders, Food and Agriculture Organization, "Gender and Land Rights Database," http://www.fao.org/gender-landrights-database/en/.; "Daily Chart: Women's Wealth Is Rising," *Economist*, March 8, 2018, https://www.economist.com/graphic-detail/2018/03/08/womens-wealth-is-rising.

18. *Measuring Women's Financial Inclusion: The Value of Sex-Disaggregated Data* (Washington, DC: Global Banking Alliance for Women, Data 2X, InterAmerican Development Bank, 2015).

19. Susan Harris Rimmer, *Gender-Smart Procurement Policies for Driving Change* (London: Chatham House, 2017); Romina Kazandjian, Lisa Kolovich, Kalpana Kochhar, and Monique Newiak, "Gender Equality and Economic Diversification," International Monetary Fund Working Paper, WP/16/140, https://www.imf.org/external/pubs/ft/wp/2016/wp16140.pdf.

20. Gerda Lerner, *The Creation of Patriarchy* (Oxford: Oxford University Press, 1986); Janet.S. Hyde, Sara.M. Lindberg, Marcia.C. Linn, Amy.B. Ellis, and Caroline.C. Williams, "Gender Similarities Characterize Math Performance," *Science* 321 (2008): 494-95; E. Zell, Z. Krizen, and S. R. Teeter, "Evaluating Gender Similarities and Differences Using Metasynthesis," *American Psychologist* 70 (2015): 10-20.

21. WHO *Multi-country Study on Women's Health and Domestic Violence Against Women: Summary Report—Initial Results on Prevalence, Health Outcomes and Women's Responses* (Geneva: World Health Organization, 2005); Anke Hoeffler and James Fearon, "Conflict and Violence Assessment Paper," Copenhagen Consensus Center, August 22, 2014; Bjørn Lomborg and Michelle A. Williams,

"The Cost of Domestic Violence Is Astonishing," *Washington Post*, February 22, 2017; Valerie Hudson, Bonnie Ballif-Spanvill, Mary Caprioli, and Chad Emmett, *Sex and World Peace* (New York: Columbia University Press, 2014).

22. Max Roser, "War and Peace," Our World in Data, https://ourworldindata.org/war-and-peace.; Steven Pinker, *The Better Angels of Our Nature: Why Violence Has Declined* (New York: Viking, 2011).

23. Conor Seyle, "Is the World Getting More Peaceful?," OEF Research, a program of One Earth Future, https://oefresearch.org/think-peace/world-getting-more-peaceful.

24. Dwight.D. Eisenhower, address to the American Society of Newspaper Editors, April 16, 1953, available online.

25. Kevin Bales, *Disposable People: New Slavery in the Global Economy* (Berkeley: University of California Press, 2017).

26. Marianne Egger de Campo, "Contemporary Greedy Institutions: An Essay on Lewis Coser's Concept in the Era of the 'Hive Mind,'" *Czech Sociological Review 49*, no. 6 (2013): 969-86. Lewis Coser, *Greedy Institutions: Patterns of Undivided Commitment* (New York: Free Press, 1974). M. G. Marmot, G. Rose, M. Shipley, and P. J. Hamilton, "Employment Grade and Coronary Heart Disease in British Civil Servants," *Journal of Epidemiology and Community Health* 32, no. 4 (1978): 244-49.

27. Kellie A. McElhaney and Sanaz Mobasseri, *Women Create a Sustainable Future* (San Francisco: University of California, Center for Responsible Business, Haas Business School, 2012), https://www.eticanews.it/wp-content/uploads/2012/11 /Report-Women_Create_Sustainable_Value.pdf.

2장   빅 데이터 너머의 현실

1. 연구를 시작하기 전, 이 문제를 다룬 학자는 컬럼비아대학교 마르니 소머 교수가 유일하다. 소머 교수는 전 세계 학계 및 전문가들과 함께 가난한 여학생들을 위해서 생리대 문제의 영향력을 연구하고 있다.

2. Neil Andersson, Sergio Paredes-Solís, Deborah Milne, Khalid Omer, Nobantu Marokoane, Ditiro Laetsang, and Anne Cockcroft, "Prevalence and Risk Factors for Forced or Coerced Sex Among School-Going Youth: National Cross-Sectional Studies in 10 Southern African Countries in 2003 and 2007," *BMJ Open* 2 (2012): e000754.

3. Quentin Wodon, Claudio Montenegro, Hoa Nguyen, and Adenike Onagoruwa, *Missed Opportunities: The High Cost of Not Educating Girls* (Washington, DC: World Bank Group, 2018), https://openknowledge.worldbank.org/handle /10986/29956; Quentin Wodon, C. Male, A. Nayihouba, A. Onagoruwa, A. Savadogo, A. Yedan, J. Edmeades, et al., *Economic Impacts of Child Marriage: Global Synthesis Report* (Washington, DC: World Bank and International Center for Research on Women, 2018), https://www.icrw.org/wp-content/uploads/2017/06/EICM-Global-

Conference-Edition-June-27-FINAL.pdf.

4. Linda Scott, Paul Montgomery, Laurel Steinfield, Catherine Dolan, and Sue Dopson, "Sanitary Pad Acceptability and Sustainability Study," October 2013, https://www.doublexeconomy.com/wp-content/uploads/2010/09/7PageReport.pdf.

5. Julie Hennegan, Paul Montgomery, Catherine Dolan, MaryAlice Wu, Laurel Steinfield, and Linda Scott, "Menstruation and the Cycle of Poverty: A Cluster Quasi-randomised Control Trial of Sanitary Pad and Puberty Education Provision in Uganda," *PLOS ONE* 11, no. 12 (2016): e0166122.

6. "Women Faculty Face Bias at UCLA," *Los Angeles Times*, October 8, 2015; Melissa Korn, "Gender Bias Alleged at UCLA's Anderson Business School," *Wall Street Journal*, June 4, 2014; Jodi Kantor, "Harvard Business School Case Study: Gender Equity," *New York Times*, September 7, 2013; Katy Waldman, "Harvard Business School Apologizes for Sexism on Campus," *Slate*, January 29, 2014.

7. Linda Scott, "Let's Be Honest About Gender Discrimination at Business Schools," *Bloomberg*, July 28, 2014.; David Moltz, "The B-School Glass Ceiling," *Inside Higher Education*, February 23, 2010.

8. Bhagwan Chowdhry, "Would a Push to Hire More Women Reduce Gender PayGap? Not Until We Fix the Pipeline," *Huffington Post*, November 30, 2014; Larry Gordon, "Women Faculty Face Bias at UCLA," *Los Angeles Times*, October 4, 2015.

9. 2014년 UCLA 교수진은 내게 이렇게 표현했다. 콘 페리는 UCLA의 경험적 자료를 토대로 성 다양성에 관한 학장의 신념이 부족하다는 사실을 지적하고 발전의 장애물로 평가했다. 〈로스앤젤레스타임스〉도 "UCLA 지도부는 다양성 확대에 필요한 집중적 관심과 적극적 행동을 보여주지 않았다"라고 보고했다.

10. 나는 각 학교의 웹 사이트, 금융학과 페이지를 방문한 뒤 구성원의 이력서를 클릭해 교육을 마친 날짜를 확인해 이 사실을 알았다. 그리고 나이 든 남성과 젊은 남성의 비율을 계산하고 금융학과 전체 구성원의 수와 학교 전체 총 교수의 수를 비교했다.

11. Sreedhari D. Desai, Dolly Chugh, and Arthur P. Brief, "The Implications of Marriage Structure for Men's Workplace Attitudes, Beliefs, and Behaviors Toward Women," *Administrative Science Quarterly* 59, no. 2 (2014): 330–65. Korn Ferry, *Gender Equity Final Report*.

12. Waldman, "Harvard Business School Apologizes for Sexism on Campus."

13. Korn Ferry, *Gender Equity Final Report*.

14. Valerie Hudson, Bonnie Ballif-Spanvill, Mary Caprioli, and Chad Emmett, *Sex and World Peace* (New York: Columbia University Press, 2014), 85-86.

15. Joseph A. Vandello, Jennifer K. Bosson, Rochelle M. Burnaford, Jonathan R. Weaver, and S. Arzu Wasti, "Precarious Manhood and Displays of Physical Aggression," *Personality and Social Psychology Bulletin* 35, no. 5 (May 2009): 623-34; Joseph A. Vandello and Jennifer K. Bosson, "Precarious Manhood and Its Links to Action and Agression," *Association for Psychological Science* 20, no. 2 (2011); Joseph A. Vandello and Jennifer K. Bosson, "Hard Won and Easily Lost: A Review and Synthesis of Theory and Research on Precarious Manhood," *Psychology of Men and Masculinity*

14, no. 2 (2013): 101-13; Michael M. Copenhaver, Steve J. Lash, and Richard M. Eisler, "Masculine Gender-Role Stress, Anger, and Male Intimate Abusiveness: Implications for Men's Relationships," *Sex Roles* 42, nos. 5-6 (2000): 405-15; Natasha Kosakowska, "If My Masculinity Is Threatened I Won't Support Gender Equality? The Role of Agentic Self-Stereotyping in Restoration of Manhood and Perception of Gender Relations," *Psychology of Men and Masculinity* 17, no. 3 (July 2016): 274-84.

3장   결핍의 순환을 끊어라

1. L. Muthoni Wanyeki, *Women and Land in Africa* (Cape Town, South Africa: David Philip, 2003); Janet Walsh, *Double Standards: Women's Property Rights Violations in Kenya* (New York: Human Rights Watch, 2003); Amy Porter, *Their Lives, Their Wills* (Lubbock: Texas Tech University Press, 2015); Rebecca Sharpless and Melissa Walker, *Work, Family, and Faith* (Columbia, MO: University of Missouri Press, 2006); Carmen Diana Deere and Magdalena Léon, *Empowering Women: Land and Property Rights in Latin America* (Pittsburgh: University of Pittsburgh Press, 2001); Bipasha Baruah, *Women and Property in Urban India* (Vancouver: University of British Columbia, 2010); Bina Agarwal, *A Field of One's Own* (Cambridge, UK: Cambridge University Press, 1995); Cema Bolabola, *Land Rights of Pacific Women* (Fiji: Institute of Pacific Studies, University of the South Pacific, 1986); Gale Summerfield and Irene Tinker, *Women's Rights to House and Land: China, Laos and Vietnam* (Boulder, CO: Lynne Rienner Publishers, 1999).

2. "Married to the Mortgage," *Economist*, July 13, 2013, https://www.economist.com/china/2013/07/13/married-to-the-mortgage; "Watering the Gardens of Others: China's Women Are Being Shut Out of the Land and Housing Markets," *Economist*, June 12, 2015, https://www.economist.com/asia/2015/06/12/watering-the-gardens-of-others.

3. Food and Agriculture Organization, "Gender and Land Rights Database," http://www.fao.org/gender-landrights-database/data-map/statistics/en/, accessed June 13, 2019.

4. FAO 데이터는 토지 소유자 성비를 나타낸다. 데이터상 남성이 소유한 토지의 규모가 더 큰 것은 실제 남성이 소유한 농지의 비율이 더 크다는 점을 나타낸다.

5. Constitute Project, "Uganda's Constitution of 1995 with Amendments Through 2005" (Constitute Project, 2017), https://www.constituteproject.org/constitution/Uganda_2005.pdf?lang=en; Rachel Loftspring, "Inheritance Rights in Uganda: How Equal Inheritance Rights in Uganda Would Reduce Poverty and Decrease the Spread of HIV/AIDS in Uganda," *University of Pennsylvania Journal of International Law* 29, no. 1 (2014); Valerie Bennett, Ginger Faulk, Anna Kovina, and Tatjana Eres, "Report: The Inheritance Law in Uganda; The Plight of Widows and Children,"

Georgetown Journal of Gender and Law 7 (December 2006): 451.

6. Human Rights Watch, *Just Die Quietly: Domestic Violence and Women's Vulnerability to HIV in Uganda* (New York: Human Rights Watch, 2003), 35.

7. Walsh, *Double Standards*, 13.

8. Walsh, *Double Standards*, 1.

9. Food and Agriculture Organization, "The State of Food and Agriculture: Women in Agriculture, Closing the Gender Gap for Development" (Rome: Food and Agriculture Organization, Economic and Social Development Department, 2010), 3; World Food Programme, "Women and Hunger: 10 Facts," https://www.wfp.org/our-work/preventing-hunger/focus-women/women-hunger-facts.

10. Food and Agriculture Organization, "State of Food and Agriculture."

11. Mary Johnstone-Louis, *Case Study: International Women's Coffee Alliance*, Power Shift: The Oxford Forum for Women in the World Economy, 2013, https://www.doublexeconomy.com/wp-content/uploads/2019/09/Power-Shift-IWCA-Case.pdf.

12. Linda Scott, *Private Sector Engagement with Women's Economic Empowerment: Lessons Learned from Years of Practice* (Oxford: Saïd Business School Series, University of Oxford, November 2017), https://www.doublexeconomy.com/wp-content/uploads/2018/10/RES-0054-GBCWEE-Report-171117-BOOKLET.pdf.

13. Linda Scott, *Private Sector Engagement with Women's Economic Empowerment*.

14. Food and Agriculture Organization, "State of Food and Agriculture," vi.

15. Women for Women International, *Ending Violence Against Women in Eastern Congo*, Winter 2007, 20-22, quoted in Valerie Hudson, Bonnie BallifSpanvill, Mary Caprioli, and Chad Emmett, *Sex and World Peace* (New York: Columbia University Press, 2014).

16. *WHO Multi-country Study on Women's Health and Domestic Violence Against Women: Summary Report—Initial Results on Prevalence, Health Outcomes and Women's Responses* (Geneva: World Health Organization, 2005).

17. 가정 폭력 사건에서 피해자에게 책임을 돌리는 일은 자주 발생한다. 가정 폭력의 빈도와 태도를 평가하는 설문에서 '폭력의(맞을 만한) 이유'를 묻기도 한다. '저녁 식사를 태우는 행동'은 표준으로 포함되는 질문이다. 2016년 네팔 응답자의 68%는 여성이 자녀를 방치하거나, 남편에게 대들거나, 성행위를 거부하거나, 저녁 식사를 태우면 여성에게 폭력을 행사할 수 있다고 답했다. 가정 폭력의 원인을 피해자에게 돌리는 행위는 선진국에서도 흔히 발생하고 있다. Enrique Gracia, "Intimate Partner Violence Against Women and Victim-Blaming Attitudes Among Europeans," *World Health Organization Bulletin* 92, no. 5 (May 1, 2014): 380–81; Saraswati Sundas, "Bhutan Tackles Violence Against Women for 'Refusing Sex, Burning the Dinner,'" *Reuters World News*, March 22, 2016, https://uk.reuters.com/article/us-bhutan-women-abuse/bhutan-tackles-violence-against-women-for-refusing-sex-burning-the-dinner-idUSKCN0WP04E.

18. Amber Peterman, Audrey Pereira, Jennifer Bleck, Tia M. Palermo, and Kathryn M. Yount, "Women's Individual Asset Ownership and Experience of Intimate Partner Violence: Evidence from 28 International Surveys," *American Journal of Public Health* 107, no. 5 (May 2017): 747-55.

19. Erin Lentz, "In the Fight Against Hunger, Why Don't We Prioritize Women?," *The Hill*, November 21, 2016, https://lbj.utexas.edu/fight-against-hunger-why-dont-we-prioritize-women.

20. Malala Yousafzai, *I Am Malala: The Girl Who Stood Up for Education and Was Shot by the Taliban* (New York: Back Bay, 2015), 22.

21. 성별 영양 지수는 텍사스대학교 오스틴캠퍼스 소속 에린 렌츠 교수의 교직원 프로파일 페이지에 제시되어 있다. https://lbj.utexas.edu/lentz-erin.

22. World Food Programme, "Women and Hunger: 10 Facts," https://www.wfp.org/our-work/preventing-hunger/focus-women/women-hunger-facts.

23. José Villar, Leila Cheikh Ismail, Cesar G. Victora, Eric O. Ohuma, Doug G. Altman, Aris T. Papageorghiou, Maria Carvalho, et al., for the International Fetal and Newborn Growth Consortium for the 21st Century, "International Standards for Newborn Weight, Length, and Head Circumference by Gestational Age and Sex: The Newborn Cross-Sectional Study of the INTERGROWTH-21st Project," *Lancet* 384 (2014): 857-68; Francesca Giuliani, Eric Ohuma, Elena Spada, Enrico Bertina, Ayesha S. Al Dhaheri, Douglas G. Altman, Agustin Conde-Agudelo, Stephen H. Kennedy, José Villar, and Leila Cheikh Ismail, "Systematic Review of the Methodological Quality of Studies Designed to Create Neonatal Anthropometric Charts," *Acta Pediatrics* 104, no. 10 (2015): 987-96; José Villar, Aris T. Papageorghiou, Ruyon Pang, Ann Lambert, Eric O. Ohuma, Manorama Purwar, Leila Cheikh Ismail, et al., "The Likeness of Fetal Growth and Newborn Size Across Non-Isolated Populations in the INTERGROWTH-21st Project: The Fetal Growth Longitudinal Study and Newborn Cross-Sectional Study," *Lancet: Diabetes and Endocrinology* 2, no. 10 (2014): 781-92; Fernando C. Barros, Aris T. Papageorghiou, Cesar G. Vicora, Julia A. Noble, Ruyang Pang, J. Iams, Anna Lambert, et al., for the International Fetal and Newborn Growth Consortium for the 21st Century, "The Distribution of Clinical Phenotypes of Preterm Birth Syndrome: Implications for Prevention," *JAMA Pediatrics* 169, no. 3 (2015): 229; Cesar G. Victora, José Villar, Fernando C. Barros, Julia A. Noble, Manorama Purwar, Leila Cheikh Ismail, Cameron Chumlea, Aris T. Papageorghiou, et al., for the International Fetal and Newborn Growth Consortium for the 21st Century, "Anthropometric Characterization of Impaired Fetal Growth: Risk Factors for and Prognosis of Newborns with Stunting or Wasting," *JAMA Pediatrics* 169, no. 7 (2015): e151431; José Villar, Fabien A. Puglis, Tanis R. Fenton, Leila Cheikh Ismail, Eleonora Staines-Urias, Francesca Giuliani, Eric O. Ohuma, et al., "Body Composition at Birth and Its Relationship with Neonatal Anthropometric Ratios: The Newborn Body Composition Study of the INTERGROWTH-21st Project," *Pediatric Research* (May 31, 2017).

24. Food and Agriculture Organization, "State of Food and Agriculture," vii, 13.

25. Ester Boserup, *Woman's Role in Economic Development* (London: Earthscan, 1970).

26. Bernice Yeung and Grace Rubenstein, "Female Workers Face Harassment in U.S. Agriculture Industry," NPR, June.25, 2013; Food and Agriculture Organization, "State of Food and Agriculture," 8, 10.

27. Sara Kominers, "Working in Fear: Sexual Violence Against Women Farmworkers in the United States," OXFAM, 2015, https://www.northeastern.edu/law /pdfs/academics/phrge/kominers-report.pdf.

28. Food and Agriculture Organization, "State of Food and Agriculture," 18.

29. Organisation for Economic Co-operation and Development, *SIGI 2019 Global Report: Transforming Challenges into Opportunities*, Social Institutions and Gender Index (Paris: OECD Publishing, 2019), https://doi.org/10.1787/bc56d212-en.

30. S. El Feki, B. Heilman, and G. Barker, *Understanding Masculinities: Results from the International Men and Gender Equality Survey (IMAGES)—Middle East and North Africa* (Cairo and Washington, DC: UN Women and Promundo-US, 2017), https://promundoglobal.org/wp-content/uploads/2017/05 / IMAGES-MENA-Multi-Country-Report-EN-16.

4장　가부장 신화에 대응하다

1. Pew Research Center, "Breadwinner Moms," May 29, 2013, http://www.pewsocialtrends.org/2013/05/29/breadwinner-moms/; Alexandra Petri, "Science Says Males Must Dominate, According to Erick Erickson," *Washington Post*, May 30, 2013, https://www.washingtonpost.com/blogs/compost/wp/2013/05/30/science-says-males-must-dominate-according-to-erick-erickson.

2. Kay Prufer, Kasper Munch, Ines Hellmann, Keiko Akagi, Jason R. Miller, Brian Walenz, Sergey Koren, et al., "The Bonobo Genome Compared with the Chimpanzee and Human Genomes," *Nature, International Journal of Science* 486, no. 7404 (June.28, 2012): 527-31.

3. In addition to Prüfer et al., "The Bonobo Genome Compared with the Chimpanzee and Human Genomes"; Jane Goodall, *Though a Window: My Thirty Years with the Chimps of Gombe* (New York: Mariner Books, 2010); Richard Wrangham, *The Goodness Paradox: The Strange Relationship Between Virtue and Violence in Human Evolution* (New York: Pantheon Books, 2017); Richard Wrangham and Dale Peterson, *Demonic Males: Apes and the Origins of Human Violence (New York: Mariner Books, 1997); Jared Diamond, The Third Chimpanzee: The Evolution and Future of the Human Animal* (New York: HarperCollins, 1992); Barbara Smuts, "Apes of Wrath," *Discover Magazine*, August 1995, http://discovermagazine.com/1995/aug/apesofwrath548; Malini Suchak, Jen Crick,

Timothy M. Eppley, Matthew W. Campbell, and Frans B. M. de Waal, "The Roles of Food Quality and Sex in Chimpanzee Sharing Behaviour (*Pan troglodytes*)," Behavior 150, no. 11 (2013): 1220-24; Martin N. Muller, Sonya M. Kahlenberg, Melissa Emery Thompson, and Richard Wrangham, "Male Coercion and the Costs of Promiscuous Mating for Female Chimpanzees," *Proceedings of the Royal Society, Biological Sciences* 274, no. 1612 (2007): 1009-14; Kristina Cawthon Lang, "Chimpanzee *Pan troglodytes*," Primate Factsheets, April 13, 2006, University of Wisconsin, http://pin.primate.wisc.edu/factsheets/entry/chimpanzee; J. D. Pruetz, P. Bertolani, K. Boyer Ontl, S. Lindshield, M. Shelley, and E. G. Wessling, "New Evidence on the Tool-Assisted Hunting Exhibited by Chimpanzees (*Pan troglodytes verus*) in a Savannah Habitat at Fongoli, Sénégal," *Royal Society Open*, April 2015, https://doi.org/10.1098/rsos.140507; Henry Nicholls, "Do Bonobos Really Spend All Their Time Having Sex?," BBC, March 17, 2016, http://www.bbc.com/earth/story/20160317-do-bonobos-really-spend-all-their-time-having-sex; Brian Hare and Suzy Kwetuenda, "Bonobos Voluntarily Share Their Own Food with Others," *Current Biology* 20, no. 5 (2010); Emily E. Wroblewski, Carson M. Murray, Brandon F. Keele, Joann C. Schumacher-Stanley, Beatrice H. Hahn, and Anne E. Pusey, "Male Dominance Rank and Reproductive Success in Chimpanzees, *Pan troglodytes schweinfurthii*," *Animal Behavior* 77, no. 4 (2009): 873-85; James K. Rilling, Jan Scholz, Todd M. Preuss, Matthew F. Glasser, Bhargav K. Errangi, and Timothy E. Behrens, "Differences Between Chimpanzees and Bonobos in Neural Systems Supporting Social Cognition," *Social Cognitive and Affective Neuroscience* 7, no. 4 (2012): 369-79; Richard W. Wrangham, Michael L. Wilson, and Martin N. Muller, "Comparative Rates of Violence in Chimpanzees and Humans," *Primates* 47, no. 1 (2006): 14-26; Ewen Callaway, "Loving Bonobos Have a Carnivorous Dark Side," *New Scientist*, October 13, 2008, https://www.newscientist.com/article/dn14926-loving-bonobos-have-a-carnivorous-dark-side/; John Horgan, "Chimp Violence Fails to Support Deep-Roots Theory of War," *Scientific American*, September 17, 2014; Joseph T. Feldblum, Emily E. Wroblewski, Rebecca C. Rudicall, Beatrice H. Hahn, Thais Paiva, Mine Cetinkaya-Rundel, Anne E. Pusey, and Ian C. Gilby, "Sexually Coercive Male Chimpanzees Sire More Offspring," *Current Biology* 24 (December 1, 2014): 2855-60; Stefano Kaburu and Nicholas E. Newton-Fisher, "Egalitarian Despots: Hierarchy Steepness, Reciprocity and the Grooming-Trade Model in Wild Chimpanzees, Pan troglodytes," *Animal Behavior* 99 (2015): 61-71.

4. Smuts, "Apes of Wrath"; Melissa Emory Thompson, "Sexual Conflict: Nice Guys Finish Last," *Current Biology* 24, no. 23 (December 1, 2014): R1125-27.

5. John C. Mitani, Thomas T. Struhsaker, and Jeremiah S. Lwanga, "Primate Community Dynamics in Old Growth Forest Over 23.5 Years at Ngogo, Kibale National Park, Uganda: Implications for Conservation and Census Methods," *International Journal of Primatology* 21, no. 2 (April 2000): 269-86; David P. Watts and John C. Mitani, "Infanticide and Cannibalism by Male Chimpanzees at

Ngogo, Kibale National Park," *Primates* 41, no. 4 (2000): 357-65; J. S. Lwanga, T. T. Struhsaker, P. J. Struhsaker, T. M. Butynski, and J. C. Mitani, "Primate Population Dynamics over 32.9 Years at Ngogo, Kibale National Park, Uganda," *American Journal of Primatology* 73 (2011): 997-1011; David P. Watts and John C. Mitani, "Hunting Behavior of Chimpanzees at Ngogo, Kibale National Park, Uganda," *International Journal of Primatology* 23, no. 1 (February 2002): 1-28; John C. Mitani, David P. Watts, and Sylvia J. Amsler, "Lethal Intergroup Aggression Leads to Territorial Expansion in Wild Chimpanzees," *Current Biology* 20, no. 12 (June 22, 2010): R507-508; Mike Cummings, "Yale-Led Study: Wild Chimpanzees Have Surprisingly Long Life Spans," *Yale News*, March 20, 2017; Alok Jha, "Chimpanzees Expand Their Territory by Attacking and Killing Neighbors," *Guardian*, June 21, 2010; Cheyenne McDonald, "Being a Gangster Pays Off: Members of Uganda's Notoriously Violent Ngogo Chimp Gang Live Twice as Long as Their Neighbors," *Daily Mail*, March 21, 2017; Nicholas Wade, "Chimps, Too, Wage War and Annex Rival Territory," *New York Times*, June 21, 2010; "The Ngogo Chimpanzee Project," http://ngogochimpanzeeproject.org; John C. Mitani, "Diet of Chimpanzees (*Pan troglodytes schweinfurthii*) at Ngogo, Kibale National Park, Uganda, 1. Diet Composition and Diversity," *American Journal of Primatology* 74 (2012): 114. 29; Jessica Hamzelou, "Male Chimpanzee Seen Snatching Seconds-Old Chimp and Eating It," *New Scientist*, October 13, 2017; "Female Chimpanzees Know Which Males Are Most Likely to Kill Their Babies," *Science Daily*, October 18, 2018, https://www.sciencedaily.com/releases/2018/10/181018095026.htm.

6. Ann Gibbons, *The First Human: The Race to Discover Our Earliest Ancestors* (New York: Anchor Books, 2007); Kate Wong, "40 Years After Lucy: The Fossil That Revolutionized the Search for Human Origins," *Scientific American*, November 24, 2014; Yuval Noah Harari, *Sapiens: A Brief History of Humankind* (New York: Harper Perennial, 2018); Wrangham, *The Goodness Paradox.*; Brain Evolution: Rilling et al., "Differences Between Chimpanzees and Bonobos in Neural Systems Supporting Social Cognition"; Michael Balter, "Brain Evolution Studies Go Micro," *Science* 315, no. 5816 (2007): 1208-11; Simon Neubauer, Jean-Jacques Hublin, Philipp Gunz, "The Evolution of Modern Human Brain Shape," *Science Advances* 24, no. 1 (January 2018): eaao5961; Javier DeFelipe, "The Evolution of the Brain, the Human Nature of Cortical Circuits, and Intellectual Creativity," *Frontiers in Neuroanatomy* 5 (May 16, 2011): 29.

7. Thomas Haarklau Kleppesto, Nikolai Olavi Czajkowski, Olav Vassend, Espen Roysamb, Nikolai Haahjem Eftedal, Jennifer Sheehy-Skeffington, Jonas R. Kunst, and Lotte Thomsen, "Correlations Between Social Dominance Orientation and Political Attitudes Reflect Common Genetic Underpinnings," *PNAS* 116, no. 38 (September 3, 2019): 17741-46.

8. 리처드 랭엄은 《한없이 사악하고 더없이 관대한》에서 인간은 남성 간 치명적 충돌의 빈도가 낮으므로 다른 영장류에 비해 평화롭다고 주장한다. 인간이 전쟁으로 목숨을 잃을 확률은 다른 영장류보다 훨씬 높다. 두 가지 수치 모두 여성을 상대로 한 폭력을 포함하지는 않는 것으로 보인다.

9. Harari, *Sapiens*.

10. Michael Gurven, Kim Hill, "Why Do Men Hunt? A Reevaluation of 'Man the Hunter' and the Sexual Division of Labor," *Current Anthropology* 50, no. 1 (2009): 51-74.

11. John D. Speth, "Seasonality, Resource Stress, and Food Sharing in So-Called 'Egalitarian' Societies," *Journal of Anthropological Archaeology* 9, no. 2 (1990): 148-88.

12. Speth, "Seasonality, Resource Stress, and Food Sharing in So-Called 'Egalitarian' Societies," p. 161, quoting Basil S. Hetzel, "The Chance Nutrition of Aborigines in the Ecosystem of Central Australia," *The Nutrition of Aborigines in Relation to the Ecosystem of Central Australia: Papers Presented at a Symposium, CSIRO, 23-26 October 1976, Canberra*, ed. B. S. Hetzel and H. J. Frith (Melbourne: Commonwealth Scientific and Industrial Research Organization, 1978), 148-88.

13. Speth, "Seasonality, Resource Stress, and Food Sharing in So-Called 'Egalitarian' Societies."

14. L. R. Lukacs and L. M. Thompson, "Dental Caries Prevalence by Sex in Pre-History: Magnitude and Meaning," *Technique and Application in Dental Anthropology*, ed. Joel D. Irish and Greg C. Nelson (Cambridge, UK: Cambridge University Press, 2008), 136-77.

15. Alison A. Macintosh, Ron Pinhasi, and Jay T. Stock, "Prehistoric Women's Manual Labor Exceeded That of Athletes Through the First 5500 Years of Farming in Central Europe," *Science Advances* 3, no. 11 (November 29, 2017): eaao3893. Rosemary A. Joyce, *Ancient Bodies, Ancient Lives: Sex, Gender, and Archaeology* (New York: Thames and Hudson, 2008); J. M. Adovasio, Olga Soffer, and Jake Page, *The Invisible Sex: Uncovering the True Roles of Women in Prehistory* (Walnut Creek, CA: Left Coast Press, 2007); Kelley Hays-Gilpin and David S. Whitley, *Reader in Gender Archaeology* (New York: Routledge, 1998); and Margaret Ehrenberg, *Women in Prehistory* (London: British Museum Publications, 1989).

16. Wrangham, *The Goodness Paradox*.

17. Wrangham, *The Goodness Paradox*.

18. Lisbeth Skogstrand, "The Role of Violence in the Construction of Prehistoric Masculinities," *Archaeologies of Gender and Violence*, ed.; Uroš Matié, Bo Jensen (Oxford: Oxford University Press, 2017), 77-102.

19. Julie Farrum, "Gender and Structural Violence in Prehistoric Peru," *Archaeologies of Gender and Violence*, ed.; Uroš Matié, Bo Jensen (Oxford: Oxford University Press, 2017), 247-62.

20. Cynthia Eller, *The Myth of Matriarchal Prehistory* (Boston: Beacon Press, 2000).

21. Stephanie Coontz, *Marriage, a History: How Love Conquered Marriage* (London: Penguin Books, 2006).

22. Tim Worstall, "The Gender Pay Gap Is the Result of Being a Parent, Not Discrimination," *Forbes*, October 1, 2015, https://www.forbes.com/sites/timworstall/2015/10/01/the-gender-pay-gap-is-the-result-of-being-a-parent-not-discrimination/#2732829aac7f.

23. Sarah Hrdy, *Mother Nature: Maternal Instincts and How They Shape the Human Species* (New York: Ballantine, 2000).

24. Hrdy, *Mother Nature*.

25. Steve Tobak, "The Gender Gap Is a Complete Myth," CBS News, April 11, 2011, https://www.cbsnews.com/news/the-gender-pay-gap-is-a-complete-myth/.

26. Jonathan Gibbons, *Global Study on Homicide* (Vienna: United National Office of Drugs and Crime, 2013). See Federal Bureau of Prisons, May 2019, https://www.bop.gov/about/statistics/statistics_inmate_gender.jsp; World Prison Brief, February 2016, http://www.prisonstudies.org/news/more-1035-million-people-are-prison-around-world-new-report-shows; Kathryn E. McCollister, Michael T. French, Hai Feng, "The Cost of Crime to Society: New Crime-Specific Estimates for Policy and Program Evaluation," *Drug and Alcohol Dependency* 100, nos. 1-2 (April 1, 2010): 98-109; Dorian Furtuna, "Male Aggression: Why Are Men More Violent?," *Psychology Today*, September 22, 2014, https://www.psychologytoday.com/us/blog/homo-aggressivus/201409 /male-aggression.

27. James Owen, "Men and Women Really Do See Things Differently," *National Geographic*, September 6, 2012, https://www.nationalgeographic.com/news /2012/9/120907-men-women-see-differently-science-health-vision-sex/.

28. 사냥꾼 인간은 문화적 신화 이상의 개념이었다. 1950년대와 1960년대 크게 유행한 영장류학 및 진화론 등에도 사냥꾼 인간이라는 명칭이 사용되었다. 사냥꾼 인간은 오늘날에도 인류학, 고고학, 영장류 동물학을 비롯한 다방면에 걸친 사상학파를 가리키는 이름이다. 사냥꾼 인간은 영향력 있는 사고방식을 지정하는 데에 사용되고 이는 한때 적법하다고 여겨졌지만 지금은 거짓으로 드러났다. 1966년 학계 회의 후 출판된 수필집에서 이 이론을 따르는 영향력 있는 인물을 최초로 다루었다. 1961년 로버트 아드리는 《아프리카 창세기|African Genesis》를 시작으로 이 주제로 4권의 시리즈물을 발표했다. TV 다큐멘터리로 제작된 책도 있다. 이 이론에 관한 가장 대중적 해설은 1967년 발간된 데즈먼드 모리스의 《털 없는 원숭이》일 것이다. 《털 없는 원숭이》는 〈데일리메일〉에 처음 연재되어 1967년 책으로 출판되었다. 《털 없는 원숭이》는 2011년 〈타임〉 100대 논픽션 중 1권으로 선정되었다. http://entertainment.time.com/2011/08/30/all-time-100 –best-nonfiction-books/slide/the-naked-ape-by-desmond-morris/.

29. Rebecca Solnit, "Shooting Down Man the Hunter," *Harper's Magazine*, September 1, 2015.

30. Robert W. Sussman, *Man the Hunted: Primates, Predators, and Human Evolution* (New York: Basic Books, 2005); Robert W. Sussman, "The Myth of Man the Hunter, Man the Killer, and the Evoluation of Human Morality," *Zygon* 34, no. 3 (1999): 453-71.

31. Ester Boserup, *Woman's Role in Economic Development* (London: Earthscan, 1970).

32. Alberto Alesina, Paola Giuliano, Nathan Nunn, "On the Origins of Gender Roles: Women and the Plough," *Quarterly Journal of Economics* 128, no. 2 (2013): 469-530; "The Plough and the Now," *Economist*, July 21, 2011, https://www.economist.com/node/18986073.; Fernand Braudel, *History* (Chicago: University of Chicago Press, 1982).

33. Judy Barrett Litoff, David.C. Smith, "To the Rescue of the Crops," *National Archives' Prologue Magazine* 25, no. 4 (1993), https://www.archives.gov/publications/prologue/1993/winter/landarmy.html; Melissa Walker, Rebecca Sharpless, *Work, Family and Faith: Rural Southern Women in the Twentieth Century* (Columbia: University of Missouri Press, 2006); Sue Kazeman Balcolm, *Women Behind the Plow: Work Makes Life Sweet* (North Dakota: Tri County Alliance, 2017); Elaine Weiss, *Fruits of Victory: The Woman's Land Army of America in the Great War* (Lincoln, NE: Potomac Books, 2008); Susan Hagood Lee, *Rice Plus: Widows and Economic Survival in Rural Cambodia* (London: Routledge, 2012); H. Elaine Lindgren, *Land in Her Own Name: Women as Homesteaders in North Dakota* (Fargo: North Dakota Institute for Regional Studies, 1991).

34. Theophilus Liefeld, *Faces and Phases of German Life* (New York: Fowler & Wells, 1910).

35. Peter Frankopan, *The Silk Roads: A New History of the World* (London: Bloomsbury, 2015).

36. Laurel Bossen, Hill Gates, *Bound Feet, Young Hands: Tracking the Demise of Footbinding in Village China* (Stanford, CA: Stanford University Press, 2017).

37. 1970년대부터 가부장제가 꼭 필요하고 자연스러우며 바꿀 수 없는 것이 아니라는 사실을 증명하기 위해 강한 믿음으로 고대 모계사회를 문서화하려는 페미니스트가 등장했다. 하지만 모계사회를 찾으려는 학자들의 광범위한 노력에도 불구하고 현재는 희망을 접은 상태다. 그것이 가부장제가 자연스럽고 필수적이며 바꿀 수 없다는 사실을 의미하지는 않는다. Eller, *The Myth of Matriarchal Prehistory*.

38. Robert M. Sapolsky, Lisa J. Share, "A Pacific Culture Among Wild Baboons: Its Emergence and Transmission," *PLOS Biology* 2, no. 4 (April 13, 2004): e106.; Robert.M. Sapolsky, A Primate's Memoir (New York: Scribner, 2001); Mark Schwartz, "Robert Sapolsky Discusses Physiological Effects of Stress," *Stanford Report*, March 7, 2007, https://news.stanford.edu/news/2007/march7/sapolskysr-030707.html; "Of Monkeys and Men: Robert Sapolsky Talks About His Years Spent with a Troop of Baboons," *Atlantic*, April 2001, https://www.theatlantic.com/magazine/archive/2001/04/of-monkeys-and-men/303047/.

39. Robert M. Sapolsky, "The Endocrine Stress-Response and Social Status in the Wild Baboon," *Hormones and Behavior* 16, no. 3 (1982): 279-92.; M. G. Marmot, G. Rose, M. Shipley, P. J. Hamilton, "Employment Grade and Coronary Heart Disease in British Civil Servants," *Journal of Epidemiology and Community Health* 32, no. 4 (1978): 244-49; M. G. Marmot, G. Davey Smith, S. Stansfield, et al., "Health Inequalities Among British Civil Servants: The Whitehall II Study," *Lancet* 337, no. 8754 (1991): 1387-93.

40. Robert M. Sapolsky, Lisa J., "A Pacific Culture Among Wild Baboons: Its Emergence and Transmission," *PLOS Biology*, April 13, 2004, https://journals.plos.org/plosbiology/article?id=10.1371/journal.pbio.0020106.

1. Gayle Rubin, "The Traffic in Women," *Toward an Anthropology of Women*, ed. Rayna R. Reiter (New York: Monthly Review Press, 1975), 157-210.

2. Robert W. Sussman, *Man the Hunted: Primates, Predators, and Human Evolution* (New York: Basic Books, 2005); George Murdock, *The Ethnographic Atlas*, http://eclectic.ss.uci.edu/~drwhite/worldcul/atlas.htm; Leta Hong Fincher, *Leftover Women: The Resurgence of Gender Inequality in China* (London: Zed Books, 2014).

3. Marcel Mauss, *The Gift: The Form and Reason for Exchange in Archaic Societies*, trans. W. D. Halls (New York: W. W. Norton, 1954), 14.

4. Richard Wrangham, *The Goodness Paradox: The Strange Relationship Between Virtue and Violence in Human Evolution* (New York: Pantheon, 2019), 207, referring to A. P. Elkin, *The Australian Aborigines* (Sydney: Angus and Robertson, 1938).

5. Gordon F. McEwan, *The Incas: New Perspectives* (New York: W. W. Norton, 2006); Maria Emma Mannarelli, *Private Passions and Public Sins: Men and Women in Seventeenth-Century Lima*, trans. Sidney Evans and Meredith D. Dodge (Albuquerque: University of New Mexico Press, 2007).

6. Jenny Jochens, *Women in Old Norse Society* (Ithaca, NY: Cornell University Press, 1995); A. S. Altekar, *The Position of Women in Hindu Civilization* (Delhi: Motilal Banarsidass, 1956).

7. 거다 러너가 나에게 메소포타미아문명과 가부장제 역사에 첫 성문법의 중요성을 일깨워주었다.

8. Deuteronomy 22:28-29.

9. Lerner, *The Creation of Patriarchy*.

10. Susan Pomeroy, *Goddesses, Whores, Wives, and Slaves: Women in Classical Antiquity* (New York: Schocken Books, 1975); Lloyd Llewellyn Jones, *Aphrodite's Tortoise: The Veiled Women of Ancient Greece* (Wales, UK: Classical Press of Wales, 2003); Stephanie Coontz, *Marriage, a History: How Love Conquered Marriage* (London: Penguin Books, 2006); Marilyn Yalom, *A History of the Wife* (New York: Perennial, 2001); Kecia Ali, *Marriage and Slavery in Early Islam* (Cambridge, MA: Harvard University Press, 2010); Altekar, *The Position of Women in Hindu Civilization*; Mannarelli, *Private Passions and Public Sins*.

11. Judith K. Brown, "A Note on the Division of Labor by Sex," *American Anthropologist* 72 (1970): 1073-78.

12. Shereen El Feki, Gary Barker, Brian Heilman, *Understanding Masculinities: Results from the International Men and Gender Equality Survey (IMAGES). Middle East and North Africa* (Cairo and Washington, DC: UN Women and Promundo-US, 2017), https://promundoglobal.org/wp-content/uploads/2017/05/IMAGES-MENA-Multi-Country-Report-EN-16May2017-web.pdf.

13. Malcolm Potts, Thomas Hayden, *Sex and War: How Biology Explains Warfare and Terrorism and*

Offers a Path to a Safer World (Dallas: Benbella Books, 2008).

14. Stephanie Pappas, "APA Issues First-Ever Guidelines for Practice with Men and Boys," *American Psychological Association* 50, no. 1 (2019), https://www.apa.org/monitor/2019/01/ce-corner. "Harmful Masculinity and Violence," *In the Public Interest*, American Psychological Association, September 2018, https://www.apa.org/pi/about/newsletter/2018/09/harmful-masculinity.

15. International Labour Organization and Walk Free Foundation, Global Estimates of Modern Slavery (Geneva: International Labour Office, 2017).

16. 이 중 상당수의 결혼에서 신랑은 신부 대금을 내지 않기 위해, 신부는 남편을 선택하기 위해 예비부부는 납치를 꾸몄다. 키르기스스탄에서 강간에 의한 결혼은 남녀가 합의해서 가출한 것으로 전체의 약 20%에 해당했다. 본 저서에서 인용한 숫자는 강압적 결혼에만 해당한다.

17. Roderick Phillips, *Untying the Knot: A Short History of Divorce* (Cambridge, UK: Cambridge University Press, 1991); Coontz, *Marriage, a History*.

18. Phillips, *Untying the Knot*; Sandra Cavallo, Lyndan Warner, eds., *Widowhood in Medieval and Early Modern Europe* (Harlow, UK: Pearson, 1999).

19. Phillips, *Untying the Knot*, 98.

20. Phillips, *Untying the Knot*, 98.

21. David Herlihy, "Land, Family, and Women in Continental Europe, 701-1200," *Women in Medieval Society*, ed. Susan Mosher Stuard (Philadelphia: University of Pennsylvania Press, 1976), 13-43.

22. Martha C. Howell, *Women, Production, and Patriarchy in Late Medieval Cities* (Chicago: University of Chicago Press, 1986); Heather Swanson, *Medieval Artisans: An Urban Class in Late Medieval England* (Oxford: Basil Blackwell, 1989); Lindsey Charles and Lorna Duffin, eds., *Women and Work in Preindustrial England* (London: Croom Helm, 1985).

23. Susan Mosher Stuard, "Women in Charter and Statute Law: Medieval Ragusa/ Dubrovnik," *Women in Medieval Society*, ed. Susan Mosher Stuard (Philadelphia: University of Pennsylvania Press, 1976), 199-208; Shulamith Shahar, *The Fourth Estate: A History of Women in the Middle Ages* (New York: Routledge, 1983); Coontz, *Marriage, a History*; Jack Goody, *The Development of the Family and Marriage in Europe* (Cambridge, UK: Cambridge University Press, 1983).

24. Stuard, "Women in Charter and Statute Law," 204.

25. Phillips, *Untying the Knot*; Coontz, *Marriage, a History*.

26. Nina Nichols Pugh, "The Evolving Role of Women in the Louisiana Law: Recent Legislative and Judicial Changes," *Louisiana Law Review* 42, no. 5 (special issue, 1982), https://digitalcommons. law.lsu.edu/lalrev/vol42/iss5/8.

27. Valerie Hudson, Bonnie Ballif-Spanvill, Mary Caprioli, Chad Emmett, *Sex and World Peace* (New York: Columbia University Press, 2014).

28. Coontz, *Marriage, a History*, 241.

1. Amartya Sen, *Development as Freedom* (Oxford: Oxford University Press, 1999).

2. Claudia Goldin, "The U-Shaped Female Labor Force in Economic Development and Economic History," NBER Working Paper Series, no. 4707 (Cambridge, MA: National Bureau of Economic Research, 1994), https://www.nber.org/papers/w4707; Ewa Lechman, Harleen Kaur, "Economic Growth and Female Labor Force Participation—Verifying the U-Feminization Hypothesis: New Evidence for Two Countries over the Period 1990–2012," *Economics and Sociology* 8, no. 1 (2015): 246–57; Paolo Verme, "Economic Development and Female Labor Participation in the Middle East and North Africa: A Test of the U-Shape Hypothesis," *IZA Journal of Labor and Development* 4, no. 1 (2015), http://documents.worldbank.org/curated/en/184611468278682448/Economic-development-and-female-labor-participation-in-the-Middle-East-and-North-Africa-a-test-of-the-u-shape-hypothesis; Constance Sorrentino, "International Comparisons of Labor Force Participation, 1960–81," *Monthly Labor Review* 106, no. 2 (1983): 23–36.

3. Kate Bahn, Annie McGrew, "A Day in the U.S. Economy Without Women," Center for American Progress, March 7, 2017, https://www.americanprogress.org/issues/economy/news/2017/03/07/427556/a-day-in-the-u-s-economy-without-women/; Jason Gold, "Women Are the Key to Economic Growth: Leaving Our Greatest Economic Asset on the Sideline Should Not Be an Option," U.S. *News and World Report*, December 18, 2017, https://www.usnews.com/opinion/economic-intelligence/articles/2017-12-18/women-are-the-key-to-unlocking-americas-economic-growth.

4. Jennifer Scanlon, *Inarticulate Longings* (New York: Routledge, 1995); Linda Scott, *Fresh Lipstick: Redressing Fashion and Feminism* (New York: Palgrave Macmillan, 2004).

5. Eleanor Flexner, *Century of Struggle: The Woman's Rights Movement in the United States* (Cambridge, MA: Belknap Press of Harvard University Press, 1959); Karen J. Blair, *The Clubwoman as Feminist: True Womanhood Redefined*, 1868–1914 (New York: Homes and Meier, 1980); Glenna Matthews, *The Rise of Public Woman: Woman's Power and Woman's Place in the United States*, 1630–1970 (Oxford: Oxford University Press, 1992).

6. Marilyn Power, Ellen Mutari, Deborah M. Figart, "Beyond Markets: Wage Setting and the Methodology of Feminist Political Economy," *Toward a Feminist Philosophy of Economics*, ed.; Drucilla K. Barker, Edith Kuiper (New York: Routledge, 2003), 70–86.

7. Janet Saltzman Chafetz, Anthony Gary Dworkin, *Female Revolt: Women's Movements in Global Perspective* (Totowa, NJ: Rowman and Allanheld, 1986), 42.

8. 이 연구는 2018년 영국의 여성을위한 일과기회 프로그램의 자금 지원으로 실행되었다.

9. Rebecca Traister, *All the Single Ladies: Unmarried Women and the Rise of an Independent Nation* (New

York: Simon and Schuster, 2016); Marian Botsford Fraser, *Solitaire: The Intimate Loves of Single Women* (Canada: Macfarlane Walter and Ross, 2001); Betsy Israel, *Bachelor Girl: The Secret History of Single Women in the Twentieth Century* (New York: William Morrow, 2002); Scott, *Fresh Lipstick*; Kathy Peiss, *Cheap Amusements: Working Women and Leisure in Turn-of-the-Century New York* (Philadelphia: Temple University Press, 1986).

10. Jacob Mincer, "Labor Force Participation of Married Women: A Study of Labor Supply," *Aspects of Labor Economics*, ed., National Bureau Committee for Economic Research (Princeton, NJ: Princeton University Press, 1962), 63–105; Nancy Folbre, *Greed, Lust, and Gender: A History of Economic Ideas* (Oxford: Oxford University Press, 2009).

11. Betty Friedan, *The Feminine Mystique* (New York: W. W. Norton, 1963).

12. Ryan Nunn, Megan Mumford, "The Incomplete Progress of Women in the Labor Market," *The Hamilton Project* (Washington, DC: Brookings Institution, 2017); Jonathan Woetzel, Anu Madgavkar, Kweilin Ellingrud, Eric Labaye, Sandrine Devillard, Eric Kutcher, James Manyika, Richard Dobbs, Mekala Krishnan, *The Power of Parity* (New York: McKinsey Global Markets Institute, September 2015).

13. "President Ronald Reagan's message to Phyllis Schlafly and Eagle Forum members," https://www.youtube.com/watch?v=rON6dgi1W3A.

14. Chafetz and Dworkin, *Female Revolt*.

15. 거절의 1/3은 가족의 지지가 없어서다.

16. Francine Blau, Lawrence M. Kahn, "Female Labor Supply: Why Is the U.S. Falling Behind?," *Discussion Paper Series* (Bonn, Germany: Institute for Study of Labor [IZA], 2013).

7장   축복받지 못하는 부모들

1. Damian Carrington, "Want to Fight Climate Change? Have Fewer Children," *Guardian*, July 12, 2017.

2. 필립 롱맨은 '돌아갈 수 없는 지점'의 함의와 함께 경제적 관점에서 출산율 하락이 왜 위험한지 알기 쉽게 설명한다. Phillip Longman, *The Empty Cradle: How Falling Birthrates Threaten World Prosperity and What to Do About It* (New York: Basic Books, 2004).

3. For the numbers on fertility, I used the 2017 figures in the CIA's *World Factbook*, https://www.cia.gov/library/publications/the-world-factbook/rankorder/2127rank.html. Also United Nations, World Population Ageing, 2015, https://www.un.org/en/development/desa/population/publications/pdf/ageing/WPA2015_Report.pdf.

4. Elizabeth Leahy with Robert Engelman, Carolyn Gibb Vogel, Sarah Haddock, and Todd

Preston, *The Shape of Things to Come: Why Age Structure Matters to a Safer, More Equitable World* (Washington, DC: Population Action International, 2007).

5. Peter McDonald, "Societal Foundations for Explaining Low Fertility: Gender Equity," *Demographic Research* 28, no. 34 (2013): 991–94; Peter McDonald, "Gender Equity in Theories of Fertility Transition," *Population and Development Review* 26, no. 3 (2000): 427–39; Melinda Mills, Katia Begall, Letizia Mencarini, and Maria Letizia Tanturri, "Gender Equity and Fertility Intentions in Italy and the Netherlands," *Demographic Research* 18 (2008), https://www.demographic-research.org/volumes/vol18/1/default.htm.

6. Paul Collier, *The Bottom Billion* (Oxford: Oxford University Press, 2007).

7. World Economic Forum, *The Global Gender Gap Report* (Geneva: World Economic Forum, 2018).

8. Leahy, *The Shape of Things to Come.*

9. The Fund for Peace Fragile State Index, https://fundforpeace.org/2019/04/10/fragile-states-index-2019/.

10. Valerie Hudson, Bonnie Ballif-Spanvill, Mary Caprioli, and Chad Emmett, *Sex and World Peace* (New York: Columbia University Press, 2014).

11. Elizabeth Mendes, Lydia Saad, and Kyley McGeeney, "Stay-at-Home Moms Report More Depression, Sadness, Anger," *Gallup News*, May 18, 2012, https:// news.gallup.com/poll/154685/stay-home-moms-report-depression-sadness-anger.aspx.

12. https://ec.europa.eu/eurostat/statistics-explained/index.php?title=File:Private_households_by_household_composition,_2007-2017_(number_of_households_in_1_000_and_%25_of_household_types)_new.png.

13. World Economic Forum, *The Corporate Gender Gap Report* (Geneva: World Economic Forum, 2010).

14. Wendell Steavenson, "Ceausescu's Children," *Guardian*, December 10, 2014, https://www.theguardian.com/news/2014/dec/10/-sp-ceausescus-children. Amy MacKinnon, "What Actually Happens When a Country Bans Abortion," *Foreign Policy*, May16, 2019, https://foreignpolicy.com/2019/05/16/what-actually-happens-when-a-country-bans-abortion-romania-alabama/; Dirk J. van de Kaa, "Temporarily New: On Low Fertility and the Prospect of Pro-natal Policies," *Vienna Yearbook of Population Research 4* (2006): 193–211.

15. 출산휴가를 제공하는 고용주도 있지만 이는 의무가 아니다. 어머니인 상태는 권리가 아니다.

16. "Employment Characteristics of Families," *U.S. Bureau of Labor Statistics*, April 18, 2019, https://www.bls.gov/news.release/famee.nr0.htm.

17. "Employment in Families with Children in 2016," *TED: The Economics Daily*, U.S. Bureau of Labor Statistics, April 27, 2017, https://www.bls.gov/opub/ted/2017/employment-in-families-with-children-in-2016.htm.

18. Sarah Jane Glynn, "Breadwinning Mothers Are Increasingly the U.S. Norm," *American Progress*, December 19, 2016, https://www.americanprogress.org/issues/women/reports/2016/12/19/295203/breadwinning-mothers-are-increasingly-the-u-s-norm/.

19. "How Big Is the Wage Penalty for Mothers?," *Economist*, January 28, 2019, https://www.economist.com/graphic-detail/2019/01/28/how-big-is-the-wage-penalty-for-mothers; Henrik Kleven, Camille Landais, Johanna Posch, Andreas Steinhauer, and Josef Zweimüller, "Child Penalties Across Countries: Evidence and Explanations," *NBER Working Paper* no. 25524, February 2019, https://www.nber.org/papers/w25524.

20. "Analysis: Women Hold Two-Thirds of Country's $1.4-Trillion Student Debt," *American Association of University Women*, May 21, 2018, https://www.aauw.org/article/women-hold-two-thirds-of-college-student-debt/; "Graduating to a Pay Gap," American Association of University Women, https://www.aauw.org/research/graduating-to-a-pay-gap/.

21. Rachel G. Lucas-Thompson, Wendy A. Goldberg, and JoAnn Prause, "Maternal Work Early in the Lives of Children," *Psychological Bulletin* 126, no. 6 (2010): 915–42, https://www.apa.org/pubs/journals/releases/bul-136-6-915.pdf.

22. Frances Goldscheider, Eva Bernhardt, and Trude Lappegård, "The Gender Revolution: A Framework for Understanding Changing Family and Demographic Behavior," *Population and Development Review* 41, no. 2 (June 2015): 207–39; Christin Munsch, Matthew Rogers, and Jessica Yorks, "Relative Income, Psychological Well-Being, and Health: Is Breadwinning Hazardous or Protective?," 111th Annual Meeting of the American Sociological Association, 2016, https://www.asanet.org/press-center/press-releases/being-primary-breadwinner-bad-mens-psychological-well-being-and-health; Michael M. Copenhaver and Richard M. Eisler, "Masculine Gender Role Stress: A Perspective on Men's Health," *Handbook of Diversity Issues in Health Psychology*, ed. Pamela M. Kato and Traci Mann (New York: Plenum Press, 1996), 219–35; Joanna Syrda, "Spousal Relative Income and Male Psychological Distress," *Personality and Social Psychology Bulletin* (October 2019), https://doi.org/10.1177/0146167219883611.

23. Kathleen L. McGinn, Mayra Ruiz Castro, and Elizabeth Long Lingo, "Learning from Mum: Cross-National Evidence Linking Maternal Employment and Adult Children's Outcomes," *Work, Employment, and Society* 33, no. 3 (April 30, 2018): 374–400.

24. World Economic Forum, *The Corporate Gender Gap Report* (Geneva: World Economic Forum, 2010).

25. John Davis, "Spain's New Sex Czar," *Voice for Men*, August 13, 2018, https://www.avoiceformen.com/feminism/spains-new-sex-czar/.

26. Matthew MacWilliams, "The One Weird Trait That Predicts Whether You're a Trump Supporter," *Politico*, January 20, 2016, https://www.politico.com/magazine/story/2016/01/donald-trump-2016-

authoritarian-213533.

27. Steve Hendrix, "He Always Hated Women. Then He Decided to Kill Them," *Washington Post*, June 7, 2019, https://www.washingtonpost.com/graphics/2019/local/yoga-shooting-incel-attack-fueled-by-male-supremacy/; Emmet Rensin, "The Internet Is Full of Men Who Hate Feminism. Here's What They Are Like in Person," *Vox*, August 18, 2015, https://www.vox.com/2015/2/5/7942623/mens-rights-movement; "Male Supremacy," Southern Poverty Law Center, https://www.splcenter.org/fighting-hate/extremist-files/ideology/male-supremacy.

28. Aaron Karp, *Estimating Global Civilian-Held Firearms Numbers*, Small Arms Survey (Geneva: Graduate Institute on International and Development Studies, June 2018), http://www.smallarmssurvey.org/fileadmin/docs/T-Briefing-Papers/SAS-BP-Civilian-Firearms-Numbers.pdf; National Institute of Mental Health, "Suicide," https://www.nimh.nih.gov/health/statistics/suicide.shtml; Christopher Ingraham, "There Are Now More Guns Than People in the United States," *Washington Post*, October 5, 2015, https://www.washingtonpost.com/news/wonk/wp/2015/10/05/guns-in-the-united-states-one-for-every-man-woman-and-child-and-then-some/; Kim Parker, Juliana Menasce Horowitz, Ruth Igielnik, J. Baxter Oliphant, and Anna Brown, "The Demographics of Gun Ownership," Pew Research Center, June 22, 2017, https://www.pewsocialtrends.org/2017/06/22/the-demographics-of-gun-ownership/; American Foundation for the Prevention of Suicide, "Suicide Statistics," https://afsp.org/about-suicide/suicide-statistics/; Bindu Kalesan, Marcos D. Villarreal, Katherine M. Keyes, and Sandro Galea, "Gun Ownership and Social Gun Culture," *Injury Prevention* 0 (2015): 1–5, https://injuryprevention.bmj.com/content/injuryprev/early/2015/06/09/injuryprev-2015-041586.full.pdf?keytype=ref&ijkey=doj6vx0laFZMsQ2; Lindsay Lee, Max Roser, and Esteban OrtizOspina, "Suicide," Our World in Data, July 2016, https://ourworldindata.org/suicide; Sally C. Curtin, Margaret Warner, and Holly Hedegaard, "Increase in Suicide Rates in the United States, 1999–2014," NCHS Data Brief No. 241, National Center for Health Statistics, April 2016, https://www.cdc.gov/nchs/products/databriefs/db241.htm; Helene Schumacher, "Why More Men Than Women Die by Suicide," BBC Future, March 18, 2019, http://www.bbc.com/future/story/20190313-why-more-men-kill-themselves-than-women.

29. "Asia's Lonely Hearts," *Economist*, August 20, 2011, https://www.economist.com/leaders/2011/08/20/asias-lonely-hearts.

30. Josh Levs, *All In: How Our Work-First Culture Fails Dads, Families, and Businesses—and How We Can Fix It Together* (New York: Harper One, 2015).

31. Grover J. "Russ"; Whitehurst, "Why the Federal Government Should Subsidize Childcare and How to Pay for It," March 9, 2017, https://www.brookings.edu/research/why-the-federal-government-should-subsidize-childcare-and-how-to-pay-for-it/.

32. Jon Greenberg, "If Women Worked as Much as Men, Would US GDP Jump 5 Percent?," *Politifact*,

December 12, 2018, https://www.politifact.com/truth-o-meter/statements/2018/dec/12/christine-lagarde/if-women-worked-much-men-would-gdp-jump-5/.

8장   교육을 역전하다

1. Steve Connor, "The Hardwired Difference Between Male and Female Brains Could Explain Why Men Are 'Better at Map Reading,'" *Independent*, December 2013.

2. Cliodhna O'Connor, "'Brain Study Confirms Gender Stereotypes': How Science Communication Can Fuel Modern Sexism," *Impact Blog*, London School of Economics, February 4, 2015, http://blogs.lse.ac.uk/impactofsocialsciences/2015/02/04/science-communication-gender-stereotypes-sexism/; Cliodhna O'Connor and Helene Joffe, "Gender on the Brain: A Case Study of Science Communication in the New Media Environment," *PLOS ONE* 9, no. 10 (2014).

3. Hannah Devlin, "Science Museum Under Fire over Exhibit Asking If Brains Are Pink or Blue," *Guardian*, September 14, 2016, https://www.theguardian.com/world/2016/sep/14/science-museum-under-fire-exhibit-brains-pink-blue-gender-stereotypes; Mahatir Pasha, "Museum Under Fire for Quiz on Male, Female Brains," CNN, September 14, 2016, https://www.cnn.com/2016/09/14/health/science-museum-brain-quiz-controversy-trnd/index.html.

4. Sarah Ashley O'Brien and Seth Fiegerman, "Fired Engineer: Google Tried to Shame Me," *CNN Business*, August 17, 2017; Connie Loizo, "James Damore Just Filed a Class Action Lawsuit Against Google, Saying It Discriminates Against White Male Conservatives," *TechCrunch*, https://techcrunch.com/2018/01/08/james-damore-just-filed-a-class-action-lawsuit-against-google-saying-it-discriminates-against-white-male-conservatives/.

5. Michael J. Coren, "James Damore Has Proven the Alt-Right Playbook Can Work in Silicon Valley," *Quartz*, August 19, 2017; Sara Ashley O'Brien and Laurie Segall, "Former Google Engineer: 'I Do Not Support the Alt-Right,'" *CNN Business*, https://money.cnn.com/2017/08/15/technology/culture/james-damore-interview/index.html.

6. Lutz Jänke, "Sex/Gender Differences in Cognition, Neurophysiology, and Neuroanatomy," PMC, published online June 20, 2018, https://www.ncbi.nlm.nih.gov/pmc/articles/PMC6013760/; Cordelia Fine, *Delusions of Gender: How Our Minds, Society, and Neurosexism Create Difference* (New York: W. W. Norton, 2010); Rebecca Jordan-Young and Raffaella I. Rumiati, "Hardwired for Sexism? Approaches to Sex/Gender in Neuroscience," *Neuroethics* 5 (2012): 305–15; Daphna Joel, Zohar Berman, Ido Tavor, Nadav Wexler, Olga Gaber, Yaniv Stein, Nisan Shefi, et al., "Sex Beyond the Genitalia: The Human Brain Mosaic," PNAS 112, no. 50 (2015): 15468–73. See also Angela Saini, *Inferior: How Science Got Women Wrong and the New Research That's Rewriting the Story* (Boston:

Beacon Press, 2017).

7. Lise Eliot, "Single-Sex Education and the Brain," *Sex Roles* 69 (2013): 363–81; Jonathan M. Kane and Janet E. Mertz, "Debunking Myths About Gender and Mathematics Performance," *Notices of the American Medical Society 59*, no. 1 (2012): 10–21.

8. Julie Bort, "Over Half of Google Employees Polled Say the Web Giant Shouldn't Have Fired the Engineer Behind the Controversial Memo," *Business Insider*, August 9, 2017, https://www.businessinsider.com/many-google-employees-dont-think-james-damore-should-have-been-fired-2017-8.

9. Jenessa R. Shapiro, Amy M. Williams, and Mariam Hambarchyan, "Are All Interventions Created Equal? A Multi-Threat Approach to Tailoring Stereotype Threat Interventions," *Journal of Personality and Social Psychology* 104, no. 2 (2014).

10. Cordelia Fine, "Explaining, or Sustaining, the Status Quo? The Potentially Self-Fulfilling Effects of 'Hard-Wired' Accounts of Sex Differences," *Neuroethics* 5 (2012): 285–94; Claude M. Steele, "A Threat in the Air: How Stereotypes Shape Intellectual Identity and Performance," *American Psychologist* 52, no. 6 (1997): 613–29; Thomas A. Morton, Alex Haslam, and Matthew J. Hornsey, "Theorizing Gender in the Face of Social Change: Is There Anything Essential About Essentialism?" *Journal of Personality and Social Psychology* 96, no. 3: 653–64; Vincent Yzerbyt, Steve Rocher, and Georges Schadron, "Stereotypes as Explanations: A Subjective Essentialist View of Group Perception," *The Social Psychology of Stereotyping and Group Life*, ed. Russell Spears, Penelope J. Oakes, Naomi Ellemers, and S. Alexander Haslam (Cambridge, UK: Blackwell, 1997), 20–50; Johannes Keller, "In Genes We Trust: The Biological Component of Psychological Essentialism and Its Relationship to Mechanisms of Motivated Social Cognition," *Journal of Personality and Social Psychology* 88 (2005): 686–702; Jessica Cundiff and Theresa Vescio, "Gender Stereotypes Influence How People Explain Gender Disparities in the Workplace," *Sex Roles* 75, no. 3–4 (2016): 126–38.

11. O'Connor, "Gender on the Brain."

12. O'Connor, "Gender on the Brain."

13. O'Connor, "Gender on the Brain."

14. O'Connor, "Gender on the Brain."

15. Fine, *Delusions of Gender*; Margaret M. McCarthy and Arthur P. Arnold, "Reframing Sexual Differentiation of the Brain," *Nature Neuroscience* 14, no. 6 (2011): 677–87.; Jordan-Young and Rumiati, "Hardwired for Sexism?"

16. Robin McKie, "Why It's Time for Brain Science to Ditch the 'Venus and Mars' Cliche," *Guardian*, December 7, 2013.

17. Camilla Persson Benbow and Julian C. Stanley, "Sex Differences in Mathematical Ability: Fact or

Artifact?," *Science* 210 (December 1980): 1262–64; Camilla Persson Benbow and Julian C. Stanley, "Sex Differences in Mathematical Reasoning Ability: More Facts," *Science* 222 (1983): 1029–31.

18. Janet S. Hyde, Elizabeth Fennema, and Susan J. Lamon, "Gender Differences in Mathematics Performance: A Meta-Analysis," *Psychological Bulletin* 107, no. 2 (1990): 139–55; Jacqueline S. Eccles, "Understanding Women's Educational and Occupational Choices: Applying the Eccles et al Model of AchievementRelated Choices," *Psychology of Women Quarterly* 8, no. 4 (1994): 585–610; Judith L. Meece, Jacquelynne E. Parsons, Caroline M. Kaczala, and Susan B. Goff, "Sex Differences in Math Achievement: Toward a Model of Academic Choice," *Psychological Bulletin 91*, no. 2 (1982): 324–48; National Science Foundation, "Science and Engineering Indicators" (2006), https://wayback.archive-it.org/5902/20160210153725/http://www.nsf.gov/statistics/seind06/. Janet S. Hyde and Janet E. Mertz, "Gender, Culture, and Mathematics Performance," *PNAS* 106, no. 22 (2009): 8801–807.; Elizabeth S. Spelke, "Sex Differences in Intrinsic Aptitude for Mathematics and Science? A Critical Review," *American Psychologist* 60, no. 9 (2005): 950–58.

19. Janet S. Hyde, "The Gender Similarities Hypothesis," *American Psychologist* 60 (2005): 581–92; Janet S. Hyde, Sara M. Lindberg, Marcia C. Linn, Amy B. Ellis, and Caroline C. Williams, "Gender Similarities Characterize Math Performance," *Science* 321 (2008): 494–95; and Janet S. Hyde, "Sex and Cognition: Gender and Cognitive Functions," *Current Opinion in Neurobiology* 38 (June 2016): 53–56.

20. Luigi Guiso, Ferdinando Monte, Paola Sapienza, and Luigi Zingales, "Culture, Gender, and Math," *Science* 320 (2008): 1164–65.

21. Jing Feng, "Playing an Action Video Game Reduces Gender Differences in Spatial Cognition," *Psychological Science* 18 (2007): 850–55; Jennifer A. Lachance and Michele M. M. Mazzocco, "A Longitudinal Analysis of Sex Differences in Math and Spatial Skills in Primary School-Age Children," *NIH Public Access Manuscript* 116, no. 3 (2006): 195–216.; D. H. Uttal, N. G. Meadow, E. Tipton, L. L. Hand, A. R. Alden, C. Warren, and N. S. Newcombe, "The Malleability of Spatial Skills: A Meta-Analysis of Training Studies," *Psychological Bulletin* 139 (2013): 352–402.

22. Merim Bilalić, Kerim Smallbone, Peter McLeod, and Fernand Gobet, "Why Are (the Best) Women So Good at Chess?," *Proceedings of the Royal Society* 23, doi:10.1098/rspb.2008.1576; Neil Charness and Yigal Gerchak, "Participation Rates and Maximal Performance: A Log-Linear Explanation for Group Differences, Such as Russian and Male Dominance in Chess," *Psychological Science* 7, no. 1 (1996): 46–51.

23. Hyde, "Gender Similarities Hypothesis."

24. Sebastian Seung, Connectome: *How the Bran's Wiring Makes Us Who We Are* (New York: Mariner Books, 2013); Catherine Vidal, "The Sexed Brain: Between Science and Ideology," *Neuroethics* 5, 295–303.

25. Amber Dance, "A Massive Global Effort Maps How the Brain Is Wired," *Nature*, October 2, 2015, https://www.scientificamerican.com/article/a-massive-global-effort-maps-how-the-brain-is-wired/.

26. Sue V. Rosser and Mark Zachary Taylor, "Why Are We Still Worried About Women in Science?," AAUP, May–June 2009, https://www.aaup.org/article/why-are-we-still-worried-about-women-science.

27. Jonathan Zimmerman, "Why Are Schools Discriminating Against Women?," *Christian Science Monitor*, April 8, 2014.

28. Christina Hoff Sommers, *The War Against Boys: How Misguided Feminism Is Harming Our Young Men* (New York: Simon and Schuster, 2001).

29. Vivienne Ming, "The Hidden Tax on Being Different," *HR*, November 23, 2016.

30. 세계 경제 포럼의 '세계 성별 격차 보고서'는 발표되는 해마다 남성이 여성보다 더 자주 고용되고, 더 많은 돈을 벌고, 세계 모든 국가의 민간 및 공공 부문에서 지도부에 오른다는 것을 보여주었다.

31. Claudia Goldin, "The Quiet Revolution That Transformed Women's Employment, Education, and Family," *AEA Papers and Proceedings* 96, no. 2 (2006).

32. American Physical Society, "Doctoral Degrees Earned by Women," https://www.aps.org/programs/education/statistics/fraction-p.cfm.

33. Fine, *Delusions of Gender*, 76.

34. "The Elephant in the Valley," https://www.elephantinthevalley.com.

35. Cary Funk, "Women and Men in STEM Often at Odds Over Workplace Equity," Pew Research Center, January 9, 2018, https://www.pewsocialtrends.org/2018/01/09/women-and-men-in-stem-often-at-odds-over-workplace-equity/.

36. Derek Thompson, "Health Care Just Became the US's Largest Employer," *Atlantic*, January 9, 2018.

9장   투쟁하는 여자들

1. Amelia Gentleman, "'I'm Beyond Anger': Why the Great Pay Gap Reveal Is an Explosive Moment for Gender Equality," *Guardian*, February 28, 2018, https://www.theguardian.com/news/2018/feb/28/gender-pay-gap-reveal-explosive-moment-equality.

2. Gentleman, "'I'm Beyond Anger.'"

3. Hannah Murphy, "UK Pay Data Force Companies to Mind Their Gender Gap," *Financial Times*, September 26, 2017, https://www.ft.com/content/dd21e03e-634a-11e7-8814-0ac7eb84e5f1.

4. BBC Reality Check Team, "Equal Pay: What Is the Extent of the Problem?," BBC News, January 8, 2018, https://www.bbc.com/news/uk-42611725.

5. Equal Pay Act 1970, chapter 41, http://www.legislation.gov.uk/ukpga/1970/41/enacted/data. xht?view=snippet&wrap=true.

6. Noreen Burrows and Muriel Robison, "Positive Action for Women in Employment: Time to Align with Europe?," *Journal of Law and Society* 33, no. 1 (March 2006): 24–41; Julie C. Suk, "Gender Quotas After the End of Men," *Boston Law Review* 93 (2013): 1123–40; Ivana Krstić, "Affirmative Action in the United States and the European Union: Comparison and Analysis," Facta Universitatis, Law and Politics Series 1, no. 7 (2003): 825–43.

7. Claire Suddath, "New Numbers Show the Gender Pay Gap Is Real," *Bloomberg Businessweek*, March 29, 2018.

8. Linda Babcock and Sara Laschever, *Women Don't Ask* (New York: Bantam, 2007).

9. Linda Scott, "Why Women Can't Negotiate for Equal Pay," Double X Economy, https://www. doublexeconomy.com/2015/04/14/why-women-cant-negotiate-for-equal-pay/.

10. May Bulman, "Women in the UK Losing Out on £140 Billion Due to Gender Pay Gap, Figures Show," *Independent*, January 27, 2018; Gentleman, "'I'm Beyond Anger.'"

11. Alexander J. S. Colvin, "The Growing Use of Mandatory Arbitration," *Economic Policy Institute*, April 6, 2018.

12. Justice White, "Separate Opinion," Legal Information Institute, 438 U.S. 265, Regents of the University of California v. Bakke (No. 7811), argued October 12, 1977, decided June 28, 1978, https://www.law.cornell.edu/supremecourt/text/438/265#writing-USSC_CR_0438_0265_ZX1.

13. European Commission, "International Perspectives on Positive Action Measures," 2009, EU Publications, http://bim.lbg.ac.at/files/sites/bim/International%20Perspectives%20on%20 Positive%20Action%20Measures.pdf.

14. Petra Foubert, *The Gender Pay Gap in Europe from a Legal Perspective* (Brussels: European Union, 2010). See also Sanchari Roy, *Discriminatory Laws Against Women: A Survey of the Literature*, Policy Research Working Paper 8719 (Washington, DC: World Bank Group, 2019), https://www.ssrn.com/ abstract=3324761.

15. European Commission, "International Perspectives on Positive Action Measures."

10장   세상을 굴리는 소비의 힘

1. "How Is Our Economy Impacted by the Holiday Season?," Export-Import Bank of the United States, January 25, 2018, https://grow.exim.gov/blog/how-is-our-economy-impacted-by-the-holiday-season; Larry Light, "Why Holiday Shopping Is So Important for the U.S. Economy," CBS News, November 28, 2016, https://www.cbsnews.com/news/why-holiday-shopping-is-so-

important-for-the-economy/; "Consumers Will Spend 4.1 Percent More Than Last Year During Winter Holidays," National Retail Federation, October 24, 2018, https://nrf.com/media-center/press-releases/consumers-will-spend-41-percent-more-last-year-during-winter-holidays; Rod Sides, Bryan Furman, Rama Krishna V. Sangadi, Susan K. Hogan, "2018 Deloitte Holiday Retail Survey: Shopping Cheer Resounds This Year," Deloitte Insights, October 23, 2018, https://www2.deloitte.com/insights/us/en/authors/h/susan-k-hogan.html.

2. Tom Hancock, "China's Lunar New Year Spending Growth Slowest Since 2005," *Financial Times*, February 11, 2019.

3. "The Ramadan Effect: How Islam's Holy Month Impacts Business," Harding Loevner, April 2018, https://www.hardingloevner.com/fundamental-thinking/ramadan-effect-how-islams-holy-month-impacts-businesses/; "Big Indian Festivals and Their Effects on the Indian Economy," Economics Club: IMI New Delhi, October 1, 2017; Eileen Fischer and Stephen J. Arnold, "More Than a Labor of Love: Gender Roles and Christmas Gift Shopping," *Journal of Consumer Research* 17, no. 3 (December 1990): 333–45; Michael Solomon, Gary Bamossy, Søren Askegaard, and Margaret Hogg, *Consumer Behavior: A European Perspective* (London: Financial Times/Prentice Hall, 2005).

4. Michael J. Silverstein, Kate Sayre, "The Female Economy," *Harvard Business Review*, September 2009.

5. Mary Douglas, Baron Isherwood, *The World of Goods* (New York: W. W. Norton, 1982).

6. Douglas and Isherwood, *The World of Goods*, 4.

7. Silverstein, Sayre, "The Female Economy."

8. Linda Scott, Mary Johnstone-Louis, Catherine Dolan, "Pampers and UNICEF, Part 1: The Marketing Campaign," Saïd Business School Teaching Notes, University of Oxford, October 2011, https://www.doublexeconomy.com/wp-content/uploads/2011/05/Pampers-Unicef-Case-Teaching-Note-Part-1.pdf; Linda Scott, Mary Johnston-Louis, Catherine Dolan, "Pampers and UNICEF, Part 2: Delivering the Vaccine," Saïd Business School Teaching Notes, University of Oxford, October 2011, https://www.doublexeconomy.com/wp-content/uploads/2011/05/Pampers-Unicef-Case-Part-2.pdf.

9. Dayna Evans, "The Only Way to Know If Striking Works Is to Do It," New York, March 7, 2017; Mary Emily O'Hara, "Women's Strike: 'A Day Without a Woman' Events Take Place Worldwide," NBC News, March 8, 2017; Glosswitch, "What Would Happen If the World's Women Went on Strike?," *New Statesman America*, February 9, 2017.

1. Kessler Psychological Distress Scale, https://www.tac.vic.gov.au/files-to-move/media/upload/k10_english.pdf.

2. L. I. Pearlin, C. Schooler, "The Structure of Coping," *Journal of Health and Social Behavior* (1978): 2–21, https://www.hsph.harvard.edu/health-happiness/pearlin-mastery-scale/.

3. E. Yoon, K. Adams, I. Hogge, J. P. Bruner, S. Surya, F. B. Bryant, "Development and Validation of the Patriarchal Beliefs Scale," *Journal of Counseling Psychology* 62, no. 2 (2015): 264–79.

4. 프로젝트명은 몰도바2차경쟁력강화 프로젝트였다.

5. Pierella Paci, *Gender in Transition* (Washington, DC: World Bank Group, 2002), http://documents.worldbank.org/curated/en/892681468751807453/pdf/multi0page.pdf; Andrei Kutuzov and Brenda R. Haskins, *Moldova Country Brief: Property and Land Markets* (Madison, WI: Land Tenure Center University of Wisconsin, 2003), https://www.nelson.wisc.edu/ltc/docs/moldovabrief.pdf.

6. Majority Report of the U.S. Senate Committee on Small Business and Entrepreneurship, "21st Century Barriers to Women's Entrepreneurship," July 23, 2014, https://www.sbc.senate.gov/public/_cache/files/3/f/3f954386-f16b-48d2-86ad-698a75e33cc4/F74C2CA266014842F8A3D86C3AB619BA.21st-century-barriers-to-women-s-entrepreneurship-revised-ed.-v.1.pdf.

7. 미국에서 여성 기업이 900만 명을 고용했다는 인터넷 자료를 발견했다. 이 수치는 부정확할 수 있다. 여성 기업이 1,200만 개이고 직원 수가 900만 명이라는 것은 기업당 직원 수가 마이너스라는 뜻이다. 나는 판매 수익으로 표준 직원 수를 계산했다. 최종 결과는 전미여성경제협의회'에서 얻은 2,300만 명이다.

8. Linda Scott, Elizabeth Paris, "Women Entrepreneurs and Effective Banking in Emerging Markets: BLC Bank Lebanon Proves a Strategy for Financial Inclusion" (Oxford: Saïd Business School Series, University of Oxford, 2019).

9. *MSME Finance Gap: Assessment of the Shortfalls and Opportunities in Financing Micro, Small and Medium Enterprises in Emerging Markets* (Washington, DC: International Finance Corporation, 2017), http://documents.worldbank.org/curated/en/653831510568517947/MSME-finance-gap-assessment-of-the-shortfalls-and-opportunities-in-financing-micro-small-and-medium-enterprises-in-emerging-markets.

10. International Finance Corporation, *MSME Finance Gap* 2019 (Washington, DC: International Finance Corporation, 2019); World Bank, *Women, Business and the Law* 2014 (Washington, DC: World Bank Group, 2014).

11. Linda Scott, Jiafei Jin, "Finance After Hours" (Oxford: Saïd Business School Series, University of Oxford, 2014).

12. 해당 사례의 은행이 실제로 존재하지만 이 책에서는 가명을 사용했다.

13. Claire Suddath, "New Numbers Show the Gender Pay Gap Is Real," *Bloomberg Businessweek,*

March 29, 2018.

14. Maureen Sherry, "The Brutal Truth About Being a Woman on Wall Street," *Fortune*, August 6, 2016.

15. Sam Polk, "How Wall Street Bro Talk Keeps Women Down," *New York Times*, July 7, 2016.

16. Polk, "How Wall Street Bro Talk Keeps Women Down."

17. Jean-Claude Dreher, Simon Dunne, Agnieszka Pazderska, Thomas Frodl, John J. Nolan, John P. O'Doherty, "Testosterone Causes Both Prosocial and Anti-Social Status-Enhancing Behaviors in Human Males," *Proceedings of the National Academy of Science* 113, no. 41 (2016): 11633–38; Gary D. Sherman, Jennifer S. Lerner, Robert A. Josephs, Jonathan Renshon, James J. Gross, "The Interaction of Testosterone and Cortisol Is Associated with Attained Status in Male Executives," *Journal of Personality and Social Psychology* 110, no. 6 (2016): 921–29; Ed Leefelt, "This Is a Man's Brain on Testosterone," CBS News, May 4, 2017, https://www.cbsnews.com/news/this-is-a-mans-brain-on-testosterone/; "Testosterone Makes Men Less Likely to Question Their Impulses: Sex Hormone Connected with Greater Reliance on Gut Instincts and Less Self Reflection," *Science Daily*, April 28, 2017, https://www.sciencedaily.com/releases/2017/04/170428154556.htm; Gideon Nave, Amos Nadler, David Zava, and Colin Cramer, "Single Dose Testosterone Administration Impairs Cognitive Reflection in Men," *Psychological Science*, August 3, 2017, https://journals.sagepub.com/doi/abs/10.1177/0956797617709592.

18. Meredith A. Jones, *Women of the Street* (New York: Palgrave Macmillan, 2015), 7–22.

19. Melissa S. Fisher, *Wall Street Women* (Durham, NC: Duke University Press, 2011).

20. Andrea Turner Moffitt, *Harness the Power of the Purse: Winning Women Investors* (Los Angeles: Rare Bird Books, 2015).

21. Sylvia Ann Hewlett, Andrea Turner Moffitt, Melinda Marshall, *Harnessing the Power of the Purse: Female Investors and Global Opportunities for Growth* (New York: Center for Talent Innovation, 2014), http://www.talentinnovation.org/publication.cfm?publication=1440.

12장   여성 기업을 환대하라

1. Dame Stephanie Shirley, *Let It Go* (London: Acorn Books, 2013).

2. Louise Tickle, "We Were Part of a Crusade to Get Women into Business," *Guardian*, March 8, 2017; Melissa Pandika, "How Dame Shirley Jumped over the Gender Gap in Tech in the 1960s," NPR, June 12, 2014.

3. Jenna Burch, "Why One Woman Went by the Name Steve," *Self*, April 9, 2015.

4. Linda Scott, *Fresh Lipstick: Redressing Fashion and Feminism* (New York: Palgrave Macmillan, 2004).

5. 이 통계는 내가 확인한 실제 자료다. 놀란 이들은 전 세계인이 기독교도는 아니라는 사실을 떠올릴지도 모르지만 에이본은 비기독교이면서 매우 큰 국가(중국과 인도 등)에도 진출했다. 기독교 가정은 거의 성경을 1권만 가지고 있지만 에이본 카탈로그는 8주마다 새로 발행된다.

6. Mohamed Seedat, "Violence and Injuries in South Africa," *Lancet* 374, no. 9694 (September 19, 2009): 1011-22.

7. Linda Scott, Catherine Dolan, Mary Johnstone-Louis, Maryalice Wu, Kim Sugden, "Enterprise and Inequality," *Entrepreneurship, Theory and Practice* 36, no. 3 (May 1, 2012): 543-68.

8. Catherine Dolan, Linda Scott, "Lipstick Evangelism: Avon Trading Circles and Gender Empowerment in South Africa," *Gender and Development* 17, no. 2 (July 15, 2009): 203-18.

9. Tarik Sahovic, Noa Catalina Gimelli, and Galina Cicanci, *Supporting Women's Enterprise in Moldova* (Washington, DC: World Bank Group, 2018), http://documents.worldbank.org/curated/en/411391516856355553/Supporting-women-s-entrepreneurship-in-Moldova-review-assessment-and-recommendations.

10. Alexandra Gibbs, "Supporting Female Entrepreneurs Could Add $326 Billion to the UK Economy, Review Finds," CNBC, March 8, 2019.

11. Dana Kanze, Laura Huang, Mark A. Conley, E. Tory Higgins, "Male and Female Entrepreneurs Get Asked Different Questions by VCs—and It Affects How Much Funding They Get," *Harvard Business Review*, June 27, 2017; Dana Kanze, Laura Huang, Mark.A. Conley, E. Tory Higgins, "We Ask Men to Win and Women Not to Lose: Closing the Gender Gap in Startup Funding," *Academy of Management Journal* 61, no. 2 (2018), https://journals.aom.org/doi/abs/10.5465/amj.2016.1215.

12. Saheel Raina, "The Gender Gap in Startup Success Disappears When Women Fund Women," *Harvard Business Review*, July 19, 2016.

13. Lucy Kellaway, "Justine Roberts of Mumsnet," *Financial Times*, December 9, 2013.

14. Natalie Robehmed, "Next Billion-Dollar Startup: Entrepreneurs Create $750M Bra Business by Exposing Victoria's Weakness," *Forbes*, October 18, 2018, https://www.forbes.com/sites/natalierobehmed/2018/10/18/next-billion-dollar-startup-entrepreneurs-create-750m-bra-business-by-exposing-victorias-weakness/.

15. Robehmed, "Next Billion-Dollar Startup."

16. Sally Herships, "Why Female Entrepreneurs Get Less Funding Than Men," *Marketplace*, October 25, 2017.

17. Herships, "Why Female Entrepreneurs Get Less Funding Than Men."

18. Eleanor Steifel, "I Was Told I Didn't Look the Part: The Funding Gap Preventing Millions of Women from Starting Their Own Businesses," *Telegraph*, March 8, 2018.

19. Jenny Tooth, "The Barriers and Opportunities for Women Angel Investing in Europe," UK Business Angels Association, https://www.beangels.eu/wp-content/uploads/2018/03/WA4E-

UKBAA-Women-Angels-Report-February-2018-WEB-003.pdf..

13장   세계시장의 문을 두드리다

1. Sue Harris Rimmer, *Gender-Smart Procurement: Policies for Driving Change*(London: Chatham House, 2017), https://www.chathamhouse.org/publication/gender-smart-procurement-policies-driving-change.

2. Linda Scott, *Private Sector Engagement with Women's Economic Empowerment: Lessons Learned from Years of Practice* (Oxford: Said Business School Series, University of Oxford, 2017), https://www.doublexeconomy.com/wp-content/uploads/2018/10/RES-0054-GBCWEE-Report-171117-BOOKLET.pdf.

3. Linda Scott, Catherine Dolan, Laurel Steinfield, *Women's Empowerment Through Access to Markets: Maasai Women Development Organization (MWEDO), Arusha, Tanzania* (Oxford: Said Business School Series, University of Oxford, 2015), https://www.doublexeconomy.com/wp-content/uploads/2019/02/mwedo-casestudy-final-may2015.pdf; Linda Scott, Laurel Steinfield, Catherine Dolan, *Women's Empowerment Through Access to Markets: Katchy Kollections, Nairobi, Kenya* (Oxford: Said Business School Series, University of Oxford, 2015), https://www.doublexeconomy.com/wp-content/uploads/2019/02/katchy-kollections-casestudy-final-may2015.pdf.

4. Angelica Fuentes, "The Link Between Corruption and Gender Inequality: A Heavy Burden for Development and Democracy," *Wilson Center blog*, July 2, 2018, https://www.wilsoncenter.org/publication/the-link-between-corruption-and-gender-inequality-heavy-burden-for-development-and; Naomi Hossain, Celestine Nyamu Musembi, Jessica Hughes, *Corruption, Accountability and Gender: Understanding the Connections* (New York: United Nations Development Program and United Nations Development Fund for Women, 2010), https://www.undp.org/content/dam/aplaws/publication/en/publications/womens-empowerment/corruption-accountability-and-gender-understanding-the-connection/Corruption-accountability-and-gender.pdf; Sangeetha Purushothaman, Tara Tobin, Shruthi Vissa, Priya Pillai, Sarah Silliman, Carolina Pinheiro, *Seeing Beyond the State: Grassroots Women's Perspectives on Corruption and Anti-Corruption* (New York: United Nations Development Programme, 2012), https://www.undp.org/content/dam/undp/library/Democratic%20Governance/Anti-corruption/Grassroots%20women%20and%20anti-corruption.pdf.

5. "Appendix II, Chapter N *bis*-Trade and Gender," Canada-Chile Free Trade Agreement, 2017, https://www.international.gc.ca/trade-commerce/trade-agreements –accords-commerciaux/agr-acc/chile-chili/index.aspx?lang=eng#a5.

6. *Reshaping Trade Through Women's Economic Empowerment: Special Report* (Geneva: International Trade Centre, 2018), https://www.cigionline.org/reshaping-trade-through-womens-economic-empowerment.

7. Charter of the United Nations, Chapter IX, "International Economic and Social Cooperation," Article 55, 1945, http://legal.un.org/repertory/art55.shtml.

8. "119 Nations Back Move to Remove Barriers Limiting Women's Participation in Trade," *Hindu*, December 13, 2017, https://www.thehindu.com/business/Economy/119-nations-back-move-to-remove-barriers-limiting-womens-participation-in-trade/article21581261.ece/.

9. Asia Pacific Forum on Women, Law, and Development, "Women's Rights Groups Call on Governments to Reject the WTO Declaration on 'Women's Economic Empowerment,'" press release, December 12, 2017, https://apwld.org/press-release-164-womens-rights-groups-call-on-governments-to-reject-the-wto-declaration-on-womens-economic-empowerment/.

참고 문헌

1,000여 개의 작업이 이 책에 자료로 투입되었다. 이 정도 분량의 책에서 그 내용을 다 다룰 수는 없었다. 책 끝에 내가 주로 사용한 자료의 출처들을 정리했다. 이 짧은 목록은 이 책을 작업하는 데에 영감을 주고 영향을 미친 자료들이다.

· Agarwal, Bina. *A Field of One's Own: Gender and Land Rights in South Asia.* Cambridge, UK: Cambridge University Press, 1995.
· Bales, Kevin. *Disposable People: New Slavery in the Global Economy.* Berkeley: University of California Press, 2000.
· Blau, Francine D., and Lawrence M. Khan. "Changes in the Labor Supply Behavior of Married Women 1980-2000." Cambridge, MA: National Bureau of Economic Research, 2005.
— "Female Labor Supply: Why Is the U.S. Falling Behind?", *Discussion Paper Series.* Bonn, Germany: Institute for Study of Labor (IZA), 2013.
— "Gender Differences in Pay.", *NBER Working Paper Series*, no. 7732. Cambridge, MA: National Bureau of Economic Research, 2000.
· Boserup, Ester. *Woman's Role in Economic Development.* London: Earthscan, 1970.
· Coontz, Stephanie. *Marriage, a History: How Love Conquered Marriage.* London: Penguin Books, 2006.
· Drakeman, Cynthia. *Leave No One Behind: Taking Action for Transformational Change on Women's Economic Empowerment.* UN Secretary General's High Level Panel on Women's Economic

Empowerment, 2017.

Eller, Cynthia. *The Myth of Matriarchal Prehistory*. Boston: Beacon Press, 2000.

Ferber, Marianne A., Julie A. Nelson. *Beyond Economic Man: Feminist Theory and Economics*. Chicago: University of Chicago Press, 1993.

Fernandez, Raquel. "Culture as Learning: The Evolution of Female Labor Force Participation Over a Century." Cambridge, MA: National Bureau of Economic Research, 2007.

Folbre, Nancy. *Greed, Lust, and Gender: A History of Economic Ideas*. Oxford: Oxford University Press, 2009.

Food and Agriculture Organization. *The State of Food and Agriculture: Women in Agriculture, Closing the Gender Gap for Development*. Rome: Food and Agriculture Organization, Economic and Social Development Department, 2010.

Gibbons, Ann. *The First Human: The Race to Discover Our Earliest Ancestors*. New York: Anchor Books, 2007.

Goldin, Claudia. "Life-Cycle Labor-Force Participation of Married Women: Historical Evidence and Implications.", *NBER Working Paper Series*, no. 1251. Cambridge, MA: National Bureau of Economic Research, 1983.

—— "Marriage Bars: Discrimination Against Married Women Workers, 1920's to 1950's.", *NBER Working Paper Series*, no. 2747. Cambridge, MA: National Bureau of Economic Research, 1988.

—— "The Quiet Revolution That Transformed Women's Employment, Education, and Family." *AEA Papers and Proceedings* 96, no. 2 (May 2006).

—— "The U-Shaped Female Labor Force in Economic Development and Economic History.", *NBER Working Paper Series*, no. 4707. Cambridge, MA: National Bureau of Economic Research, 1994.

Hays-Gilpin, Kelley, David S. Whitley. *Reader in Gender Archaeology*. London: Routledge, 1998.

Hrdy, Sarah. *Mother Nature: Maternal Instincts and How They Shape the Human Species*. New York: Ballantine, 2000.

Hudson, Valerie, Bonnie Ballif-Spanvill, Mary Caprioli, Chad Emmett. *Sex and World Peace*. New York: Columbia University Press, 2014.

Inglehart, Ronald, and Pippa Norris. *Rising Tide: Gender Equality and Cultural Change Around the World*. Cambridge: Cambridge University Press, 2003.

Jaggar, Alison. *Feminist Politics and Human Nature*. Maryland: Rowman and Littlefield, 1988.

Joyce, Rosemary A. *Ancient Bodies, Ancient Lives: Sex, Gender, and Archaeology*. New York: Thames and Hudson, 2008.

Kristoff, Nicholas D., Sheryl WuDunn. *Half the Sky: Turning Oppression into Opportunity for Women Worldwide*. New York: Vintage, 2010.

Lechman, Ewa, and Harleen Kaur. "Economic Growth and Female Labor Force Participation—

Verifying the U-Feminization Hypothesis; New Evidence for 162 Countries over the Period 1990-2012." *Economics and Sociology* 8, no. 1 (2015): 246-57.

· Lerner, Gerda. *The Creation of Patriarchy*. Oxford: Oxford University Press, 1986.

· Mauss, Marcel. *The Gift: The Form and Reason for Exchange in Archaic Societies*. Translated by W. D. Halls. New York: W. W. Norton, 1954.

· Nussbaum, Martha. *Sex and Social Justice*. Oxford: Oxford University Press, 2000.

· Phillips, Roderick. *Untying the Knot: A Short History of Divorce*. Cambridge, UK: Cambridge University Press, 1991.

· Potts, Malcolm, Thomas Hayden. *Sex and War: How Biology Explains Warfare and Terrorism and Offers a Path to a Safer World*. Dallas: Benbella Books, 2008.

· Prahalad, C. K. *The Fortune at the Bottom of the Pyramid: Eradicating Poverty Through Profits*. Upper Saddle River, NJ: Wharton School Publishing, 2004.

· Sachs, Jeffrey. *The End of Poverty*. New York: Penguin, 2006.

· Sapolsky, Robert M. A *Primate's Memoir: A Neuroscientist's Unconventional Life Among the Baboons*. New York: Simon and Schuster, 2001.

—— Behave: The Biology of Humans at Our Best and Worst. New York: Penguin, 2017.

—— The Trouble with Testosterone and Other Essays on the Biology of the Human Predicament. New York: Scribner, 1997.

· Seifried, Charlene Haddock. *Pragmatism and Feminism: Reweaving the Social Fabric*. Chicago: University of Chicago Press, 1996.

· Sorrentino, Constance. "International Comparisons of Labor Force Participation, 1960-81." *Monthly Labor Review* 106, no. 2 (February 1983): 23-36.

· Tyson, Laura, Jeni Krugman. *Leave No One Behind: A Call to Action for Gender Equality and Women's Economic Empowerment*. United Nations SecretaryGeneral's High Level Panel on Women's Economic Empowerment, 2016.

· United Nations Children's Fund. *State of the World's Children: Women and Children, the Double Dividend of Gender Equality*. Geneva: UNICEF, 2007.

· United Nations Foundation. "A Roadmap for Promoting Women's Economic Empowerment." United Nations Foundation, ExxonMobil Foundation, 2013.

· World Bank. *Women, Business and the Law Report*, 2012-2018. Washington, DC: World Bank Group, 2014.

· World Economic Forum. *The Global Gender Gap Report*. Geneva: World Economic Forum, 2006-2018.

· Wrangham, Richard. *The Goodness Paradox: The Strange Relationship Between Virtue and Violence in Human Evolution*. New York: Pantheon, 2019.

· Yunus, Muhammad. *Creating a World Without Poverty: Social Business and the Future of Capitalism.* New York: Public Affairs, 2007.

저자 소개

린다 스콧 Linda Scott

세계를 무대로 활동하는 여성 경제 개발 전문가.

미국 서던메소디스트대학교 경영대학원에서 MBA 과정을 마치고 석사 학위를 받았다. 현재 옥스퍼드대학교 명예교수이자 세계은행 성 평등 고문으로 있다. G20 산하 여성기구 W20에서 유엔 패널과 소통하며 정책 결정에 목소리를 내고, 영국 왕립국제문제연구소 채텀하우스Chatham House에서 정책 연구에 수석 자문가로 협력하고 있다. 여성의 경제적 역량 강화에 관한 전문가들이 참여하는 '여성을 위한 권력 이동 포럼 Power Shift Forum for Women'을 설립해 매년 개최하고 있다. 11개 주요 다국적 기업이 함께하는 '여성의 경제적 권한 부여를 위한 글로벌 비즈니스 연합Global Business Coalition for Women's Economic Empowerment'을 설립했다.

린다 스콧은 "여성의 동등한 경제 참여로 인류 전체가 번영할 수 있다"라고 강조한다. 그리고 독특한 패턴으로 반복되는 여성의 경제적 불평등은 경제학자와 정부, 국제기구의 편견에 의해 더욱 견고해진다고 강렬히 비판한다. 동시에 세계가 나아갈 경제 혁신의 길을 제시함으로써 〈BBC〉, 〈가디언〉, 〈뉴욕타임스〉, 〈이코노미스트〉 등 세계 주요 언론의 주목을 받았다. 영국 시사 월간지 〈프로스펙트 매거진〉은 린다 스콧을 '세계 25대 사상가Top 25 World Thinkers'에 2년 연속 선정하기도 했다.

이 책은 2020년 영국에서 처음 출간되어 영국왕립학회 도서상 최종 후보에 올랐다. 〈가디언〉 '올해의 책'과 미국 포치라이트Porchlight '올해의 비즈니스북'에 선정되었고, 〈파이낸셜타임스〉와 〈맥킨지〉에서 '올해의 비즈니스북' 후보에 올랐다. 한국어판까지 총 15개 언어로 번역되어 세계적으로 출간되었다.

역자 소개

김경애

이화여자대학교 통번역대학원을 졸업했다. 현재 출판번역 에이전시 베네트랜스에서 번역가로 활동하며 다양한 도서 검토와 번역을 진행하고 있다. 옮긴 책으로는 《막다른 길의 선택들》, 《알폰스 무하, 유혹하는 예술가》, 《세계 문화 여행 : 프랑스》 등이 있다.

더블엑스 이코노미

2023년 9월 27일 초판 1쇄 발행

지은이 린다 스콧 **옮긴이** 김경애
펴낸이 박시형, 최세현

책임편집 최연서, 조아라 **디자인** THIS-COVER
마케팅 양봉호, 양근모, 권금숙, 이주형 **온라인마케팅** 최혜빈, 신하은, 현나래
디지털콘텐츠 김명래, 최은정, 김혜정 **해외기획** 우정민, 배혜림
경영지원 홍성택, 김현우, 강신우 **제작** 이진영
펴낸곳 (주)쌤앤파커스 **출판신고** 2006년 9월 25일 제406-2006-000210호
주소 서울시 마포구 월드컵북로 396 누리꿈스퀘어 비즈니스타워 18층
전화 02-6712-9800 **팩스** 02-6712-9810 **이메일** info@smpk.kr

쌤앤파커스(Sam&Parkers)는 독자 여러분의 책에 관한 아이디어와 원고 투고를 설레는 마음으로 기다리고 있습니다. 책으로 엮기를 원하는 아이디어가 있으신 분은 이메일 book@smpk.kr로 간단한 개요와 취지, 연락처 등을 보내주세요. 머뭇거리지 말고 문을 두드리세요. 길이 열립니다.